Earn-Out-Klauseln in Unternehmenskaufverträgen

**Europäische Hochschulschriften Recht**

European University Studies in Law

Publications Universitaires Européennes de Droit

Band/Volume **6824**

Susanne Lockhorn

# Earn-Out-Klauseln in Unternehmenskaufverträgen

## Analyse der gesetzlichen Rahmenbedingungen und Rechtsfolgen für strategische Verhaltensweisen des Unternehmenskäufers

PETER LANG

Berlin - Bruxelles - Chennai - Lausanne - New York - Oxford

**Bibliografische Information der Deutschen Nationalbibliothek**
Die Deutsche Nationalbibliothek verzeichnet diese Publikation in der Deutschen Nationalbibliografie; detaillierte bibliografische Daten sind im Internet über http://dnb.d-nb.de abrufbar.

Zugl.: Bochum, Univ., Diss., 2024

DE 29
ISSN 0531-7312
ISBN 978-3-631-93550-7 (Print)
E-ISBN 978-3-631-93579-8 (E-PDF)
E-ISBN 978-3-631-93580-4 (E-PUB)
DOI 10.3726/b22773


Verlegt durch Peter Lang GmbH, Berlin (Germany)
info@peterlang.com



Diese Publikation wurde begutachtet.

www.peterlang.com

# Inhaltsübersicht

# Inhaltsverzeichnis

# Vorwort

Die vorliegende Arbeit wurde an der Ruhr-Universität Bochum unter Betreuung von Prof. Dr. Martin Zimmermann angefertigt. Bei der Erstellung der Dissertation habe ich vielfältige Unterstützung erfahren, für die ich mich ganz herzlich bedanken möchte.

Den erfolgreichen Abschluss meines Promotionsvorhabens habe ich zu einem großen Teil Herrn Prof. Dr. Martin Zimmermann zu verdanken. Ohne sein Vertrauen und seinen Einsatz wäre es mir – als Absolventin einer Fachhochschule – wohl nicht möglich gewesen, die Doktorwürde zu erlangen. Daher gilt ihm mein ganz besonderer Dank. Als Doktorvater leistete er mit seinen konstruktiven Anregungen eine wertvolle Hilfeleistung für das Zustandekommen dieser Arbeit. Des Weiteren möchte ich mich bei Herrn Prof. Dr. Markus Fehrenbach für die Übernahme und Anfertigung des Zweitgutachtens bedanken.

Von der Erstellung des Exposés bis zum Erhalt der Promotionsurkunde sind rund sechs Jahre vergangen. In dieser Zeit wurden unsere beiden Söhne Bene und Lennart geboren. Neben Familiengründung und Berufstätigkeit meine Dissertation schreiben zu können, wäre ohne die beständige und bedingungslose Unterstützung meiner Familie unmöglich gewesen.

In besonderem Maße bedanke ich mich bei meinem Mann Dominik für seine Unterstützung. In der ganzen Zeit hat er sich nicht ein einziges Mal über mangelnde (Frei-)Zeit beschwert oder mein Vorhaben in Frage gestellt, sondern mich stets davon überzeugt, dass ich den Weg, den ich eingeschlagen hatte, weitergehen solle. Dank unserer Söhne konnte ich stets gut „abschalten" und mich außerhalb des Arbeitszimmers den wirklich wichtigen Dingen des Lebens widmen, dafür bin ich den beiden dankbar.

Meine Dankbarkeit gilt außerdem meiner Schwester Dr. Katharina Schmidt für die vielen Abende, an welchen sie meine Entwürfe las oder mir hilfreiche Hinweise und Verbesserungsvorschläge zu meiner Arbeit gab. Meinen Eltern Annette und Dr. Johannes Schmidt danke ich von Herzen für die mir mein ganzes Leben gewährte Unterstützung und insbesondere die unzähligen Kinderbetreuungsstunden, die einen unverzichtbaren Beitrag zum Gelingen meiner Arbeit leisteten. Meine Mutter hat darüber hinaus die Durchsicht und Korrektur meiner Dissertation auf sich genommen und mit akribischer Genauigkeit durchgeführt – danke!

Osnabrück, im Januar 2025 Susanne Lockhorn

# Kapitel 1: Einleitung

## § 1 Problemstellung und Gang der Untersuchung

### A. Einordnung von Earn-Out-Klauseln

Zu den essentialia negotii eines Unternehmenskaufvertrages zählt die Einigung über den Kaufpreis. Dieser muss nicht zwingend in Form der Bezifferung eines konkreten Betrages festgelegt werden, es kann auch eine nachträgliche Kaufpreisanpassung oder eine Berechnungsformel für einen Kaufpreis vereinbart werden, was in der Praxis den Regelfall darstellen dürfte. Auch die Festlegung der wesentlichen preisbildenden Faktoren und deren Einfluss auf die Preisfindung ist möglich.[1] Die Vereinbarung einer sogenannten „Earn-Out-Klausel" fällt in diesen zentralen Bereich der Kaufpreisfindung.

#### *I. Diskrepanz in der Kaufpreisvorstellung*

Die Einigung auf einen Kaufpreis – beziehungsweise eine Kaufpreisberechnungsmethode – ist mitunter schwierig. Dies liegt unter anderem daran, dass die gängigen Berechnungsmethoden für den Wert eines Unternehmens nicht ohne subjektive Einschätzungen des Bewertenden auskommen. Zwei Unternehmensbewertungen, die durch unterschiedliche Personen vorgenommen werden, gelangen in den wenigsten Fällen zu demselben Ergebnis.[2] Für ein Unternehmen kann nicht *der* richtige Wert ermittelt werden.[3]

Viele Wertberechnungsmethoden beziehen sich auf eine Prognose zukünftiger Entwicklungen.[4] Genannt seien hier die wichtigsten zukunftsorientierten Bewertungsverfahren Discounted Cash Flow-Methode(n), WACC/Entity-Ansatz und die Ertragswertmethode.[5] Diese Bewertungsmethoden basieren alle zu einem wesentlichen Anteil auf Zukunftsprognosen, welche je nach den getroffenen und

---

1 *Kiem*, in: Kiem, Kaufpreisregelungen, § 4, Rn. 7; *Wächter*, M&A Litigation, Rn. 13.106.

2 Zu den Ergebnissen des Ertragswertverfahrens beispielsweise *Zwirner/Mugler*, in: Hettler/Stratz/Hörtnagl, Unternehmenskauf, § 4, Rn. 30.

3 *Hilgard*, BB 2010, 2912 („Es gibt [...] keinen „richtigen" Kaufpreis").

4 *Zwirner/Mugler*, in: Hettler/Stratz/Hörtnagl, Unternehmenskauf, § 4, Rn. 8; *Ihlau/Gödecke*, BB 2010, 687; *Werner*, DStR 2012, 1662; *Wenzel*, in: Drygala/Wächter, Earnout-Klauseln, S. 59 (61); *Picot*, in: Picot, Handbuch M&A, S. 305.

5 *Caumanns*, in: Kiem, Kaufpreisregelungen, § 1, Rn. 30, 43, 80 f.

zugrunde gelegten Annahmen differieren. Werden die Zukunftsprognosen daher von Verkäufer und Käufer unterschiedlich getroffen, weicht auch der von den Parteien angestrebte Kaufpreis voneinander ab.[6]

Darüber hinaus liegen dem Käufer und dem Verkäufer unterschiedliche Informationen für die Bemessung des Kaufpreises vor.[7] Der Verkäufer kennt sein Unternehmen, sämtliche Zahlen und Vorgänge der Vergangenheit.[8] Er hat dadurch einen Wissensvorsprung und entscheidet gleichzeitig darüber, welche Informationen dem potenziellen Käufer zur Verfügung gestellt werden. Diesem ist die Informationsasymmetrie bewusst. Der Käufer wird auf dieser Grundlage eine eher vorsichtige Zukunftsprognose erstellen.[9]

An dieser Stelle sei erwähnt, dass der Wert nicht mit dem Kaufpreis eines Unternehmens gleichzusetzen ist.[10] Üblicherweise beginnen Verkäufer und Käufer dennoch mit einer Unternehmensbewertung, um aus dieser eine Bandbreite möglicher Kaufpreise für die Verhandlungen festzulegen.[11]

---

6 *Baums*, DB 1993, 1273; *Hilgard*, BB 2010, 2912; *Caumanns*, in: Kiem, Kaufpreisregelungen, § 1, Rn. 11; *Schröder*, in: Stumpf-Wollersheim/Horsch, Forum M&A 2019, S. 29 (41).

7 *Piehler*, Kontraktgestaltung, S. 13; *Mülke*, Earn-out-Strukturen, S. 25; *Seibt*, in: Drygala/Wächter, Earnout-Klauseln, S. 220 (224 f.); *Willenegger/Hofmann*, Earnout-Ansatz, S. 3 f., 6 f.; *Becker*, in: Saenger/Schewe, Forum M&A 2012, S. 221 (227); *Werner*, DStR 2012, 1662; *Ewelt-Knauer/Knauer/Pex*, zfbf 2011, 371 (371, 375); *Ihlau/Gödecke*, BB 2010, 687; *Hilgard*, BB 2010, 2912 (2913); *v. Braunschweig*, DB 2010, 713 (717); *Schröder*, in: Stumpf-Wollersheim/Horsch, Forum M&A 2019, S. 29 (41).

8 *Willenegger/Hofmann*, Earnout-Ansatz, S. 6.

9 *Piehler*, Kontraktgestaltung, S. 13; *Mülke*, Earn-out-Strukturen, S. 25; *Seibt*, in: Drygala/Wächter, Earnout-Klauseln, S. 220 (224 f.); *Weißhaupt*, BB 2013, 2947; *Werner*, DStR 2012, 1662; *Schröder*, in: Stumpf-Wollersheim/Horsch, Forum M&A 2019, S. 29 (41); *v. Braunschweig*, DB 2002, 1815 (1818); *Elsing*, in: Elsing et al., M&A, B., Rn. 183.

10 *IDW*, IDW S1, Rn. 13; *Picot*, in: Picot, Handbuch M&A, S. 305.

11 *Hörtnagl/Zwirner/Busch*, in: Hettler/Stratz/Hörtnagl, Unternehmenskauf, § 5, Rn. 1; *Zwirner/Mugler*, in: Hettler/Stratz/Hörtnagl, Unternehmenskauf, § 4, Rn. 6 f., 12; *Caumanns*, in: Kiem, Kaufpreisregelungen, § 1, Rn. 1, 11; *Stauder/Schürer*, in: Mehrbrey, Streitigkeiten Unternehmenskauf, § 13, Rn. 2; *Wächter*, M&A Litigation, Rn. 13.106; *Schöne/Uhlendorf*, in: Drygala/Wächter, Earnout-Klauseln, S. 133 (134); *Becker*, Earn Out Klausel, S. 49; *Meuli*, Earn out Methode, S. 19; *Weißhaupt*, BB 2013, 2947 (2948); *Moser*, in: Berens et al., Due Diligence, S. 273 (274); *Bisle*, NWB 2019, 665; *Schröder*, in: Stumpf-Wollersheim/Horsch, Forum M&A 2019, S. 29 (59); *Picot*, in: Picot, Handbuch M&A, S. 305.

Aus den genannten Gründen kann sich die Einigung auf einen Kaufpreis – beziehungsweise eine Berechnungsformel für den Kaufpreis – als schwierig erweisen.

## *II. Earn-Out-Klauseln als Lösungsinstrument*

Eine Methode zur Verminderung von Diskrepanzen bei der Ermittlung eines angemessenen Kaufpreises für ein Unternehmen ist die Verwendung von Earn-Out-Klauseln.[12] Diese zeichnen sich dadurch aus, dass ein Teil des Kaufpreises von der zukünftigen Entwicklung des Zielunternehmens abhängig gemacht wird.[13] Die Klauseln werden dem Risikobewusstsein des Käufers gerecht und ermöglichen es dem Verkäufer, weiterhin an einer positiven Entwicklung des Unternehmens zu partizipieren.[14]

Typischerweise enthält die Kaufpreisbestimmung mit einer Earn-Out-Klausel einen fixen und einen zusätzlichen – variablen – Kaufpreisbestandteil.[15] Während der fixe Bestandteil regelmäßig sofort zu zahlen ist, ist der zukunftsbezogene Bestandteil zur Zahlung fällig, falls ein zuvor festgelegtes Ereignis eintritt, sodass den Klauseln auch ein Finanzierungseffekt innewohnt.[16] Der variable Anteil kann entweder in einem fixen Betrag bestehen oder sich aus einer Berechnung ergeben.[17]

---

12 Statt vieler *Hilgard*, BB 2010, 2912 (2913).

13 *Baums*, DB 1993, 1273; *Ihlau/Gödecke*, BB 2010, 687 (687 f.); *Reich-Rohrwig*, in: Lang/Weinzierl, FS Rödler, S. 763 (767); *Werner*, DStR 2012, 1662; *Meyding/Grau*, NZG 2011, 41 (42); *Mülke*, Earn-out-Strukturen, S. 130; *Becker*, Earn Out Klausel, S. 23; *Willenegger/Hofmann*, Earnout-Ansatz, S. 4; *Fisseler/Weißhaupt*, DB 2006, 431 (432); *Schröder*, in: Stumpf-Wollersheim/Horsch, Forum M&A 2019, S. 29.

14 *Lacher/Poppe*, DB 1988, 1761 (1763 f.); *Bruski*, BB-Special Nr. 7 2005, 19 (27); *Mülke*, Earn-out-Strukturen, S. 132–134; *Ihlau/Gödecke*, BB 2010, 687 (688); *Klein*, GStB 2010, 117 (118); *Ewelt-Knauer/Knauer/Pex*, zfbf 2011, 371 (397); *Reich-Rohrwig*, in: Lang/Weinzierl, FS Rödler, S. 763 (764); *König*, in: Kiem, Kaufpreisregelungen, § 14, Rn. 2; *Bisle*, NWB 2019, 665 (670); *Schröder*, in: Stumpf-Wollersheim/Horsch, Forum M&A 2019, S. 29 (41); *Picot*, in: Picot, Handbuch M&A, S. 308.

15 *Ihlau/Gödecke*, BB 2010, 687 (687 f.); *Hilgard*, BB 2010, 2912; *Meyding/Grau*, NZG 2011, 41 (42); *Becker*, Earn Out Klausel, S. 24 f.; *König*, in: Kiem, Kaufpreisregelungen, § 14, Rn. 2; *Ettinger/Schmitz*, GmbHR 2016, 966 (967); *Schröder*, in: Stumpf-Wollersheim/Horsch, Forum M&A 2019, S. 29 (39).

16 *Mülke*, Earn-out-Strukturen, S. 203; *Ihlau/Gödecke*, BB 2010, 687 (688); *Hilgard*, BB 2010, 2912 (2913); *v. Braunschweig*, DB 2010, 713 (716 f.); *Meyding/Grau*, NZG 2011, 41 (42 f.); *Werner*, DStR 2012, 1662 (1663); *König*, in: Kiem, Kaufpreisregelungen, § 14, Rn. 2; *Ettinger/Schmitz*, GmbHR 2016, 966 (967); *Willenegger/Hofmann*, Earnout-Ansatz, S. 4; *Bisle*, NWB 2019, 665 (670); *Richter/Rogler*, WPg 2021, 1207 (1213); *Gseller*, Earn-Out-Klauseln, S. 142.

17 *Baums*, DB 1993, 1273 (1274); *Hilgard*, BB 2010, 2912 (2915).

Der Anspruch auf den zusätzlichen Kaufpreisbestandteil wird üblicherweise an die Überschreitung von betriebswirtschaftlichen Kennzahlen innerhalb eines zuvor festgelegten Earn-Out-Zeitraums geknüpft.[18] Dieser beträgt regelmäßig zwischen zwei und fünf Jahren.[19]

Als betriebswirtschaftliche Kennzahlen kommen unter anderem in Betracht:

- Umsatzerlöse,
- EBIT[20] / EBITDA[21],
- EBT[22] und
- Cash Flow[23]-Größen.[24]

Diese Kaufpreisausgestaltung dient in erster Linie dazu, die Einigung der Parteien eines Unternehmenskaufvertrages in Hinblick auf den zu zahlenden Kaufpreis zu erleichtern. Durch den Bezug auf die tatsächliche zukünftige Unternehmensentwicklung müssen Käufer und Verkäufer sich nicht auf eine hypothetische Entwicklung einigen.

## B. Strategisches Verhalten der Vertragsparteien

Wie bereits herausgestellt wurde, stellt die Einigung auf die Höhe des Kaufpreises bei einer Unternehmenstransaktion einen zentralen und streitanfälligen Punkt

---

18 *Becker*, Earn Out Klausel, S. 25; *Ziegenhain*, in: BeckHdB M&A, § 16, Rn. 54 f.

19 *Willenegger/Hofmann*, Earnout-Ansatz, S. 24; *Becker*, Earn Out Klausel, S. 82; *Seibt*, in: Drygala/Wächter, Earnout-Klauseln, S. 220 (233); *Stauder/Schürer*, in: Mehrbrey, Streitigkeiten Unternehmenskauf, § 13, Rn. 60; *Wächter*, M&A Litigation, Rn. 13.142; *Baums*, DB 1993, 1273 (zwei oder drei Jahre); *Ihlau/Gödecke*, BB 2010, 687 (689) („nicht länger als drei Jahre"); *Bruski*, BB-Special Nr. 7 2005, 19 (28) („zwischen zwei bis vier Jahren"); *Hilgard*, BB 2010, 2912 (2915) („zwei bis drei Jahre"); *Werner*, DStR 2012, 1662 (1664) (zwei bis drei Jahre); *Weißhaupt*, BB 2013, 2947 (2950) („drei bis fünf Jahre"); *König*, in: Kiem, Kaufpreisregelungen, § 14, Rn. 8 („vier bis fünf Geschäftsjahre nicht übersteigt"); *Ziegler*, M&A Review 2016, 226 (228) („zwei bis drei Jahre"); *Ewelt-Knauer/Knauer/Pex*, zfbf 2011, 371 (388), laut dieser Studie im Durchschnitt 2,13 Jahre.

20 Earnings before interest and taxes, zu Deutsch „Jahresüberschuss vor Zinsen und Steuern".

21 Earnings before interest, taxes, depreciation and amortization, zu Deutsch „Jahresüberschuss vor Zinsen, Steuern und Abschreibungen".

22 Earnings before taxes, zu Deutsch „Jahresüberschuss vor Steuern".

23 Zu Deutsch „Kapitalfluss".

24 *Hilgard*, BB 2010, 2912 (2914); *Werner*, DStR 2012, 1662 (1664); *Stauder/Schürer*, in: Mehrbrey, Streitigkeiten Unternehmenskauf, § 13, Rn. 61.

dar. Wird anstelle eines ausschließlich fixen Kaufpreises zusätzlich ein variabler Bestandteil vereinbart, der von der in der Zukunft liegenden Entwicklung abhängig ist, kann davon ausgegangen werden, dass beide Parteien im Rahmen ihrer Möglichkeiten versuchen, die Entwicklung so zu beeinflussen, dass das für sie erstrebenswerte Ergebnis erzielt wird.[25]

Der Käufer wird versuchen, den Eintritt des den zusätzlichen Kaufpreis auslösenden Ereignisses zu verhindern.[26] Selbstredend hat der Käufer grundsätzlich ein Interesse an guten wirtschaftlichen Ergebnissen des von ihm erworbenen Zielunternehmens – jedenfalls sofern der Verkäufer an dem höheren Ertrag nur anteilig beteiligt ist.[27] Es sind dennoch Verhaltensweisen denkbar, die sich lediglich in Bezug auf die mit dem Verkäufer geschlossene Vereinbarung negativ auswirken. Beispielhaft seien hier Periodenverschiebungen und die Ausnutzung von Rechnungslegungswahlrechten genannt.[28]

Der Verkäufer wird hingegen tendenziell seine Einflussmöglichkeiten dahingehend ausüben, dass die angestrebte betriebswirtschaftliche Kennzahl im Earn-Out-Zeitraum überschritten wird und somit der zusätzliche Kaufpreis zu zahlen ist. Er ist geneigt, Entscheidungen zu treffen, die unter Umständen nur einen kurzfristigen Erfolg bringen, auch, wenn für das Unternehmen langfristig eine andere Entscheidung sinnvoller wäre.[29] Solche Einflussmöglichkeiten ergeben sich für ihn nur, wenn er nach der Veräußerung noch für einen gewissen Zeitraum die Geschäfte des Unternehmens weiterführt oder anderweitig Einfluss ausüben kann.[30]

---

25 *Baums*, DB 1993, 1273 (1274, 1276); *Klein*, GStB 2010, 117 (118 f.). *Hehn/Krones*, GmbHR 2018, R374 (R375).

26 *Baums*, DB 1993, 1273 (1273 f.); *Stauder/Schürer*, in: Mehrbrey, Streitigkeiten Unternehmenskauf, § 13, Rn. 64; *Hilgard*, BB 2010, 2912 (2913); *Becker*, in: Saenger/Schewe, Forum M&A 2012, S. 221 (236); *Werner*, DStR 2012, 1662 (1663); *Hörtnagl/Zwirner/Busch*, in: Hettler/Stratz/Hörtnagl, Unternehmenskauf, § 5, Rn. 55; *Beisel*, in: Beisel/Klumpp, Unternehmenskauf, § 11, Rn. 10; *Reich-Rohrwig*, in: Lang/Weinzierl, FS Rödler, S. 763 (784 f.); *Ziegler*, M&A Review 2016, 226 (228); *Bisle*, NWB 2019, 665 (671).

27 *Baums*, DB 1993, 1273 (1273 f.); *Hilgard*, BB 2010, 2912 (2916).

28 *Baums*, DB 1993, 1273 (1274); *Hilgard*, BB 2010, 2912 (2915, 2917); siehe hierzu unten Kapitel 3, § 7.

29 *Baums*, DB 1993, 1273 (1276); *Ihlau/Gödecke*, BB 2010, 687 (689); *Hilgard*, BB 2010, 2912 (2917); *Hehn/Krones*, GmbHR 2018, R374 (R375).

30 *Baums*, DB 1993, 1273 (1275 f.); *Ihlau/Gödecke*, BB 2010, 687 (689); *Werner*, DStR 2012, 1662 (1667); *Klein*, GStB 2010, 117 (119); *Piehler*, Kontraktgestaltung, S. 211.

Da jedoch üblicherweise der Käufer nach Erwerb eines Unternehmens dessen Geschäftsführung übernimmt – beziehungsweise stellt und überwacht –,[31] wird im Folgenden ausschließlich auf das praktisch erheblich bedeutendere strategische Verhalten des Unternehmenskäufers im Rahmen von Earn-Out-Vereinbarungen eingegangen.

## C. Ziel der Untersuchung

Das Ziel dieser Untersuchung ist es, rechtliche Fragen, die sich in Zusammenhang mit der manipulativen Einwirkung des Unternehmenskäufers auf das Ergebnis einer Earn-Out-Vereinbarung ergeben, zu beantworten. Insbesondere soll untersucht werden, welche Möglichkeiten dem Unternehmensverkäufer zur Verfügung stehen, ein solches Verhalten des Käufers zu verhindern, Manipulationen aufzudecken oder zu sanktionieren.

Im Rahmen der Darstellung der verschiedenen Bestandteile einer Earn-Out-Vereinbarung werden Möglichkeiten der Verhinderung und Aufdeckung von Manipulationen aufgezeigt. In diesem Zusammenhang ist zu klären, welche Umstände das Ergebnis einer Earn-Out-Vereinbarung beeinflussen und mit welchen strategischen Maßnahmen insbesondere der Unternehmenskäufer Einfluss ausüben kann.

Anschließend ist die Frage zu klären, wie Earn-Out-Vereinbarungen rechtlich einzuordnen sind. Hier wird darauf eingegangen, in welcher Rechtsbeziehung Käufer und Verkäufer zueinander stehen, denn durch die Vereinbarung einer Earn-Out-Klausel bekommt der Kaufvertrag ein Dauerschuldelement, welches das Gepräge des Austauschvertrages verändert.

In einem weiteren Schritt soll untersucht werden, welche Rechte und Pflichten die Vertragsparteien in Bezug auf die Manipulation der Earn-Out-Berechnungsgrundlagen haben und welche gesetzlichen Ansprüche der Unternehmensverkäufer aufgrund einer solchen Beeinflussung des variablen Kaufpreisanteils geltend machen kann. Es soll beurteilt werden, inwiefern die gesetzlichen Bestimmungen manipulatives Verhalten verhindern beziehungsweise angemessen sanktionieren

---

31 *Triebel*, in: Triebel, M&A, Kapitel 5, Rn. 337; *Stauder/Schürer*, in: Mehrbrey, Streitigkeiten Unternehmenskauf, § 13, Rn. 64; *Bergjan*, in: Holzapfel et al., Unternehmenskauf, VII., Rn. 849; *König*, in: Kiem, Kaufpreisregelungen, § 14, Rn. 3; *Wächter*, M&A Litigation, Rn. 13.143; *Hoyenberg*, in: MVHdB II WirtschaftsR I, Form. I.8, Anm. 88; *Baums*, DB 1993, 1273; *Fisseler/Weißhaupt*, DB 2006, 431 (433); *v. Braunschweig*, DB 2010, 713 (717); *Meyding/Grau*, NZG 2011, 41 (42); *Kästle/Oberbracht*, Unternehmenskauf, S. 99; *Behme*, DB 2014, 881 (883); *Willenegger/Hofmann*, Earnout-Ansatz, S. 5.

können und die Frage geklärt werden, ob der Verkäufer einem manipulativen Eingreifen des Käufers in die Unternehmensentwicklung ohne entsprechende vertragliche Regelung machtlos gegenübersteht oder ob ihm taugliche Werkzeuge zur Verfügung stehen, um seine Rechte durchzusetzen.

## D. Bedeutung des gesetzlichen Rahmens für Auslegung und Anwendung von Earn-Out-Klauseln

Unternehmenskaufverträge zeichnen sich typischerweise durch einen weitreichenden Ausschluss des dispositiven Gesetzesrechts und eine umfassende vertragliche Regelung aus.[32] Als Grund dafür wird neben einem angloamerikanischen Einfluss auf die Kautelarpraxis auch angeführt, die gesetzlichen Regelungen seien, vor allem hinsichtlich der Gewährleistung, unangemessen und unpraktikabel.[33]

Es wird daher mit Hilfe von umfangreichen Vertragswerken versucht, diese für nicht zielführend erachteten gesetzlichen Regelungen auszuschließen und stattdessen ein eigenes Rechtsregime zu schaffen. Dieses soll sowohl einer rechtlichen Überprüfung standhalten als auch das gewünschte Ergebnis – im Fall von Earn-Out-Vereinbarungen die Verhinderung manipulativer Einwirkung auf das Ergebnis der Earn-Out-Vereinbarung beziehungsweise die Eliminierung dieser Manipulation aus der Berechnungsformel – bringen.

Schwierigkeiten, die sich in diesem Zusammenhang ergeben, sind, dass bestimmte gesetzliche Rechtsfolgen vertraglich nicht ausgeschlossen und selbst bei einer gewissenhaften Vertragsgestaltung Regelungslücken und auslegungsbedürftige Passagen kaum verhindert werden können. Auch von Autoren, die sich mit der Vertragsgestaltung von Earn-Out-Klauseln befassen, wird angemerkt, dass eine vollständige vertragliche Regelung zu opportunistischem Verhalten geradezu unmöglich ist.[34] Es gibt derart viele Möglichkeiten, die Bemessungsgrundlagen

---

32 *Kästle/Oberbracht*, Unternehmenskauf, S. 1; *Louven*, in: Mehrbrey, Streitigkeiten Unternehmenskauf, § 14, Rn. 112; *Westermann*, in: MüKo-BGB, § 453, Rn. 18; *Korch*, JuS 2018, 521; *Paefgen/Wallisch*, in: Drygala/Wächter, Bilanzgarantien, S. 205 (210); *Bergjan/Burgić*, in: Drygala/Wächter, M&A-Transaktionen, S. 19; *Oltmanns*, in: Drygala/Wächter, M&A-Transaktionen, S. 257 (257 f.).

33 *Kästle/Oberbracht*, Unternehmenskauf, S. 1 f.; *Westermann*, in: MüKo-BGB, § 453, Rn. 18; *Kästle/Oberbracht*, Unternehmenskauf, S. 1 f.; *Louven*, in: Mehrbrey, Streitigkeiten Unternehmenskauf, § 14, Rn. 112; *Korch*, JuS 2018, 521; *Bisle*, DStR 2013, 364 (365); *Fischer*, in: Drygala/Wächter, Earnout-Klauseln, S. 91 (97).

34 *Jaques*, in: Ettinger/Jaques, Unternehmenskauf im Mittelstand, D., Rn. 203; *Becker*, Earn Out Klausel, S. 108; *Hörtnagl/Zwirner/Busch*, in: Hettler/Stratz/Hörtnagl, Unternehmenskauf, § 5, Rn. 55; *Weißhaupt*, BB 2013, 2947 (2951); *Meyding/Grau*,

für den variablen Kaufpreisanteil einer Earn-Out-Klausel zu beeinflussen, dass kaum vorstellbar ist, jeden Tatbestand und jede Rechtsfolge vorab zu bedenken.

Bei dem Bestreben, umfassende vertragliche Regelungen gegen manipulatives Verhalten zu treffen, sind außerdem die Kosten zu dem Nutzen ins Verhältnis zu setzen.[35] Überdies lässt sich der Unternehmenskäufer durch die Aufnahme von umfangreichen Verboten und Regelungen zur Geschäftsführung nicht gänzlich vorschreiben, wie er sein Unternehmen zu führen hat.[36] Er darf in seinem Handeln nicht übermäßig beschränkt werden, sondern muss auch in Hinblick auf künftige, nicht prognostizierte Entwicklungen flexibel bleiben.

In der vorliegenden Arbeit soll daher untersucht werden, welche Vorschriften Anwendung finden und welche Rechtsfolgen eintreten, wenn keine umfassenden und das Gesetz verdrängenden vertraglichen Regelungen im Zusammenhang mit manipulativem Verhalten des Käufers getroffen wurden, beziehungsweise diese keine Anwendung finden. Die gewonnen Erkenntnisse sind außerdem für die Vertragsgestaltung nutzbar, da es erforderlich ist, die gesetzlichen Rechtsfolgen zu kennen, um bestimmen zu können, welche Normen nach dem Willen der Parteien vertraglich abbedungen werden sollten.[37]

## § 2 Gang der Darstellung

Das sich der Einleitung anschließende Kapitel 2 beinhaltet die für das Thema relevanten Grundlagen. Zunächst werden die für das Unternehmen als Gegenstand

---

NZG 2011, 41 (42); *Reich-Rohrwig*, in: Lang/Weinzierl, FS Rödler, S. 763 (784); *Hilgard*, BB 2010, 2912 (2914, 2917); *Mülke*, Earn-out-Strukturen, S. 225; *Piehler*, Kontraktgestaltung, S. 222; *Fisseler/Weißhaupt*, DB 2006, 431 (435); *Schröder*, in: Stumpf-Wollersheim/Horsch, Forum M&A 2019, S. 29 (59); *Fehr/Benkert/Poggensee*, Expert Focus 2015, 798 (804); *Elsing*, in: Elsing et al., M&A, B., Rn. 199; *Gseller*, Earn-Out-Klauseln, S. 134.

35 *Baums*, DB 1993, 1273; *Werner*, DStR 2012, 1662 (1667); *Hofer*, BB 2013, 972 (975); *Becker*, Earn Out Klausel, S. 108; *Willenegger/Hofmann*, Earnout-Ansatz, S. 5; *Seibt*, in: Drygala/Wächter, Earnout-Klauseln, S. 220 (230); *Hehn/Krones*, GmbHR 2018, R374 (R376); *Ewelt-Knauer/Knauer/Pex*, zfbf 2011, 371 (395); *Vischer*, SJZ 2002, 509 (517).

36 *Fisseler/Weißhaupt*, DB 2006, 431 (433); *v. Braunschweig*, DB 2010, 713 (718); *Werner*, DStR 2012, 1662 (1667); *Jaques*, in: Ettinger/Jaques, Unternehmenskauf im Mittelstand, D., Rn. 201; *Hörtnagl/Zwirner/Busch*, in: Hettler/Stratz/Hörtnagl, Unternehmenskauf, § 5, Rn. 55; *Geyrhalter/Zirngibl*, in: Wachter, FS Spiegelberger, S. 667 (671); *Wächter*, M&A Litigation, Rn. 13.151; *Ewelt-Knauer/Knauer/Pex*, zfbf 2011, 371 (395); *Elsing*, in: Elsing et al., M&A, B., Rn. 189.

37 So auch *Drygala*, in: Drygala/Wächter, Earnout-Klauseln, S. 247.

eines Kaufvertrages entwickelten Rechtsgrundsätze vorgestellt. Anschließend wird auf die verschiedenen Varianten von Earn-Out-Klauseln eingegangen. Von diesen werden außerdem andere Kaufpreisanpassungsklauseln und solche, die ebenfalls eine Auswirkung auf Zahlungen zwischen den Vertragsparteien haben, abgegrenzt.

Kapitel 3 befasst sich mit der Beeinflussung des variablen Kaufpreisanteils. Es wird auf die verschiedenen Ursachen einer Kaufpreisbeeinflussung eingegangen. Diese können sowohl äußere Umstände als auch das Verhalten der Vertragsparteien sein. Anschließend werden einzelne Möglichkeiten der Manipulation durch den Unternehmenskäufer dargestellt.

Um welche Art von Rechtsverhältnis es sich bei der Vereinbarung eines Unternehmenskaufs unter Verwendung einer Earn-Out-Klausel handelt, wird in Kapitel 4 untersucht. Infrage kommen die Gesellschaft bürgerlichen Rechts in Form einer Innengesellschaft, der partiarische Kaufvertrag, die stille Gesellschaft, der gemischte Vertrag und das Darlehen. Besonderes Augenmerk wird auf die Abgrenzung zwischen Gesellschaft und partiarischem Rechtsverhältnis gelegt.

Das 5. und 6. Kapitel stellen die bei Manipulationen im Rahmen von Earn-Out-Vereinbarungen relevanten Rechte des Verkäufers sowie Pflichten des Käufers dar. Thematisiert werden insbesondere Verwaltungsrechte – wie beispielsweise Einsichts- und Kontrollrechte – und Treuepflichten.

Die möglichen gesetzlichen Ansprüche des Verkäufers aufgrund einer Manipulation des Käufers während der Earn-Out-Periode werden in Kapitel 7 untersucht. Sowohl auf vertragliche beziehungsweise vertragsähnliche Ansprüche und Gestaltungsrechte – wie dem Anspruch auf Schadensersatz wegen Pflichtverletzung, Kündigung beziehungsweise Rücktritt oder Anfechtung wegen arglistiger Täuschung – als auch auf deliktische Ansprüche – insbesondere auf Schadensersatz wegen Verletzung von Schutzgesetzen oder wegen vorsätzlicher sittenwidriger Schädigung – wird eingegangen.

Das 8. und letzte Kapitel fasst die Ergebnisse aus den Untersuchungen zusammen und gibt Hinweise, wie diese bei der Vertragsgestaltung und der Beratung des Unternehmensverkäufers genutzt werden können. Weiterhin wird beurteilt, ob die gesetzlichen Regelungen geeignet sind, manipulatives Verhalten des Unternehmenskäufers zu verhindern beziehungsweise den Unternehmensverkäufer rechtlich ausreichend zu schützen.

# Kapitel 2: Grundlagen und Abgrenzung

## § 3 Das Unternehmen als Gegenstand eines Kaufvertrags

Der Begriff „Unternehmen" ist weder gesetzlich definiert, noch einheitlich durch die Rechtsprechung geformt worden.[38] Unabhängig davon ist unstrittig, dass ein Unternehmen Gegenstand des Rechtsverkehrs und somit eines Kaufvertrages sein kann.[39]

Ein Unternehmenskauf kann entweder durch den Erwerb der Anteile an einer Gesellschaft („Share Deal") oder der Vermögensgegenstände und Schulden („Asset Deal") vollzogen werden.[40] Auf beide Fälle ist Kaufrecht anwendbar.[41] Der Kaufgegenstand ist beim Asset Deal ein sonstiger Kaufgegenstand im Sinne des § 453 Abs. 1 S. 1 BGB, der Share Deal fällt als Rechtskauf ebenfalls unter diese Vorschrift.[42]

### A. Share Deal

Beim Share Deal erfolgt der Unternehmenskauf durch die Übertragung der Beteiligungsrechte an einer Gesellschaft.[43] Hierdurch wird mittelbar das durch die Gesellschaft betriebene Unternehmen übertragen.[44] Der Beteiligungserwerb stellt sich als Kauf des Unternehmens dar, wenn der Käufer nach der Übertragung über das Unternehmen verfügen kann.[45] Dies ist bei der Übertragung sämtlicher

---

38 *Beisel*, in: Beisel/Klumpp, Unternehmenskauf, § 1, Rn. 14.

39 *Beisel*, in: Beisel/Klumpp, Unternehmenskauf, § 1, Rn. 22, 24; *Korch*, JuS 2018, 521 (522); *Becker*, Earn Out Klausel, S. 12.

40 *Beisel*, in: Beisel/Klumpp, Unternehmenskauf, § 4, Rn. 5; *Korch*, JuS 2018, 521 (522); *Picot*, in: MAH GmbH-Recht, § 21, Rn. 80; *Paefgen/Wallisch*, in: Drygala/Wächter, Bilanzgarantien, S. 205 (206).

41 *Westermann*, in: MüKo-BGB, § 453, Rn. 20; *Korch*, JuS 2018, 521 (522); *Paefgen/Wallisch*, in: Drygala/Wächter, Bilanzgarantien, S. 205 (206).

42 *Westermann*, in: MüKo-BGB, § 453, Rn. 19; *Korch*, JuS 2018, 521 (522); *Schröder*, in: Stumpf-Wollersheim/Horsch, Forum M&A 2019, S. 29 (30).

43 *Weitnauer*, in: Weitnauer, Venture Capital, Teil H., Rn. 50; *Beisel*, in: Beisel/Klumpp, Unternehmenskauf, § 1, Rn. 30; *Beisel*, in: Beisel/Klumpp, Unternehmenskauf, § 4, Rn. 10.

44 *Jaques*, in: Ettinger/Jaques, Unternehmenskauf im Mittelstand, A., Rn. 27; *Korch*, JuS 2018, 521 (522).

45 BGH, Urt. v. 12.11.1975 – VIII ZR 142/74, NJW 1976, 236, 236 (237); *Westermann*, in: MüKo-BGB, § 453, Rn. 21.

Anteile der Fall.[46] Sofern eine geringere Beteiligung übertragen wird, ist einzelfallabhängig zu entscheiden, ob ein Unternehmenskauf vorliegt.[47] Bei einem Share Deal bleibt die Gesellschaft Eigentümerin der Vermögensgegenstände und Vertragspartnerin der bestehenden Verträge (zum Beispiel Miet- und Lieferverträge), es bedarf daher grundsätzlich keiner besonderen Regelung des Übergangs von Sachen und Verträgen.[48]

## B. Asset Deal

Im Rahmen eines Asset Deals werden die einzelnen Vermögensgegenstände eines Unternehmens veräußert.[49] Aufgrund des sachenrechtlichen Bestimmtheitsgrundsatzes bedarf es der genauen Bezeichnung der einzelnen Vermögensgegenstände im Kaufvertrag.[50] Sowohl bei Vermögensgegenständen als auch bei Verbindlichkeiten kann grundsätzlich gewählt werden, ob diese übernommen werden sollen oder nicht („Cherry Picking").[51] Es ist daher zu unterscheiden, ob lediglich einzelne Bestandteile eines Unternehmens oder (fast) das gesamte Unternehmen veräußert wird. Nur letzteres gilt als Unternehmenskauf.[52] Die Fortführung von Verträgen bedarf der Zustimmung der Vertragspartner, § 415 BGB (ausgenommen Arbeitsverträge, § 613a BGB).[53] Da ein Unternehmen nicht nur

---

46 BGH, Urt. v. 12.11.1975 – VIII ZR 142/74, NJW 1976, 236, 236 (237); *Westermann*, in: MüKo-BGB, § 453, Rn. 21.

47 *Westermann*, in: MüKo-BGB, § 453, Rn. 21

48 *Korch*, JuS 2018, 521 (522); *Jaques*, in: Ettinger/Jaques, Unternehmenskauf im Mittelstand, A., Rn. 30; *Lips*, in: Hettler/Stratz/Hörtnagl, Unternehmenskauf, § 3, Rn. 105; *Picot*, in: MAH GmbH-Recht, § 21, Rn. 139.

49 *Weitnauer*, in: Weitnauer, Venture Capital, Teil H., Rn. 50; *Jaques*, in: Ettinger/Jaques, Unternehmenskauf im Mittelstand, A., Rn. 28.

50 *Weitnauer*, in: Weitnauer, Venture Capital, Teil H., Rn. 50, 55; *Beisel*, in: Beisel/Klumpp, Unternehmenskauf, § 4, Rn. 3, 33; *Jaques*, in: Ettinger/Jaques, Unternehmenskauf im Mittelstand, A., Rn. 31; *Lips*, in: Hettler/Stratz/Hörtnagl, Unternehmenskauf, § 3, Rn. 105; *Meyer-Sparenberg*, in: BeckHdB M&A, § 44, 32-36; *Picot*, in: MAH GmbH-Recht, § 21, Rn. 84; *Maier*, Aufklärungspflichten, S. 7.

51 *Lips*, in: Hettler/Stratz/Hörtnagl, Unternehmenskauf, § 3, Rn. 105; *Weitnauer*, in: Weitnauer, Venture Capital, Teil H., Rn. 56; *Meyer-Sparenberg*, in: BeckHdB M&A, § 44, Rn. 28, 86; *Meyding/Grau*, NZG 2011, 41; *Maier*, Aufklärungspflichten, S. 8.

52 *Beisel*, in: Beisel/Klumpp, Unternehmenskauf, § 1, Rn. 26.

53 *Korch*, JuS 2018, 521 (522); *Jaques*, in: Ettinger/Jaques, Unternehmenskauf im Mittelstand, A., Rn. 31; *Lips*, in: Hettler/Stratz/Hörtnagl, Unternehmenskauf, § 3, Rn. 105, 147; *Meyer-Sparenberg*, in: BeckHdB M&A, § 44, Rn. 66, 80; *Picot*, in: MAH GmbH-Recht, § 21, Rn. 141, 144.

aus der Gesamtheit der Vermögensgegenstände und Schulden besteht, sondern darüber hinaus unter anderem auf wichtigen bestehenden Verträgen basiert, kann der Übergang von Vertragsverhältnissen auf den Käufer notwendig sein, damit ein Asset Deal als Unternehmenskauf angesehen wird.[54]

## C. Auswirkungen auf Earn-Out-Klauseln

Ob in einem Unternehmenskaufvertrag eine Earn-Out-Klausel vereinbart wird, ist eine Frage der Einigung über den Kaufpreis. Dieser orientiert sich üblicherweise an zuvor durchgeführten Unternehmensbewertungen, die auf zukünftig erzielbaren Gewinnen oder Liquiditätsüberschüssen basieren.[55] Die Unternehmensbewertung ist dementsprechend zunächst unabhängig von der Art der Veräußerung als Asset Deal oder Share Deal. Das Ziel, eine Einigung auf einen Kaufpreis zu erreichen,[56] kann daher in beiden Fällen – unter anderem – durch eine Earn-Out-Klausel gelöst werden. Dass es davon unabhängig für die Höhe des Kaufpreises eine Rolle spielen kann, ob die Veräußerung im Rahmen eines Share Deals oder im Rahmen eines Asset Deals erfolgen soll – da beide Varianten unterschiedliche Vor- und Nachteile mit sich bringen – spielt dabei keine zentrale Rolle.

Im Folgenden ist daher mit „Unternehmens(ver)kauf" immer sowohl der Share Deal als auch der Asset Deal gemeint. Es werden allerdings nur solche Transaktionen thematisiert, die auch in rechtlicher Hinsicht als Unternehmenskauf gelten. Nur in Bereichen, in denen es erforderlich ist, eine rechtliche Unterscheidung zwischen Share Deal und Asset Deal vorzunehmen, erfolgt eine Differenzierung.

# § 4 Earn-Out-Klauseln

Die Gestaltung der Earn-Out-Klausel unterliegt keinen Vorgaben, die Parteien können zwischen einer Vielzahl von Varianten wählen.[57] Auf diese Gestaltungsmöglichkeiten soll im Folgenden eingegangen werden.[58]

Die Kaufpreisbestimmung im Rahmen einer Earn-Out-Vereinbarung besteht darin, dass es einen fixen und einen zusätzlichen, vom Eintritt bestimmter

---

54 *Lips*, in: Hettler/Stratz/Hörtnagl, Unternehmenskauf, § 3, Rn. 133.

55 Siehe oben Kapitel 1, § 1, A., I.

56 Siehe zu den Zielen von Earn-Out-Klauseln oben Kapitel 1, § 1, A., II.

57 *Ihlau/Gödecke*, BB 2010, 687 (688).

58 Die in diesem Abschnitt enthaltenen Klauselbeispiele sollen das Verständnis der unterschiedlichen Varianten erleichtern. Die Entwicklung von Formulierungsvorschlägen ist nicht das Ziel dieser Arbeit.

Bedingungen abhängigen, Kaufpreisbestandteil gibt.[59] Es ist auch möglich, eine Verminderung des Kaufpreises aufgrund zukünftiger Entwicklungen zu vereinbaren.[60]

Im Folgenden wird auf die zentralen Regelungsbestandteile von Earn-Out-Klauseln eingegangen. Diese sind der variable Kaufpreisanteil, die Earn-Out-Periode, die Erhöhung oder Minderung des Kaufpreises, die Bemessungsgrundlage und die Festlegung der Schwellenwerte.

## A. Variabler Kaufpreisanteil

Zunächst ist zu bestimmen, welcher Anteil des Kaufpreises an die zukünftige Entwicklung des Zielunternehmens geknüpft werden soll. Weiterhin ist festzulegen, auf welche Art und Weise die Berechnung des variablen Kaufpreisbestandteils erfolgen soll.

### *I. Relation von fixem und variablem Kaufpreis*

Der variable Kaufpreisanteil ist üblicherweise erheblich geringer als der fixe und liegt zwischen 20 % und 30 %.[61] Ein unter 20 % liegender Anteil würde in keinem Verhältnis zu dem hohen Aufwand, der mit der Formulierung und Durchführung von Earn-Out-Klauseln verbunden ist, stehen.[62] Ein weit über 30 % liegender variabler Anteil würde wiederum den Verkäufer in die ungünstige Lage versetzen, dass er auf einen erheblichen Betrag nicht nur länger warten muss, sondern auch das Risiko eingeht, mit diesem insgesamt auszufallen.[63] Daher wird er sich auf eine solche Vereinbarung nach Möglichkeit nicht einlassen.[64]

Eine davon abweichende Verteilung hin zu einem sehr hohen variablen Kaufpreisanteil kann sich in bestimmten Entwicklungszyklen des Zielunternehmens,

---

59 Siehe oben Kapitel 1, § 1, A., II.

60 *Rödder/Hötzel/Mueller-Thuns*, Unternehmenskauf/-verkauf, § 8, Rn. 36; *Hilgard*, BB 2010, 2912 (2915); *Becker*, Earn Out Klausel, S. 25; *Meyding/Grau*, NZG 2011, 41 (43); *Borowicz*, CF 2014, 429 (432); *Neuhaus*, in: Kiem, Kaufpreisregelungen, § 5, Rn. 18; als „Versicherungslösung" bezeichnend *Baums*, DB 1993, 1273.

61 *Borowicz*, CF 2014, 429 (431); *Seibt*, in: Drygala/Wächter, Earnout-Klauseln, S. 220 (230); zu einem ähnlichen Ergebnis gelangend *Willenegger/Hofmann*, Earnout-Ansatz, S. 16; *Ewelt-Knauer/Knauer/Pex*, zfbf 2011, 371 (388 f.).

62 *Borowicz*, CF 2014, 429 (431); *Seibt*, in: Drygala/Wächter, Earnout-Klauseln, S. 220 (230).

63 *Borowicz*, CF 2014, 429 (431).

64 *Borowicz*, CF 2014, 429 (431); *Seibt*, in: Drygala/Wächter, Earnout-Klauseln, S. 220 (230).

beispielsweise bei Start-ups, dennoch anbieten.[65] Bei der Bewertung eines sehr jungen Unternehmens liegen keine verwertbaren Vergangenheitswerte vor.[66] Auch wenn die Anfangsphase aufgrund von Entwicklungskosten defizitär ist, können die Zukunftserwartungen positiv sein.[67] Ein Unternehmenskäufer kann sich in einem solchen Fall durch die Vereinbarung eines größeren variablen Kaufpreisanteils absichern und der Verkäufer wird sich mit höherer Wahrscheinlichkeit auf eine solche Gestaltung einlassen.[68]

### *II. Ermittlung des variablen Kaufpreises*

Der variable Anteil kann entweder in einem fixen Betrag bestehen oder sich aus einer Berechnung ergeben.[69]

Falls vereinbart wird, dass bei Eintritt einer bestimmten Bedingung ein zuvor fixierter Betrag gezahlt werden soll, ist darauf zu achten, dass die Zahlung nicht „erdrosselnd" wirkt.[70] Dies ist der Fall, wenn der Käufer keinen Nutzen mehr aus der Zielerreichung ziehen kann, da der zu zahlende Betrag den gesamten Vorteil abschöpft.[71] Dieser Effekt motiviert in hohem Maße zu strategischem Verhalten.[72]

Klauselbeispiel für einen fixierten zusätzlichen Kaufpreisbestandteil ohne erdrosselnde Wirkung:

*Die Parteien vereinbaren eine Erhöhung des unter […] aufgeführten Kaufpreises um einmalig € 1,5 Mio. („Earn-Out-Zahlung"), falls folgende Bedingung erfüllt wird:*

---

65 *Seibt*, in: Drygala/Wächter, Earnout-Klauseln, S. 220 (230).

66 *IDW*, IDW S1, Rn. 147; *Bisle*, NWB 2019, 665 (670); *Becker*, in: Stumpf-Wollersheim/Horsch, Forum M&A 2019, S. 85 (90 f.).

67 *Becker*, in: Stumpf-Wollersheim/Horsch, Forum M&A 2019, S. 85 (90).

68 Zu einem ähnlichen Ergebnis in Bezug auf „verschärfte Informationsasymmetrien und Informationsmängel […] sowie [die] Risikobeimessung des Käufers" gelangend *Mülke*, Earn-out-Strukturen, S. 174-176.

69 *Baums*, DB 1993, 1273 (1274); *Hilgard*, BB 2010, 2912 (2915).

70 *Baums*, DB 1993, 1273 (1274); *Hilgard*, BB 2010, 2912 (2916); *Werner*, DStR 2012, 1662 (1664); *Seibt*, in: Drygala/Wächter, Earnout-Klauseln, S. 220 (233); *Triebel*, in: Triebel, M&A, Kapitel 5, Rn. 337.

71 *Baums*, DB 1993, 1273 (1274); *Hilgard*, BB 2010, 2912 (2916); *Becker*, Earn Out Klausel, S. 104.

72 *Baums*, DB 1993, 1273 (1274); *Becker*, Earn Out Klausel, S. 104; *Seibt*, in: Drygala/Wächter, Earnout-Klauseln, S. 220 (233).

> *Die Umsatzerlöse des Unternehmens betragen in jedem Geschäftsjahr der Earn-Out-Periode jeweils mindestens € 50 Mio.*

*Die Earn-Out-Periode umfasst die drei auf den Abschluss dieses Vertrages folgenden Geschäftsjahre.*

*Die Earn-Out-Zahlung beträgt maximal 50 % der Summe des EBITs der Earn-Out-Periode.*

Der Vorteil der Festlegung einer variablen, also nicht fixen, Zusatzzahlung liegt im Profitieren beider Parteien an einer Überschreitung des Schwellenwertes (beispielsweise der zuvor festgelegten Umsatzerlöse).[73] Gerade in Bezug auf die Umsatzerlöse ist darauf zu achten, dass der zu zahlende Anteil unterhalb der Gewinnmarge liegt. Anderenfalls liefe der Käufer Gefahr, aus der Schwellenüberschreitung sogar einen Verlust zu erleiden.

Es kann sich außerdem anbieten, einen Maximalbetrag festzulegen.[74] Dies würde dem Umstand gerecht, dass das Überschreiten des zuvor gesetzten Schwellenwerts in erheblichem – zuvor nicht erwartetem – Maße wahrscheinlich auf die Geschicke der neuen Geschäftsführung oder eine positive Marktentwicklung zurückzuführen ist und der Verkäufer kein Anrecht auf eine Partizipation daran hat.[75]

Klauselbeispiel für einen variablen zusätzlichen Kaufpreisbestandteil ohne erdrosselnde Wirkung:

*Die Parteien vereinbaren eine Erhöhung des unter […] aufgeführten Kaufpreises, falls die folgende Bedingung in einem oder mehreren Geschäftsjahren während der Earn-Out-Periode erfüllt wird:*

> *Die Umsatzerlöse des Unternehmens betragen mehr als € 50 Mio. („Schwellenwert").*

*Die Earn-Out-Periode umfasst die drei auf den Abschluss dieses Vertrages folgenden Geschäftsjahre.*

---

73 *Baums*, DB 1993, 1273 (1274).

74 *Becker*, Earn Out Klausel, S. 105.

75 *Becker*, Earn Out Klausel, S. 105; siehe auch *Matzen*, in: Knott, Unternehmenskauf, Rn. 241.

*Die Kaufpreiserhöhung beträgt 5 % des den Schwellenwert übersteigenden Betrages für jedes Geschäftsjahr der Earn-Out-Periode, in welchem die Bedingung erfüllt wird.*

*Die „Earn-Out-Zahlung" ist die Summe der Kaufpreiserhöhungen der einzelnen Geschäftsjahre der Earn-Out-Periode.*

*Die Earn-Out-Zahlung ist begrenzt auf den Betrag von € 1,5 Mio. und 50 % der Summe des EBITs der Earn-Out-Periode.*

## B. Earn-Out-Periode

Der Zeitraum für die Berechnung des variablen Kaufpreises beträgt üblicherweise zwischen zwei und fünf Jahren.[76] Insgesamt sollte die Periode so lang sein, dass sie geeignet ist, die ursprüngliche Bewertungsdifferenz zu eliminieren und zur Bemessung des tatsächlichen Wertes des Unternehmens beizutragen.[77] Kurze und lange Earn-Out-Phasen haben unterschiedliche Vor- und Nachteile.

Ein kurzer Zeitraum ist grundsätzlich anfälliger für Manipulationen durch Periodenverschiebungen.[78] Diese kann der Käufer tätigen, indem er die Umsatzerlöse oder Gewinne – je nachdem welche Bemessungsgrundlage für den Earn-Out gewählt wird – dahingehend beeinflusst, dass sie erst nach der Earn-Out-Periode anfallen. Periodenverschiebungen sind beispielsweise durch ein Vorziehen von Investitionen in den Earn-Out-Zeitraum oder ein Hinauszögern der Abnahme bereits fertiggestellter Leistungen in die Rechnungslegungsperiode nach dem Earn-Out-Zeitraum möglich.[79] Darüber hinaus birgt die Einigung auf einen kurzen Zeitraum das Risiko, aufgrund von Sondereffekten die Unternehmensentwicklung nichtzutreffend abzubilden.[80] Andererseits wird der Käufer es begrüßen, relativ schnell Gewissheit über die endgültige Kaufpreiszahlung zu haben.[81]

Ein langer Zeitraum bedeutet dagegen, dass sich das Unternehmen über eine längere Zeit nur wenig verändern darf, um die Berechnung des variablen

76 Siehe oben Kapitel 1, § 1, A., II.

77 *Piehler*, Kontraktgestaltung, S. 202.

78 *Baums*, DB 1993, 1273 (1274); *Bruski*, BB-Special Nr. 7 2005, 19 (28); *Werner*, DStR 2012, 1662 (1664); *Becker*, Earn Out Klausel, S. 82; *Elsing*, in: Elsing et al., M&A, B., Rn. 195; *Gseller*, Earn-Out-Klauseln, S. 121.

79 Siehe hierzu auch Kapitel 3, § 7, A.

80 *Baums*, DB 1993, 1273 (1274); *Schröder*, in: Stumpf-Wollersheim/Horsch, Forum M&A 2019, S. 29 (52).

81 *Becker*, Earn Out Klausel, S. 80.

Kaufpreises zu ermöglichen.[82] Wird es zwischenzeitlich umgewandelt oder in einen Konzern integriert, wird die Berechnung erschwert.[83]

Bei fehlender Absicherung des Verkäufers trägt dieser darüber hinaus auch länger das Risiko mit, dass der Käufer in eine finanzielle Schieflage gerät und den variablen Kaufpreisanteil nicht zahlen kann.[84] Um die Forderung des Verkäufers abzusichern, stehen Sicherungsinstrumente wie die Finanzierungszusage eines Kreditinstituts, Bankbürgschaften, Bürgschaften und Patronatserklärungen der Muttergesellschaft – sofern es sich bei dem Käufer um ein Konzernunternehmen handelt – und dingliche Sicherheiten wie zum Beispiel Grundschulden zur Verfügung.[85] Ein längerer Zeitraum kann für den Käufer hingegen eine Finanzierungsfunktion einnehmen und somit einen Vorteil darstellen.[86]

## C. Erhöhung oder Minderung des Kaufpreises

Earn-Out-Vereinbarungen können entweder nur eine Erhöhung oder nur eine Minderung des Kaufpreises vorsehen. Auch eine Kombination beider Varianten ist möglich, indem die Klausel sowohl eine Anpassung des Kaufpreises nach oben als auch nach unten vorsieht.[87]

### *I. Klassischer Earn-Out*

Da eine Vereinbarung über die Erhöhung des Kaufpreises die vorherrschende Variante ist, wird sie auch als klassischer Earn-Out bezeichnet.[88] Die Earn-Out-Klausel enthält in diesem Fall die Vereinbarung, dass der zu entrichtende variable Kaufpreisanteil davon abhängig ist, ob das Unternehmen in einem bestimmten

---

82 *Hilgard*, BB 2010, 2912 (2913); *Werner*, DStR 2012, 1662 (1664); *Ettinger/Schmitz*, GmbHR 2016, 966 (968); *Becker*, Earn Out Klausel, S. 80 f.; *Schröder*, in: Stumpf-Wollersheim/Horsch, Forum M&A 2019, S. 29 (51); *Gseller*, Earn-Out-Klauseln, S. 122.

83 *Hilgard*, BB 2010, 2912 (2913); *Werner*, DStR 2012, 1662 (1664); *Becker*, Earn Out Klausel, S. 80 f.; siehe hierzu auch Kapitel 3, § 7, B.

84 *Gseller*, Earn-Out-Klauseln, S. 124; zum Sicherungsinteresse des Verkäufers bei herausgeschobener Fälligkeit *Rödder/Hötzel/Mueller-Thuns*, Unternehmenskauf/-verkauf, § 8, Rn. 51.

85 Zur Absicherung des Verkäufers bei Ratenzahlung *Beisel*, in: Beisel/Klumpp, Unternehmenskauf, § 11, Rn. 57–66.

86 *Becker*, Earn Out Klausel, S. 80.

87 *Rödder/Hötzel/Mueller-Thuns*, Unternehmenskauf/-verkauf, § 8, Rn. 36.

88 *König*, in: Kiem, Kaufpreisregelungen, § 14, Rn. 4; *Becker*, Earn Out Klausel, S. 24 f.; *Meyding/Grau*, NZG 2011, 41 (43).

Zeitraum nach der Übertragung bestimmte Ziele erreicht beziehungsweise Grenzen von betriebswirtschaftlichen Erfolgskennzahlen überschreitet.[89] Es handelt sich in Bezug auf den zusätzlichen Kaufpreisanteil um eine aufschiebende Bedingung, § 158 Abs. 1 BGB, denn dieser ist nur zu entrichten, wenn die festgelegten Voraussetzungen für die Unternehmensentwicklung nach der Transaktion erfüllt werden.[90] Sofern im Folgenden keine abweichende Erläuterung erfolgt, ist der Fall eines klassischen Earn-Outs gemeint.

### *II. Rückzahlungsmodell*

Das Rückzahlungsmodell, auch negativer Earn-Out genannt, beinhaltet die Regelung, dass sich der Kaufpreis reduziert, wenn die Unternehmensentwicklung in der Folgezeit nach der Unternehmensübertragung hinter den getroffenen Prognosen zurückbleibt.[91] Der Verkäufer muss dann an den Käufer einen Teil des Kaufpreises zurückzahlen.

Klauselbeispiel für das Rückzahlungsmodell:

*Die Parteien vereinbaren eine Verminderung des unter […] aufgeführten Kaufpreises, falls die folgende Bedingung in einem oder mehreren Geschäftsjahren während der Earn-Out-Periode erfüllt wird:*

> *Die Umsatzerlöse des Unternehmens betragen weniger als € 50 Mio. („Mindestwert").*

*Die Earn-Out-Periode umfasst die drei auf den Abschluss dieses Vertrages folgenden Geschäftsjahre.*

*Die Kaufpreisminderung beträgt 5 % des Differenzbetrages der Umsatzerlöse zum Mindestwert für jedes Geschäftsjahr der Earn-Out-Periode, in welchem die Bedingung erfüllt wird.*

*Die „Earn-Out-Zahlung" ist die Summe der Kaufpreisminderungen der einzelnen Geschäftsjahre der Earn-Out-Periode.*

---

89 *Becker*, Earn Out Klausel, S. 25; siehe auch oben Kapitel 1, § 1, A., II.

90 *Seibt*, in: Drygala/Wächter, Earnout-Klauseln, S. 220 (229 f.); *Drygala*, in: Drygala/Wächter, Earnout-Klauseln, S. 247 (254); *Geyrhalter/Zirngibl*, in: Wachter, FS Spiegelberger, S. 667 (671); *Elsing*, in: Elsing et al., M&A, B., Rn. 188

91 *Rödder/Hötzel/Mueller-Thuns*, Unternehmenskauf/-verkauf, § 8, Rn. 36; *Hilgard*, BB 2010, 2912 (2915); *Becker*, Earn Out Klausel, S. 25; *Meyding/Grau*, NZG 2011, 41 (43); *Borowicz*, CF 2014, 429 (432); *Neuhaus*, in: Kiem, Kaufpreisregelungen, § 5, Rn. 18; als „Versicherungslösung" bezeichnend *Baums*, DB 1993, 1273.

*Die Earn-Out-Zahlung ist begrenzt auf den Betrag von € 1,5 Mio.*

Teilweise wird auch vereinbart, dass der Verkäufer über eine Kaufpreisrückzahlung an Verlusten der Zielgesellschaft nach der Übertragung partizipiert.[92]

Klauselbeispiel für die Beteiligung des Veräußerers an Verlusten:

*Die Parteien vereinbaren eine Verminderung des unter […] aufgeführten Kaufpreises, falls die folgende Bedingung in einem oder mehreren Geschäftsjahren während der Earn-Out-Periode erfüllt wird:*

*Das Unternehmen erzielt einen Jahresfehlbetrag.*

*Die Earn-Out-Periode umfasst die drei auf den Abschluss dieses Vertrages folgenden Geschäftsjahre.*

*Die Kaufpreisminderung beträgt 50 % des Jahresfehlbetrages für jedes Geschäftsjahr der Earn-Out-Periode, in welchem die Bedingung erfüllt wird.*

*Die „Earn-Out-Zahlung" ist die Summe der Kaufpreisminderungen der einzelnen Geschäftsjahre der Earn-Out-Periode.*

*Die Earn-Out-Zahlung ist begrenzt auf den Betrag von € 1,5 Mio.*

Diese Vereinbarungen weisen Parallelen zu einer Garantie des Verkäufers über eine bestimmte Unternehmensentwicklung auf.[93]

## D. Bemessungsgrundlage

Der überwiegende Anteil von Earn-Out-Vereinbarungen basiert auf betriebswirtschaftlichen Kennzahlen.[94] Diese dienen als Grundlage für die Berechnung des variablen Kaufpreisanteils.[95] Es ist allerdings auch möglich, den zusätzlichen Kaufpreis anhand von Meilensteinen, die von der Zielgesellschaft erreicht werden

92 *Drygala*, in: Drygala/Wächter, Earnout-Klauseln, S. 247 (251); *Vischer*, SJZ 2002, 509 (510).

93 *Becker*, Earn Out Klausel, S. 25; *Meyding/Grau*, NZG 2011, 41 (43); *Vischer*, SJZ 2002, 509 (510); *Hilgard*, BB 2010, 2912 (2918); *Gseller*, Earn-Out-Klauseln, S. 108.

94 *Cain/Denis/Denis*, JAE 2010, 1 (45), in dieser Studie betrug der Anteil ca. 87 %; *Ewelt-Knauer/Knauer/Pex*, zfbf 2011, 371 (387), in dieser Studie betrug der Anteil ca. 92 %.

95 *Meuli*, Earn-out-Methode, S. 87; *Werner*, DStR 2012, 1662 (1664).

sollen, zu berechnen.[96] In beiden Varianten ist eine genaue und verständliche Bezeichnung der Bemessungsgrundlage sowie die Möglichkeit der objektiven Ermittlung des variablen Kaufpreises sicherzustellen.[97]

## *I. Betriebswirtschaftliche Kennzahlen*

### *1. Umsatzerlöse*

Bei kleinen und mittelständischen Unternehmen hängt der Unternehmenserfolg regelmäßig in hohem Maße von der Person des Unternehmers ab. Gerade im Bereich der Dienstleistungen spielt auch die persönliche Beziehung zwischen dem Unternehmer und den Kunden eine große Rolle.[98] Eine Unternehmenstransaktion ist erfolgreich, wenn die Kundenbeziehung auch nach dem Inhaberwechsel bestehen bleibt.[99]

Der Veräußerer hat auf diese Entwicklung einen entscheidenden Einfluss. So kann er im Kaufvertrag beispielsweise dazu verpflichtet werden, gemeinsame Gespräche mit dem Erwerber und den wichtigsten Kunden zu führen und das notwendige Knowhow an den Erwerber weiterzugeben. Die Motivation des Veräußerers für die Mitwirkung an der Übertragung der Kundenbeziehung wird in diesem Falle durch eine Earn-Out-Vereinbarung, die sich auf die Umsatzerlöse des bisherigen Kundenstammes bezieht, gesteigert.

Die Orientierung an Umsatzerlösen hat im Vergleich zu anderen finanziellen Kennzahlen außerdem den Vorteil, dass es weniger Stellschrauben zur Manipulation durch den Käufer gibt.[100] Da die Umsatzerlöse in der Gliederung der

---

96 *Piehler*, Kontraktgestaltung, S. 206; *Werner*, DStR 2012, 1662 (1664); *Seibt*, in: Drygala/Wächter, Earnout-Klauseln, S. 220 (231); *Hilgard*, BB 2010, 2912 (2914).

97 *Baums*, DB 1993, 1273 (1274); *Meuli*, Earn-out-Methode, S. 87 f., 90; *Werner*, DStR 2012, 1662 (1664); *Becker*, Earn Out Klausel, S. 86.

98 *Triebel*, in: Triebel, M&A, Kapitel 5, Rn. 336.

99 *Becker*, Earn Out Klausel, S. 88.

100 *Piehler*, Kontraktgestaltung, S. 205; *Mülke*, Earn-out-Strukturen, S. 199; *Ihlau/Gödecke*, BB 2010, 687 (688); *Seibt*, in: Drygala/Wächter, Earnout-Klauseln, S. 220 (231); *Borowicz*, CF 2014, 429 (431); *König*, in: Kiem, Kaufpreisregelungen, § 14, Rn. 12; *Ettinger/Schmitz*, GmbHR 2016, 966 (967); *Ziegler*, M&A Review 2016, 226 (227); *Jaques*, in: Ettinger/Jaques, Unternehmenskauf im Mittelstand, D., Rn. 202; *Schröder*, in: Stumpf-Wollersheim/Horsch, Forum M&A 2019, S. 29 (53); *Matzen*, in: Knott, Unternehmenskauf, Rn. 1285; im Umkehrschluss *Fehr/Benkert/Poggensee*, Expert Focus 2015, 798 (804).

Gewinn- und Verlustrechnung (§ 275 Abs. 2 und 3 HGB) den Ausgangspunkt darstellen, wirken sich Veränderungen im Bereich der Aufwendungen nicht aus.[101]

Auf der anderen Seite ist zu bedenken, dass sich die Umsatzerlöse nicht zwingend parallel zum Unternehmenserfolg verändern.[102] Wenn sich beispielsweise eine Umsatzsteigerung durch betriebswirtschaftlich sinnvolle Werbemaßnahmen erzielen ließe, würden sich im gleichen Zuge die Aufwendungen erhöhen.[103] Bei einer Bemessung des variablen Kaufpreisanteils ausschließlich an den Umsatzerlösen, besteht die Gefahr der Überkompensation der Vorteile der Werbung durch die zusätzliche Kaufpreisverpflichtung. Der Käufer wird sich aufgrund dessen unter Umständen gegen solche Maßnahmen entscheiden, obwohl sie sich insgesamt positiv auf den Unternehmenserfolg ausgewirkt hätten.

Es ist darüber hinaus sogar möglich, dass sich eine Erhöhung des Umsatzes negativ auf den Unternehmenserfolg auswirkt. Werden beispielsweise für die Angebotskalkulation Vergangenheitswerte für Materialkosten hinzugezogen und (unvorhersehbare) Preissteigerungen nicht berücksichtigt, so kann sich aus dem Absatz des Produktes ein Verlust ergeben, da die Kosten den Ertrag übersteigen. Je mehr Bestellungen das Unternehmen zu dem zu niedrigen Angebotspreis angenommen hat, desto höher ist der hieraus entstehende Fehlbetrag. In einem solchen Fall ist der Unternehmenserwerber dazu angehalten, seine Strategie zu ändern. Eine solche Entwicklung kann aber dazu führen, dass das Unternehmen im Ergebnis weniger wert ist und der Käufer dennoch einen höheren Preis dafür zahlen muss.

Die Orientierung an einer Größe, die üblicherweise in der Unternehmensbewertung eine Rolle spielt, erscheint unter diesem Aspekt betriebswirtschaftlich sinnvoller.[104]

### 2. *Gewinn- und Cash Flow-Größen*

Gewinn- und Cash Flow-Größen stellen Grundlagen für die Unternehmensbewertung dar und kommen daher als Bemessungsgrundlage der variablen

---

101 *Piehler*, Kontraktgestaltung, S. 205; *Ihlau/Gödecke*, BB 2010, 687 (688).

102 *Fisseler/Weißhaupt*, DB 2006, 431 (432); *König*, in: Kiem, Kaufpreisregelungen, § 14, Rn. 12; *Ziegenhain*, in: BeckHdB M&A, § 16, Rn. 55.

103 Ebenfalls zu dem Verhältnis von Umsatz und Gewinn *Meuli*, Earn-out-Methode, S. 91 f.

104 Zur Wahl von Bemessungsgrundlagen mit Bezug zum Unternehmenswert *Seibt*, in: Drygala/Wächter, Earnout-Klauseln, S. 220 (231); *v. Braunschweig*, DB 2010, 713 (716); *König*, in: Kiem, Kaufpreisregelungen, § 14, Rn. 9; *Ettinger/Schmitz*, GmbHR 2016, 966 (967); *Ziegler*, M&A Review 2016, 226 (227); *Vischer*, SJZ 2002, 509 (510).

Kaufpreiskomponente besonders infrage.[105] Das liegt daran, dass bei der Unternehmensbewertung davon ausgegangen wird, dass der potenzielle Unternehmenserwerber in erster Linie Zahlungen aus dem Unternehmen erhalten möchte.[106] Zu diesem Zweck ist sowohl das erfolgreiche Wirtschaften des Unternehmens wichtig als auch, dass liquide Mittel für Ausschüttungen bzw. Entnahmen zur Verfügung stehen.[107] Gewinn- und Cash Flow-Größen liegen insofern nah beieinander. Außerdem werden Cash Flow-Größen üblicherweise retrograd – also vom Jahresüberschuss ausgehend – ermittelt.[108]

### a) Jahresüberschuss

Wird die Earn-Out-Zahlung am Jahresüberschuss bemessen, so kann der Käufer durch Manipulation sowohl der Umsatz- als auch der Kostenseite die Bemessungsgrundlage beeinflussen, da der Jahresüberschuss am Ende der Gewinn- und Verlustrechnung steht (§ 275 Abs. 2 und 3 HGB).[109] Die Manipulation kann beispielsweise durch erhöhte Konzernumlagen oder Änderungen bei den Abschreibungen (außerplanmäßige Abschreibungen oder Verkürzung der Restnutzungsdauer) erfolgen.[110] Wenn es sich bei der Unternehmenstransaktion um einen Asset Deal handelte, können außerdem Fremdkapitalzinsen für die Aufbringung des Kaufpreises das Ergebnis mindern.[111] Dem Verkäufer ist es nicht zuzumuten, dass diese seinen variablen Kaufpreisanteil mindern.

Ein Bezug auf den Jahresüberschuss ist vor diesem Hintergrund wenig zielführend, da er lediglich mit einer Vielzahl vertraglicher Regelungen zu einem wirtschaftlich für alle Beteiligten befriedigenden Ergebnis führen kann.

### b) EBT

Neben dem Bezug auf den Jahresüberschuss, welcher sämtliche betrieblichen Aufwendungen enthält, kann sich auch auf eine Berechnung anhand des EBTs (earnings before taxes, zu Deutsch „Jahresüberschuss vor Steuern") geeinigt werden,

---

105 *Seibt*, in: Drygala/Wächter, Earnout-Klauseln, S. 220 (231).
106 *IDW*, IDW S1, Rn. 24; *Meuli*, Earn-out-Methode, S. 100.
107 *IDW*, IDW S1, Rn. 24 f.
108 *Risse et al.*, in: Risse/Kästle, M&A, Cash Flow; *Meuli*, Earn-out-Methode, S. 100.
109 So auch *Matzen*, in: Knott, Unternehmenskauf, Rn. 1285.
110 *Piehler*, Kontraktgestaltung, S. 205 f.; *Meuli*, Earn-out-Methode, S. 94; *Kästle/Oberbracht*, Unternehmenskauf, S. 100; *Ziegenhain*, in: BeckHdB M&A, § 16, Rn. 55.
111 *Kästle/Oberbracht*, Unternehmenskauf, S. 100, hier allerdings mit Bezug auf Darlehen für den Erwerb der Geschäftsanteile durch den Käufer und damit sprachlich unsauber, da diese Darlehen der Gesellschafter – und nicht die Gesellschaft – aufnimmt.

sodass sich zumindest die Steuern der Zielgesellschaft nicht auf den variablen Kaufpreisanteil auswirken.[112]

Dies kann beispielsweise dann Sinn machen, wenn der Betrieb von dem Käufer räumlich verändert werden soll, da die Gemeinden unterschiedliche Gewerbesteuerhebesätze haben, § 16 Abs. 1 GewStG. Außerdem besteht die Gefahr, dass Steuern durch Umwandlungen und Umstrukturierungen des Käufers entstehen.

Der EBT ist im Vergleich zum Jahresüberschuss außerdem vorzugswürdig, da aufgrund des unterschiedlichen Besteuerungssystems von Kapital- und Personengesellschaften der Käufer durch eine Änderung der Rechtsform der Zielgesellschaft das Ergebnis der Earn-Out-Vereinbarung manipulieren könnte. Personengesellschaften unterliegen selbst nur der Gewerbesteuer (§ 2 Abs. 1 GewStG i. V. m. § 15 Abs. 2, 3 EStG). Die Gesellschafter müssen außerdem Einkommensteuer auf die ihnen zuzurechnenden Erträge der Gesellschaft zahlen (§ 15 Abs. 1 EStG). Kapitalgesellschaften unterliegen dagegen der Gewerbe- und der Körperschaftsteuer (§ 2 Abs. 1, 2 GewStG, § 1 Abs. 1 Nr. 1 KStG). Die Gesellschafter zahlen Einkommensteuer auf die Ausschüttungen in Form eines geringeren Einkommensteuersatzes (Abgeltungsteuer, §§ 32d Abs. 1, 20 Abs. 1 Nr. 1 EStG, oder auf Antrag Teileinkünfteverfahren, §§ 32d Abs. 2 Nr. 3, 20 Abs. 1 Nr. 1, 3 Nr. 40 EStG).

Die Steuerbelastung auf Ebene der Zielgesellschaft ist daher bei einer Kapitalgesellschaft höher, da die Einkommensteuer durch den Gesellschafter und nicht durch die Gesellschaft geschuldet wird. Wird eine Personengesellschaft in eine Kapitalgesellschaft umgewandelt, würde bei Bezug auf den Jahresüberschuss diese höhere Steuerlast den variablen Kaufpreis mindern. Dies wird durch den Bezug auf den EBT verhindert.

### c) EBIT/EBITDA

Der Bezug auf das EBIT (earnings before interest and taxes, zu Deutsch „Jahresüberschuss vor Zinsen und Steuern") oder das EBITDA (earnings before interest, taxes, depreciation and amortization, zu Deutsch „Jahresüberschuss vor Zinsen, Steuern und Abschreibungen") ist ein Kompromiss zwischen den Umsatzerlösen und dem Jahresüberschuss als Bemessungsgrundlage.[113] Zwar ist eine Manipulation auf der Kostenseite durch den Unternehmenskäufer möglich, diese ist jedoch beschränkt. So wirken sich Zinsen und Steuern beziehungsweise Zinsen, Steuern und Abschreibungen nicht auf den variablen Kaufpreis aus.

---

112 *Meuli*, Earn-out-Methode, S. 94.

113 *Piehler*, Kontraktgestaltung, S. 206.

Bei dem EBITDA handelt es sich gleichzeitig auch um einen vereinfachten Cash Flow, da aus dem Jahresüberschuss unter anderem die in der Regel wichtigste nicht zahlungswirksame Position in der Gewinn- und Verlustrechnung – die Abschreibungen – heraus gerechnet wird.

### d) Rohgewinn

Auch bei dem Bezug auf den Roh- oder Bruttogewinn, also auf Umsatzerlöse abzüglich Material- bzw. Warenaufwand, handelt es sich um einen Kompromiss zwischen der Bemessungsgrundlage „Umsatzerlöse" und „Jahresüberschuss".[114] Im Vergleich zum EBIT/ EBITDA werden hier weitere Kosten nicht in die Bemessungsgrundlage einbezogen. Eine Beeinflussung der Bemessungsgrundlage ist insofern erheblich schwieriger als bei dem Bezug auf den Jahresüberschuss oder auch das EBIT/ EBITDA.[115]

### e) Cash Flow

Es gibt verschiedene Arten, den Cash Flow zu berechnen. Zudem gibt es eine Vielzahl von Varianten des Cash Flows (EBITDA, Operative Cash Flow, Investive Cash Flow, Cash Flow aus Finanzierungstätigkeit).[116]

Während das EBITDA den Jahresüberschuss in Bezug auf die nicht zahlungswirksamen Aufwendungen und Erträge lediglich um die Ab- beziehungsweise Zuschreibungen korrigiert, errechnet sich der Operative Cash Flow durch die Eliminierung (möglichst) sämtlicher nicht liquiditätswirksamer Aufwendungen und Erträge, zum Beispiel die Veränderung von Rückstellungen, Forderungen, Verbindlichkeiten und Vorräten.[117] Für die Bemessung einer Earn-Out-Zahlung eignet sich der Operative Cash Flow am ehesten, da er darstellt, welche Zahlungsüberschüsse ein Unternehmen mit seiner wirtschaftlichen Tätigkeit erzielt.[118]

Der investive Cash Flow berücksichtigt die Zahlungsströme aus Investitionstätigkeit. Die Anschaffung von Anlagevermögen, welches (auch) für Folgejahre genutzt werden kann, senkt somit den Cash Flow des Anschaffungsjahres, ohne dass dies etwas über den Erfolg des Unternehmens aussagen könnte. Diese Größe ist aufgrund der Unabhängigkeit von der laufenden Geschäftstätigkeit

---

114 *Meuli*, Earn-out-Methode, S. 93.
115 *Meuli*, Earn-out-Methode, S. 93.
116 *Mülke*, Earn-out-Strukturen, S. 150.
117 *Winnefeld*, Bilanz-HB, Kapitel O, Rn. 20-22
118 Mit abweichenden Begrifflichkeiten, aber im Ergebnis gleich *Meuli*, Earn-out-Methode, S. 103, 115.

ungeeignet, als Bemessungsgrundlage für einen variablen Kaufpreis zu dienen. Ebenso ungeeignet ist der Cash Flow aus Finanzierungstätigkeit, denn die Finanzierungsentscheidungen des Käufers sollten keine Auswirkung auf den Unternehmenskaufpreis haben.

Bei einem Bezug auf Cash Flows sollte auf eine eindeutige Umschreibung der Basisgröße noch mehr Wert gelegt werden als bei den anderen Bemessungsgrundlagen, da es – wie beschrieben – unterschiedliche Cash Flow-Größen und auch unterschiedliche Definitionen dieser gibt.

### *II. Meilensteine*

Die Orientierung an Meilensteinen bedeutet eine Vereinbarung über die Abhängigkeit der Zusatzzahlung von bestimmten Ereignissen.[119] Solche können beispielsweise die Erteilung eines Patents oder einer Genehmigung, die Beilegung eines Rechtsstreits oder Vertragsverlängerungen mit wichtigen Kunden oder Mitarbeitern sein.[120]

Dies hat im Vergleich zur Bemessung an betriebswirtschaftlichen Kennzahlen den Vorteil, dass die Erreichung des Ziels weniger manipulationsanfällig ist und keinem Bewertungsspielraum unterliegt.[121] Nachteilig ist bei dieser Variante, dass sich das Zielunternehmen während der Earn-Out-Periode trotz Erreichung der Meilensteine negativ entwickeln kann, da zwischen dem Unternehmenswert und den Meilensteinen kein direkter, sondern nur ein indirekter Zusammenhang besteht.

Bei Wachstums- und Technologieunternehmen kann der Erfolg eines Unternehmens dagegen eher an der Erreichung von Meilensteinen – wie der Marktreife eines Produktes – als an der Entwicklung betriebswirtschaftlicher Kennzahlen im Earn-Out-Zeitraum abgelesen werden.[122] Dies liegt darin begründet, dass der Wert dieser Unternehmen erheblich von der Zukunftsprognose abhängig ist, während die gegenwärtigen Ergebnisse noch weit dahinter zurückliegen können. Gründe hierfür sind unter anderem hohe Forschungs- und Entwicklungskosten und der Aufwand, den es bedeutet, neue Produkte auf den Markt zu bringen.

---

119 *Geyrhalter/Zirngibl*, in: Wachter, FS Spiegelberger, S. 667 (671); *Werner*, DStR 2012, 1662 (1663); *Borowicz*, CF 2014, 429 (431); *Gseller*, Earn-Out-Klauseln, S. 106.

120 *Becker*, Earn Out Klausel, S. 89.

121 *Seibt*, in: Drygala/Wächter, Earnout-Klauseln, S. 220 (241 f.).

122 *Piehler*, Kontraktgestaltung, S. 206.

## E. Festlegung der Schwellenwerte

Die variable Kaufpreiszahlung ist klassischerweise von der Überschreitung bestimmter Schwellenwerte abhängig. Es bedarf einer Festlegung, wie die Schwellenwerte und die zusätzliche Zahlung bei Überschreitung berechnet werden sollen. Für die Berechnung gibt es drei übliche Varianten: den festen, den kumulativen und den variablen Standard.[123] Diese Methoden eignen sich bei finanziellen Bemessungsgrundlagen, da hier eine Berechnung des variablen Kaufpreises anhand des den Schwellenwert übersteigenden Betrages möglich ist.[124] Der übersteigende Betrag steht dem Verkäufer dann in voller Höhe oder anteilig zu.[125]

Bei nicht-finanziellen Erfolgsindikatoren (Meilensteinen) ist der variable Kaufpreisanteil betragsmäßig für das Erreichen der Ziele oder aber in Form einer an das Erreichen eines oder mehrerer Meilenstein(s/e) angepassten Berechnungsformel festzulegen.

### *I. Fester Standard*

Wenn die einzelnen Schwellenwerte für die Jahre der Earn-Out-Periode vertraglich auf bestimmte Werte festgelegt werden und der Verkäufer bei Überschreiten dieser Werte den variablen Kaufpreisanteil (übersteigender Betrag oder Anteil davon) bekommen soll, spricht man vom festen Standard.[126] Die Zahlung des zusätzlichen Kaufpreises kann entweder jährlich oder am Ende der Earn-Out-Periode erfolgen.[127]

Die Festlegung des Schwellenwertes kann sich nach dem Wert des der Earn-Out-Periode vorangegangenen Jahres oder dem Durchschnittswert mehrerer Jahre richten.[128] Außerdem kann für den Earn-Out-Zeitraum entweder jährlich ein anderer (steigender) Betrag oder für alle Jahre der gleiche Wert festgesetzt werden.[129] Dies wird je nach Entwicklungsphase der Zielgesellschaft unterschied-

---

123 *Meuli*, Earn-out-Methode, S. 65; *Piehler*, Kontraktgestaltung, S. 151; *Ihlau/Gödecke*, BB 2010, 687 (688); *Werner*, DStR 2012, 1662 (1664); *Borowicz*, CF 2014, 429 (432); *Becker*, Earn Out Klausel, S. 105; *Stauder/Schürer*, in: Mehrbrey, Streitigkeiten Unternehmenskauf, § 13, Rn. 75.

124 *Becker*, Earn Out Klausel, S. 106; *Seibt*, in: Drygala/Wächter, Earnout-Klauseln, S. 220 (232).

125 *Ihlau/Gödecke*, BB 2010, 687 (688).

126 *Ihlau/Gödecke*, BB 2010, 687 (688); *Becker*, Earn Out Klausel, S. 106; *Schröder*, in: Stumpf-Wollersheim/Horsch, Forum M&A 2019, S. 29 (54).

127 *Ihlau/Gödecke*, BB 2010, 687 (688).

128 *Meuli*, Earn-out-Methode, S. 66.

129 *Piehler*, Kontraktgestaltung, S. 208.

lich vereinbart, denn in der Gründungsphase wird mit einer Steigerung der finanziellen Kennzahlen gerechnet, während die Entwicklung eines etablierten Unternehmens stetiger verläuft.

Klauselbeispiel für den festen Standard:

*Die Parteien vereinbaren eine Erhöhung des unter […] aufgeführten Kaufpreises, falls mindestens eine der folgenden Bedingungen während der Earn-Out-Periode erfüllt wird:*

> *Die Umsatzerlöse des Unternehmens betragen im ersten auf den Abschluss dieses Vertrages folgenden Geschäftsjahr mehr als € 50 Mio. („Schwellenwert 1“).*
>
> *Die Umsatzerlöse des Unternehmens betragen im zweiten auf den Abschluss dieses Vertrages folgenden Geschäftsjahr mehr als € 52 Mio. („Schwellenwert 2“).*
>
> *Die Umsatzerlöse des Unternehmens betragen im dritten auf den Abschluss dieses Vertrages folgenden Geschäftsjahr mehr als € 54 Mio. („Schwellenwert 3“).*

*Die Earn-Out-Periode umfasst die drei auf den Abschluss dieses Vertrages folgenden Geschäftsjahre.*

*Die Kaufpreiserhöhung beträgt 5 % des den jeweiligen Schwellenwert übersteigenden Betrages für jedes Geschäftsjahr der Earn-Out-Periode, in welchem die Bedingung erfüllt wird.*

*Die „Earn-Out-Zahlung“ ist die Summe der Kaufpreiserhöhungen der einzelnen Geschäftsjahre der Earn-Out-Periode.*

*Die Earn-Out-Zahlung ist begrenzt auf den Betrag von € 1,5 Mio. und 50 % der Summe des EBITs der Earn-Out-Periode.*

### *II. Kumulativer Standard*

Der kumulative Standard unterscheidet sich vom festen Standard insofern, als dass sich die Berechnung der Schwellenwerte auf den gesamten Earn-Out-Zeitraum bezieht und nicht auf die Ergebnisse der einzelnen Jahre.[130] Bei dieser Variante ist festzulegen, ob Erträge des einen Jahres mit Verlusten eines anderen

---

130 *Meuli*, Earn-out-Methode, S. 67; *Ihlau/Gödecke*, BB 2010, 687 (688); *Schröder*, in: Stumpf-Wollersheim/Horsch, Forum M&A 2019, S. 29 (55).

Jahres ausgeglichen werden.[131] Wenn dies vereinbart wird, nimmt der Verkäufer indirekt an Verlusten der Zielgesellschaft teil.

Der Verkäufer erhält regelmäßig erst am Ende der Earn-Out-Periode die zusätzliche Kaufpreiszahlung, da die Berechnung vorher nicht endgültig vorgenommen werden kann.[132] Bei dem Vergleich von festem Standard mit jährlicher Auszahlung des variablen Kaufpreisanteils und kumulativem Standard ist daher zu beachten, dass der prozentuale Anteil aus Verkäufersicht beim kumulativen Standard höher sein sollte, da die Verzinsung der Beträge berücksichtigt werden muss und die Barwerte der Zahlungen beim festen Standard unter sonst gleichen Umständen höher sind.[133]

Diese Variante hat im Vergleich zu den anderen Standards den Vorteil, dass Periodenverschiebungen innerhalb des Earn-Out-Zeitraums, die sich durch Manipulation des Käufers ergeben, keine Auswirkungen auf den zu zahlenden Kaufpreis haben.[134]

Klauselbeispiel für den kumulativen Standard:

*Die Parteien vereinbaren eine Erhöhung des unter […] aufgeführten Kaufpreises, falls die folgende Bedingung erfüllt wird:*

> *Die Umsatzerlöse des Unternehmens betragen während der Earn-Out-Periode insgesamt mehr als € 150 Mio. („Schwellenwert").*

*Die Earn-Out-Periode umfasst die drei auf den Abschluss dieses Vertrages folgenden Geschäftsjahre.*

*Die Kaufpreiserhöhung beträgt 5 % des den Schwellenwert übersteigenden Betrages für den gesamten Zeitraum der Earn-Out-Periode („Earn-Out-Zahlung").*

*Die Earn-Out-Zahlung ist begrenzt auf den Betrag von € 1,5 Mio. und 50 % der Summe des EBITs der Earn-Out-Periode.*

---

131 *Hilgard*, BB 2010, 2912 (2916); *Schröder*, in: Stumpf-Wollersheim/Horsch, Forum M&A 2019, S. 29 (55); die Verrechnung der Ergebnisse der einzelnen Perioden empfehlend *Klein*, GStB 2010, 117 (121).

132 *Piehler*, Kontraktgestaltung, S. 208; *Ihlau/Gödecke*, BB 2010, 687 (688); *Becker*, Earn Out Klausel, S. 107.

133 *Meuli*, Earn-out-Methode, S. 69 f.; *Becker*, Earn Out Klausel, S. 107 f.; *Schröder*, in: Stumpf-Wollersheim/Horsch, Forum M&A 2019, S. 29 (55).

134 *Piehler*, Kontraktgestaltung, S. 208.

### III. Variabler Standard

Es ist auch möglich, die Schwellenwerte der einzelnen Jahre im Vorhinein nicht betragsmäßig, sondern nur in Form einer Berechnungsformel, festzulegen, da sich die Werte nach der tatsächlichen Entwicklung richten.[135] Diese Variante wird variabler Standard genannt.[136]

Möglich ist beispielsweise, dass der Schwellenwert jeweils das (beste) Vorjahresergebnis ist.[137] In diesem Fall erhält der Verkäufer nur bei Steigerung des Unternehmenserfolgs den zusätzlichen Kaufpreis und geht daher ein tendenziell höheres Risiko ein als bei den anderen Berechnungsvarianten.[138]

Klauselbeispiel für den variablen Standard:

*Die Parteien vereinbaren eine Erhöhung des unter […] aufgeführten Kaufpreises, falls mindestens eine der folgenden Bedingungen während der Earn-Out-Periode erfüllt wird:*

> *Die Umsatzerlöse des Unternehmens betragen im ersten auf den Abschluss dieses Vertrages folgenden Geschäftsjahr („Jahr 1") mehr als € 50 Mio. („Schwellenwert 1").*
>
> *Die Umsatzerlöse des Unternehmens betragen im zweiten auf den Abschluss dieses Vertrages folgenden Geschäftsjahr („Jahr 2") mehr als im Jahr 1. Der Betrag der Umsatzerlöse des Jahres 1, mindestens aber € 50 Mio., ist der „Schwellenwert 2".*
>
> *Die Umsatzerlöse des Unternehmens betragen im dritten auf den Abschluss dieses Vertrages folgenden Geschäftsjahr mehr als im Jahr 2. Der Betrag der Umsatzerlöse des Jahres 2, mindestens aber € 52 Mio., ist der „Schwellenwert 3".*

*Die Earn-Out-Periode umfasst die drei auf den Abschluss dieses Vertrages folgenden Geschäftsjahre.*

---

135 *Ihlau/Gödecke*, BB 2010, 687 (688); *Schröder*, in: Stumpf-Wollersheim/Horsch, Forum M&A 2019, S. 29 (54).

136 *Ihlau/Gödecke*, BB 2010, 687 (688); *Schröder*, in: Stumpf-Wollersheim/Horsch, Forum M&A 2019, S. 29 (54).

137 *Meuli*, Earn-out-Methode, S. 66; *Ihlau/Gödecke*, BB 2010, 687 (688); *Becker*, Earn Out Klausel, S. 106.

138 *Meuli*, Earn-out-Methode, S. 66 f.; *Becker*, Earn Out Klausel, S. 107; *Schröder*, in: Stumpf-Wollersheim/Horsch, Forum M&A 2019, S. 29 (55).

*Die Kaufpreiserhöhung beträgt 5 % des den jeweiligen Schwellenwert übersteigenden Betrages für jedes Geschäftsjahr der Earn-Out-Periode, in welchem die Bedingung erfüllt wird.*

*Die „Earn-Out-Zahlung" ist die Summe der Kaufpreiserhöhungen der einzelnen Geschäftsjahre der Earn-Out-Periode.*

*Die Earn-Out-Zahlung ist begrenzt auf den Betrag von € 1,5 Mio. und 50 % der Summe des EBITs der Earn-Out-Periode.*

## § 5 Abgrenzung zu anderen Vertragsklauseln

Im Folgenden werden ausgewählte weitere Klauseln angesprochen, die ebenfalls eine Auswirkung auf Zahlungsverpflichtungen zwischen Unternehmenskäufer und -verkäufer haben, und zu Earn-Out-Klauseln abgegrenzt.

### A. Kaufpreisanpassungsklauseln mit anderer Anknüpfung

Kaufpreisanpassungsklauseln haben eine Auswirkung auf die Festlegung des Kaufpreises zwischen den Parteien. Diese Anpassung kann sich auf den Zeitraum zwischen Vertragsschluss (Signing) und Übergangsstichtag (dinglicher Vollzug, Closing[139]) beziehen, oder, so wie auch Earn-Out-Klauseln, auf einen Zeitraum nach dem Closing.

#### *I. Anpassung des Kaufpreises zum Übergangsstichtag*

Für die Ermittlung des Unternehmenskaufpreises gibt es im Wesentlichen zwei Methoden: die Locked Box Methode und die Closing Accounts Methode.[140] Bei der Locked Box Methode handelt es sich um eine vergangenheitsbezogene Berechnung des Kaufpreises, während die Closing Accounts Methode den Wert auf den Übergangsstichtag ermittelt.[141]

139 Übertragungsstichtag und Closing fallen üblicherweise, aber nicht zwingend, zusammen, siehe hierzu *Jaques*, in: Ettinger/Jaques, Unternehmenskauf im Mittelstand, D., Rn. 686.

140 *Koffka/Mackensen*, in: Eilers et al., Private Equity, I.4, Rn. 5; *Gruhn/Swoboda*, in: Drygala/Wächter, Earnout-Klauseln, S. 108 (110).

141 *Koffka/Mackensen*, in: Eilers et al., Private Equity, I.4, Rn. 5; *Gruhn/Swoboda*, in: Drygala/Wächter, Earnout-Klauseln, S. 108 (110).

### *1. Locked Box*

Das Locked Box Verfahren ist als Verfahren zur Festlegung des Kaufpreises, nicht aber als eine Anpassung des Kaufpreises zu verstehen, denn eine Anpassung aufgrund von Veränderungen zwischen dem Bewertungsstichtag und dem Closing erfolgt gerade nicht.[142] Um eine Abgrenzung zu der Closing Accounts Methode zu zeigen, soll hier dennoch auch auf die Locked Box Methode eingegangen werden.

Da bei der Einigung auf einen festen Preis, berechnet auf einen vor dem Signing liegenden Stichtag (zum Beispiel den letzten Jahresabschlussstichtag), das Risiko von Wertänderungen schon vor dem Closing auf den Käufer übergeht, fordert dieser üblicherweise bestimmte selbstständige Garantien, § 311 Abs. 1 BGB, des Veräußerers ein.[143] Diese betreffen die Art der Unternehmensführung durch den Verkäufer bis zum Closing, welche keine außergewöhnlichen Maßnahmen enthalten sollte.[144] Mit dieser Methode wird versucht, sicherzustellen, dass sich der Unternehmenswert – durch die Verhinderung von „nicht-operativen Wertabflüssen"[145] – nach dem Bewertungsstichtag nicht mehr wesentlich verändert.[146]

Es kann beispielsweise zugesichert werden, dass keine oder nur im Vorhinein genehmigte Liquiditätsabgänge stattgefunden haben beziehungsweise stattfinden werden.[147] Für den Käufer sind in erster Linie die Wertabflüsse an den Verkäufer beziehungsweise an die Gesellschafter der Zielgesellschaft von Interesse.[148] Das Verbot solcher Abflüsse (Leakage) wird in einer No-Leakage-Klausel festgehalten.[149] Vertraglich genehmigte Abflüsse werden als Permitted Leaka-

---

142 *Fischer*, in: Drygala/Wächter, Earnout-Klauseln, S. 91 (94); *Schröder*, in: Stumpf-Wollersheim/Horsch, Forum M&A 2019, S. 29 (35).

143 *Fischer*, in: Drygala/Wächter, Earnout-Klauseln, S. 91 (94); *Ziegenhain*, in: BeckHdB M&A, § 16, Rn. 15 f.; *Schröder*, in: Stumpf-Wollersheim/Horsch, Forum M&A 2019, S. 29 (35).

144 *Fischer*, in: Drygala/Wächter, Earnout-Klauseln, S. 91 (94 f.); *Koffka/Mackensen*, in: Eilers et al., Private Equity, I.4, Rn. 14; *Neuhaus*, in: Kiem, Kaufpreisregelungen, § 5, Rn. 9.

145 *Koffka/Mackensen*, in: Eilers et al., Private Equity, I.4, Rn. 5.

146 *Koffka/Mackensen*, in: Eilers et al., Private Equity, I.4, Rn. 5.

147 *Fischer*, in: Drygala/Wächter, Earnout-Klauseln, S. 91 (94 f.); *Ziegenhain*, in: BeckHdB M&A, § 16, Rn. 18; *Neuhaus*, in: Kiem, Kaufpreisregelungen, § 5, Rn. 9.

148 *Koffka/Mackensen*, in: Eilers et al., Private Equity, I.4, Rn. 9; *Gruhn/Swoboda*, in: Drygala/Wächter, Earnout-Klauseln, S. 108 (110); *Neuhaus*, in: Kiem, Kaufpreisregelungen, § 5, Rn. 9; *Schröder*, in: Stumpf-Wollersheim/Horsch, Forum M&A 2019, S. 29 (45).

149 *Koffka/Mackensen*, in: Eilers et al., Private Equity, I.4, Rn. 9; *Neuhaus*, in: Kiem, Kaufpreisregelungen, § 5, Rn. 9; *Schröder*, in: Stumpf-Wollersheim/Horsch, Forum M&A 2019, S. 29 (45).

ge bezeichnet.[150] Sollte es seit dem Bewertungsstichtag noch nicht genehmigte Liquiditäts- beziehungsweise Wertabflüsse zugunsten des Verkäufers gegeben haben, so werden diese vom Kaufpreis abgezogen.[151]

Das Locked Box Verfahren ist insbesondere im Rahmen eines Share Deals sinnvoll.[152] Das liegt darin begründet, dass der Käufer sich bei der Bemessung des Kaufpreises auf die Richtigkeit des vor dem Signing aufgestellten Jahresabschlusses verlässt, da im Nachhinein keine Anpassungen vorgenommen werden.[153] Die Richtigkeit des Jahresabschlusses wird vom Verkäufer zu diesem Zweck regelmäßig garantiert.[154] Bei einem Asset Deal wird das zu veräußernde Unternehmensvermögen jedoch regelmäßig nicht in einem Jahresabschluss erfasst, denn es werden oftmals gerade nicht alle Vermögensgegenstände und Schulden des Unternehmens veräußert.[155] Insbesondere fehlt es an einer Gewinn- und Verlustrechnung, die sich auf die zu veräußernden Vermögensgegenstände beziehungsweise den zu veräußernden Unternehmensteil bezieht.[156] Aus diesem Grund hat der Käufer keine Möglichkeit, den Kaufpreis anhand eines solchen Jahresabschlusses zu ermitteln. Bei Einbringung des Vermögens in eine neu gegründete Gesellschaft vor der Transaktion kann zwar die Eröffnungsbilanz dieser Gesellschaft herangezogen werden, eine isolierte Gewinn- und Verlustrechnung existiert jedoch auch in diesem Fall nicht.[157]

In der Praxis werden allerdings dennoch Unternehmen im Rahmen eines Asset Deals unter Vereinbarung eines festen Kaufpreises veräußert. Insbesondere bei der Veräußerung von kleinen und mittelständischen Unternehmen wird dies beobachtet. Für die Unternehmensbewertung wird die Gewinn- und Verlustrechnung des Unternehmens herangezogen, auch wenn beispielsweise die Verbindlichkeiten

---

150 *Koffka/Mackensen*, in: Eilers et al., Private Equity, I.4, Rn. 9; *Schröder*, in: Stumpf-Wollersheim/Horsch, Forum M&A 2019, S. 29 (45).

151 *Koffka/Mackensen*, in: Eilers et al., Private Equity, I.4, Rn. 7; *Ziegenhain*, in: BeckHdB M&A, § 16, Rn. 18; *Schröder*, in: Stumpf-Wollersheim/Horsch, Forum M&A 2019, S. 29 (45).

152 *Gruhn/Swoboda*, in: Drygala/Wächter, Earnout-Klauseln, S. 108 (111, 113); *Ziegenhain*, in: BeckHdB M&A, § 16, Rn. 26 f.; *Schröder*, in: Stumpf-Wollersheim/Horsch, Forum M&A 2019, S. 29 (35).

153 *Ziegenhain*, in: BeckHdB M&A, § 16, Rn. 26.

154 *Ziegenhain*, in: BeckHdB M&A, § 16, Rn. 26; *Neuhaus*, in: Kiem, Kaufpreisregelungen, § 5, Rn. 10; *Schröder*, in: Stumpf-Wollersheim/Horsch, Forum M&A 2019, S. 29 (35, 45).

155 *Ziegenhain*, in: BeckHdB M&A, § 16, Rn. 26

156 *Ziegenhain*, in: BeckHdB M&A, § 16, Rn. 26.

157 *Ziegenhain*, in: BeckHdB M&A, § 16, Rn. 27 f.

nicht mit erworben werden. Eine Verzerrung muss sich bei der Bewertung nicht zwingend ergeben, denn für diese könnte das EBIT oder EBITDA herangezogen werden. Die Finanzierungsstruktur des Verkäuferunternehmens ist dann irrelevant.

### 2. *Closing Accounts*

Bei der Closing Accounts Methode erfolgt die Kaufpreisermittlung zum Closing.[158] Das bedeutet, dass in dem Kaufvertrag eine Formel festgelegt wird, nach welcher der Kaufpreis – nach Aufstellung des Stichtagsabschlusses – zum Übertragungsstichtag berechnet wird.[159]

Der Kaufpreis für das Unternehmen wird nur insofern zahlenmäßig im Kaufvertrag genannt, als dass er auf den „finanzneutralen Unternehmenswert“[160], also den Unternehmenswert, der sich bei Außerachtlassung der Finanzverbindlichkeiten und Barmittel ergibt (Enterprise Value), entfällt.[161] Für die Ermittlung des endgültigen Kaufpreises (Equity Value) werden die Finanzverbindlichkeiten zum Übertragungsstichtag abgezogen und die vorhandenen Barmittel addiert.[162] Es handelt sich um den sogenannten „debt free/cash free“-Ansatz.[163] Bei einem Asset Deal werden Barmittel und Finanzverbindlichkeiten üblicherweise nicht mit veräußert, sodass diese Anpassung in erster Linie bei Share Deals notwendig ist.[164]

Darüber hinaus kann eine Anpassung des Kaufpreises an das zum Stichtag vorhandene Nettoumlaufvermögen (Working Capital) vereinbart werden.[165] Dieses

---

158 *Koffka/Mackensen*, in: Eilers et al., Private Equity, I.4, Rn. 18; *Gruhn/Swoboda*, in: Drygala/Wächter, Earnout-Klauseln, S. 108 (111); *Schröder*, in: Stumpf-Wollersheim/Horsch, Forum M&A 2019, S. 29 (36).

159 *Koffka/Mackensen*, in: Eilers et al., Private Equity, I.4, Rn. 18; *Gruhn/Swoboda*, in: Drygala/Wächter, Earnout-Klauseln, S. 108 (111); *Schröder*, in: Stumpf-Wollersheim/Horsch, Forum M&A 2019, S. 29 (36).

160 *Koffka/Mackensen*, in: Eilers et al., Private Equity, I.4, Rn. 5.

161 *Koffka/Mackensen*, in: Eilers et al., Private Equity, I.4, Rn. 19; *Gruhn/Swoboda*, in: Drygala/Wächter, Earnout-Klauseln, S. 108 (109, 111).

162 *Koffka/Mackensen*, in: Eilers et al., Private Equity, I.4, Rn. 19; *Gruhn/Swoboda*, in: Drygala/Wächter, Earnout-Klauseln, S. 108 (109); *Ziegenhain*, in: BeckHdB M&A, § 16, Rn. 30; *Schröder*, in: Stumpf-Wollersheim/Horsch, Forum M&A 2019, S. 29 (37).

163 *Koffka/Mackensen*, in: Eilers et al., Private Equity, I.4, Rn. 18; *Ziegenhain*, in: BeckHdB M&A, § 16, Rn. 30; *Schröder*, in: Stumpf-Wollersheim/Horsch, Forum M&A 2019, S. 29 (37).

164 *Ziegenhain*, in: BeckHdB M&A, § 16, Rn. 12.

165 *Koffka/Mackensen*, in: Eilers et al., Private Equity, I.4, Rn. 22; *Gruhn/Swoboda*, in: Drygala/Wächter, Earnout-Klauseln, S. 108 (109); *Ziegenhain*, in: BeckHdB M&A,

besteht in der klassischen Definition aus Vorräten, Forderungen und Verbindlichkeiten aus Lieferung und Leistung und erhaltenen Anzahlungen.[166] Durch die Anpassung auch an diese Größe können Manipulationen des Kaufpreises durch den Verkäufer verhindert werden.[167] Dieser könnte bei Außerachtlassung von Veränderungen des Working Capitals die Barmittel beispielsweise durch unüblich schnelle Forderungseintreibung oder Zahlungsaufschub bei Lieferantenrechnungen in die Höhe treiben.[168] Die Anpassung erfolgt in der Weise, dass eine Zielgröße vereinbart wird, deren Überschreitung den Kaufpreis erhöht beziehungsweise Unterschreitung den Kaufpreis vermindert.[169]

Es sind weitere Anpassungen des Kaufpreises an den Übertragungsstichtag möglich, so zum Beispiel bei unterlassenen Investitionen oder bei Personengesellschaften um die Veränderung des Eigenkapitals.[170]

### 3. *Verhältnis zu Earn-Out-Klauseln*

Beide Varianten haben keinen Zukunftsbezug und unterscheiden sich insofern von einer Earn-Out-Gestaltung.[171] Sie können auch mit einer Earn-Out-Klausel kombiniert werden. In diesem Fall würde der fixe Kaufpreisbestandteil im Rahmen einer Locked Box oder Closing Accounts Methode ermittelt – regelmäßig wohl mit einem Abschlag, da für die endgültige Kaufpreisermittlung die zukünftige Unternehmensentwicklung herangezogen werden soll – und für den variablen Bestandteil die Earn-Out-Klausel herangezogen werden. Die Klauseln sind so aufeinander abzustimmen, dass nicht die Gefahr besteht, dass ein Sachverhalt eine mehrmalige Kaufpreisanpassung auslöst.[172]

---

§ 16, Rn. 43; *Schröder*, in: Stumpf-Wollersheim/Horsch, Forum M&A 2019, S. 29 (37); *Weber/Schulz*, in: Hölters, Unternehmenskauf, Kapitel 9, Rn. 9.210-9.212.

166 *Koffka/Mackensen*, in: Eilers et al., Private Equity, I.4, Rn. 22.

167 *Koffka/Mackensen*, in: Eilers et al., Private Equity, I.4, Rn. 21 f.; *Neuhaus*, in: Kiem, Kaufpreisregelungen, § 5, Rn. 14; *Weber/Schulz*, in: Hölters, Unternehmenskauf, Kapitel 9, Rn. 9.212.

168 *Koffka/Mackensen*, in: Eilers et al., Private Equity, I.4, Rn. 21; *Gruhn/Swoboda*, in: Drygala/Wächter, Earnout-Klauseln, S. 108 (114); *Schröder*, in: Stumpf-Wollersheim/Horsch, Forum M&A 2019, S. 29 (37 f.).

169 *Ziegenhain*, in: BeckHdB M&A, § 16, Rn. 45; *Schröder*, in: Stumpf-Wollersheim/Horsch, Forum M&A 2019, S. 29 (37).

170 *Koffka/Mackensen*, in: Eilers et al., Private Equity, I.4, 23 f.

171 In Bezug auf Closing Accounts *Werner*, DStR 2012, 1662.

172 *Werner*, DStR 2012, 1662 (1666).

### *II. Zukunftsbezogene Kaufpreisanpassungsklauseln*

Bei den zukunftsbezogenen Kaufpreisanpassungsklauseln handelt es sich um solche, die Änderungen des Kaufpreises für Ereignisse vorsehen, die zeitlich nach dem Closing liegen. Neben Earn-Out-Klauseln kommen als zukunftsbezogene Kaufpreisanpassung Weiterveräußerungs- beziehungsweise Mehrerlösklauseln in Betracht.

#### *1. Weiterveräußerungs- beziehungsweise Mehrerlösklauseln*

Solche Klauseln werden verwendet, um bei einer Weiterveräußerung des Unternehmens durch den Käufer innerhalb eines bestimmten Zeitraums nach der Transaktion den ursprünglichen Verkäufer an dem erzielten Veräußerungspreis teilhaben zu lassen, sofern dieser über dem Kaufpreis des ersten Kaufvertrages liegt.[173] Diese Variante bietet sich in erster Linie an, wenn der Käufer als Finanzinvestor keine langfristige Beteiligung plant.[174] Dies ist häufig bei Start-Ups zu beobachten. Investoren verfolgen hier das Ziel, durch eine kurz- oder mittelfristige Investition ein Unternehmen in der Anfangsphase im Wachstum zu unterstützen, um die alsbaldige, gewinnbringende Veräußerung zu ermöglichen.

Handelt es sich bei der Zielgesellschaft um ein etabliertes Unternehmen, kann hiervon nicht ausgegangen werden. Sollte der Käufer die Weiterveräußerung planen, wird er dies nicht zwingend offenlegen. Die Verwendung einer Mehrerlösklausel bietet sich daher an, um den Verkäufer davor zu schützen, zu einem unter dem Marktpreis liegenden Preis zu veräußern.

Bei der Formulierung einer Mehrerlösklausel ist zu regeln, innerhalb welchen Zeitraums die Weiterveräußerung zu erfolgen hat, damit eine weitere Zahlungsverpflichtung an den Veräußerer ausgelöst wird.[175] Des Weiteren ist auch zu bestimmen, was als Weiterveräußerung gilt und in diesem Zusammenhang für einen Share Deal eine Beteiligungshöhe festzulegen, ab der die Klausel greift.[176] Es kann auch vereinbart werden, dass der Verkäufer bei der Weiterveräußerung

---

173 *König*, in: Kiem, Kaufpreisregelungen, § 14, Rn. 5; *Kiem*, in: Drygala/Wächter, Earnout-Klauseln, S. 151 (151, 157, 160); *Werner*, DStR 2012, 1662 (1663); *Gseller*, Earn-Out-Klauseln, S. 106 f..

174 *König*, in: Kiem, Kaufpreisregelungen, § 14, Rn. 38; *Becker*, Earn Out Klausel, S. 165.

175 *König*, in: Kiem, Kaufpreisregelungen, § 14, Rn. 39; *Kiem*, in: Drygala/Wächter, Earnout-Klauseln, S. 151 (161, 164 f.); *Becker*, Earn Out Klausel, S. 166 f.

176 *König*, in: Kiem, Kaufpreisregelungen, § 14, Rn. 39; *Kiem*, in: Drygala/Wächter, Earnout-Klauseln, S. 151 (160-164); *Becker*, Earn Out Klausel, S. 166.

bestimmter Assets – zum Beispiel des Betriebsgrundstücks – beteiligt werden soll.[177] Solche Klauseln werden auch als Einzelverwertungsklauseln bezeichnet.[178]

Darüber hinaus ist die Berechnung der Partizipation des Verkäufers festzulegen.[179] Hier ist darauf einzugehen, wie die Transaktionskosten und zwischenzeitliche Eigenkapitalzuführungen beziehungsweise -minderungen in die Berechnung eingehen.[180] Es bietet sich außerdem an, die Beteiligung des Veräußerers an dem erzielten Mehrerlös nach Zeitablauf zu staffeln, sodass sich die Partizipation vermindert, je mehr Zeit nach dem ursprünglichen Verkauf vergangen ist.[181]

### 2. *Verhältnis zu Earn-Out-Klauseln*

In der Literatur werden Mehrerlösklauseln teilweise auch unter dem Oberbegriff der Earn-Out-Klauseln genannt.[182] Beide Klauseln haben gemein, dass sich der Kaufpreis für das Unternehmen aufgrund von Entwicklungen nach dem Closing verändert und der Verkäufer somit auch nach der Veräußerung an der Unternehmensentwicklung partizipiert.

Vorliegend wird der Begriff „Earn-Out-Klausel" für Klauseln verwendet, die auf Entwicklungen innerhalb des Unternehmens, sprich der Erreichung beziehungsweise Überschreitung betriebswirtschaftlicher Kennzahlen oder Meilensteine, basieren. Bei einer Mehrerlösklausel liegt das Ereignis außerhalb des Unternehmens, da der Käufer die Gesellschaftsanteile beziehungsweise Assets veräußert.

## B. Andere Vertragsklauseln

Neben Klauseln, die sich auf den Kaufpreis auswirken, gibt es weitere Vertragsgestaltungen, die Parallelen zu Earn-Out-Klauseln aufweisen. Zu diesen gehören

---

177 *Kiem*, in: Drygala/Wächter, Earnout-Klauseln, S. 151 (157).

178 *Kiem*, in: Drygala/Wächter, Earnout-Klauseln, S. 151 (157).

179 *König*, in: Kiem, Kaufpreisregelungen, § 14, Rn. 39; *Kiem*, in: Drygala/Wächter, Earnout-Klauseln, S. 151 (161, 165-169).

180 *König*, in: Kiem, Kaufpreisregelungen, § 14, Rn. 39; *Kiem*, in: Drygala/Wächter, Earnout-Klauseln, S. 151 (161, 166 f.); *Schmidt-Hern/Behme*, NZG 2012, 81 (82 f.).

181 *Schmidt-Hern/Behme*, NZG 2012, 81 (82); *Kiem*, in: Drygala/Wächter, Earnout-Klauseln, S. 151 (168 f.).

182 *Neuhaus*, in: Kiem, Kaufpreisregelungen, § 5, Rn. 18; *König*, in: Kiem, Kaufpreisregelungen, § 14, Rn. 38; *Koffka/Mackensen*, in: Eilers et al., Private Equity, I.4, Rn. 39; *Ziegenhain*, in: BeckHdB M&A, § 16, Rn. 59–61.

Garantien, Freistellungsklauseln, MAC[183]- beziehungsweise MAE[184]-Klauseln sowie Beteiligungs- und Optionsmodelle. Sie haben mit Earn-Out-Gestaltungen gemein, dass sie ebenfalls Auswirkungen auf die Risikoverteilung zwischen Käufer und Verkäufer haben und Zahlungsverpflichtungen zwischen den Parteien auslösen, deren Ursache Ereignisse oder Erkenntnisse nach Vertragsschluss sind.

### *I. Eigenkapital- und Bilanzgarantien*

In Unternehmenskaufverträge werden typischerweise Garantiekataloge aufgenommen, die festlegen, welche Eigenschaften des Unternehmens der Verkäufer dem Käufer garantiert und welche Rechtsfolgen eintreten, wenn diese nicht vorliegen beziehungsweise zum Übertragungsstichtag nicht vorgelegen haben.[185] Es handelt sich dann üblicherweise um selbstständige verschuldensunabhängige Garantien nach § 311 Abs. 1 BGB.[186] Die Rechtsfolge bei Nichtvorliegen der garantierten Eigenschaften ist regelmäßig ein Anspruch auf Schadensersatz.[187]

Einer Kaufpreisanpassungsklausel sind insbesondere die Eigenkapital- und die Bilanzgarantie ähnlich, da sie durch den Bezug auf den Jahresabschluss eine Beziehung zu den Unternehmensbewertungsgrundlagen aufweisen.

#### *1. Eigenkapitalgarantien*

Eine Garantie kann sich zum Beispiel auf einen Eigenkapitalbetrag beziehen.[188] Es wird klassischerweise vereinbart, dass bei Unterschreitung des garantierten Eigenkapitals der Differenzbetrag an den Käufer zu zahlen ist.[189]

Bei der Ausgestaltung solcher Klauseln ist zu beachten, dass – beispielsweise wenn die Ursache des Vorliegens geringeren Eigenkapitals darin liegt, dass Vermögensgegenstände der Aktivseite der Bilanz nicht oder nicht mit dem vom Verkäufer angegebenen Buchwert zu bilanzieren sind beziehungsweise waren – der

---

183 Material Adverse Change, zu Deutsch „Wesentliche nachteilige Veränderung".

184 Material Adverse Event, zu Deutsch „Wesentliches unerwünschtes Ereignis".

185 *Wollny*, in: Drygala/Wächter, Earnout-Klauseln, S. 23 (24); *Kiem*, in: Kiem, Kaufpreisregelungen, § 9, Rn. 4; *Bisle*, DStR 2013, 364 (365).

186 *Engelhardt*, in: Holzapfel et al., Unternehmenskauf, VIII., Rn. 888 f.; *Bisle*, DStR 2013, 364 (365); *Paefgen/Wallisch*, in: Drygala/Wächter, Bilanzgarantien, S. 205 (214); *Becker*, Earn Out Klausel, S. 45; *Schöne/Uhlendorf*, in: Drygala/Wächter, Earnout-Klauseln, S. 133 (140); *Hilgard*, ZIP 2005, 1813.

187 *Hilgard*, ZIP 2005, 1813.

188 *Wollny*, in: Drygala/Wächter, Earnout-Klauseln, S. 23 (25).

189 *Mellert*, in: Drygala/Wächter, Bilanzgarantien, S. 11 (12); *Kiem*, in: Kiem, Kaufpreisregelungen, § 9, Rn. 6 f.

Schaden für den Käufer höher sein kann, als die Buchwertdifferenz des Eigenkapitals.[190] Dies ist unter anderem der Fall, wenn der Wert einer Beteiligung gemindert ist und bei der Unternehmensbewertung mit zukünftigen Erträgen aus dieser Beteiligung gerechnet wurde, welche nicht erzielt werden.[191]

Dieses Beispiel lässt erkennen, dass sich das Eigenkapital, der Unternehmenswert und der Unternehmenskaufpreis zwar bedingen, jedoch nicht darauf geschlossen werden kann, dass die Zahlung des fehlenden Eigenkapitalbetrages eine (sinnvolle) Kaufpreisanpassung bedeutet.[192] Die Rechtsfolgenregelung der Verletzung der Eigenkapitalgarantie sollte daher vorzugsweise eine Berechnung enthalten, die sich an der Unternehmenswertminderung orientiert.[193]

### 2. *Bilanzgarantien*

Im Rahmen einer Bilanzgarantie garantiert der Verkäufer, dass eine Bilanz, auf welche im Kaufvertrag Bezug genommen wird, in Übereinstimmung mit den gesetzlichen Vorschriften aufgestellt wurde.[194] Sie hat insbesondere bei der Kaufpreisfestlegung im Locked Box Verfahren einen hohen Stellenwert für den Unternehmenskäufer, da der zugrunde liegende Jahresabschluss ohne Anpassungen auf den Übertragungsstichtag in die Kaufpreisbemessung einfließt.[195] Aber auch für andere Methoden der Kaufpreisbemessung beziehungsweise -anpassung ist die Richtigkeit des Jahresabschlusses und somit die Bilanzgarantie von Bedeutung, da sich die Berechnungen in der Regel auf Werte aus Jahresabschlüssen beziehen.[196]

Es wird zwischen subjektiven und objektiven Bilanzgarantien unterschieden.[197] Eine subjektive Bilanzgarantie garantiert die inhaltliche Richtigkeit des Jahresabschlusses unter Berücksichtigung aller wertbegründender Sachverhalte, die bis zum Bilanzstichtag vollendet waren und von welchen bis zur Bilanzaufstellung Kenntnis erlangt wurde, während die objektive darüber hinaus auch nach diesem

---

190 *Wollny*, in: Drygala/Wächter, Earnout-Klauseln, S. 23 (39 f.); *Paefgen/Wallisch*, in: Drygala/Wächter, Bilanzgarantien, S. 205 (221).

191 *Wollny*, in: Drygala/Wächter, Earnout-Klauseln, S. 23 (39 f.).

192 *Wollny*, in: Drygala/Wächter, Earnout-Klauseln, S. 23 (39 f., 42); zu dieser Problematik ebenfalls *Wenzel*, in: Drygala/Wächter, Earnout-Klauseln, S. 59 (S. 67 f.).

193 *Wollny*, in: Drygala/Wächter, Earnout-Klauseln, S. 23 (42 f.); *Paefgen/Wallisch*, in: Drygala/Wächter, Bilanzgarantien, S. 205 (221); zur Schadensersatzberechnung bei Eigenkapitalgarantien *Hilgard*, ZIP 2005, 1813 (1816 f.).

194 *Schulz/Sommer*, NZG 2018, 50 (50, 52).

195 *Ziegenhain*, in: BeckHdB M&A, § 16, Rn. 26; siehe auch oben Kapitel 2, § 5, A., I., 1.

196 *Bruski*, BB-Special Nr. 7 2005, 19 (23).

197 *Kästle/Oberbracht*, Unternehmenskauf, S. 163 f.

Zeitpunkt bekannt gewordene Sachverhalte umfasst, die am Bilanzstichtag bereits vorlagen.[198]

Bilanzgarantien weisen Parallelen zu Eigenkapitalgarantien auf, da das Eigenkapital als Differenzgröße zwischen Aktiva und Passiva einer Bilanz ausgewiesen wird. Auf der Rechtsfolgenseite stellen sich bei Bilanzgarantien ähnliche Fragen wie bei Eigenkapitalgarantien, nämlich ob eine „Bilanzauffüllung" – was dem Ersatz der Eigenkapitaldifferenz entspricht – oder ein Ausgleich der Abweichung des Unternehmenswertes vorgenommen werden soll.[199]

Da auch die Bilanzgarantie den Buchwert des Eigenkapitals umfasst, ist eine zusätzliche Eigenkapitalgarantie nur dann sinnvoll, wenn die Bilanzgarantie für einen anderen Stichtag als die Eigenkapitalgarantie abgegeben wurde.[200]

### 3. *Verhältnis zu Earn-Out-Klauseln*

Auf den ersten Blick ist das Regelungsziel von Eigenkapital- beziehungsweise Bilanzgarantien ein anderes als das von Earn-Out-Klauseln. Garantien haben zum Beispiel üblicherweise keinen Zukunftsbezug.[201] Darüber hinaus ist der Schadensersatz bei Garantieverletzung immer vom Verkäufer an den Käufer zu leisten.[202] Eine Verpflichtung des Käufers – wie üblicherweise bei Earn-Out-Klauseln – kann sich nicht ergeben. Wenn vereinbart wird, dass die Buchwertdifferenz den Schadensersatz darstellen soll, erfolgt regelmäßig keine Anpassung des Kaufpreises an den tatsächlichen Unternehmenswert.

Ist bei Verletzung einer Garantie allerdings das positive Interesse zu ersetzen, erfolgt eine Anpassung des tatsächlichen zu dem hypothetischen Unternehmenswert (zuzüglich etwaiger Folgeschäden).[203] Der Schadensersatz orientiert sich dabei am Unternehmenswert, der sich ergeben hätte, wenn die Garantie zutreffend gewesen wäre. Wirtschaftlich betrachtet handelt es sich bei einem auf diesem Weg ermittelten Schadensersatz um eine Kaufpreisanpassung.[204] Die so ausgestaltete Rechtsfolge der Garantieverletzung hat insofern Parallelen zu

---

198 *Kästle/Oberbracht*, Unternehmenskauf, S. 163 f.

199 Zu dieser Problematik *Wächter*, in: Drygala/Wächter, Earnout-Klauseln, S. 1 (11–18); *Hilgard*, ZIP 2005, 1813 (1816); *Paefgen/Wallisch*, in: Drygala/Wächter, Bilanzgarantien, S. 205 (221).

200 *Mellert*, in: Drygala/Wächter, Bilanzgarantien, S. 11 (15).

201 In Bezug auf Bilanzgarantien *Kästle/Oberbracht*, Unternehmenskauf, S. 160 f.

202 Zur Abgrenzung zu einer Nachbewertungsklausel *Wenzel*, in: Drygala/Wächter, Earnout-Klauseln, S. 59 (67).

203 *Wächter*, in: Drygala/Wächter, Earnout-Klauseln, S. 1 (17 f.).

204 *Ziegenhain*, in: BeckHdB M&A, § 16, Rn. 26; *Hilgard*, ZIP 2005, 1813 (1815).

Earn-Out-Klauseln, als dass auch sie versucht, den Kaufpreis unter Berücksichtigung von Erkenntnissen, die erst nach dem Übertragungsstichtag gewonnen wurden, an den tatsächlichen Unternehmenswert anzupassen.

Eine weitere Gemeinsamkeit ist, dass beide Klauseln die Glaubwürdigkeit des Verkäufers erhöhen. Dieser erklärt sich bei Earn-Out-Klauseln bereit, einen Teil seines Kaufpreisanspruchs von der zukünftigen Entwicklung des Unternehmens abhängig zu machen und erhöht somit die Glaubwürdigkeit seiner Prognose der Unternehmensentwicklung.[205] Garantiert er die Inhalte der Bilanz oder die Höhe des Eigenkapitals, hebt er seine Bereitschaft hervor, bei Abweichungen für den Schaden einzustehen. Der Verkäufer bringt durch die Garantie zum Ausdruck, dass der betreffende Jahresabschluss vertrauenswürdig ist.

Eigenkapital- und Bilanzgarantien können auch gemeinsam mit Earn-Out-Klauseln in einem Unternehmenskaufvertrag verwendet werden. Es ist dann darauf zu achten, dass der Schadensersatz und die Berechnung des variablen Kaufpreisanteils nicht dazu führen, dass eine Garantieverletzung doppelt erfasst wird.[206] Dies wäre beispielsweise der Fall, wenn die Bilanzgarantie verletzt wäre, da ein Gebäude mit einem zu hohen Wert bilanziert worden ist, da es sanierungsbedürftig ist, der Verkäufer als Schadensersatz die Unternehmenswertminderung zu zahlen hätte und die Sanierungskosten zusätzlich seinen variablen Kaufpreisanteil aus der Earn-Out-Klausel schmälern würden.

## *II. Freistellung von Altverbindlichkeiten*

### *1. Freistellungsklauseln*

Im Kaufvertrag versuchen die Parteien, die mit dem Unternehmen zusammenhängenden Risiken untereinander aufzuteilen.[207] Risiken, die sich auf Zeiträume beziehen, in welchen der Verkäufer das Unternehmen geführt hat, sollen dabei

---

205 *Drygala*, in: Drygala/Wächter, Earnout-Klauseln, S. 247 (250 f.); *Hilgard*, BB 2010, 2912 (2913); *Neuhaus*, in: Kiem, Kaufpreisregelungen, § 5, Rn. 21; *Fehr/Benkert/Poggensee*, Expert Focus 2015, 798 (799); *Schröder*, in: Stumpf-Wollersheim/Horsch, Forum M&A 2019, S. 29 (42, 50).

206 *Werner*, DStR 2012, 1662 (1666); *Vischer*, SJZ 2002, 509 (516); *Weißhaupt*, BB 2013, 2947 (2954); *Borowicz*, CF 2014, 429 (435); zum Zusammenspiel von variablen Kaufpreisen und Schadensersatz aus Garantieverletzungen *Hilgard*, ZIP 2005, 1813 (1815).

207 *Engelhardt*, in: Holzapfel et al., Unternehmenskauf, VIII., Rn. 883; *Bisle*, DStR 2013, 364 (367); zu Steuerklauseln *Eilers/Beutel*, IStR 2010, 564; *Hülsmann*, DStR 2008, 2402.

möglichst weiterhin diesen und nicht den Käufer belasten.[208] Aus diesem Grund werden Freistellungsklauseln aufgenommen.[209] Sie regeln, dass der Verkäufer den Käufer von bestimmten Verbindlichkeiten freizustellen hat und beziehen sich zum Beispiel auf Steuernachzahlungen, die Zeiträume vor dem Übertragungsstichtag betreffen.[210] Ein weiterer häufiger Anwendungsfall sind Umweltrisiken.[211]

Die Freistellung von Verbindlichkeiten durch den Verkäufer kommt nur dann infrage, wenn die entsprechende Verbindlichkeit auf den Käufer oder die Zielgesellschaft übergegangen ist. Im Falle eines Share Deals ist die Zielgesellschaft auch nach der Veräußerung Inhaberin sämtlicher unternehmerischer Verbindlichkeiten. Der Käufer ist damit wirtschaftlich mit den Verbindlichkeiten belastet. Bei einem Asset Deal gehen Verbindlichkeiten dagegen nicht automatisch auf den Käufer über.[212]

Es handelt sich bei den Risiken, von denen der Käufer freigestellt werden soll, üblicherweise um solche, deren Bestand dem Grunde nach bekannt, jedoch unsicher ist, ob und wenn ja, in welcher Höhe eine Inanspruchnahme erfolgen wird.[213] Bei wirtschaftlicher Betrachtung führen Freistellungsklauseln zu einer Kaufpreisanpassung.[214]

Da Freistellungsvereinbarungen keine Schuldübernahmen darstellen, handelt es sich gemäß der Auslegungsregel des § 329 BGB um Erfüllungsübernahmen, die unechte Verträge zugunsten Dritter sind.[215] Der Gläubiger hat keinen Anspruch gegen den Verkäufer, dieser ist lediglich zur Freistellung im Innenverhältnis verpflichtet.[216]

Bei der Gestaltung der Klauseln ist zu berücksichtigen, dass eine Freistellung nur infrage kommen darf, sofern die entsprechenden Aufwendungen in der der Kaufpreisberechnung zugrunde gelegten Bilanz noch nicht als Verbindlichkeiten

---

208 *Bisle*, DStR 2013, 364 (367); zu Steuerklauseln *Hülsmann*, DStR 2008, 2402 (2402 f.).

209 *Bisle*, DStR 2013, 364 (367).

210 *Bisle*, DStR 2013, 364 (367); *Fischer*, in: Drygala/Wächter, Earnout-Klauseln, S. 91 (97-99); *Eilers/Beutel*, IStR 2010, 564.

211 *Engelhardt*, in: Holzapfel et al., Unternehmenskauf, VIII., Rn. 883.

212 Siehe oben Kapitel 2, § 3, B.; zu dem Zusammenspiel von Share Deal und Asset Deal und Freistellungsklauseln *Wiesbrock/Frank*, BB 2018, 3014 (3015).

213 *Kästle/Oberbracht*, Unternehmenskauf, S. 223; *Engelhardt*, in: Holzapfel et al., Unternehmenskauf, VIII., Rn. 883; *Jaques*, in: Ettinger/Jaques, Unternehmenskauf im Mittelstand, D., Rn. 591; *Wiesbrock/Frank*, BB 2018, 3014.

214 *Bisle*, DStR 2013, 364 (367).

215 *Gottwald*, in: MüKo-BGB, § 329, Rn. 1; *Maier*, Aufklärungspflichten, S. 17 f.

216 *Maier*, Aufklärungspflichten, S. 18.

oder Rückstellungen enthalten sind und somit den Kaufpreis bereits gemindert haben.[217]

### *2. Verhältnis zu Earn-Out-Klauseln*

Gemeinsamkeiten von Freistellungsklauseln mit Earn-Out-Klauseln bestehen sowohl in Form einer faktischen Kaufpreisanpassung bei Ereignissen, die erst nach dem Übertragungsstichtag bekannt werden, als auch in dem Bestreben, das Risiko zwischen Käufer und Verkäufer aufzuteilen.[218] Denn auch bei Earn-Out-Klauseln nimmt der Verkäufer nach der Übertragung noch am Unternehmensrisiko teil und zwar im Vergleich zu Freistellungsklauseln nicht nur im Rahmen einzelner Sachverhalte, sondern – je nach Ausgestaltung – in Bezug auf den Unternehmenserfolg insgesamt.

Freistellungsklauseln können parallel zu Earn-Out-Klauseln vereinbart werden. Es gilt bei der Kombination das gleiche wie bei Eigenkapital- und Bilanzgarantien: Ein Sachverhalt darf nicht gleichzeitig zu einer Freistellung durch den Verkäufer und einer Minderung seines variablen Kaufpreisanteils führen.

## *III. MAC-/MAE-Klauseln*

MAC- (Material Adverse Change, zu Deutsch „Wesentliche nachteilige Veränderung") beziehungsweise MAE- (Material Adverse Event, zu Deutsch „Wesentliches unerwünschtes Ereignis") Klauseln dienen ebenfalls der Risikoverteilung zwischen den Parteien.[219] MAC-Klauseln ermöglichen es dem Käufer, vom Vertrag zurückzutreten, wenn zwischen Signing und Closing eine wesentliche Verschlechterung der Vertragsumstände eingetreten ist,[220] während MAE-Klauseln

---

217 In Bezug auf Steuerfreistellungsklauseln *Fischer*, in: Drygala/Wächter, Earnout-Klauseln, S. 91 (101); *Kästle/Oberbracht*, Unternehmenskauf, S. 225; *Eilers/Beutel*, IStR 2010, 564 (565).

218 Zur Risikoverteilung bei Vereinbarung eines bedingten Kaufpreises *Hilgard*, BB 2010, 2912.

219 *Thiessen*, in: MüKo-HGB, § 25 Anhang, Rn. 37; *Kästle/Oberbracht*, Unternehmenskauf, S. 117, 123; *Rieder*, in: MVHdB IV WirtschaftsR III, Form. IV.5, Anm. 1a); *Louven/Mehrbrey*, NZG 2014, 1321 (1328); *Picot*, in: Picot, Handbuch M&A, S. 348; *Gseller*, Earn-Out-Klauseln, S. 107.

220 *Kiem*, in: Kiem, Kaufpreisregelungen, § 3, Rn. 9; *von Rosenberg*, in: Eilers et al., Private Equity, I.8, Rn. 11; *Risse et al.*, in: Risse/Kästle, M&A, Material Adverse Change; *Rieder*, in: MVHdB IV WirtschaftsR III, Form. IV.5, Anm. 2a).

auch Umstände betreffen, die schon bei Vertragsunterzeichnung vorlagen, jedoch erst danach bekannt wurden.[221]

Die Klauseln weisen Gemeinsamkeiten mit der Vorschrift über die Störung der Geschäftsgrundlage, § 313 BGB, auf.[222] Allerdings sieht § 313 BGB vorrangig die Anpassung des Vertrages und nur, falls eine Anpassung nicht möglich oder zumutbar ist, eine Lösung vom Vertrag vor, § 313 Abs. 3 BGB.[223] In Unternehmenskaufverträgen werden MAC-/MAE-Klauseln daher häufig eingesetzt, um die Regelungen des § 313 BGB zu verdrängen.[224] Die Vertragsklauseln haben im Rahmen ihres Regelungsbereichs Vorrang vor der gesetzlichen Vorschrift.[225]

### *1. Arten von MAC-/MAE-Klauseln*

Es wird zwischen drei Arten von MAC-/MAE-Klauseln unterschieden:

- Market MAC/MAE,
- Finance MAC/MAE und
- Business MAC/MAE.[226]

Die Market MAC-/MAE-Klausel verlagert das Risiko der negativen wirtschaftlichen Entwicklung der für die Zielgesellschaft relevanten Märkte auf den Verkäufer.[227] Das Risiko der Verschlechterung der allgemeinen Konjunktur wird dagegen oftmals ausgeschlossen oder auf den Fall begrenzt, dass die entsprechenden

---

221 *Kästle/Oberbracht*, Unternehmenskauf, S. 123 f.; *Rieder*, in: MVHdB IV WirtschaftsR III, Form. IV.5, Anm. 4b); *Risse et al.*, in: Risse/Kästle, M&A, Material Adverse Event.

222 *Thiessen*, in: MüKo-HGB, § 25 Anhang, Rn. 37; *Rieder*, in: MVHdB IV WirtschaftsR III, Form. IV.5, Anm. 2a); *Louven/Mehrbrey*, NZG 2014, 1321 (1328); *Brandi/Schmidt*, DB 2019, 2002 (2003); *Ulrich*, GmbHR 2019, R54 (R54 f.); *Picot*, in: Picot, Handbuch M&A, S. 348.

223 *Rieder*, in: MVHdB IV WirtschaftsR III, Form. IV.5, Anm. 2a); *Louven/Mehrbrey*, NZG 2014, 1321 (1328); *Brandi/Schmidt*, DB 2019, 2002 (2003).

224 *Thiessen*, in: MüKo-HGB, § 25 Anhang, Rn. 37; *Picot/Duggal*, DB 2003, 2635 (2638); *Louven/Mehrbrey*, NZG 2014, 1321 (1328); *Brandi/Schmidt*, DB 2019, 2002 (2003).

225 BGH, Urt. v. 01.02.1990 – VII ZR 176/88, NJW-RR 1990, 601-603 (602) m.w.N.; *Finkenauer*, in: MüKo-BGB, § 313, Rn. 61 f.; *Picot/Duggal*, DB 2003, 2635 (2637); *Louven/Mehrbrey*, NZG 2014, 1321 (1328).

226 *Kästle/Oberbracht*, Unternehmenskauf, S. 123; *Rieder*, in: MVHdB IV WirtschaftsR III, Form. IV.5, Anm. 4a); *Risse et al.*, in: Risse/Kästle, M&A, Material Adverse Change; *Louven/Mehrbrey*, NZG 2014, 1321 (1328).

227 Kästle/Oberbracht, Unternehmenskauf, S. 123; *Kiem*, in: Kiem, Kaufpreisregelungen, § 3, Rn. 11; *Rieder*, in: MVHdB IV WirtschaftsR III, Form. IV.5, Anm. 4a); *Risse et al.*, in: Risse/Kästle, M&A, Material Adverse Change.

Umstände das Zielunternehmen überdurchschnittlich belasten.[228] Die Vereinbarung einer Market MAC-/MAE-Klausel weist auf eine schwächere Verhandlungsposition des Veräußerers hin.[229] Der Finance MAC/MAE sichert den Käufer gegen eine wesentliche Verschlechterung in der Finanzierbarkeit des Unternehmenskaufs ab.[230]

Eine wesentliche Verschlechterung der Entwicklung des Zielunternehmens zwischen Vertragsschluss und Übertragungsstichtag wird durch die Vereinbarung einer Business MAC-/MAE-Klausel zugunsten des Käufers abgesichert.[231] Um festzustellen, ob eine wesentliche Verschlechterung vorliegt, wird auf betriebswirtschaftliche Kennzahlen oder andere Umstände abgestellt, die für die Unternehmensentwicklung relevant sind, so beispielsweise die Kündigung von wesentlichen Kundenbeziehungen oder der Eintritt von Schadensfällen.[232]

MAC-/MAE-Klauseln bevorteilen somit in erster Linie den Unternehmenskäufer.[233] Nur in Ausnahmefällen sehen sie auch eine Möglichkeit des Rücktritts für den Veräußerer vor.[234] Diese ist dann wichtig, wenn aufgrund der negativen Entwicklung zwischen Signing und Closing absehbar ist, dass sein Kaufpreisanspruch in hohem Maße gemindert würde, beispielsweise aufgrund der Vereinbarung eines variablen Kaufpreisanteils in Form einer Earn-Out-Vereinbarung.[235] Dann kann es für den Verkäufer günstiger sein, vom Vertrag zurückzutreten, als zu dem entsprechend geminderten Preis zu verkaufen.[236]

---

228 *Kästle/Oberbracht*, Unternehmenskauf, S. 125; *Rieder*, in: MVHdB IV WirtschaftsR III, Form. IV.5, Anm. 6a).

229 *Kiem*, in: Kiem, Kaufpreisregelungen, § 3, Rn. 17.

230 *Kästle/Oberbracht*, Unternehmenskauf, S. 123; *Risse et al.*, in: Risse/Kästle, M&A, Material Adverse Change; *Rieder*, in: MVHdB IV WirtschaftsR III, Form. IV.5, Anm. 4a).

231 *Kästle/Oberbracht*, Unternehmenskauf, S. 123; *Kiem*, in: Kiem, Kaufpreisregelungen, § 3, Rn. 12; *Rieder*, in: MVHdB IV WirtschaftsR III, Form. IV.5, Anm. 4a); *Risse et al.*, in: Risse/Kästle, M&A, Material Adverse Change.

232 *Kiem*, in: Kiem, Kaufpreisregelungen, § 3, Rn. 12 f.

233 *Kiem*, in: Kiem, Kaufpreisregelungen, § 3, Rn. 18; *Brandi/Schmidt*, DB 2019, 2002 (2003).

234 *Kiem*, in: Kiem, Kaufpreisregelungen, § 3, Rn. 18; *Brandi/Schmidt*, DB 2019, 2002 (2003).

235 In Bezug auf Kaufpreisminderungen aufgrund von Kaufpreisanpassungen im Allgemeinen *Kiem*, in: Kiem, Kaufpreisregelungen, § 3, Rn. 18.

236 *Kiem*, in: Kiem, Kaufpreisregelungen, § 3, Rn. 18.

Teilweise wird dem Käufer bei Vorliegen eines MAC oder MAE auch eine Kaufpreisminderung gewährt.[237] In der Praxis dürfte es ebenfalls häufig vorkommen, dass sich, wenn der Käufer ein Rücktrittsrecht hat, stattdessen auf eine Kaufpreisanpassung geeinigt wird.[238]

### 2. *Verhältnis zu Earn-Out-Klauseln*

MAC-/MAE-Klauseln haben mit Earn-Out-Klauseln gemein, dass sie die Risikoverteilung zwischen dem Käufer und dem Verkäufer regeln. Durch beide Klausel-Arten wird der Unternehmensveräußerer in das Risiko einer Verschlechterung der Unternehmenssituation nach Vertragsschluss einbezogen.

Im Gegensatz zu Earn-Out-Klauseln beziehen sich MAC-/MAE-Klauseln jedoch lediglich auf den Zeitraum zwischen Vertragsschluss und Übereignung des Unternehmens. Earn-Out-Klauseln regeln dagegen die Risikoverteilung der Unternehmensentwicklung für einen Zeitraum bis mehrere Jahre nach dem Closing.

MAC-/MAE-Klauseln verlangen außerdem eine wesentliche Verschlechterung der Vertragsumstände, während der variable Kaufpreisanteil im Rahmen von Earn-Out-Klauseln üblicherweise eine Kaufpreiserhöhung bei einer positiven Unternehmensentwicklung abbildet. Die Intention der beiden Klauseln ist daher unterschiedlich. Dennoch partizipiert der Veräußerer im Rahmen einer Earn-Out-Klausel auch an einer negativen Entwicklung, indem er auf einen Teil seines Kaufpreises verzichten oder sogar einen Teil zurückzahlen muss.[239]

Bei Earn-Out-Klauseln ist es ferner nicht üblich, zwischen dem Marktrisiko und dem Unternehmensrisiko zu differenzieren. Der Verkäufer partizipiert sowohl an der negativen Entwicklung des Unternehmens als auch an einer Verschlechterung der Zielmärkte und sogar der gesamten Konjunktur. Er kann aber auch von einer positiven Entwicklung sämtlicher Parameter profitieren. Eine gute Konjunktur verhilft ihm somit unter Umständen zu einem höheren Unternehmenskaufpreis.

Die Zielsetzung von MAC-/MAE-Klauseln ist ebenfalls eine andere als die einer Earn-Out-Klausel, denn grundsätzlich ist die Lösung vom Vertrag und nicht die Kaufpreisanpassung beabsichtigt. Dass bei Vorliegen eines MAC/MAE auch

---

237 *Kästle/Oberbracht*, Unternehmenskauf, S. 125.

238 *von Rosenberg*, in: Eilers et al., Private Equity, I.8, Rn. 10; *Kiem*, in: Kiem, Kaufpreisregelungen, § 3, Rn. 18; *Rieder*, in: MVHdB IV WirtschaftsR III, Form. IV.5, Anm. 2a).

239 Siehe oben Kapitel 2, § 4, C.

die Möglichkeit besteht, sich statt des Rücktritts auf eine Kaufpreisanpassung zu einigen, liegt in der Macht der Vertragsparteien.

In einem Unternehmenskaufvertrag, der die Kaufpreisberechnung mit einer Earn-Out-Klausel vorsieht, können zusätzlich MAC-/MAE-Klauseln aufgenommen werden, um dem Käufer bei einer wesentlichen Verschlechterung bis zum Closing die Lösung vom Vertrag zu ermöglichen. Wird sich bei Vorliegen eines MAC/MAE auf eine Kaufpreisminderung geeinigt, ist zu entscheiden, wie sich diese auf die Earn-Out-Berechnung auswirken soll.

Finance MAC-/MAE-Klauseln sind außerdem unabhängig von einer Earn-Out-Klausel zu betrachten, da sich diese nicht auf die Unternehmensentwicklung, sondern auf die Entwicklung der Finanzmärkte beziehungsweise die Finanzierbarkeit der Transaktion durch den Käufer beziehen. Sie weisen daher – abgesehen von der Risikoverteilung zwischen den Parteien – keine Parallelen zu Earn-Out-Klauseln auf.

## *IV. Beteiligung des Veräußerers*

### *1. Minderheits- und Rückbeteiligung*

Als Alternative zu einer Earn-Out-Vereinbarung kann der Verkäufer an der Unternehmensentwicklung (und dem unternehmerischen Risiko[240]) weiterhin partizipieren, indem er eine Minderheitsbeteiligung zurückbehält.[241]

Der Erwerber wird bei dieser Gestaltung durch eine Kaufoption (Call-Option) ermächtigt, den Restanteil zu einem in der Zukunft liegenden Zeitpunkt und zu einem auf diesen Zeitpunkt zu ermittelnden Kaufpreis zu erwerben.[242] Zur Absicherung des Verkäufers kann diesem ein entsprechendes Andienungsrecht (Put-Option) eingeräumt werden.[243] Bei einem Asset Deal oder bei dem Erwerb der Anteile der Zielgesellschaft durch eine Erwerbergesellschaft ließe sich

240 *v. Braunschweig*, DB 2010, 713 (716).

241 *Hilgard*, BB 2010, 2912 (2918); *Werner*, DStR 2012, 1662 (1667); zur Rückbeteiligung *Becker*, Earn Out Klausel, S. 161; *Kästle/Oberbracht*, Unternehmenskauf, S. 102; *Neuhaus*, in: Kiem, Kaufpreisregelungen, § 5, Rn. 18.

242 *Hilgard*, BB 2010, 2912 (2918); *Meyding/Grau*, NZG 2011, 41 (43); *Fisseler/Weißhaupt*, DB 2006, 431 (432); *Werner*, DStR 2012, 1662 (1667); *Schröder*, in: Stumpf-Wollersheim/Horsch, Forum M&A 2019, S. 29 (40).

243 *Meyding/Grau*, NZG 2011, 41 (43); *Fisseler/Weißhaupt*, DB 2006, 431 (432); *Schröder*, in: Stumpf-Wollersheim/Horsch, Forum M&A 2019, S. 29 (40).

das gleiche Ergebnis durch eine Rückbeteiligung an der Erwerbergesellschaft erzielen.[244]

Die Beteiligung des Verkäufers stellt außerdem eine Finanzierungshilfe dar.[245] Diese ergibt sich bei dem Zurückbehalt von Anteilen daraus, dass bei dem ersten Erwerbsvorgang nur der Kaufpreis für den entsprechenden Anteil zu leisten ist. Bei dem Rückbeteiligungsmodell kann die Finanzierungshilfe dadurch geleistet werden, dass der Veräußerer einen Teil seiner Kaufpreisforderung im Rahmen einer Beteiligung durch Kapitalerhöhung in die Erwerbergesellschaft einlegt und die Forderung durch Konfusion erlischt.[246]

### 2. *Verhältnis zu Earn-Out-Klauseln*

Die Gestaltung eines Beteiligungs- bzw. Optionsmodells eignet sich für den Fall, dass es der Parteiwille ist, den Veräußerer über einen längeren Zeitraum an dem Unternehmen zu beteiligen. Oftmals dürfte der Partei- beziehungsweise insbesondere der Käuferwille jedoch gegenteilig sein, nämlich, das Unternehmen im Ganzen zu erwerben und Konflikte in der Unternehmensführung zu vermeiden.[247] Auch der Veräußerer hat unter Umständen das Bedürfnis, seine Beteiligung dauerhaft aufzugeben und nicht mehr als Gesellschafter aufzutreten.[248] In diesem Fall ist die Beteiligung des Veräußerers als Gesellschafter nicht gewollt und konfliktträchtig.

Um eine Partizipation am Unternehmenserfolg und eine Finanzierungshilfe für einen Zeitraum von bis zu fünf Jahren zu ermöglichen, eignet sich eine Earn-Out-Klausel besser. Für den Veräußerer kann das Beteiligungsmodell allerdings auch Vorteile bringen, da er aufgrund seiner Gesellschafterstellung mehr Rechte und somit Möglichkeiten hat, eine Manipulation durch den Erwerber zu seinen Ungunsten zu bemerken und zu verhindern.[249]

---

244 Zum Erwerb der Zielgesellschaftsanteile durch eine Erwerbergesellschaft *v. Braunschweig*, DB 2010, 713 (715); *Becker*, Earn Out Klausel, S. 162.

245 *Borowicz*, CF 2014, 429 (436); in Bezug auf die Rückbeteiligung des Veräußerers *v. Braunschweig*, DB 2010, 713 (715); *Becker*, Earn Out Klausel, S. 161; *Kästle/Oberbracht*, Unternehmenskauf, S. 101 f.

246 *v. Braunschweig*, DB 2010, 713 (715); *Becker*, Earn Out Klausel, S. 162.

247 *Triebel*, in: Triebel, M&A, Kapitel 5, Rn. 337; *Hilgard*, BB 2010, 2912 (2918); *Meyding/Grau*, NZG 2011, 41 (43); *Becker*, Earn Out Klausel, S. 163; *Werner*, DStR 2012, 1662 (1667); *Mülke*, Earn-out-Strukturen, S. 186.

248 *Fisseler/Weißhaupt*, DB 2006, 431 (432).

249 *Becker*, Earn Out Klausel, S. 163.

# Kapitel 3: Beeinflussung des variablen Kaufpreisanteils

## § 6 Kaufpreisbeeinflussende Umstände im Rahmen eines Earn-Outs

Eine Beeinflussung der Unternehmensentwicklung mit Auswirkung auf die zu leistende Earn-Out-Zahlung kann sowohl durch die Vertragsparteien eines Unternehmenskaufvertrages als auch durch äußere Umstände erfolgen.

Die Manipulation durch den Unternehmenserwerber mit dem Ziel der Minderung des variablen Kaufpreisanteils ist die naheliegendste Form der Beeinflussung eines Earn-Outs. Der Käufer kann den Kaufpreis allerdings auch durch sein Handeln beeinflussen, ohne dass der (primäre) Grund für seine Handlungen eine Manipulationsabsicht ist. Ferner ist zu berücksichtigen, dass Unternehmen nicht zwingend durch ihren Eigentümer/Gesellschafter geleitet werden. Es ist möglich, dass der Veräußerer weiterhin die Geschäfte der Gesellschaft leitet und zu seinen Gunsten auf die Unternehmensentwicklung Einfluss nimmt. Weiterhin kann es sich bei der Person des Geschäftsführers auch um einen Dritten handeln. Die Unternehmensentwicklung liegt dann in der Hand eines oder mehrerer Fremdgeschäftsführer. Ob sich eine der Vertragsparteien dessen/deren Verhalten zurechnen lassen muss, wäre in diesem Fall zu klären.

Die wirtschaftliche Entwicklung eines Unternehmens wird darüber hinaus durch äußere Umstände bestimmt, die weder der Käufer noch der Verkäufer beeinflussen kann.

### A. Beeinflussung durch äußere Umstände

Der Erfolg der Zielgesellschaft und somit die Berechnung des variablen Kaufpreisbestandteils hängt von verschiedenen Parametern ab. Neben Entscheidungen des Managements und Handlungen der Vertragsparteien des Unternehmenskaufs gibt es weitere Umstände, die die Entwicklung des Unternehmens beeinflussen.

Die Konjunktur und Entwicklung einer Branche oder auch der gesamten Wirtschaft kann beispielsweise einen erheblichen Einfluss auf die betriebswirtschaftlichen Kennzahlen des Zielunternehmens, die der Berechnung des variablen Kaufpreisanteils zugrunde liegen, haben. Hier ist zu berücksichtigen, dass eine Abweichung von der erwarteten Earn-Out-Zahlung nur dann eintritt, wenn die entsprechende Marktentwicklung bei der Unternehmensbewertung nicht vorhergesehen wurde, denn die Zukunftsprognose der Unternehmensentwicklung ist der Grundstein der gängigen Unternehmensbewertungsmethoden.[250] Bei der Unternehmensbewertung sind Informationen über die zukünftige Entwicklung des Unternehmens und der relevanten Märkte zu beschaffen und einzubeziehen.[251] Nur wenn bei der Unternehmensbewertung nicht alle relevanten Informationen vorlagen oder diese nicht entsprechend gewürdigt wurden, kann der variable Kaufpreisanteil unverhältnismäßig durch die Veränderung der Märkte beeinflusst werden.

Außerdem ist immer mit unvorhersehbaren Marktentwicklungen zu rechnen. Beispielhaft seien hier nur die durch die COVID-19-Pandemie ausgelöste Wirtschaftskrise 2020-2021 und die Auswirkungen des russischen Angriffskrieges gegen die Ukraine auf die Wirtschaft erwähnt. Insbesondere kann auch die Veränderung der Konkurrenz, des Verbraucherverhaltens oder des rechtlichen Umfelds des Unternehmens eine Abweichung der tatsächlichen von der prognostizierten Entwicklung bewirken.[252] So ist es möglich, dass der Unternehmensverkäufer aufgrund von Umständen, auf die weder er noch der Käufer einen Einfluss hat und die bei Vertragsschluss noch nicht absehbar waren, auf einen Teil seines Kaufpreises verzichten muss oder aber aufgrund dessen einen höheren variablen Kaufpreis erzielt.

Ein weiterer Aspekt, der nur beschränkt vorhersehbar und von den Parteien wenig beeinflussbar ist, ist die Reaktion von Kunden und Mitarbeitern auf die Bekanntgabe der Unternehmensveräußerung.[253] Auch diese kann sich unmittelbar auf die Berechnung der Earn-Out-Zahlung auswirken.

Die Änderung des rechtlichen Umfelds des Unternehmens umfasst die Änderung gesetzlicher Bestimmungen, die sich auf die wirtschaftliche Tätigkeit des Unternehmens auswirken. Es können beispielsweise für ein Produkt gesetzliche Verbote, Beschränkungen oder das Erfordernis von Genehmigungen eigeführt werden. Für Unternehmen im medizinischen Bereich ist es beispielsweise existenziell, ob die angebotenen Leistungen zu den Krankenkassenleistungen zählen, auf die ein gesetzlicher Anspruch besteht (§§ 11 ff. SGB V). Eine Änderung der gesetzlichen Grundlagen dahingehend, dass die angebotene Leistung aus diesen Krankenkassenleistungen herausgenommen wird, kann existenzgefährdend für eine ganze Branche sein.

---

250 Siehe oben Kapitel 1, § 1, A., I.

251 *IDW*, IDW S1, Rn. 70.

252 *Schindler*, in: Beisel/Klumpp, Unternehmenskauf, § 3, Rn. 52.

253 In Bezug auf MAC-Klauseln *Rieder*, in: MVHdB IV WirtschaftsR III, Form. IV.5, Anm. 6a).

Im Gegensatz dazu kann die rechtliche Erweiterung der Nutzbarkeit von Produkten Unternehmen auch neue Absatzmärkte erschließen. Als Beispiel sei hier die Erlaubnis von elektronisch angetriebenen City-Rollern („E-Scootern") im öffentlichen Straßenverkehr durch die seit Juni 2019 gültige Elektrokleinstfahrzeuge-Verordnung (eKFV) genannt.

Auch die Änderung von gesetzlichen Bilanzierungsgrundsätzen[254] kann die Berechnung der Earn-Out-Zahlung verändern, wenn der Vertrag einen Bezug auf die entsprechenden Jahresabschlussgrößen vorsieht.

Das Ergebnis kann darüber hinaus durch steuerliche Sondereffekte belastet werden, die durch die Transaktion ausgelöst wurden.[255] Zu berücksichtigen ist hier, dass die Parteien diese Sondereffekte – sofern sie steuerlich beraten wurden – in ihre Unternehmensbewertung einfließen lassen werden, da sie vorhersehbar sind. Dennoch haben die steuerlichen Auswirkungen keine Verbindung zu den im operativen Geschäft erzielten Überschüssen und beeinflussen das Ergebnis negativ, ohne dass hierfür ein im Unternehmen liegender Grund besteht. In Bezug auf das während des Earn-Out-Zeitraums geltende Recht muss darüber hinaus insbesondere im Bereich des Steuerrechts mit Änderungen gerechnet werden. Solche sind üblicherweise für beide Parteien nicht sicher vorhersehbar.

Die Beeinflussung der Unternehmensentwicklung durch äußere – von den Parteien nicht oder wenig beeinflussbare – Umstände belastet oder bevorteilt beide Parteien gleichermaßen. Im Rahmen von MAC-/MAE-Klauseln wird teilweise vereinbart, dass solche Umstände nicht die Rechtsfolgen der MAC-/MAE-Klausel auslösen sollen.[256] Eine Earn-Out-Vereinbarung wird im Gegensatz dazu jedoch gerade wegen einer zwischen den Parteien abweichenden Zukunftserwartung vereinbart. Es ist gewollt, dass der Veräußerer auch an diesen Risiken weiterhin partizipiert. Im Folgenden wird daher auf die Möglichkeiten der Beeinflussung der Earn-Out-Zahlung durch äußere Umstände nicht weiter eingegangen.

## B. Beeinflussung durch den Unternehmensverkäufer

Der Unternehmensverkäufer wird seine Einflussmöglichkeiten so nutzen, dass seine Handlungen möglichst eine Erhöhung des variablen Kaufpreisanteils nach

---

254 Zur Änderung von Bilanzierungsgrundsätzen in Zusammenhang mit MAC-Klauseln *Rieder*, in: MVHdB IV WirtschaftsR III, Form. IV.5, Anm. 6a); zur Regelungsbedürftigkeit *Fehr/Benkert/Poggensee*, Expert Focus 2015, 798 (799).

255 *Zwirner/Boecker*, BB 2013, 2735 (2738).

256 *Kästle/Oberbracht*, Unternehmenskauf, S. 125; *Rieder*, in: MVHdB IV WirtschaftsR III, Form. IV.5, Anm. 6a).

sich ziehen.[257] Einflussmöglichkeiten ergeben sich für den Verkäufer nach Vollzug des Unternehmensverkaufs in erster Linie, wenn er weiterhin als Geschäftsführer oder in anderer leitender Position für das Unternehmen tätig ist.[258] Der Veräußerer sollte in diesem Fall seine Position dahingehend absichern, dass der Kaufvertrag eine Mindestlaufzeit für seinen Arbeitsvertrag regelt und die Möglichkeit der Abberufung als Geschäftsführer eingeschränkt[259] oder aber eine Regelung für die vorzeitige, nicht zu vertretende, Abberufung als Geschäftsführer getroffen wird.[260]

Kommt es für den Unternehmenserfolg insbesondere auf das Knowhow und die persönlichen Beziehungen des Verkäufers an, so besteht ein Interesse, diesen für einen Übergangszeitraum weiterhin an das Unternehmen zu binden.[261] Auch zu diesem Zweck eignen sich Earn-Out-Vereinbarungen, durch welche der ehemalige Eigentümer des Unternehmens weiterhin an dessen Entwicklung partizipieren kann.[262]

Grundsätzlich wird der Verkäufer Entscheidungen mit der Zielsetzung treffen, eine positive Unternehmensentwicklung herbeizuführen.[263] Dies ist sowohl im Interesse des Verkäufers als auch des Käufers. Die Parteien haben lediglich in Bezug auf den zeitlichen Horizont der unternehmerischen Entscheidungen unterschiedliche Zielsetzungen: Der Käufer wird – jedenfalls sofern er keine kurzfristige Weiterveräußerung anstrebt – den langfristigen Erfolg des Unternehmens sicherstellen wollen, während der Verkäufer insbesondere die positive Unternehmensentwicklung innerhalb des Earn-Out-Zeitraums anstrebt.[264]

---

257 Siehe oben Kapitel 1, § 1, B.

258 *Vischer*, SJZ 2002, 509 (512); *Ebering*, IStR 2011, 418 (420); *Becker*, Earn Out Klausel, S. 115; *Drygala*, in: Drygala/Wächter, Earnout-Klauseln, S. 247 (258).

259 *Werner*, DStR 2012, 1662 (1667); *Reich-Rohrwig*, in: Lang/Weinzierl, FS Rödler, S. 763 (781); *Schröder*, in: Stumpf-Wollersheim/Horsch, Forum M&A 2019, S. 29 (56); *v. Braunschweig*, DB 2002, 1815 (1817); *Wieser/Oberhumer*, M&A Review 2017, 118 (120 f.); *Gseller*, Earn-Out-Klauseln, S. 128 f.

260 *Baums*, DB 1993, 1273 (1276); *Wieser/Oberhumer*, M&A Review 2017, 118 (121).

261 *Baums*, DB 1993, 1273 (1275 f.); *Ebering*, IStR 2011, 418 (420); *Becker*, Earn Out Klausel, S. 115; *Seibt*, in: Drygala/Wächter, Earnout-Klauseln, S. 220 (242); *Schröder*, in: Stumpf-Wollersheim/Horsch, Forum M&A 2019, S. 29 (42).

262 *Baums*, DB 1993, 1273 (1275 f.); *Ebering*, IStR 2011, 418 (420); *Vischer*, SJZ 2002, 509 (512); *Becker*, Earn Out Klausel, S. 115; *Seibt*, in: Drygala/Wächter, Earnout-Klauseln, S. 220 (242); *Schröder*, in: Stumpf-Wollersheim/Horsch, Forum M&A 2019, S. 29 (42).

263 *Seibt*, in: Drygala/Wächter, Earnout-Klauseln, S. 220 (243).

264 *Baums*, DB 1993, 1273 (1276); *Becker*, Earn Out Klausel, S. 116; *Seibt*, in: Drygala/Wächter, Earnout-Klauseln, S. 220 (244); *Werner*, DStR 2012, 1662 (1667); *Ihlau/Gödecke*, BB 2010, 687 (689); *Piehler*, Kontraktgestaltung, S. 211.

Der Verkäufer kann in seiner Eigenschaft als Geschäftsführer beispielsweise langfristig sinnvolle Investitionen und für die langfristige Weiterentwicklung des Unternehmens wichtige Forschungs- und Entwicklungsmaßnahmen unterlassen, um das Ergebnis im Earn-Out-Zeitraum positiv zu beeinflussen.[265]

Die Veräußerung von Unternehmensvermögen zur Aufdeckung stiller Reserven ist eine weitere Möglichkeit, das Unternehmensergebnis kurzfristig zu verbessern.[266] Zur Sicherstellung der betrieblichen Abläufe bieten sich in diesem Zusammenhang auch Sale-and-lease-back Geschäfte an, bei welchen das Anlagevermögen gewinnbringend veräußert und sodann zurückgemietet wird. Sofern erhebliche stille Reserven in dem veräußerten Vermögen enthalten sind, wird der Gewinn innerhalb der Earn-Out-Periode höher ausfallen als ohne das Sale-and-lease-back Geschäft, da die Leasingaufwendungen in diesem Zeitraum unterhalb des Gewinns aus der Veräußerung liegen dürften.

Wenn sich die Earn-Out-Vereinbarung auf die Höhe der Umsatzerlöse bezieht, könnte der Verkäufer in seiner Position als Geschäftsführer eine Erhöhung der Umsatzerlöse unter Inkaufnahme einer geringeren Umsatzrendite herbeiführen.[267] Dies ist beispielsweise durch Rabattaktionen möglich.

Der Käufer hat als Gesellschafter jedoch die Möglichkeit, auf die Geschäftsführung durch den Verkäufer Einfluss zu nehmen.[268] Er kann beispielsweise Weisungen erteilen[269] oder einen Katalog der zustimmungsbedürftigen Rechtsgeschäfte formulieren, § 37 GmbHG, § 82 AktG. Bei Personengesellschaften ergibt sich das Weisungsrecht daraus, dass die Geschäftsführung durch einen Nicht-Gesellschafter nur im Rahmen eines Anstellungs- oder Auftragsverhältnisses erfolgen kann, da eine organschaftliche Geschäftsführung durch einen Dritten rechtlich nicht

---

265 *Baums*, DB 1993, 1273 (1276); *Becker*, Earn Out Klausel, S. 116; *Seibt*, in: Drygala/Wächter, Earnout-Klauseln, S. 220 (244); *Piehler*, Kontraktgestaltung, S. 211; *Gseller*, Earn-Out-Klauseln, S. 129.

266 *Seibt*, in: Drygala/Wächter, Earnout-Klauseln, S. 220 (244); *Piehler*, Kontraktgestaltung, S. 211.

267 *Baums*, DB 1993, 1273 (1276); *Hilgard*, BB 2010, 2912 (2917).

268 *Seibt*, in: Drygala/Wächter, Earnout-Klauseln, S. 220 (244); *Piehler*, Kontraktgestaltung, S. 212; *v. Braunschweig*, DB 2002, 1815 (1817); zum Schutz des Verkäufers vor Weisungen des Käufers *Reich-Rohrwig*, in: Lang/Weinzierl, FS Rödler, S. 763 (781); *Wieser/Oberhumer*, M&A Review 2017, 118 (121).

269 *Stephan/Tieves*, in: MüKo-GmbHG, § 37, Rn. 115; *v. Braunschweig*, DB 2002, 1815 (1817); *Drygala*, in: Drygala/Wächter, Earnout-Klauseln, S. 247 (258).

möglich ist.[270] Insofern hat der Käufer Möglichkeiten, die Manipulation durch den als Geschäftsführer agierenden Veräußerer einzuschränken.[271]

Auf die Möglichkeiten des Verkäufers als Geschäftsführer oder leitender Angestellter das Ergebnis zu seinen Gunsten zu beeinflussen, wird im Folgenden nicht weiter eingegangen, da die Prüfung der rechtlichen Möglichkeiten des Verkäufers bei einer Manipulation der Earn-Out-Zahlung durch den Käufer das Ziel dieser Arbeit ist.

## C. Beeinflussung durch den Unternehmenskäufer

Der Unternehmenskäufer nimmt üblicherweise nach dem Erwerb des Unternehmens die Stellung des Geschäftsführers ein, beziehungsweise stellt die Geschäftsführung. Es soll daher primär das beeinflussende Verhalten des Unternehmenskäufers in Zusammenhang mit Earn-Out-Vereinbarungen thematisiert werden.[272]

Grundsätzlich hat der Käufer als Inhaber des Unternehmens ein Interesse daran, die Geschäfte erfolgreich zu führen und eine positive Unternehmensentwicklung herbeizuführen. Um dieses Ziel zu erreichen, wird er in seine Entscheidungen verschiedene Faktoren einfließen lassen. Ein Faktor ist die Auswirkung seiner Entscheidungen auf die mit dem Veräußerer vereinbarte Berechnung des variablen Kaufpreisanteils. In diesem Zusammenhang liegt sein Interesse darin, den variablen Kaufpreisanteil möglichst gering zu halten. Dennoch kann es Entscheidungen geben, die die Unternehmensentwicklung in Bezug auf die den Earn-Out-bestimmenden Berechnungsgrundlagen negativ beeinflussen, ohne dass dies die (primäre) Intention des Käufers für die entsprechende Entscheidung war.

Im Folgenden werden die Maßnahmen des Unternehmenserwerbers in solche mit und ohne Manipulationsabsicht unterschieden. „Absicht" wird dabei nicht als rechtlicher Begriff verwendet, sondern dient der Beschreibung eines Verhaltens des Käufers mit dem Ziel, den variablen Kaufpreisanteil zu schmälern. Eine absichtliche Beeinflussung der Earn-Out-Zahlung durch den Käufer ist oftmals naheliegend, es wird jedoch für den Verkäufer schwierig sein, zu beweisen, dass der Käufer mit Manipulationsabsicht handelte und sein Verhalten darüber hinaus

---

270 §§ 709, 714 BGB, §§ 114, 125, 164, 161 Abs. 2 HGB; *Schubert*, in: MüKo-BGB, § 164, Rn. 31; in Bezug auf Kommanditgesellschaften *Scheel*, in: MHdB GesR II, § 7, Rn. 16-18.

271 *Piehler*, Kontraktgestaltung, S. 212 f., der weitere Möglichkeiten des Käufers zur Begrenzung des Handlungsspielraums des Verkäufers als Geschäftsführer aufzeigt.

272 Siehe oben Kapitel 1, § 1, B.

für den Nicht-Eintritt der für den Earn-Out vereinbarten Bedingung kausal war.[273] Da der Beweis von Absicht beziehungsweise Vorsatz als innere Tatsache regelmäßig problematisch ist, soll an dieser Stelle keine rechtliche Differenzierung, sondern eine thematische Einordnung erfolgen.

### *I. Beeinflussung ohne Manipulationsabsicht*

Es ist möglich, dass der Käufer die Unternehmensentwicklung so beeinflusst, dass der variable Kaufpreisanteil geschmälert oder sogar komplett eliminiert wird, ohne dass sein Verhalten darauf gerichtet war, den variablen Kaufpreisanteil zu mindern.

Infrage kommen hier beispielsweise unternehmerische Fehlentscheidungen. Die sich daraus ergebenden Folgen treffen beide Parteien.[274] Eine Verschlechterung der Unternehmenskennzahlen, die in die Berechnung des variablen Kaufpreisanteils einfließen, wirkt sich sowohl auf die vom Verkäufer zu erwartende Earn-Out-Zahlung als auch auf den Wert des Unternehmens negativ aus. Dies gilt jedenfalls dann, wenn die Berechnung des variablen Kaufpreisanteils auf einer Bemessungsgrundlage beruht, die in die Unternehmensbewertung eingeht.[275] Der Verkäufer muss sich bewusst sein, dass er während des Earn-Out-Zeitraums die Auswirkungen unternehmerischer Fehlentscheidungen des Unternehmenskäufers mitträgt. Dieses Risiko geht er beim Abschluss einer Earn-Out-Vereinbarung ein.[276]

Bei einem Asset Deal, der eine auf zukünftigen Jahresüberschüssen basierende Earn-Out-Vereinbarung enthält, kann das Ergebnis außerdem durch den Finanzierungsaufwand für den aufgewendeten Unternehmenskaufpreis, die Abschreibung auf den erworbenen Firmenwert und die durch eine Buchwertaufstockung auf erworbene Vermögensgegenstände erhöhte Abschreibung geschmälert werden.[277] Diese Auswirkungen können sich nur im Rahmen eines Asset Deals

---

273 In Bezug auf die Abweichung von einem gemeinsamen Businessplan *Kästle/Oberbracht*, Unternehmenskauf, S. 101; in Bezug auf die Abgrenzung von „normalen Integrationsaufwendungen" zu „bedenklichen Gewinnverschiebungen" *Drygala*, in: Drygala/Wächter, Earnout-Klauseln, S. 247 (249).

274 In Bezug auf gescheiterte Integration *Drygala*, in: Drygala/Wächter, Earnout-Klauseln, S. 247 (255).

275 Zu den verschiedenen Bemessungsgrundlagen von Earn-Out-Klauseln siehe Kapitel 2, § 4, D.

276 *Kästle/Oberbracht*, Unternehmenskauf, S. 99.

277 *Baums*, DB 1993, 1273 (1274); *Kästle/Oberbracht*, Unternehmenskauf, S. 100; in Bezug auf eine geänderte Finanzierungsstruktur *Klein*, GStB 2010, 117 (119); *Bruski*,

ergeben, da sich im Rahmen eines Share Deals die Rechnungslegung der Zielgesellschaft im Zuge der Anteilsübertragung grundsätzlich nicht verändert. Der Finanzierungsaufwand und die Anschaffungskosten der Beteiligung betreffen allein den Anteilseigner und nicht die Gesellschaft.[278]

Der Grund für die Änderung der Finanzierungsstruktur liegt in der Notwendigkeit für den Käufer beziehungsweise die Zielgesellschaft, Fremdkapital aufzunehmen, um die Assets zu erwerben. Die Änderung der Abschreibungen ergibt sich in erster Linie aus handels- beziehungsweise steuerrechtlichen Vorschriften, §§ 253, 255 HGB, §§ 6 f. EStG. Danach sind die Vermögensgegenstände grundsätzlich mit den Anschaffungskosten zu bewerten und über die Nutzungsdauer abzuschreiben. Zwar hat der Erwerber hier einen gewissen Spielraum, indem er den Kaufpreis auf die einzelnen Assets verteilt[279] und die (Rest-)Nutzungsdauer einschätzt, dennoch ergibt sich aus einem über der Summe der Buchwerte der Vermögensgegenstände liegenden Unternehmenskaufpreis per se eine höhere Abschreibung in Folgejahren als vor der Unternehmensveräußerung.[280]

Das Ergebnis kann darüber hinaus aufgrund von Kosten für die Integration des gekauften Unternehmens in den Konzern des Käufers[281] und andere Auswirkungen von Strukturänderungen[282] belastet werden. In Betracht kommen hier auch Änderungen im Personalbereich oder die Einführung einer neuen Unternehmenssoftware.

### *II. Beeinflussung mit Manipulationsabsicht*

Wie bereits erwähnt, hat der Unternehmenskäufer ein Interesse daran, dass sich das von ihm erworbene Unternehmen wirtschaftlich positiv entwickelt. Insofern sind die Interessen von Käufer und Verkäufer zunächst gleich.

---

BB-Special Nr. 7 2005, 19 (28); *Hörtnagl/Zwirner/Busch*, in: Hettler/Stratz/Hörtnagl, Unternehmenskauf, § 5, Rn. 56.

278 Auf eine Darstellung der Auswirkungen ggfs. aufzustellender steuerlicher Sonder- bzw. Ergänzungsbilanzen für Beteiligte an Personengesellschaften auf die Gewerbesteuerlast der Zielgesellschaft soll hier verzichtet werden.

279 Jedenfalls sofern der Kaufvertrag keine Aufteilung vorsieht, so auch *Weber/Schulz*, in: Hölters, Unternehmenskauf, Kapitel 9, Rn. 9.244.

280 *Kästle/Oberbracht*, Unternehmenskauf, S. 100; *Moser*, in: Berens et al., Due Diligence, S. 273 (284).

281 *Drygala*, in: Drygala/Wächter, Earnout-Klauseln, S. 247 (249); *v. Braunschweig*, DB 2010, 713 (717); *Hilgard*, BB 2010, 2912 (2917).

282 *Kästle/Oberbracht*, Unternehmenskauf, S. 100; *Hilgard*, BB 2010, 2912 (2917); *Baums*, DB 1993, 1273 (1274).

Etwas anderes kann sich ergeben, wenn die Earn-Out-Vereinbarung so ausgestaltet ist, dass der Käufer an einer positiven Unternehmensentwicklung im Ergebnis nicht beteiligt wird, da der gesamte Mehrwert an den Verkäufer im Rahmen der variablen Kaufpreiszahlung abgeführt werden muss.[283] Des Weiteren haben die Parteien eine abweichende Zielsetzung in Bezug auf den zeitlichen Horizont des Unternehmenserfolgs. Während der Verkäufer hier eine kurzfristige Perspektive auf den Earn-Out-Zeitraum hat, möchte der Käufer den Unternehmenswert grundsätzlich langfristig steigern.[284]

Außerdem hat der Käufer ein Interesse daran, die betriebswirtschaftlichen Kennzahlen so zu beeinflussen, dass (nur) die Bemessungsgrundlage für den Earn-Out geschmälert wird und dies nicht mit einer schlechten Unternehmensentwicklung einhergeht. Daneben ist es auch möglich, eine negative Entwicklung der Zielgesellschaft zugunsten einer positiven Entwicklung anderer ihm gehörender Unternehmen oder seines privaten Vermögens herbeizuführen.

Aufgrund dieser Interessenlage entsteht ein klassisches Principal-Agent-Problem, wenn das Unternehmen nach dem Closing durch den Verkäufer geleitet wird.[285] Dieses Problem ist dadurch gekennzeichnet, dass der Principal (hier der Verkäufer) die „Hoheit über den Entscheidungsgegenstand"[286] hat und der Agent (hier der Käufer) die Kontrolle über selbigen ausübt.[287] Der Unternehmensverkäufer hat im Rahmen von Earn-Out-Vereinbarungen zwar die Stellung als Eigentümer aufgegeben, dennoch ist er fortan darauf angewiesen, dass der Käufer das Unternehmen in seinem Sinne leitet.[288] Dieser jedoch wird die Lage gegebenenfalls zu seinem eigenen wirtschaftlichen Vorteil – und somit im Zweifel zum Nachteil des Verkäufers – ausnutzen (sog. „moral hazard").[289]

### *III. Zurechnung des Verhaltens Dritter*

Im Rahmen der Prüfung, welche Ansprüche der Verkäufer gegen den Käufer im Falle der Manipulation des Earn-Out-Ergebnisses hat, ist zu klären, ob und inwiefern dem Käufer das Verhalten Dritter zugerechnet werden kann.[290] Ent-

283 Siehe hierzu Kapitel 2, § 4, A., II.

284 *Fehr/Benkert/Poggensee*, Expert Focus 2015, 798 (803); zu den kurz- und langfristigen Zielen des Erwerbers *Mülke*, Earn-out-Strukturen, S. 182 f.

285 *Fisseler/Weißhaupt*, DB 2006, 431 (434); *Piehler*, Kontraktgestaltung, S. 210.

286 *Fisseler/Weißhaupt*, DB 2006, 431 (434).

287 *Fisseler/Weißhaupt*, DB 2006, 431 (434).

288 *Kästle/Oberbracht*, Unternehmenskauf, S. 99.

289 *Fisseler/Weißhaupt*, DB 2006, 431 (434); siehe auch oben Kapitel 1, § 1, B.

290 Siehe bezüglich der Rechte und Ansprüche des Verkäufers unten Kapitel 5-8.

scheidend ist dies insbesondere, wenn nicht der Käufer selbst (und allein) die Geschäfte der Zielgesellschaft führt, sondern (auch) ein Fremdgeschäftsführer. Auch für den Fall, dass die Gesellschaft selbst als Käufer auftritt, ist zu klären, ob das Verhalten der Geschäftsführung ihr zugerechnet werden kann. Mit „Geschäftsführung“ ist hier nicht nur die organschaftliche Vertretung, sondern auch die Geschäftsführung im Rahmen eines Anstellungs- oder Auftragsverhältnisses bei Personengesellschaften und Einzelunternehmen gemeint.[291]

Als Zurechnungsnormen kommen die §§ 31, 278 BGB in Betracht. Da bei Streitigkeiten im Rahmen von Unternehmensverkäufen in der überwiegenden Anzahl der Käufer Ansprüche gegen den Verkäufer geltend macht, wird die Verhaltenszurechnung in Literatur und Rechtsprechung überwiegend für den Unternehmensverkäufer diskutiert.[292] Die entwickelten Grundsätze sind jedoch für beide Parteien gleichermaßen anzuwenden.[293]

### *1. Share Deal*

Bei einem Share Deal ist der Käufer in Form des Gesellschafters der Zielgesellschaft der Schuldner der Earn-Out-Zahlung. Sofern der Unternehmenskäufer nicht selbst als Geschäftsführer der Zielgesellschaft fungiert, sondern ein Fremdgeschäftsführer die beeinflussenden Maßnahmen vornimmt, ist zu prüfen, ob dem Käufer als Gesellschafter das Handeln des Geschäftsführers zuzurechnen ist.[294] Entscheidend ist in diesem Zusammenhang, ob der Geschäftsführer der erworbenen Gesellschaft als Erfüllungsgehilfe des Käufers, also des Gesellschafters, angesehen werden kann, § 278 S. 1 Var. 2 BGB.[295]

Eine Zurechnung nach § 278 BGB setzt voraus, dass die Geschäftsführung nach dem Closing eine dem Verkäufer gegenüber bestehende Pflicht des Käufers

291 Exemplarisch zu der Möglichkeit der Fremdgeschäftsführung bei der Kommanditgesellschaft *Scheel*, in: MHdB GesR II, § 7, Rn. 18.

292 In Bezug auf vorvertragliche Pflichtverletzungen *Schaefer/Ortner*, DStR 2017, 1710 (1712).

293 *Schöne/Uhlendorf*, in: Mehrbrey, Streitigkeiten Unternehmenskauf, § 2, Rn. 394; *Schaefer/Ortner*, DStR 2017, 1710 (1712).

294 In Bezug auf § 162 BGB *Drygala*, in: Drygala/Wächter, Earnout-Klauseln, S. 247 (256).

295 *Schöne/Uhlendorf*, in: Mehrbrey, Streitigkeiten Unternehmenskauf, § 2, Rn. 413.

erfüllt.[296] Infrage kommen hier zum Beispiel Treue- und Schutzpflichten, die der Käufer in Bezug auf die Earn-Out-Vereinbarung gegenüber dem Verkäufer hat.[297]

Bei der Beurteilung, ob der Fremdgeschäftsführer als Erfüllungsgehilfe des Unternehmenskäufers angesehen werden kann, kommt es auf den Einzelfall an.[298] Entscheidend ist, inwiefern der Käufer die Geschäftsführung in die Erfüllung seiner Pflichten einbezieht.[299] Für den umgekehrten Fall von vorvertraglichen Aufklärungspflichten des Verkäufers dem Käufer gegenüber wird dies regelmäßig bejaht, wenn die Geschäftsführung in den Verkaufsprozess einbezogen wird.[300] Die Einbeziehung der Geschäftsführung dürfte auch die Regel sein, da ihr die relevanten Informationen der Zielgesellschaft vorliegen und sie über deren Geschäfte am besten Bescheid weiß.[301]

Die Pflichten des Käufers dem Verkäufer gegenüber beziehen sich im Rahmen der Vereinbarung einer Earn-Out-Klausel auf die Unternehmensleitung, denn durch diese werden die entsprechenden Parameter für die Berechnung des variablen Kaufpreisanteils (üblicherweise betriebswirtschaftliche Kennzahlen) beeinflusst. Darüber hinaus ist die Geschäftsführung auch für die Aufstellung des Jahresabschlusses, der regelmäßig die Grundlage für die Berechnung der Earn-Out-Zahlung darstellt,[302] verantwortlich. Vor diesem Hintergrund wird die Ge-

---

296 *Grundmann*, in: MüKo-BGB, § 278, Rn. 25; *Schöne/Uhlendorf*, in: Mehrbrey, Streitigkeiten Unternehmenskauf, § 2, Rn. 414.

297 Welche Pflichten der Käufer nach dem Closing gegenüber dem Verkäufer zu erfüllen hat, wird in den Kapiteln 5 und 6 thematisiert.

298 *Schaefer/Ortner*, DStR 2017, 1710 (1711); *Koppmann*, BB 2014, 1673 (1674); zur Verhandlungsgehilfeneigenschaft *Wächter*, M&A Litigation, Rn. 8.176.

299 OLG Düsseldorf, Urt. v. 16.06.2016 – I-6 U 20/15, NJOZ 2017, 202 (208); *Schöne/Uhlendorf*, in: Mehrbrey, Streitigkeiten Unternehmenskauf, § 2, Rn. 414; *Schaefer/Ortner*, DStR 2017, 1710 (1711); *Jaques*, in: Ettinger/Jaques, Unternehmenskauf im Mittelstand, C., Rn. 83.

300 OLG Düsseldorf, Urt. v. 16.06.2016 – I-6 U 20/15, NJOZ 2017, 202 (208); *Schöne/Uhlendorf*, in: Mehrbrey, Streitigkeiten Unternehmenskauf, § 2, Rn. 413 f.; *Schaefer/Ortner*, DStR 2017, 1710 (1711); *Schacht/Petersen*, in: Prinz/Winkeljohann, Handbuch GmbH, § 13, Rn. 115; *Jaques*, in: Ettinger/Jaques, Unternehmenskauf im Mittelstand, C., Rn. 83; a. A. *Wächter*, M&A Litigation, Rn. 8.199 f., 8.209; *Huber*, AcP 202 (2002), 179 (215).

301 *Schaefer/Ortner*, DStR 2017, 1710 (1711).

302 *Borowicz*, CF 2014, 429 (432); *Schröder*, in: Stumpf-Wollersheim/Horsch, Forum M&A 2019, S. 29 (53).

schäftsleitung maßgeblich in die Pflichterfüllung des Käufers einbezogen, was für eine Zurechnung des Verhaltens spricht.[303]

Die Geschäftsführung der Zielgesellschaft dürfte außerdem grundsätzlich das Bestreben haben, eine positive Unternehmensentwicklung herbeizuführen, auch, weil häufig über Tantiemen eine Partizipation am Unternehmensergebnis erfolgt. Wenn die Geschäftsführung – diesem Grundsatz widersprechend – Handlungen vornimmt, die das Ziel haben, die Berechnung der Earn-Out-Zahlung negativ zu beeinflussen, liegt die Vermutung nahe, dass dies aufgrund von Weisungen des Käufers in seiner Eigenschaft als Gesellschafter erfolgte.[304]

Ebenfalls ist denkbar, dass der Käufer Tantiemeregelungen des Managements so ausgestaltet, dass die Ergebnisse in der Earn-Out-Periode nicht oder nur zu einem geringeren Prozentsatz und die der nachfolgenden Perioden dafür stärker gewichtet in die Berechnung eingehen, um damit die Zielsetzung der Geschäftsführung mit der seinigen gleichzustellen. Sollte eine solche Beeinflussung durch den Gesellschafter erfolgen, muss der Käufer sich das Handeln der Geschäftsführung zurechnen lassen.

### 2. *Asset Deal*

Bei der Unternehmensveräußerung in Form eines Asset Deals ist das Unternehmen, auf dessen Entwicklung es für die Berechnung des variablen Kaufpreisanteils ankommt, selbst die Kaufvertragspartei und somit Schuldner der Earn-Out-Zahlung. Sofern das Unternehmen durch den Käufer als Einzelunternehmen geführt wird, ist dieser als natürliche Person Vertragspartei, in allen anderen Fällen ist es die erwerbende Gesellschaft.

#### a) Gesellschaft als Unternehmenskäufer

In diesem Fall ist der Unternehmenskäufer als Rechtsträger selbst nicht zum Handeln in der Lage, er benötigt zu diesem Zweck ein Organ. Bei Kapitalgesellschaften ist die organschaftliche Vertretung durch einen Gesellschafter oder einen Dritten möglich. Bei Personengesellschaften ist die organschaftliche Geschäftsführung dagegen nur durch die Gesellschafter und darüber hinaus die Geschäftsführung

---

303 Eine Zurechnung bei Vorlage fehlerhafter Unterlagen durch die Geschäftsführung in Zusammenhang mit einer Earn-Out-Vereinbarung bejahend *Schöne/Uhlendorf*, in: Mehrbrey, Streitigkeiten Unternehmenskauf, § 2, Rn. 416.

304 Zur Zurechnung des Geschäftsführerverhaltens bei Veranlassung zur Handlung durch den Gesellschafter *Drygala*, in: Drygala/Wächter, Earnout-Klauseln, S. 247 (256).

durch einen Dritten im Rahmen eines Anstellungs- oder Auftragsverhältnisses möglich.[305]

Nach § 31 BGB haftet der Verein für das Handeln seiner Organe. Für eine Haftung wird eine Handlung des Organs, die zum Schadensersatz verpflichtet, vorausgesetzt.[306] Da § 31 BGB eine generelle Zurechnung vorsieht, wird die Zurechnung über § 278 BGB verdrängt.[307] § 31 BGB wird auf Kapitalgesellschaften analog angewendet.[308] Das bedeutet, einer Kapitalgesellschaft wird das Handeln der Geschäftsführung über § 31 BGB analog zugerechnet.

Auch auf die organschaftliche Geschäftsführung bei Personengesellschaften findet die Vorschrift analoge Anwendung.[309] Für den Fall, dass die Geschäfte durch „nichtorganschaftliche Repräsentanten"[310] geführt werden, wird vertreten, dass eine Zurechnung des Verhaltens grundsätzlich erfolgt,[311] die Haftung jedoch auf das Vermögen der Personengesellschaft beschränkt ist.[312]

Eine Zurechnung des Verhaltens der Geschäftsführung im Rahmen eines Asset Deals, bei welchem der Käufer in Form einer Kapital- oder Personengesellschaft auftritt, ist somit grundsätzlich zu bejahen.

### b) Einzelunternehmer als Unternehmenskäufer

Die Regelung des § 31 BGB wird auf Einzelunternehmer nicht analog angewendet.[313] Insofern sind hier die Grundsätze der Zurechnung nach § 278 BGB wie bei der Zurechnung im Rahmen eines Share Deals anzuwenden.[314] Das gilt selbstredend nur für den Fall, dass der Einzelunternehmer die Geschäfte nicht selbst führt.

Zusammenfassend ist festzustellen, dass bei Manipulation der Unternehmenskennzahlen durch die Fremdgeschäftsführung die entsprechenden Handlungen

305 §§ 709, 714 BGB, §§ 114, 125, 164, 161 Abs. 2 HGB; in Bezug auf die Kommanditgesellschaft *Scheel*, in: MHdB GesR II, § 7, Rn. 16-18.

306 *Leuschner*, in: MüKo-BGB, § 31, Rn. 1, 20; *Piper*, JuS 2011, 490.

307 *Grundmann*, in: MüKo-BGB, § 278, Rn. 10; *Wächter*, M&A Litigation, Rn. 8.150.

308 *Leuschner*, in: MüKo-BGB, § 31, Rn. 3; *Schöne/Uhlendorf*, in: Mehrbrey, Streitigkeiten Unternehmenskauf, § 2, Rn. 405; *Piper*, JuS 2011, 490; *Schaefer/Ortner*, DStR 2017, 1710 (1711).

309 *Leuschner*, in: MüKo-BGB, § 31, Rn. 4 f.; *Schöne/Uhlendorf*, in: Mehrbrey, Streitigkeiten Unternehmenskauf, § 2, Rn. 405; *Piper*, JuS 2011, 490 (491).

310 *Leuschner*, in: MüKo-BGB, § 31, Rn. 18.

311 *Piper*, JuS 2011, 490 (491).

312 *Leuschner*, in: MüKo-BGB, § 31, Rn. 18.

313 *Leuschner*, in: MüKo-BGB, § 31, Rn. 11.

314 Siehe hierzu oben Kapitel 3, § 6, C., III., 1.

häufig dem Käufer zuzurechnen sein werden. Im Folgenden wird daher nicht zwischen der Beeinflussung durch den Käufer selbst und durch einen Fremdgeschäftsführer unterschieden, beziehungsweise von einer Zurechnung des Verhaltens der Geschäftsführung ausgegangen.

## § 7 Einzelne Manipulationsmöglichkeiten des Unternehmenskäufers

In diesem Abschnitt werden Möglichkeiten des Käufers aufgezeigt, die Bemessungsgrundlage der Earn-Out-Berechnung zu manipulieren. Da diese sehr vielfältig sind, werden nur die gängigsten Methoden thematisiert. Es handelt sich um Periodenverschiebungen, Strukturänderungen, Ergebnisverlagerungen, die Beeinflussung der Rechnungslegung und die Weiterveräußerung des Unternehmens.

### A. Periodenverschiebungen

Aufgrund des Bezugs der Earn-Out-Vereinbarung auf einen in Relation zur Unternehmenslebensdauer – die grundsätzlich unbegrenzt ist – sehr kurzen Zeitraum, besteht die Möglichkeit für den Käufer, die relevanten Unternehmenskennzahlen im Earn-Out-Zeitraum zugunsten der nachfolgenden Perioden zu mindern.[315] Dies gilt auch für die Vereinbarung verhältnismäßig langer Earn-Out-Perioden von fünf bis sieben Jahren, da auch dieser Zeitraum im Verhältnis zur Unternehmenslebensdauer gering ist. Dennoch ist die Manipulation durch Periodenverschiebungen grundsätzlich bei kurzen Earn-Out-Zeiträumen einfacher.[316]

#### *I. Periodenverschiebungen unter Berücksichtigung verschiedener Bemessungsgrundlagen*

Je nachdem, auf welcher Bemessungsgrundlage die Berechnung der Earn-Out-Zahlung basiert, kann der Käufer unterschiedliche Maßnahmen vornehmen, die

---

315 *Baums*, DB 1993, 1273 (1274); *Mülke*, Earn-out-Strukturen, S. 183; *Werner*, DStR 2012, 1662 (1664); *Becker*, Earn Out Klausel, S. 82; *Drygala*, in: Drygala/Wächter, Earnout-Klauseln, S. 247 (248); *Seibt*, in: Drygala/Wächter, Earnout-Klauseln, S. 220 (236); *Schröder*, in: Stumpf-Wollersheim/Horsch, Forum M&A 2019, S. 29 (51 f.); *Bruski*, BB-Special Nr. 7 2005, 19 (28); *Borowicz*, CF 2014, 429 (431); *v. Braunschweig*, DB 2010, 713 (717).

316 *Baums*, DB 1993, 1273 (1274); *Borowicz*, CF 2014, 429 (431); *Becker*, Earn Out Klausel, S. 82; *Fisseler/Weißhaupt*, DB 2006, 431 (433); *Werner*, DStR 2012, 1662 (1664); *Bruski*, BB-Special Nr. 7 2005, 19 (28); *Schröder*, in: Stumpf-Wollersheim/Horsch, Forum M&A 2019, S. 29 (51 f.), siehe auch Kapitel 2, § 4, B.

eine Periodenverschiebung zur Folge haben. Bei der Verwendung des Jahresüberschusses als Bemessungsgrundlage gehen sämtliche Aufwandspositionen in die Berechnung ein, bei der Verwendung des EBIT/EBITDA oder anderer Cash Flow-Größen ergeben sich diesbezüglich Einschränkungen und bei dem Bezug auf die Umsatzerlöse bleiben sämtliche Aufwandspositionen außer Betracht.[317]

Doch auch bei dem Bezug auf die Umsatzerlöse hat der Käufer Möglichkeiten der Manipulation. Aufgrund des in § 252 Abs. 1 Nr. 4 HGB verankerten Realisationsprinzips dürfen Umsatzerlöse für Aufträge, deren Erfüllung sich über einen längeren Zeitraum erstreckt, erst mit erfolgter Abnahme durch den Kunden erfasst werden.[318] Durch ein Hinauszögern der Abnahme bereits fertiggestellter Leistungen können daher die Umsatzerlöse als Berechnungsgrundlage beeinflusst werden. Vor der Abnahme werden die angefallenen Herstellungskosten, die der Leistung zuzurechnen sind, als unfertige beziehungsweise fertige Erzeugnisse im Vorratsvermögen bilanziert.[319] Eine Gewinnrealisierung geschieht als Ausfluss des Realisationsprinzips ebenfalls erst mit der Abnahme.[320] Durch diese Buchungsmethodik lassen sich dementsprechend nicht nur die Umsatzerlöse, sondern auch Gewinngrößen manipulieren.

Der Käufer kann die Umsatzerlöse und Gewinngrößen auch durch die Gestaltung von Kundenverträgen beeinflussen. So kann er langfristige Absatzverträge abschließen, in welchen ein zu Beginn günstiger und in den Folgeperioden steigender (jährlicher) Preis vereinbart wird. Die Steigerung von Preisen im Laufe der Vertragslaufzeit ist in bestimmten Branchen sogar üblich, in erster Linie, um neue Kunden zu gewinnen. Beispielhaft seinen hier nur Mobilfunk- und Strom- oder Gasverträge genannt. Durch diese Maßnahme werden sowohl die Umsatzerlöse als auch Gewinngrößen beeinflusst, da sich eine geringere Umsatzrentabilität[321] ergibt.

Weiterhin kann eine Beeinflussung der relevanten Unternehmenskennzahlen in zeitlicher Hinsicht dadurch erfolgen, dass Investitionen vorgezogen werden.[322]

---

317 Siehe hierzu im Detail Kapitel 2, § 4, D., I.

318 *Störk/Büssow*, in: Beck Bil-Komm, § 252, Rn. 58.

319 *Störk/Büssow*, in: Beck Bil-Komm, § 252, Rn. 58.

320 *Störk/Büssow*, in: Beck Bil-Komm, § 252, Rn. 57.

321 Die Umsatzrentabilität ergibt sich aus folgender Berechnung: Jahresüberschuss / Gesamtleistung * 100.

322 *Baums*, DB 1993, 1273 (1274); *Bruski*, BB-Special Nr. 7 2005, 19 (28); *Hilgard*, BB 2010, 2912 (2917); *Drygala*, in: Drygala/Wächter, Earnout-Klauseln, S. 247 (428 f.); *Seibt*, in: Drygala/Wächter, Earnout-Klauseln, S. 220 (236); *Schröder*, in: Stumpf-Wollersheim/Horsch, Forum M&A 2019, S. 29 (50); *Beisel*, in: Beisel/Klumpp,

Sofern die Investition kurz vor Ablauf der Earn-Out-Periode erfolgt, werden die erwarteten Ertragssteigerungen außerhalb des Earn-Out-Zeitraums liegen.[323] Von besonderer Bedeutung sind Investitionen in Form von Erhaltungsaufwand, der nicht aktiviert und abgeschrieben werden kann und somit das Ergebnis in voller Höhe mindert.[324] Neben Erhaltungsaufwendungen können beispielsweise auch gesteigerte Werbemaßnahmen ihren Erfolg erst nach der Earn-Out-Periode zeigen, während die Aufwendungen in voller Höhe die Earn-Out-Bemessungsgrundlage mindern.[325]

### *II. Periodenverschiebungen unter Berücksichtigung verschiedener Standards*

Entscheidend kommt es hier auch auf den vereinbarten Standard[326] zur Berechnung des variablen Kaufpreisanteils an. Bei dem festen und dem variablen Standard kommt es auf die Ergebnisse der einzelnen Jahre und nicht auf das Ergebnis des gesamten Earn-Out-Zeitraums an. Daher kann hier auch mit Periodenverschiebungen innerhalb der Earn-Out-Periode eine Minderung des variablen Kaufpreises erreicht werden, indem der relevante Schwellenwert in einzelnen Jahren nicht überschritten wird.[327] In Bezug auf Periodenverschiebungen ist daher der kumulative Standard zu bevorzugen.[328]

Eine weitere Variante, die dazu führt, dass sich Periodenverschiebungen innerhalb des Earn-Out-Zeitraums nicht auswirken, ist eine stetige Berechnung der Earn-Out-Zahlung ohne die Vereinbarung von Schwellenwerten.[329] Eine stetige Berechnung könnte dadurch erfolgen, dass dem Verkäufer als variabler Kaufpreis ein bestimmter Prozentsatz des EBITs jeden Jahres des Earn-Out-Zeitraums gezahlt wird.

---

Unternehmenskauf, § 11, Rn. 10; *Ziegenhain*, in: BeckHdB M&A, § 16, Rn. 55; *Borowicz*, CF 2014, 429 (431); *v. Braunschweig*, DB 2010, 713 (717).

323 *Mülke*, Earn-out-Strukturen, S. 183; *Drygala*, in: Drygala/Wächter, Earnout-Klauseln, S. 247 (249).

324 *Klein*, GStB 2010, 117 (118); *Borowicz*, CF 2014, 429 (431).

325 *Borowicz*, CF 2014, 429 (431); *v. Braunschweig*, DB 2010, 713 (717).

326 Siehe Kapitel 2, § 4, E.

327 *Piehler*, Kontraktgestaltung, S. 208.

328 *Piehler*, Kontraktgestaltung, S. 208; *Klein*, GStB 2010, 117 (121); siehe auch Kapitel 2, § 4, E., II.

329 *Piehler*, Kontraktgestaltung, S. 209.

### III. *Aufdeckung von Periodenverschiebungen*

Aus Käufersicht bieten sich Periodenverschiebungen als Manipulationsmaßnahme an, da sie aus dem Zahlenwerk des Jahresabschlusses nicht ohne Hinzuziehung weiterer Unterlagen ersichtlich sind. Das stellt für ihn einen Vorteil dar, da es dem Verkäufer die Geltendmachung von Ansprüchen aufgrund der Manipulation erschwert. Es gibt jedoch Methoden, mit deren Hilfe zumindest eine erhöhte Wahrscheinlichkeit für Periodenverschiebungen erkannt werden kann.

Unternehmenskennzahlen und Zeitreihenvergleichen können Anhaltspunkte für Periodenverschiebungen liefern. Eine überproportionale Belastung mit Aufwand, der für Ertrag in Folgejahren getätigt wurde, lässt sich durch den Vergleich von Aufwandsquoten[330] vergangener und aktueller Perioden erkennen. Eine Verzögerung der Abnahme zeigt sich sowohl in einem höheren Bestand an unfertigen und fertigen Leistungen als auch in einer niedrigeren Umsatzrentabilität. Der Abschluss von Kundenverträgen, die in den ersten Jahren keinen positiven Deckungsbeitrag aufweisen, kann ebenfalls an einer geminderten Umsatzrentabilität abgelesen werden. Dies sind nur Anhaltspunkte, aufgrund derer eine Periodenverschiebung vermutet werden kann. Um eine Periodenverschiebung zweifelsfrei aufdecken zu können, ist es notwendig, weitere Unterlagen (zum Beispiel Verträge) hinzuzuziehen.

## B. Strukturveränderungen

Für eine korrekte Berechnung des Earn-Outs ist es elementar, dass das Zielunternehmen während der Earn-Out-Periode als selbstständiges Unternehmen – insbesondere mit einer selbstständigen Buchhaltung – weitergeführt wird.[331] Diese Voraussetzung ist durch die Vornahme von Strukturänderungen nach der Transaktion gefährdet.[332] Es kommen insbesondere die Integration des Unternehmens in den Käuferkonzern, der Wechsel der Rechtsform und die Änderung des Geschäftsmodells als Strukturänderungen infrage.

---

330 Aufwandsquoten ermitteln sich wie folgt: Aufwand / Gesamtleistung * 100 und werden für verschiedene Aufwandspositionen gebildet, z. B. Materialaufwandsquote, Personalaufwandsquote.

331 *Baums*, DB 1993, 1273 (1274); *Mülke*, Earn-out-Strukturen, S. 226; *Seibt*, in: Drygala/Wächter, Earnout-Klauseln, S. 220 (238); *Werner*, DStR 2012, 1662 (1665); *Hilgard*, BB 2010, 2912 (2917); *Schröder*, in: Stumpf-Wollersheim/Horsch, Forum M&A 2019, S. 29 (56); *Borowicz*, CF 2014, 429 (432 f.); *Ihlau/Gödecke*, BB 2010, 687 (689); *v. Braunschweig*, DB 2010, 713 (717 f.).

332 *Reich-Rohrwig*, in: Lang/Weinzierl, FS Rödler, S. 763 (794); *v. Braunschweig*, DB 2010, 713 (717 f.); *Kästle/Oberbracht*, Unternehmenskauf, S. 100.

### *I. Integration in den Käuferkonzern*

Oftmals ist es vom Käufer gewollt, das Unternehmen in seinen Konzern zu integrieren, um Synergieeffekte zu nutzen.[333] Die Gründe für eine Integration dürften nicht primär die Manipulation der Earn-Out-Zahlung sein.[334] Etwas anderes gilt für vorsätzlich zu hoch angesetzte Konzernumlagen und -weiterberechnungen.[335]

Die Integration beeinflusst regelmäßig die Jahresabschlusserstellung der Zielgesellschaft und kann daher das Ergebnis der Earn-Out-Berechnung verändern. Die folgenden Aussagen beziehen sich auf die Rechnungslegung nach HGB, da lediglich kapitalmarktorientierte Mutterunternehmen verpflichtet sind, ihren Jahresabschluss nach internationalen Rechnungslegungsvorschriften aufzustellen, § 315e Abs. 2 HGB.

#### *1. Integration unter Beibehaltung der rechtlichen Selbstständigkeit*

Sofern bestimmte Größenmerkmale überschritten (§ 293 HGB) und die Mehrheit der Stimmrechte des erworbenen Unternehmens gehalten werden, ist die Einbeziehung in den Konzernjahresabschluss des (Käufer-)Mutterunternehmens nach § 290 Abs. 1, 2 Nr. 1 HGB verpflichtend. Da der Käufer im Regelfall sämtliche Anteile an der Gesellschaft hält, hat er in handelsrechtlicher Hinsicht keine Wahl, das Unternehmen in seinen Konzernjahresabschluss zu integrieren. Das Problem der Einbeziehung in einen Konzernabschluss liegt darin begründet, dass – selbst wenn das Unternehmen rechtlich selbstständig bleibt – unter Umständen keine verlässlichen eigenständigen Jahresabschlüsse für das Zielunternehmen mehr erstellt werden.

Es ist zwar weiterhin ein eigener Jahresabschluss aufzustellen, dieser unterliegt jedoch aufgrund der Einbeziehung des Unternehmens in den Konzernjahresabschluss keiner Prüfungspflicht, keiner Pflicht zur Aufstellung eines Anhangs und eines Lageberichts und muss auch nicht offengelegt werden, § 264 Abs. 3,

---

333 *Baums*, DB 1993, 1273 (1275); *Borowicz*, CF 2014, 429 (433 f.); *Becker*, Earn Out Klausel, S. 80, 122; *Seibt*, in: Drygala/Wächter, Earnout-Klauseln, S. 220 (238); *Hilgard*, BB 2010, 2912 (2913 f., 2917); *Klein*, GStB 2010, 117 (119); *Ihlau/Gödecke*, BB 2010, 687 (689); *Popp*, in: Drygala/Wächter, Earnout-Klauseln, S. 261 (266); *König*, in: Kiem, Kaufpreisregelungen, § 14, Rn. 24; *Fehr/Benkert/Poggensee*, Expert Focus 2015, 798 (799).

334 *Drygala*, in: Drygala/Wächter, Earnout-Klauseln, S. 247 (249).

335 Siehe hierzu nachfolgend Kapitel 3, § 7, C., I.

264a HGB[336].[337] Der Jahresabschluss darf außerdem unter Außerachtlassung der §§ 264–277 HGB aufgestellt werden, welche Ansatz-, Gliederungs- und Ausweisvorschriften enthalten.[338] Die Aussagekraft und Verlässlichkeit von Bilanz und Gewinn- und Verlustrechnung kann dadurch beeinträchtigt sein. Dies ist insofern kritisch, als dass Jahresabschlüsse üblicherweise als Grundlage für die Berechnung der Earn-Out-Zahlung dienen.[339]

Zwar unterliegt der Konzernjahresabschluss selbst einer Prüfungspflicht, es ist jedoch nicht sichergestellt, dass der Wirtschaftsprüfer im Rahmen der Konzernjahresabschlussprüfung den Einzelabschluss der Zielgesellschaft prüft, da er nur die für den Konzernabschluss bedeutsamen Teilbereiche (Einzelabschlüsse) prüfen und für die nicht bedeutsamen Teilbereiche lediglich analytische Prüfungshandlungen durchführen muss.[340] Der Teilbereich kann dabei entweder aufgrund des wirtschaftlichen Gewichts oder aufgrund von bedeutsamen Risiken für den Konzern bedeutsam sein.[341]

### 2. *Integration unter Aufhebung der rechtlichen Selbstständigkeit*

Noch elementarer stellt sich die Problematik dar, wenn das Unternehmen nicht als rechtlich selbstständiges Unternehmen fortgeführt wird, sondern die Vermögensgegenstände, Schulden und Verträge auf das Mutter- oder ein anderes Konzernunternehmen – beispielsweise im Rahmen einer Verschmelzung – übergehen.[342] Dann ist aufgrund der fehlenden selbstständigen Buchhaltung die Ermittlung des variablen Kaufpreisanteils unmöglich.[343]

---

336 Diese Vorschrift gilt für Kapitalgesellschaften und Personenhandelsgesellschaften, bei welchen keine natürliche Person unmittelbar oder mittelbar persönlich haftet. Für Einzelunternehmen und andere Personengesellschaften gelten die Pflichten für Prüfung, Anhang, Lagebericht und Offenlegung ohnehin nicht.

337 *Störk/Deubert*, in: Beck Bil-Komm, § 264, Rn. 115.

338 *Störk/Deubert*, in: Beck Bil-Komm, § 264, Rn. 115.

339 In Bezug auf den Jahresabschluss als Berechnungsgrundlage *Borowicz*, CF 2014, 429 (432); *Schröder*, in: Stumpf-Wollersheim/Horsch, Forum M&A 2019, S. 29 (53).

340 *IDW*, IDW PS 320 n.F., Rn. 24-27, A3-A7.

341 *IDW*, IDW PS 320 n.F., Rn. 24-26, A3-A7.

342 *Seibt*, in: Drygala/Wächter, Earnout-Klauseln, S. 220 (238); *Hilgard*, BB 2010, 2912 (2917); *v. Braunschweig*, DB 2010, 713 (717 f.).

343 *Drygala*, in: Drygala/Wächter, Earnout-Klauseln, S. 247 (257); *Seibt*, in: Drygala/Wächter, Earnout-Klauseln, S. 220 (238); *Hilgard*, BB 2010, 2912 (2917); *Becker*, Earn Out Klausel, S. 125; *v. Braunschweig*, DB 2010, 713 (717 f.); *Fehr/Benkert/Poggensee*, Expert Focus 2015, 798 (803); zur Absicherung des Verkäufers mittels Rückkaufsrechten *Piehler*, Kontraktgestaltung, S. 216.

Wenn die Integration in den Konzern des Käufers innerhalb der Earn-Out-Periode vorgenommen wird, werden die Unternehmenskennzahlen außerdem mit den entstehenden Integrationskosten belastet.[344] Dies verzerrt die Berechnung des variablen Kaufpreises, da diese Kosten ohne die Veräußerung nicht angefallen wären. Das Ziel der Earn-Out-Vereinbarung, eine Annäherung an den „richtigen“ Unternehmenswert beziehungsweise -preis zu erreichen, wird durch die Belastung mit Integrationskosten vereitelt.

Teilweise wird die Integration innerhalb des Earn-Out-Zeitraums vertraglich verboten, beziehungsweise eine Vertragsstrafe für diesen Fall vereinbart.[345] Dies stellt sich als Integrationshemmnis und somit als ein Nachteil von Earn-Out-Klauseln für den Käufer dar.[346]

Insgesamt bleibt festzuhalten, dass die Integration selbst keine Manipulation des Käufers in Bezug auf die Earn-Out-Klausel darstellt, wenn primär betriebswirtschaftliche Gründe außerhalb der Earn-Out-Vereinbarung vorliegen. Etwas anderes gilt, wenn der Käufer mit der Integration beabsichtigt, die Earn-Out-Berechnung unmöglich zu machen.

### *II. Wechsel der Rechtsform*

Ein Wechsel der Rechtsform von einer Personengesellschaft in eine Kapitalgesellschaft kann in Bezug auf Ertragssteuern eine Beeinflussung der Berechnung des variablen Kaufpreisanteils dahingehend bewirken, dass die Steuerbelastung auf Ebene des Unternehmens nach dem Formwechsel aufgrund der hinzutretenden

344 *v. Braunschweig*, DB 2010, 713 (717); *Drygala*, in: Drygala/Wächter, Earnout-Klauseln, S. 247 (249); *Popp*, in: Drygala/Wächter, Earnout-Klauseln, S. 261 (265).

345 *Baums*, DB 1993, 1273 (1274); *Vischer*, SJZ 2002, 509 (512); *Mülke*, Earn-out-Strukturen, S. 226; *Becker*, Earn Out Klausel, S. 80, 121 f.; *Seibt*, in: Drygala/Wächter, Earnout-Klauseln, S. 220 (238); *Werner*, DStR 2012, 1662 (1665); *Hilgard*, BB 2010, 2912 (2917); *Schröder*, in: Stumpf-Wollersheim/Horsch, Forum M&A 2019, S. 29 (56); *Borowicz*, CF 2014, 429 (431); *Klein*, GStB 2010, 117 (119); *v. Braunschweig*, DB 2010, 713 (718); *König*, in: Kiem, Kaufpreisregelungen, § 14, Rn. 23; *Wieser/Oberhumer*, M&A Review 2017, 118 (120); *Reich-Rohrwig*, in: Lang/Weinzierl, FS Rödler, S. 763 (794), der auch ohne Vereinbarung eine Pflicht des Käufers zur Beibehaltung der Struktur sieht; *Elsing*, in: Elsing et al., M&A, B., Rn. 199.

346 *Baums*, DB 1993, 1273 (1275); *Becker*, Earn Out Klausel, S. 80, 121-126; *Drygala*, in: Drygala/Wächter, Earnout-Klauseln, S. 247 (259); *Seibt*, in: Drygala/Wächter, Earnout-Klauseln, S. 220 (238); *Hilgard*, BB 2010, 2912 (2913 f.); *Borowicz*, CF 2014, 429 (434); *Klein*, GStB 2010, 117 (119); *Ihlau/Gödecke*, BB 2010, 687 (689); *König*, in: Kiem, Kaufpreisregelungen, § 14, Rn. 24; *Elsing*, in: Elsing et al., M&A, B., Rn. 189; *Gseller*, Earn-Out-Klauseln, S. 143.

Körperschaftsteuer höher ist als zuvor und somit – bei Bezug auf eine Gewinngröße nach Steuern – den variablen Kaufpreis mindert.[347] Darüber hinaus wirkt sich die Rechtsform der Zielgesellschaft beziehungsweise eine Änderung dieser nicht auf die betriebswirtschaftlichen Kennzahlen aus, die Grundlage der Berechnung des variablen Kaufpreisanteils sind.

### *III. Änderung des Geschäftsmodells*

Eine Änderung des Geschäftsmodells vereitelt den Sinn der Earn-Out-Vereinbarung, denn diese soll der Ermittlung eines angemessenen Preises für das veräußerte Unternehmen dienen. Wenn nach der Transaktion das Geschäftsmodell wesentlich geändert wird, hat der Veräußerer weder ein Anrecht darauf, an hieraus resultierenden Gewinnsteigerungen teilzunehmen, noch sollte es seinen Kaufpreis mindern, wenn die Änderungen die Geschäftsentwicklung negativ beeinflussen. Auch hier wird teilweise empfohlen, grundlegende Änderungen des Geschäftsmodells vertraglich zu verbieten.[348]

Manipulativ kann die Änderung des Geschäftsmodells dann sein, wenn sie sich nur in der Earn-Out-Periode und nicht nachhaltig negativ auswirkt. Dies ist beispielsweise der Fall, wenn eine neue Sparte eröffnet wird, in welcher Anlaufverluste anfallen, die sich auf die Earn-Out-Berechnung auswirken.[349]

## C. Ergebnisverlagerungen

Der Käufer hat verschiedene Möglichkeiten, das Earn-Out-Ergebnis dadurch zu beeinflussen, dass er das Ergebnis auf andere Konzernunternehmen oder in sein Privatvermögen verlagert.[350]

### *I. Ergebnisverlagerung im Konzern*

Wenn der Käufer das erworbene Unternehmen nach der Transaktion in seinen Konzern integriert, werden üblicherweise zentrale Aufgaben von der Muttergesellschaft für alle Tochtergesellschaften übernommen. Hierbei handelt es sich

---

347 Siehe oben Kapitel 2, § 4, D., I., 2., b).

348 *Borowicz*, CF 2014, 429 (433); *Piehler*, Kontraktgestaltung, S. 213; *Mülke*, Earn-out-Strukturen, S. 226; *Klein*, GStB 2010, 117 (119).

349 *Reich-Rohrwig*, in: Lang/Weinzierl, FS Rödler, S. 763 (793).

350 *Mülke*, Earn-out-Strukturen, S. 200; *Becker*, Earn Out Klausel, S. 93, 98; *Klein*, GStB 2010, 117 (118 f.); *Seibt*, in: Drygala/Wächter, Earnout-Klauseln, S. 220 (236); *v. Braunschweig*, DB 2010, 713 (717); *Borowicz*, CF 2014, 429 (431); *Meuli*, Earn-out-Methode, S. 95; *Bruski*, BB-Special Nr. 7 2005, 19 (28); *Hilgard*, BB 2010, 2912 (2915); *Kästle/Oberbracht*, Unternehmenskauf, S. 100.

folglich um eine Integration, die sich auf bestimmte Funktionsbereiche bezieht, wodurch die rechtliche und buchhalterische Selbstständigkeit der Gesellschaft nicht berührt wird.[351]

### 1. *Konzernumlagen*

Mutter- beziehungsweise Holdinggesellschaften leiten das Personalwesen, das Rechnungswesen, das Controlling und andere Verwaltungsbereiche zentral,[352] was üblicherweise zu Synergieeffekten führt. Es besteht allerdings ein gewisser Spielraum für den Käufer, auf welcher Ebene – Mutter- oder Tochtergesellschaften – die positiven Effekte der genutzten Synergien zum Tragen kommen.

Durch erhöhte Konzernumlagen für die von der Muttergesellschaft übernommenen Leistungen kann eine Minderung des Ergebnisses der erworbenen Gesellschaft erzielt werden.[353] Darüber hinaus bestehen auch zwischen den Konzern(tochter)unternehmen Geschäftsbeziehungen, die zu Verrechnungspreisen untereinander abgerechnet werden und dementsprechend eine Ergebnisverlagerung herbeiführen können.[354]

### 2. *Aufdeckung von Ergebnisverlagerungen im Konzern*

Eine Manipulation durch den Käufer ist in diesen Fällen beispielsweise dadurch erkennbar, dass die berechneten Umlagen oder Leistungen im Vergleich zu anderen konzerninternen Geschäften höher sind. Sofern diese auch an Dritte erbracht werden, könnte außerdem darauf Bezug genommen werden, wie die Leistungen diesen gegenüber abgerechnet werden, oder aber zu welchem Preis sie unter Fremdvergleichsmaßstäben einem Dritten angeboten würden.[355]

---

351 Siehe hierzu oben Kapitel 3, § 7, B., I.

352 Siehe auch *Hörtnagl/Zwirner/Busch*, in: Hettler/Stratz/Hörtnagl, Unternehmenskauf, § 5, Rn. 56.

353 *Baums*, DB 1993, 1273 (1274); *Mülke*, Earn-out-Strukturen, S. 184, 228 f.; *Drygala*, in: Drygala/Wächter, Earnout-Klauseln, S. 247 (249); *Meuli*, Earn-out-Methode, S. 95; *Reich-Rohrwig*, in: Lang/Weinzierl, FS Rödler, S. 763 (796); *Kästle/Oberbracht*, Unternehmenskauf, S. 100.

354 *Baums*, DB 1993, 1273 (1274); *Mülke*, Earn-out-Strukturen, S. 230; *Drygala*, in: Drygala/Wächter, Earnout-Klauseln, S. 247 (249); *Meuli*, Earn-out-Methode, S. 95; *Reich-Rohrwig*, in: Lang/Weinzierl, FS Rödler, S. 763 (793); *Bruski*, BB-Special Nr. 7 2005, 19 (28); *Kästle/Oberbracht*, Unternehmenskauf, S. 100.

355 *Baums*, DB 1993, 1273 (1274); *Mülke*, Earn-out-Strukturen, S. 229; *Becker*, Earn Out Klausel, S. 99; *Klein*, GStB 2010, 117 (121); *Meuli*, Earn-out-Methode, S. 95; *Reich-Rohrwig*, in: Lang/Weinzierl, FS Rödler, S. 763 (793); *Kästle/Oberbracht*, Unternehmenskauf, S. 100.

Die Problematik von Fremdvergleichsmaßstäben und Verrechnungspreisen ergibt sich unter anderem auch im Bereich des Steuerrechts, hier insbesondere in Zusammenhang mit Ergebnisverlagerungen ins Ausland. Nach § 1 Abs. 1 S. 1 AStG sind die Einkünfte eines Unternehmens, das seine Einkünfte durch Geschäftsbeziehungen zu ausländischen Konzernunternehmen, die zu nicht fremdüblichen Preisen abgerechnet wurden, gemindert hat, so zu berechnen, als wären diese Leistungen zu fremdüblichen Preisen erbracht worden. Als Konzernunternehmen im Sinne des AStG zählen (unter anderem) alle Unternehmen, an welchen eine wesentliche Beteiligung besteht oder welche eine wesentliche Beteiligung an dem infrage stehenden Unternehmen unterhalten, § 1 Abs. 2 Nr. 1 AStG. Diese Regelung entspricht dem Grundsatz des „dealing-at-arm's-length", der im internationalen Steuerrecht als Kriterium der Einkünfteabgrenzung anerkannt ist.[356]

Im AStG wird entweder der tatsächliche oder ein hypothetischer Fremdvergleich vorgenommen, § 1 Abs. 3 AStG. Die üblichen Methoden zur Bestimmung eines tatsächlichen Fremdvergleichspreises sind die Preisvergleichs-, die Wiederverkaufspreis- und die Kostenaufschlagsmethode.[357] Die Preisvergleichsmethode stellt auf tatsächlich unter fremden Dritten vereinbarte Preise ab, während die Wiederverkaufspreismethode den Preis durch die Rückrechnung aus Weiterverkaufspreisen der eingekauften Leistung oder Ware ermittelt. Die Kostenaufschlagsmethode ermittelt durch einen Gewinnaufschlag auf die Selbstkosten einen fremdüblichen Verrechnungspreis.[358] Bei der Methode des hypothetischen Fremdvergleichs wird ein fiktives Aushandeln des Preises simuliert.[359]

Die zum AStG entwickelten Grundsätze können für die Beurteilung, ob der Käufer Ergebnisverlagerungen auf andere (hier auch inländische) Konzernunternehmen vorgenommen hat, übertragen werden.[360]

Die Schwierigkeit besteht – wie bei den Periodenverschiebungen – darin, zu erkennen, dass eine Manipulation vorgenommen wurde. Hier können ebenfalls entsprechende Kennzahlen herangezogen werden. Ein Zeitreihenvergleich bestimmter Aufwandsquoten kann beispielsweise als Mittel dienen, eine

---

356 *Pohl*, in: Brandis/Heuermann, AStG, § 1, Rn. 35; *Becker*, Earn Out Klausel, S. 98.

357 *Pohl*, in: Brandis/Heuermann, AStG, § 1, Rn. 84; siehe auch *Greil*, IStR 2021, 960 (961).

358 *Pohl*, in: Brandis/Heuermann, AStG, § 1, Rn. 86, 91, 96; siehe auch *Greil*, IStR 2021, 960 (961).

359 *Pohl*, in: Brandis/Heuermann, AStG, § 1, Rn. 114; siehe auch *Greil*, IStR 2021, 960 (961).

360 *Becker*, Earn Out Klausel, S. 98.

Manipulation aufzudecken. Für eine verlässliche Aussage darüber, ob die Verrechnungspreise angemessen sind, wird es auch hier weiterer Unterlagen – wie zum Beispiel Verträge – bedürfen.

## *II. Ergebnisverlagerung in das Privatvermögen*

### *1. Begünstigung des Käufers oder nahestehender Personen*

Wenn es sich bei dem Käufer um eine natürliche Person handelt, kann er außerdem Ergebnisverlagerungen in sein Privatvermögen oder zugunsten ihm persönlich nahestehender Personen vornehmen. Ist der Käufer eine Gesellschaft, gilt das gleiche für die dahinterstehenden Gesellschafter.

Der Käufer beziehungsweise Gesellschafter kann sich ein erhöhtes Gehalt, erhöhte Miete oder Darlehenszinsen auszahlen oder Personen aus seinem persönlichen Umfeld zu nicht fremdüblichen – für das Ergebnis der Gesellschaft nachteiligen – Konditionen einstellen.[361]

### *2. Aufdeckung von Ergebnisverlagerungen in das Privatvermögen*

Auch in diesen Fällen können zur Bestimmung von Manipulationen die Grundsätze des Steuerrechts herangezogen werden. Gemäß § 8 Abs. 3 S. 2 KStG mindern verdeckte Gewinnausschüttungen nicht das Einkommen der Kapitalgesellschaft. Dieser Grundsatz besagt, dass nicht unternehmerisch veranlasste Vermögensabflüsse zugunsten eines Gesellschafters oder ihm nahestehender Personen die Steuerbelastung der Gesellschaft nicht mindern dürfen. Es findet der Fremdvergleichsmaßstab Anwendung. Da es zu verdeckten Gewinnausschüttungen umfangreiche Rechtsprechung der Finanzgerichte gibt, kann es hilfreich sein, diese für die Beurteilung von Ergebnisverlagerungen zugunsten des Privatvermögens des Käufers beziehungsweise Gesellschafters heranzuziehen.[362]

---

361 *Becker*, Earn Out Klausel, S. 93, 98; *Reich-Rohrwig*, in: Lang/Weinzierl, FS Rödler, S. 763 (796).

362 *Mülke*, Earn-out-Strukturen, S. 229, der nur einen Hinweis auf den Fremdvergleichsmaßstab bei verdeckten Gewinnausschüttungen gibt; *Hoyenberg*, in: MVHdB II WirtschaftsR I, Form. I.8, Anm. 80, der eine vertragliche Regelung zur Anwendung der Grundsätze verdeckter Gewinnausschüttungen empfiehlt.

## D. Beeinflussung der Rechnungslegung

Die Rechnungslegung, die die Grundlage für die Berechnung der Earn-Out-Zahlung bei Hinzuziehung von finanziellen Bemessungsgrundlagen darstellt,[363] kann dem Käufer ebenfalls als Mittel zur Beeinflussung des variablen Kaufpreises dienen. Im Folgenden wird auf Bilanzierungswahlrechte, Abschreibungen und Finanzierungskosten eingegangen. Alle Aussagen beziehen sich auf die Rechnungslegung nach HGB.

### *I. Bilanzierungswahlrechte*

In der Literatur wird ausgeführt, der Käufer könne aufgrund der Ausübung von Bilanzierungswahlrechten die Earn-Out-Berechnung manipulieren.[364] Die Autoren beschreiben jedoch nicht, wie dies konkret erfolgen soll, sprich welche Wahlrechte in welcher Weise ausgeübt werden können, um eine Manipulation zu bewirken.

#### *1. Beispiele für die Manipulation durch Ausübung von Bilanzierungswahlrechten*

Als Bilanzierungswahlrechte kommen beispielsweise das Wahlrecht, selbst geschaffene immaterielle Vermögensgegenstände des Anlagevermögens zu aktivieren (§ 248 Abs. 2 HGB), die Aktivierung eines Disagios (§ 250 Abs. 3 HGB) und die Aktivierung aktiver latenter Steuern (§ 274 Abs. 1 S. 2 HGB) infrage.

Der Käufer könnte dazu übergehen, selbst geschaffene immaterielle Vermögensgegenstände des Anlagevermögens – wie zum Beispiel eine selbst entwickelte Software – nicht zu aktivieren, sondern die Kosten direkt als Aufwand zu

---

363 *Borowicz*, CF 2014, 429 (432); *Schröder*, in: Stumpf-Wollersheim/Horsch, Forum M&A 2019, S. 29 (53).

364 *Becker*, Earn Out Klausel, S. 90 f.; *Seibt*, in: Drygala/Wächter, Earnout-Klauseln, S. 220 (236); *Hilgard*, BB 2010, 2912 (2915); *Reich-Rohrwig*, in: Lang/Weinzierl, FS Rödler, S. 763 (781); *Kästle/Oberbracht*, Unternehmenskauf, S. 100; *König*, in: Kiem, Kaufpreisregelungen, § 14, Rn. 23; *Borowicz*, CF 2014, 429 (431, 437) verwendet den Begriff „Bilanzpolitik“; *Klein*, GStB 2010, 117 (118) erwähnt ebenfalls „bilanzpolitische Maßnahmen“; *Fisseler/Weißhaupt*, DB 2006, 431 (433) verwenden den Begriff „Bilanztricks“; *Popp*, in: Drygala/Wächter, Earnout-Klauseln, S. 261 (263–266) zeigt Beispiele zu Ermessensspielräumen und Korrekturen falscher Bilanzierung, nicht aber zu Wahlrechten auf; nur Hinweis auf die Regelungsbedürftigkeit *Piehler*, Kontraktgestaltung, S. 214; *Schröder*, in: Stumpf-Wollersheim/Horsch, Forum M&A 2019, S. 29 (53); *Ihlau/Gödecke*, BB 2010, 687 (689); *Gseller*, Earn-Out-Klauseln, S. 109, 115, 126 f.

behandeln. Dies würde eine Manipulation darstellen, sofern in der Buchhaltung der Zielgesellschaft solche Maßnahmen bisher aktiviert wurden, da somit eine nur beschränkte Vergleichbarkeit der Jahresabschlüsse zu denen der Vorjahre gegeben wäre. Das gleiche gilt für die Verbuchung von Disagios und aktiven latenten Steuern.

### *2. Entgegenstehen des Grundsatzes der Ansatz- und Bewertungsstetigkeit*

Bei der Thematisierung der Manipulation durch die Ausübung von Bilanzierungswahlrechten wird in der Literatur häufig außer Acht gelassen, dass im HGB das Prinzip der Ansatz- und Bewertungsstetigkeit verankert ist.[365] Dieses ist bei einem Share Deal im Verhältnis zur bisherigen Bilanzierung der Zielgesellschaft zu berücksichtigen. Bei einem Asset Deal beziehen sich die Grundsätze auf das Käuferunternehmen, weswegen im Rahmen von Assets Deals Ansatz- und Bewertungswahlrechte grundsätzlich anders als zuvor ausgeübt werden können. Die folgenden Äußerungen beziehen sich daher auf Unternehmensveräußerungen im Rahmen eines Share Deals.

Gemäß § 246 Abs. 3 HGB sind „die auf den vorhergehenden Jahresabschluss angewandten Ansatzmethoden [...] beizubehalten", dies gilt gemäß § 252 Abs. 1 Nr. 6 HGB auch für die Bewertungsmethoden. Von diesem Erfordernis kann „nur in begründeten Ausnahmefällen abgewichen werden", § 252 Abs. 2 i. V. m. § 246 Abs. 3 S. 2 HGB. Die Ansatz- und Bewertungsstetigkeit soll willkürliche Ergebnisverlagerungen verhindern.[366] Dies schränkt die zielgerichtete Ausübung von Wahlrechten durch den Käufer deutlich ein.

Unter den Grundsatz der Ansatz- und Bewertungsstetigkeit fallen unter anderem die Wahl der Abschreibungsmethode, die Einbeziehung bestimmter Kosten in die Herstellungskosten und auch die oben genannten Ansatzwahlrechte für selbst geschaffene immaterielle Anlagegegenstände, Disagios und aktive latente Steuern.[367] Der Käufer ist demnach nicht frei in seiner Entscheidung, Wahlrechte abweichend von der bisherigen Bilanzierung auszuüben.

Nach § 252 Abs. 2 HGB darf allerdings – wie erwähnt – in begründeten Ausnahmefällen von dem Grundsatz der Ansatz- und Bewertungsstetigkeit abgewichen werden. Ein solcher begründeter Ausnahmefall liegt wohl auch bei dem

---

365 *Becker*, Earn Out Klausel, S. 91 geht zumindest darauf ein, dass die „Bilanzkontinuität" vertraglich geregelt werden solle; *Reich-Rohrwig*, in: Lang/Weinzierl, FS Rödler, S. 763 (781) geht auf den Grundsatz der Bewertungsstetigkeit ein.

366 *Störk/Büssow*, in: Beck Bil-Komm, § 252, Rn. 75.

367 *Störk/Büssow*, in: Beck Bil-Komm, § 252, Rn. 76 f.

Wechsel der Konzernzugehörigkeit[368] und bei einer wesentlichen Änderung der Anteilsverhältnisse vor.[369]

Dennoch spricht selbst in diesem Fall das sich aus den Grundsätzen ordnungsgemäßer Buchführung und den allgemeinen Bewertungsregeln ergebende Willkürverbot[370] gegen die Rechtmäßigkeit der Vornahme von Manipulationen des Earn-Out-Ergebnisses mittels Bilanzierungswahlrechten. Das Willkürverbot besagt, dass die Bewertung „frei von sachfremden Erwägungen“[371], unter welche auch die Auswirkung der Bewertung auf die Ertragslage[372] und somit auch die Auswirkung auf die Berechnung des variablen Kaufpreises gehören dürfte, sein muss. Darüber hinaus schreibt § 308 Abs. 1 S. 1 HGB eine einheitliche Bewertung in den (Einzel-)Jahresabschlüssen aller Konzernunternehmen vor.

Festzuhalten bleibt, dass eine willkürliche Änderung der Bilanzierungswahlrechte zum Zwecke der Manipulation der Earn-Out-Zahlung nicht ohne Weiteres den handelsrechtlichen Grundsätzen entspricht. Bei einem schweren Verstoß kann sogar eine Bilanzfälschung gemäß § 331 Abs. 1 HGB vorliegen.[373]

### 3. *Aufdeckung von Wahlrechtsausübungen*

Die Änderung von Ansatz- und Bewertungsmethoden muss im Anhang angegeben und begründet werden, § 284 Abs. 2 Nr. 2 HGB.[374] Nur wenn diese Pflicht erfüllt wird, darf die Methode überhaupt geändert werden.[375] Wenn der Käufer daher verhindern möchte, dass die Manipulation auffällt, müsste er gegen diese Pflicht zur Angabe im Anhang verstoßen. Auch an dieser Stelle wird deutlich, dass die Einbeziehung des Unternehmens in den Konzernabschluss der Muttergesellschaft problematisch ist, denn in diesem Fall muss das Unternehmen keinen eigenen Anhang aufstellen, sodass eine Überprüfung für den Verkäufer noch schwieriger wird.[376]

Eine Manipulationsmöglichkeit besteht jedenfalls im Rahmen eines Asset Deals. Bei einem Unternehmenskauf in Form eines Share Deals kann eine

---

368 So auch *Reich-Rohrwig*, in: Lang/Weinzierl, FS Rödler, S. 763 (781) zum österreichischen Recht.
369 *Störk/Büssow*, in: Beck Bil-Komm, § 252, Rn. 81.
370 *Störk/Büssow*, in: Beck Bil-Komm, § 252, Rn. 88.
371 *Störk/Büssow*, in: Beck Bil-Komm, § 252, Rn. 88.
372 *Störk/Büssow*, in: Beck Bil-Komm, § 252, Rn. 88.
373 *Störk/Büssow*, in: Beck Bil-Komm, § 252, Rn. 100.
374 *Grottel*, in: Beck Bil-Komm, § 284, Rn. 170–172.
375 *Grottel*, in: Beck Bil-Komm, § 284, Rn. 180, 185, 191 f.
376 Siehe hierzu Kapitel 3, § 7, B., I., 1.

Änderung der Ansatz- und Bewertungsmethoden unter Umständen sinnvoll begründet werden, sodass auch hier die Möglichkeit der Manipulation gegeben wäre. Ansonsten könnte der Käufer den Verstoß gegen die oben genannten Grundsätze in Kauf nehmen, um die Earn-Out-Zahlung zu mindern.

### *II. Abschreibungen*

Bei einem Unternehmenskauf im Rahmen eines Asset Deals kann der Käufer – sofern der Kaufvertrag keine entsprechende Aufteilung vorsieht – entscheiden, wie der Kaufpreis auf die einzelnen Assets verteilt wird und somit beeinflussen, wie die einzelnen angeschafften Vermögensgegenstände abgeschrieben werden.[377] Auch die (Rest-)Nutzungsdauer und die Wahl der Abschreibungsmethode wird von ihm festgelegt.[378] Dieses Ermessen kann er dazu nutzen, die Berechnung des variablen Kaufpreisanteils zu manipulieren.

Darüber hinaus ist zu beachten, dass sich bei einem Unternehmenskaufpreis, der über den Buchwerten des erworbenen Unternehmens liegt – dementsprechend immer dann, wenn stille Reserven vorliegen – die Abschreibungen höher sein werden, als zuvor.[379]

Liegt ein Unternehmenskauf im Rahmen eines Share Deals vor, so gelten für den Wechsel der Abschreibungsmethode und -dauer die oben genannten Einschränkungen durch die Grundsätze der Ansatz- und Bewertungsstetigkeit, das Willkürverbot und die Pflicht von Anhangangaben sowie die daraus gezogenen Schlüsse.[380]

### *III. Finanzierungskosten*

Finanzierungskosten, die in Zusammenhang mit dem Erwerb des Unternehmens stehen, können das Ergebnis im Vergleich zu den vorherigen Jahresabschlüssen negativ beeinflussen.[381] Dies ist der Fall, wenn das Unternehmen im Rahmen eines Asset Deals erworben und zu diesem Zweck Fremdkapital aufgenommen wurde.

---

377 *Weber/Schulz*, in: Hölters, Unternehmenskauf, Kapitel 9, Rn. 9.244.

378 Siehe zu den unterschiedlichen Abschreibungsmethoden *Schubert/Andrejewski*, in: Beck Bil-Komm, § 253, Rn. 238–240.

379 *Kästle/Oberbracht*, Unternehmenskauf, S. 100; *Moser*, in: Berens et al., Due Diligence, S. 273 (284); zur Regelungsbedürftigkeit der Abschreibung auf den Goodwill *Piehler*, Kontraktgestaltung, S. 214; *Baums*, DB 1993, 1273 (1274); siehe auch Kapitel 3, § 6, D., II.

380 Siehe oben Kapitel 3, § 7, D., I., 2.

381 *Baums*, DB 1993, 1273 (1274); *Piehler*, Kontraktgestaltung, S. 214.

Eine bewusste Manipulation durch den Erwerber ist in dieser Vorgehensweise nicht zu sehen.[382]

Wenn der Käufer das Ergebnis allerdings durch erhöhte Zinsen zu seinen Gunsten (zum Beispiel aufgrund von Gesellschafterdarlehen) oder durch Kredite zur Finanzierung von Entnahmen oder Privatanschaffungen belastet, so ist in diesem Verhalten eine Manipulation zu sehen, die eine Ergebnisverlagerung darstellt.[383]

## E. Weiterveräußerung

Die Weiterveräußerung des Unternehmens während der Earn-Out-Periode kann der Käufer als Manipulation der vereinbarten Earn-Out-Berechnung nutzen.[384] Durch die Weiterveräußerung wird der vereinbarte Earn-Out-Zeitraum verkürzt und dem Veräußerer die Partizipation am Unternehmenserfolg für die verbleibenden Perioden des Earn-Out-Zeitraums verwehrt. Dies ist bei der Vereinbarung des kumulativen Standards[385] besonders problematisch, denn der variable Kaufpreisanteil kann dann insgesamt erst am Ende der Earn-Out-Periode berechnet werden.[386]

Der Käufer ist nach der Transaktion alleiniger Unternehmenseigentümer und kann über das Unternehmen grundsätzlich uneingeschränkt verfügen. Bei einer Weiterveräußerung wird der neue Erwerber nicht daran interessiert sein, eine Verpflichtung gegenüber dem ursprünglichen Verkäufer einzugehen, den Earn-Out für die verbleibenden Perioden zu zahlen, da er nur in Vertragsbeziehung zu dem aktuellen Eigentümer tritt.[387]

In der Literatur wird daher empfohlen, eine Weiterveräußerung im Earn-Out-Zeitraum zu verbieten beziehungsweise von der Zustimmung des Veräußerers abhängig zu machen oder zu vereinbaren, dass in diesem Fall eine vorher vereinbarte Zahlung zu leisten ist.[388] Auch die Vereinbarung von Vorkaufsrechten

382 Siehe oben Kapitel 3, § 6, D., III.

383 Siehe oben Kapitel 3, § 7, C.

384 *Becker*, Earn Out Klausel, S. 118; *Schröder*, in: Stumpf-Wollersheim/Horsch, Forum M&A 2019, S. 29 (51).

385 Siehe hierzu oben Kapitel 2, § 4, E., II.

386 *Becker*, Earn Out Klausel, S. 117.

387 *Becker*, Earn Out Klausel, S. 118.

388 *Becker*, Earn Out Klausel, S. 118 f.; *Mülke*, Earn-out-Strukturen, S. 227 f.; *Piehler*, Kontraktgestaltung, S. 215 f.; *Werner*, DStR 2012, 1662 (1665); *Bruski*, BB-Special Nr. 7 2005, 19 (28).

für den Verkäufer ist möglich.[389] Die folgenden Aussagen beziehen sich auf den Zustand, der sich ergibt, wenn keine solchen Vereinbarungen getroffen wurden.

Für die Beurteilung der Manipulation ist zu unterscheiden, ob es sich bei der Weiterveräußerung um einen Share Deal oder einen Asset Deal handelt. Bei einem Share Deal fällt der aus der Weiterveräußerung entstehende Gewinn auf der Ebene des ursprünglichen Käufers als Gesellschafter der Zielgesellschaft an. Die Gewinnermittlung der Zielgesellschaft bleibt unberührt, sodass der ursprüngliche Veräußerer auch nicht über die Earn-Out-Vereinbarung an dem Veräußerungsgewinn partizipiert.

Anders ist dies – je nach Klauselgestaltung – bei einer Weiterveräußerung im Rahmen eines Asset Deals. Bei einer Veräußerung der Aktiva und Passiva der Zielgesellschaft entsteht ein etwaiger Veräußerungsgewinn auf Ebene des Unternehmens. Er wird unter den sonstigen betrieblichen Erträgen ausgewiesen.[390] Bei einer auf den Jahresüberschuss oder das EBIT/EBITDA bezogenen Earn-Out-Klausel verändert dieser Gewinn die Berechnung des variablen Kaufpreisanteils und der ursprüngliche Veräußerer partizipiert somit an selbigem. Bei einem Bezug der Earn-Out-Klausel auf die Umsatzerlöse oder den Rohgewinn läuft diese dagegen ins Leere.

Zu beachten ist, dass – selbst wenn der Veräußerer noch an dem Veräußerungsgewinn beteiligt wird – ihm dennoch die Partizipation an der weiteren Unternehmensentwicklung verwehrt wird.

Noch schwerwiegender wäre die Manipulation durch den Käufer, wenn dieser die Weiterveräußerung im Rahmen eines Asset Deals zu einem unter dem Verkehrswert liegenden Preis oder sogar mit Verlust an ein anderes Konzernunternehmen veräußert. Hierin wäre gleichzeitig eine Ergebnisverlagerung im Konzern zu sehen.[391]

---

389 *Bruski*, BB-Special Nr. 7 2005, 19 (28).

390 *Justenhoven/Kliem/Müller*, in: Beck Bil-Komm, § 275, Rn. 91 f.

391 Siehe oben Kapitel 3, § 7, C., I.

# Kapitel 4: Rechtsverhältnis der Parteien einer Earn-Out-Vereinbarung

Sowohl um bestimmen zu können, welche Rechte und Pflichten die Parteien einer Earn-Out-Vereinbarung treffen, als auch, welche Vorschriften für die Geltendmachung von Ansprüchen des Verkäufers aufgrund einer Manipulation durch den Käufer Anwendung finden, ist zu entscheiden, welche Vertragsart vorliegt. Durch die Earn-Out-Klausel ändert sich der Charakter des zwischen den Parteien geschlossenen Rechtsverhältnisses. Es handelt sich nicht um einen klassischen Kaufvertrag, da ein solcher auf einen einmaligen Leistungsaustausch ausgerichtet ist, während die Parteien der Earn-Out-Vereinbarung darüber hinaus während des Earn-Out-Zeitraums an den Vertrag gebunden sind.[392]

Wenn die Parteien Vereinbarungen treffen, die Eigenschaften verschiedener normierter Vertragstypen aufweisen, liegt ein typengemischter Vertrag vor.[393] Dieser bildet unabhängig von seinen unterschiedlichen Bestandteilen ein einheitliches Ganzes.[394]

Es ist erforderlich, den Willen der Parteien unter Berücksichtigung der Umstände des Einzelfalls zu ergründen, um bestimmen zu können, welche Rechtsnormen angewendet werden.[395] Der BGH zieht in seiner Rechtsprechung die Gestaltung und den Sinn und Zweck des Vertrags, die wirtschaftliche Bedeutung der Vereinbarungen und die erkennbare Interessenlage der Parteien hinzu.[396] In der Literatur wird übereinstimmend mit diesen Grundsätzen die sogenannte Absorptions- und die Kombinationsmethode beschrieben.[397]

---

392 So auch *Schücking*, in: MHdB GesR I, § 2, Rn. 46.

393 *Gehrlein*, in: BeckOK BGB, § 311, Rn. 21; *Emmerich*, in: MüKo-BGB, § 311, Rn. 25, 29.

394 *Gehrlein*, in: BeckOK BGB, § 311, Rn. 21: *Emmerich*, in: MüKo-BGB, § 311, Rn. 31 f.; BGH, Urt. v. 30.04.1976 – V ZR 143/7, NJW 1976, 1931; Urt. v. 21.11.1985 – VII ZR 366/83, NJW 1986, 925 (unter I., 2., a)); Urt. v. 02.10.2019 – XII ZR 8/19, NJW 2020, 328 (Rn. 12).

395 *Emmerich*, in: MüKo-BGB, § 311, Rn. 29; BGH, Urt. v. 13.09.2007 – I ZR 207/04, NJW 2008, 1072 (Rn. 19).

396 BGH, Urt. v. 12.12.1968 – VII ZR 18/66, BeckRS 1968, 31178611 (unter II., 1.), b)); Urt. v. 16.04.1973 – VII ZR 155/72, NJW 1973, 1235 (1236).

397 Siehe nur *Emmerich*, in: MüKo-BGB, § 311, Rn. 30.

Die Absorptionsmethode sieht vor, dass ein Vertrag nach dem Recht des Vertragstyps, der den Schwerpunkt bildet, behandelt wird.[398] Im Rahmen dieser Methode ist die Anwendung einzelner Vorschriften des Vertragsrechts, welches nicht den Schwerpunkt bildet, möglich, wenn dies zur korrekten Würdigung der Vertragseigenart notwendig ist.[399] Bei der Kombinationsmethode werden auf die einzelnen Vertragsbestandteile die für diese geltenden Vorschriften angewendet.[400] Insbesondere, wenn in einem Vertrag verschiedene gleichwertige Hauptverpflichtungen enthalten sind, gilt für diese das jeweils darauf anwendbare Recht.[401] Die beiden Methoden schießen sich nicht gegenseitig aus, sondern können in Kombination zu einem interessengerechten Ergebnis führen.[402]

Die auf das durch die Vereinbarung einer Earn-Out-Klausel zwischen den Parteien entstehende Rechtsverhältnis anzuwendenden Vorschriften können je nach Ausgestaltung der Klausel unterschiedlich sein. Vorliegend sind daher die verschiedenen Bestandteile der Earn-Out-Vereinbarung – beispielsweise die Dauer der Beteiligung, die Bemessungsgrundlage des variablen Kaufpreisanteils und eventuell vereinbarte Mitbestimmungsrechte des Verkäufers – daraufhin zu untersuchen, wie sie das Rechtsverhältnis zwischen den Parteien in Abweichung von dem gesetzlich geregelten Vertragstypus „Kaufvertrag" verändern. Aus diesen Erkenntnissen wird unter Zuhilfenahme der beschriebenen Methoden entschieden, welche Rechtsvorschriften Anwendung finden.

In Betracht kommt die Entstehung einer Gesellschaft bürgerlichen Rechts in Form einer Innengesellschaft oder einer stillen Gesellschaft neben dem Kaufvertrag, der partiarische Kaufvertrag, das Vorliegen eines gemischten Vertrages in Form eines Kaufvertrages mit Elementen der Gesellschaft bürgerlichen Rechts sowie die Heranziehung der Vorschriften über das Darlehen.[403]

---

398 Siehe nur *Emmerich*, in: MüKo-BGB, § 311, Rn. 30, 36.

399 BGH, Urt. v. 29.10.1980 – VIII ZR 326/79, NJW 1981, 341 (342); Urt. v. 12.12.1968 – VII ZR 18/66, BeckRS 1968, 31178611 (unter II., 1.), c)); Urt. v. 02.10.2019 – XII ZR 8/19, NJW 2020, 328 (Rn. 12).

400 Siehe nur *Emmerich*, in: MüKo-BGB, § 311, Rn. 30.

401 BGH, Urt. v. 12.12.1968 – VII ZR 18/66, BeckRS 1968, 31178611 (unter II., 2.)); *Emmerich*, in: MüKo-BGB, § 311, Rn. 33.

402 Siehe nur *Emmerich*, in: MüKo-BGB, § 311, Rn. 30.

403 Zu der Einteilung von Vertragstypen *Schücking*, in: MHdB GesR I, § 2, Rn. 69.

# § 8 Infrage kommende Rechtsverhältnisse

## A. Gesellschaft bürgerlichen Rechts (Innengesellschaft)

Zwischen den Parteien einer Earn-Out-Vereinbarung könnte eine Gesellschaft bürgerlichen Rechts in Form einer Innengesellschaft entstehen. Dies wäre der Fall, wenn die Vereinbarungen der Parteien (auch) als Gesellschaftsvertrag einzuordnen wären, denn der Abschluss eines Gesellschaftsvertrages ist die einzige Voraussetzung für die Entstehung einer Innengesellschaft.[404]

Im Gesellschaftsvertrag verpflichten sich die Gesellschafter gegenseitig, die Erreichung eines gemeinsamen Zwecks durch Beiträge oder in sonst vertraglich vereinbarter Weise zu fördern, § 705 BGB. Diese Verpflichtung besteht bei einer Innengesellschaft nur schuldrechtlich zwischen den Gesellschaftern, denn sie tritt im Gegensatz zu einer Außengesellschaft nicht nach außen auf und ist nicht rechtsfähig.[405]

Durch das Gesetz zur Modernisierung des Personengesellschaftsrechts (MoPeG), welches am 1.1.2024 in Kraft tritt (Art. 137 S. 1 MoPeG), wird die Innengesellschaft als „nicht rechtsfähige Gesellschaft“ in § 705 Abs. 2, 2. Alt. BGB n. F. gesetzlich kodifiziert. Sie entsteht auch weiterhin durch den Abschluss des Gesellschaftsvertrages (§ 705 Abs. 1 BGB n. F.). Es ergeben sich insofern keine materiellen Änderungen.[406]

Vorliegend könnte aufgrund der Earn-Out-Vereinbarung der gemeinsame Zweck der Parteien in dem erfolgreichen Betrieb des Unternehmens nach der Transaktion gesehen werden. Ein anderer Vertrag – beziehungsweise ein anders bezeichneter Vertrag (hier: der „Kaufvertrag“) – kann die schuldrechtliche Grundlage für eine Innengesellschaft bilden.[407] Die Parteien hätten dann durch die getroffenen Vereinbarungen sowohl einen Kaufvertrag abgeschlossen als auch eine Gesellschaft gegründet.

Der Schwerpunkt des Vertrages kann in einem solchen Fall nicht festgelegt werden, da beide Schuldverhältnisse gleichwertig nebeneinanderstehen. Es lägen

---

404 *Schäfer*, in: MüKo-BGB, § 705, Rn. 1.

405 BGH, Urt. v. 29.01.2001 – II ZR 331/00, NJW 2001, 1056; *Schöne*, in: BeckOK BGB, § 705, Rn. 139, 161; *Friel*, in: MAH PersGesR, § 13, Rn. 14.

406 So auch *Bachmann*, NJW 2021, 3073 (Rn. 4).

407 *Schäfer*, in: MüKo-BGB, § 705, Rn. 24; in Bezug auf eine im Rahmen eines Ehevertrages geschlossene GbR BGH, Urt. v. 25.09.1972 – III ZR 97/70, BeckRS 1972, 30404378; in Bezug auf eine im Rahmen eines Treuhandvertrages geschlossene GbR Urt. v. 11.01.2011 – II ZR 187/09, NJW 2011, 921 (923).

kaufrechtliche und gesellschaftsrechtliche Vertragsbestandteile – namentlich die Earn-Out-Vereinbarung – vor. Die Kombinationsmethode führt in solchen Fällen zu einem interessengerechten Ergebnis hinsichtlich der anzuwendenden Rechtsvorschriften. In Bezug auf den gesellschaftsrechtlichen Teil wären dann die Regelungen über die Innengesellschaft anzuwenden.[408]

## B. Partiarischer Kaufvertrag

Partiarische Rechtsgeschäfte zeichnen sich dadurch aus, dass das Entgelt für eine Leistung insgesamt oder zum Teil in einer Beteiligung am wirtschaftlichen Erfolg des Vertragspartners besteht.[409] Neben der Gewinnbeteiligung ist auch die Beteiligung am Umsatz möglich.[410] Es handelt sich um Austauschverträge, weswegen das Vorliegen einer Gesellschaft gleichzeitig ausgeschlossen ist.[411] Gemeinsamkeiten mit der Gesellschaft bestehen aufgrund der Ausgestaltung als Dauerschuldverhältnis und der Beteiligung am Erfolg, die für eine Gesellschaft typisch ist.[412]

Ein partiarisches Rechtsgeschäft ist auch bei einer einmaligen Leistungsverpflichtung – beispielsweise im Rahmen eines Kaufvertrages – möglich.[413] Ein partiarischer Kaufvertrag liegt vor, wenn der Kaufpreis für eine Sache (teilweise) von dem aus dem Kaufgegenstand erwirtschafteten Gewinn abhängt.[414] Dadurch verändert sich das Wesen des Kaufvertrages, da ein Dauerschuldelement hinzutritt.[415]

Da Earn-Out-Vereinbarungen die Abrede enthalten, dass der Veräußerer über eine bestimmte Dauer nach dem Übertragungsstichtag an dem Erfolg des veräußerten Unternehmens teilhaben soll, kommt für die Bestimmung des Rechtsverhältnisses zwischen den Parteien einer Earn-Out-Klausel der partiarische

---

408 Siehe bezüglich der auf gemischte Verträge anzuwendenden Vorschriften oben Kapitel 4; BGH, Urt. v. 25.09.1972 – III ZR 97/70, BeckRS 1972, 30404378, der BGH wendet in Bezug auf eine im Rahmen eines Ehevertrages geschlossene GbR ebenfalls die Kombinationsmethode an, ohne sie als solche zu benennen.

409 *Schäfer*, in: MüKo-BGB, Vor § 705, Rn. 112; *Guery*, Gesellschaft, S. 1; *Denkhaus*, Partiarische Rechtsgeschäfte, S. 7, 10.

410 *Huffer*, Partiarisches Geschäft, S. 5 f.

411 BGH, Urt. v. 29.01.1951 – IV ZR 171/50, NJW-RR 1951, 308; *Schäfer*, in: MüKo-BGB, Vor § 705, Rn. 112; *Schücking*, in: MHdB GesR I, § 2, Rn. 34; *Blaurock*, in: Blaurock, Stille Gesellschaft, § 5, Rn. 5.16; *Huffer*, Partiarisches Geschäft, S. 2; *Denkhaus*, Partiarische Rechtsgeschäfte, S. 12.

412 *Schäfer*, in: MüKo-BGB, Vor § 705, Rn. 112, 114; *Schücking*, in: MHdB GesR I, § 2, Rn. 34.

413 *Schücking*, in: MHdB GesR I, § 2, Rn. 45.

414 *Huffer*, Partiarisches Geschäft, S. 4; *Denkhaus*, Partiarische Rechtsgeschäfte, S. 8.

415 *Schücking*, in: MHdB GesR I, § 2, Rn. 46

Kaufvertrag in Betracht. Zu den auf einen Kaufvertrag anzuwendenden Normen würden in diesem Fall weitere Rechtsgrundsätze hinzutreten, die auf die partiarischen Elemente des Vertrages zugeschnitten sind. Diese Vorgehensweise entspricht eher der Absorptionsmethode,[416] da der Kaufvertrag den Schwerpunkt des Rechtsverhältnisses bildet, zu welchem andere Elemente hinzutreten.

## C. Stille Gesellschaft

Als stille Gesellschaft wird die in § 230 HGB normierte durch eine Einlage begründete Beteiligung an dem Handelsgewerbe eines Anderen gegen Gewinnbeteiligung bezeichnet.[417] Die stille Gesellschaft ist eine spezielle Form der Innengesellschaft. Eine Voraussetzung ist daher, dass eine Gesellschaft gemäß § 705 BGB vorliegt.[418] Bei dem Handelsgewerbe, an welchem sich der Stille beteiligt, muss es sich außerdem um einen Kaufmann nach §§ 1 ff. HGB handeln.[419]

Sofern bejaht wird, dass die Parteien der Earn-Out-Vereinbarung eine Innengesellschaft gegründet haben, da sie einen gemeinsamen Zweck verfolgen, könnte diese in der Ausprägung einer stillen Gesellschaft bestehen, sofern das veräußerte Unternehmen ein Kaufmann nach §§ 1 ff. HGB ist, die Earn-Out-Vereinbarung als Gewinnbeteiligung an diesem und die erst zu einem späteren Zeitpunkt fällig werdende variable Kaufpreiszahlung als Einlage des Unternehmensverkäufers angesehen würde.

## D. Gemischter Vertrag mit Elementen der Gesellschaft bürgerlichen Rechts

Für die Annahme eines gemischten Vertrages mit gesellschaftsrechtlichen Elementen dürfen die Voraussetzungen des § 705 BGB nicht erfüllt sein; es darf dementsprechend keine Gesellschaft vorliegen.[420] Das Vertragsverhältnis muss dennoch einen Dauerschuldcharakter und weitere Elemente eines Gesellschaftsvertrages aufweisen, so zum Beispiel die Verfolgung gleichgerichteter Interessen

---

416 Siehe bezüglich der auf gemischte Verträge anzuwendenden Vorschriften oben Kapitel 4.

417 *Schmidt*, in: MüKo-HGB, § 230, Rn. 2.

418 *Schmidt*, Gesellschaftsrecht, S. 1840; *Schmidt*, in: MüKo-HGB, § 230, Rn. 4 m.w.N.; *Mock*, in: Röhricht/Graf v. Westphalen/Haas, HGB, § 230, Rn. 2 f.

419 *Schmidt*, in: MüKo-HGB, § 230, Rn. 3; *Mock*, in: Röhricht/Graf v. Westphalen/Haas, HGB, § 230, Rn. 1.

420 *Schäfer*, in: MüKo-BGB, Vor § 705, Rn. 119; *Schulze-Osterloh*, Personengesellschaften, S. 2.

oder eine erfolgsabhängige Gegenleistung.[421] Liegt ein gemischter Vertrag mit Elementen eines Gesellschaftsvertrages vor, so können unter Berücksichtigung der gesamten Umstände dennoch – obwohl keine Gesellschaft vorliegt – einzelne auf Gesellschaften bezogene Rechtsnormen Anwendung finden.[422] Diese Vorgehensweise entspricht im Prinzip der Absorptionsmethode.[423]

Da – wie dargestellt – sowohl die Gründung einer Gesellschaft als auch der Abschluss eines (partiarischen) Austauschvertrages durch die Earn-Out-Vereinbarung in Betracht kommen, könnte durch die Earn-Out-Vereinbarung ebenfalls ein gemischter Vertrag mit Elementen der Gesellschaft bürgerlichen Rechts begründet werden.

## E. Darlehen

Ein Darlehensvertrag kommt durch die Einigung der Parteien zustande, dass der Darlehensgeber dem Darlehensnehmer einen Geldbetrag überlässt und der Darlehensnehmer die geschuldeten Zinsen zu zahlen und den Darlehensbetrag bei Fälligkeit zurückzuzahlen hat, § 488 Abs. 1 BGB.

Earn-Out-Vereinbarungen wird ein Finanzierungseffekt[424] zugesprochen, da der variable Kaufpreisanteil vom Unternehmenskäufer erst zu einem späteren Zeitpunkt nach der Transaktion an den Unternehmensverkäufer zu zahlen ist. Aufgrund dieser Beurteilung ist die Anwendung von Vorschriften über den Darlehensvertrag vorstellbar.[425]

# § 9 Bestimmung des Rechtsverhältnisses

Im Folgenden wird geprüft, welches der grundsätzlich infrage kommenden Rechtsverhältnisse bei einem Kaufvertrag mit Earn-Out-Klausel tatsächlich

---

421 RG, Urt. v. 11.11.1933 – I 130/33, RGZ 142, 212, 214; *Schäfer*, in: MüKo-BGB, Vor § 705, Rn. 120 m.w.N.

422 RG, Urt. v. 11.11.1933 – I 130/33, RGZ 142, 212, 214f., das RG benutzt den Begriff „gesellschaftsähnliches Rechtsverhältnis"; *Schücking*, in: MHdB GesR I, § 2, Rn. 68; *Schäfer*, in: MüKo-BGB, Vor § 705, Rn. 119.

423 Siehe bezüglich der auf gemischte Verträge anzuwendenden Vorschriften oben Kapitel 4.

424 Siehe oben Kapitel 1, § 1, A., II.

425 Die Finanzierungsfunktion als Argument erwähnend, Earn-Out-Vereinbarungen als „darlehensartig" zu bezeichnen *Drygala*, in: Drygala/Wächter, Earnout-Klauseln, S. 247 (250).

vorliegt, beziehungsweise ob und inwiefern sich bestimmte von den Parteien getroffene Vereinbarungen auf das sich ergebende Rechtsverhältnis auswirken.

## A. Ausschluss des Darlehens

Damit das Vertragsverhältnis der Kaufvertragsparteien als Darlehen beziehungsweise darlehensartig anzusehen ist, müsste die hinausgeschobene Fälligkeit des variablen Kaufpreisanteils als Einigung der Parteien darüber angesehen werden, dass ein Geldbetrag vom Verkäufer zur Verfügung gestellt und vom Käufer zurückgezahlt werden soll, § 488 Abs. 1 BGB.

Ein Darlehensvertrag kann in der Form geschlossen werden, dass vereinbart wird, eine Schuld, die aus einem anderen Rechtsgeschäft resultiert, werde künftig als Darlehen geschuldet.[426] Es handelt sich dann um ein Vereinbarungsdarlehen.[427] Weiterhin muss der Darlehensbetrag nicht feststehen, es genügt, wenn er bestimmbar ist.[428] Die Vereinbarung von Zinsen ist keine Voraussetzung für das Vorliegen eines Darlehens.[429]

Der variable Kaufpreisanteil, der in Form einer Earn-Out-Klausel vereinbart wird, ist – das Rückzahlungsmodell ausgenommen – erst zu einem nach dem Übertragungsstichtag liegenden Zeitpunkt fällig. Die Zahlung ist – je nach Ausgestaltung – am Ende der Earn-Out-Periode oder in bestimmten Abständen, beispielsweise jährlich in Raten, zu leisten. Aufgrund dessen besteht eine gewisse Nähe zu einem Vereinbarungsdarlehen. Dass die Höhe des zu zahlenden Betrages erst am Ende der Periode ermittelt wird, steht der Beurteilung als Darlehen nicht entgegen. Auch das Fehlen einer Zinsvereinbarung wäre unschädlich.

Es ist jedoch zu berücksichtigen, dass nicht jede in die Zukunft verschobene Fälligkeit die Schlussfolgerung zulässt, es läge ein Darlehensvertrag vor.[430] Es ist der Wille der Parteien zu erforschen. Die Earn-Out-Vereinbarung wird in erster Linie geschlossen, da sich Käufer und Verkäufer nicht auf einen (fixen) Unternehmenskaufpreis einigen können. Aus diesem Grund wird vereinbart, den Kaufpreis von der tatsächlichen zukünftigen Unternehmensentwicklung abhängig zu machen und dass der zusätzliche variable Kaufpreisanteil nur zu zahlen ist,

---

426 *Berger*, in: MüKo-BGB, § 488, Rn. 18.
427 *Berger*, in: MüKo-BGB, § 488, Rn. 18.
428 *Berger*, in: MüKo-BGB, § 488, Rn. 8.
429 *Berger*, in: MüKo-BGB, § 488, Rn. 8; *Rohe*, in: BeckOK BGB, § 488, Rn. 51.
430 *Berger*, in: MüKo-BGB, § 488, Rn. 18; *Schücking*, in: MHdB GesR I, § 2, Rn. 48.

wenn die entsprechenden Schwellenwerte in der Earn-Out-Periode überschritten werden.[431]

Dass diese Vereinbarung unausweichlich dazu führt, dass der variable Kaufpreis erst später ermittelt und gezahlt wird, ist eine logische Folge dieser Kaufpreisgestaltung. Die Überlassung eines Geldbetrages durch den Verkäufer ist nicht die eigentliche Intention der Parteien, zumal normalerweise nicht feststeht, ob überhaupt ein zusätzlicher Kaufpreis anfällt. Das bedeutet, dass die Earn-Out-Vereinbarung zwar eine Finanzierungsfunktion innehat, dies jedoch nicht das primär Gewollte, sondern eher ein Nebeneffekt ist.[432]

In einer Earn-Out-Klausel ist nicht die stillschweigende Vereinbarung der Änderung des variablen Kaufpreisanspruchs in ein Darlehen zu sehen. Es sind daher nicht die Vorschriften über den Darlehensvertrag anzuwenden.

## B. Abgrenzung und Ausschluss der gesellschaftsrechtlichen und partiarischen Rechtsverhältnisse

Im Folgenden werden zunächst die Voraussetzungen des Vorliegens einer Innengesellschaft thematisiert und diese von den partiarischen Rechtsverhältnissen abgegrenzt. Anschließend werden die herausgearbeiteten Abgrenzungskriterien auf Unternehmenskaufverträge mit Earn-Out-Klauseln angewendet und anhand von Fallbeispielen aufgezeigt, wie die Zuordnung von verschieden ausgestalteten Earn-Out-Vereinbarungen zu den einzelnen Rechtsverhältnissen erfolgen kann. Die Möglichkeiten des Vorliegens einer stillen Gesellschaft als spezielle Form der Innengesellschaft sowie eines gemischten Vertrages in Form eines Kaufvertrages mit Elementen der Gesellschaft bürgerlichen Rechts werden anschließend geprüft.

### *I. Abgrenzung der Gesellschaft zum partiarischen Rechtsverhältnis*

Die Abgrenzung der beiden Rechtsinstitute erfolgt anhand der Beurteilung, ob die Voraussetzungen für eine Gesellschaft gegeben sind oder nicht, denn sofern eine Gesellschaft gegründet wurde, ist das Vorliegen eines Austauschvertrages in Form eines partiarischen Rechtsverhältnisses ausgeschlossen.[433]

---

431 Siehe oben Kapitel 1, § 1, A, II.

432 So auch: *Drygala*, in: Drygala/Wächter, Earnout-Klauseln, S. 247 (250 f.).

433 BGH, Urt. v. 29.01.1951 – IV ZR 171/50, NJW-RR 1951, 308; *Schäfer*, in: MüKo-BGB, Vor § 705, Rn. 109; *Schücking*, in: MHdB GesR I, § 2, Rn. 34; *Blaurock*, in: Blaurock, Stille Gesellschaft, § 5, Rn. 5.16; *Huffer*, Partiarisches Geschäft, S. 2; *Denkhaus*, Partiarische Rechtsgeschäfte, S. 12.

### *1. Voraussetzungen der Innengesellschaft*

Wie bereits erwähnt, ist die einzige Voraussetzung einer Innengesellschaft der Abschluss eines Gesellschaftsvertrages.[434] Für den Vertrag über die Errichtung einer Gesellschaft bürgerlichen Rechts bestehen grundsätzlich keine Formerfordernisse.[435] Er kann auch konkludent geschlossen werden.[436]

Dass die Parteien eines Unternehmenskaufvertrages mit einem variablen Kaufpreisanteil in Form einer Earn-Out-Klausel die getroffenen Vereinbarungen als „Gesellschaftsvertrag" bezeichnen, ist äußerst unwahrscheinlich. Dies schließt jedoch nicht aus, dass die Parteien dennoch einen solchen abgeschlossen haben, denn die Bezeichnung als „Gesellschaftsvertrag" ist hierfür nicht notwendig.[437] Den Parteien des Unternehmenskaufvertrages muss der Abschluss eines Gesellschaftsvertrages nicht bewusst sein, denn die Entstehung einer Gesellschaft ist möglich, ohne dass dies beabsichtigt ist.[438] Notwendig ist dagegen, dass die Parteien überhaupt einen rechtlichen Bindungswillen haben.[439] Dies steht bei dem Abschluss eines Unternehmenskaufvertrages außer Frage.[440]

Darüber hinaus besteht die Möglichkeit, dass ein anderer Vertrag die schuldrechtliche Grundlage für eine Innengesellschaft bildet.[441] Vorliegend könnte dementsprechend durch die Vereinbarungen des – sogenannten – Unternehmenskaufvertrages eine Gesellschaft gegründet worden sein. In diesem Fall hätte der Vertrag sowohl kaufrechtliche als auch gesellschaftsrechtliche Bestandteile, auf letztere wäre Gesellschaftsrecht anzuwenden.[442]

---

434 Siehe oben Kapitel 4, § 8, A.

435 *Schäfer*, in: MüKo-BGB, § 705, Rn. 1; *Möhrle*, in: MHdB GesR I, § 5, Rn. 55.

436 *Schäfer*, in: MüKo-BGB, § 705, Rn. 1; *Möhrle*, in: MHdB GesR I, § 5, Rn. 55.

437 BGH, Urt. v. 25.09.1972 – III ZR 97/70, BeckRS 1972, 30404378 (unter II. 2.); *Schäfer*, in: MüKo-BGB, § 705, Rn. 22, 133.

438 BGH, Urt. v. 25.09.1972 – III ZR 97/70, BeckRS 1972, 30404378 (unter II., 2.); Urt. v. 11.01.2011 – II ZR 187/09, NJW 2011, 921 (Rn. 15).

439 BGH, Urt. v. 11.01.2011 – II ZR 187/09, NJW 2011, 921 (Rn. 15); *Schäfer*, in: MüKo-BGB, § 705, Rn. 17, 26.

440 BGH, Urt. v. 11.01.2011 – II ZR 187/09, NJW 2011, 921 (Rn. 15), der den Rechtsbindungswillen zum Abschluss eines Gesellschaftsvertrages im Rahmen eines Treuhand- und Verwaltungsvertrages bejaht.

441 Siehe oben Kapitel 4, § 8, A.; *Schäfer*, in: MüKo-BGB, § 705, Rn. 24; in Bezug auf eine im Rahmen eines Ehevertrages geschlossene GbR BGH, Urt. v. 25.09.1972 – III ZR 97/70, BeckRS 1972, 30404378; in Bezug auf eine im Rahmen eines Treuhandvertrages geschlossene GbR Urt. v. 11.01.2011 – II ZR 187/09, NJW 2011, 921 (923).

442 Siehe oben Kapitel 4, § 8, A.

Außerdem ist es nicht erforderlich, eine Gesellschaft auf unbestimmte Zeit zu schließen, eine Befristung ist möglich.[443] Dass die Earn-Out-Vereinbarung – und somit die Verbindung von Unternehmenskäufer und -verkäufer – auf die Earn-Out-Periode begrenzt ist, steht der Beurteilung als Gesellschaft somit nicht entgegen.

Entscheidend ist, ob durch die Earn-Out-Klausel im Unternehmenskaufvertrag die Einigung der Parteien darüber zum Ausdruck kommt, dass die Verfolgung und Förderung eines gemeinsamen Zwecks beabsichtigt ist, § 705 BGB.[444]

### 2. *Untauglichkeit der Förderpflicht als Abgrenzungskriterium zum partiarischen Rechtsverhältnis*

Das Gesetz verlangt in § 705 BGB (ab 1.1.2024: § 705 Abs. 1 BGB n. F.), dass sich die Parteien verpflichten, den gemeinsamen Zweck in vertraglich bestimmter Weise zu fördern. Diese Pflicht der Gesellschafter, den Gesellschaftszweck zu fördern, kann sich in jeglicher Handlung niederschlagen, die nicht nur einmalig, sondern auf Dauer angelegt ist.[445] Einer ausdrücklichen Konkretisierung der Pflichten der Gesellschafter bedarf es nicht, sie können sich auch aus dem Gesellschaftszweck ergeben und durch ergänzende Vertragsauslegung bestimmt werden.[446] Selbst ein Unterlassen reicht aus, wenn dadurch die Zweckerreichung gefördert wird.[447]

Eine Konkretisierung der Förderungspflichten in bestimmte Beitragspflichten („Beitragspflichten ieS“[448]) ist für die Bestimmung, ob eine Gesellschaft vorliegt, nicht entscheidend beziehungsweise notwendig, da die gesellschaftsvertragliche Förderpflicht („Beitragspflichten iwS“[449]) auch ohne die Vereinbarung einer konkreten Beitragspflicht besteht.[450] Als Beitragspflicht ist die Pflicht, den gemeinsamen Zweck zu fördern, die sich aus dem Halten der Beteiligung ergibt,

---

443 *Schäfer*, in: MüKo-BGB, § 705, Rn. 31 m.w.N.

444 Zur Entstehung einer Gesellschaft BGH, Beschluss v. 20.10.2008 – II ZR 207/07, NZG 2009, 21; *Schäfer*, in: MüKo-BGB, § 705, Rn. 1; *Möhrle*, in: MHdB GesR I, § 5, Rn. 1, 38; *Huffer*, Partiarisches Geschäft, S. 39, 49.

445 *Schäfer*, in: MüKo-BGB, § 705, Rn. 157 f.; *Möhrle*, in: MHdB GesR I, § 5, Rn. 44; *Huffer*, Partiarisches Geschäft, S. 55.

446 *Schäfer*, in: MüKo-BGB, § 705, Rn. 132; *Möhrle*, in: MHdB GesR I, § 5, Rn. 44.

447 *Schäfer*, in: MüKo-BGB, § 705, Rn. 158; *Huffer*, Partiarisches Geschäft, S. 55

448 *Schäfer*, in: MüKo-BGB, § 706, Rn. 17.

449 *Schäfer*, in: MüKo-BGB, § 706, Rn. 17.

450 BGH, Urt. v. 11.01.2011 – II ZR 187/09, NJW 2011, 921 (923); *Schäfer*, in: MüKo-BGB, § 706, Rn. 17.

ausreichend.[451] Mit dem MoPeG wird dieser Grundsatz in § 709 Abs. 1 BGB n. F. gesetzlich kodifiziert.

Die Beitragspflicht ist insofern als Abgrenzungsmerkmal, ob in einer Vereinbarung ein Gesellschaftsvertrag zu sehen ist oder nicht, ungeeignet. Wenn die allgemeine, gesellschaftsvertragliche Pflicht zur Förderung des gemeinsamen Zwecks als Beitragsleistung ausreicht, handelt es sich um eine Rechtsfolge aus dem Gesellschaftsvertrag, nicht um eine Voraussetzung für das Vorliegen einer Gesellschaft.

### 3. *Gemeinsamer Zweck als Abgrenzungskriterium zum partiarischen Kaufvertrag*

Das Vorliegen eines gemeinsamen Zwecks ist nach übereinstimmender Ansicht von Rechtsprechung und Literatur das entscheidende Abgrenzungskriterium der Gesellschaft zu anderen Rechtsverhältnissen.[452] Insbesondere liegt bei Austauschverträgen kein gemeinsamer Zweck der Parteien vor.[453] Der gemeinsame Zweck besteht in der gemeinsamen Verfolgung bestimmter Interessen mit dem Ziel des Erreichens eines konkreten Erfolgs.[454] Zu unterscheiden ist der Gesellschaftszweck von den Interessen der Gesellschafter.[455] Diese können unterschiedlich und insbesondere auch eigennützig sein.[456] Solche nicht-gleichgerichteten Interessen stehen der Annahme einer Gesellschaft nicht entgegen, sondern können unabhängig von dem Vorliegen einer Gesellschaft bestehen.[457]

Die Abgrenzung einer Gesellschaft zu einem partiarischen Rechtsverhältnis hat anhand des gemeinsamen Zwecks zu erfolgen. Im Folgenden werden Kriterien

---

451 BGH, Urt. v. 11.01.2011 – II ZR 187/09, NJW 2011, 921 (923); *Schäfer*, in: MüKo-BGB, § 706, Rn. 17; *Schmidt*, Gesellschaftsrecht, S. 1736; in Bezug auf die stille Gesellschaft *Koenigs*, Stille Gesellschaft, S. 20.

452 Siehe nur BGH, Urt. v. 29.01.1951 – IV ZR 171/50, NJW-RR 1951, 308; Beschluss v. 20.10.2008 – II ZR 207/07, NZG 2009, 21; *Schäfer*, in: MüKo-BGB, § 705, Rn. 132, 152; *Möhrle*, in: MHdB GesR I, § 5, Rn. 3, 39; *Huffer*, Partiarisches Geschäft, S. 51; *Guery*, Gesellschaft, S. 84, 94, 112; *Schulze-Osterloh*, Personengesellschaften, S. 1.

453 Siehe nur: BGH, Urt. v. 29.01.1951 – IV ZR 171/50, NJW-RR 1951, 308; *Schäfer*, in: MüKo-BGB, § 705, Rn. 132, 152; *Schulze-Osterloh*, Personengesellschaften, S. 1.

454 Siehe nur: *Schäfer*, in: MüKo-BGB, § 705, Rn. 146.

455 *Möhrle*, in: MHdB GesR I, § 5, Rn. 41; *Huffer*, Partiarisches Geschäft, S. 49 f.; *Guery*, Gesellschaft, S. 112; *Denkhaus*, Partiarische Rechtsgeschäfte, S. 29.

456 *Möhrle*, in: MHdB GesR I, § 5, Rn. 41.

457 BGH, Urt. v. 29.01.1951 – IV ZR 171/50, NJW-RR 1951, 308; *Schäfer*, in: MüKo-BGB, § 705, Rn. 151; *Huffer*, Partiarisches Geschäft, S. 49 f.; *Denkhaus*, Partiarische Rechtsgeschäfte, S. 29; *Guery*, Gesellschaft, S. 112.

für die Einordnung, ob ein gemeinsamer Zweck vorliegt oder nicht, herausgearbeitet. Hierzu werden die relevante Rechtsprechung und die einschlägige Literatur bezüglich der Beurteilung des gemeinsamen Zwecks – beziehungsweise der Abgrenzung der Gesellschaft zu partiarischen Rechtsverhältnissen – gewürdigt und die entscheidenden Aspekte für die Einordnung des Rechtsverhältnisses herausgearbeitet.

### a) Aus der Rechtsprechung entwickelte Indizien für die Abgrenzung

Da es – soweit ersichtlich – keine höchstrichterliche Rechtsprechung zu der Einordnung des sich aus der Earn-Out-Klausel ergebende Rechtsverhältnis gibt, werden in erster Linie BGH-Urteile analysiert, die in Bezug auf die Abgrenzung von Gesellschaften zu partiarischen Rechtsverhältnissen ergangen sind, so beispielsweise zu der Abgrenzung der stillen Gesellschaft zum partiarischen Darlehen.

Die Beurteilung des Vertragstyps ist gemäß der BGH-Rechtsprechung einzelfallbezogen anhand des Willens der Parteien – der mit Hilfe sämtlicher schriftlich sowie mündlich getroffener Regelungen und der Umstände des Vertragsschlusses zu erforschen ist – vorzunehmen.[458] Die Entscheidung, ob die Parteien einen gemeinsamen Zweck oder lediglich ihre eigenen Motive und Interessen verfolgen, ist laut BGH anhand von Indizien unter Berücksichtigung der gesamten Umstände zu treffen.[459] Diese Indizien wurden von der Rechtsprechung entwickelt, um eine Abgrenzung zu ermöglichen.[460] Der BGH betrachtet bei der Wertung von Verträgen, welche Rechte vereinbart wurden sowie welche für das jeweilige Rechtsverhältnis gesetzlich vorgesehen sind und zieht hieraus Rückschlüsse

458 BGH, Urt. v. 29.01.1951 – IV ZR 171/50, NJW-RR 1951, 308; Urt. v. 19.09.1951 – II ZR 20/51, BeckRS 1951, 31203953 (unter I.); Urt. v. 10.10.1994 – II ZR 32/94, NJW 1995, 192; BFH, Urt. v. 08.03.1984 – I R 31/80, BeckRS 1984, 22006805 (unter 2.); *Schäfer*, in: MüKo-BGB, Vor § 705, Rn. 115; *Schücking*, in: MHdB GesR I, § 2, Rn. 43.

459 In Bezug auf die Abgrenzung zwischen Dienstvertrag und Gesellschaft BGH, Urt. v. 29.01.1951 – IV ZR 171/50, NJW-RR 1951, 308; in Bezug auf die Abgrenzung zwischen Darlehen und stiller Gesellschaft Urt. v. 19.09.1951 – II ZR 20/51, BeckRS 1951, 31203953 (unter I.); Urt. v. 10.10.1994 – II ZR 32/94, NJW 1995, 192; BFH, Urt. v. 08.03.1984 – I R 31/80, BeckRS 1984, 22006805 (unter 2.); *Schücking*, in: MHdB GesR I, § 2, Rn. 43; *Schäfer*, in: MüKo-BGB, Vor § 705, Rn. 115.

460 In Bezug auf die Abgrenzung zwischen Darlehen und stiller Gesellschaft BGH, Urt. v. 19.09.1951 – II ZR 20/51, BeckRS 1951, 31203953; Urt. v. 10.10.1994 – II ZR 32/94, NJW 1995, 192; *Schücking*, in: MHdB GesR I, § 2, Rn. 43.

darüber, ob zwischen den Parteien eine Gesellschaft geschlossen wurde oder ein anderes Rechtsverhältnis vorliegt.[461]

Im Folgenden werden ausgewählte BGH-Urteile auf die Vorgehensweise zur Bestimmung des Vorliegens eines gemeinsamen Zwecks untersucht und mögliche Indizien für die Entscheidungsfindung daraus abgeleitet. Die Konzentration liegt auf solchen Indizien, die für die Einordnung von Kaufverträgen mit Earn-Out-Klauseln relevant sind.

#### aa) BGH-Urteil vom 29.01.1951 – IV ZR 171/50

Im zugrunde liegenden Fall[462] hatte der BGH zu entscheiden, ob zwischen einem Unternehmen und dessen Vermieterin eine Gesellschaft oder ein partiarisches Rechtsverhältnis (Dienstvertrag) bestand.

Die Vermieterin hatte sich neben der Vermietung zu weiteren, umfangreichen Dienstleistungen verpflichtet, welche gegen ein Entgelt erbracht wurden, das von der Produktion des mietenden Betriebs – sprich dessen Umsatz – abhing. Die Produktion wurde allein durch den Mieter bestimmt und die Vermieterin hatte insofern kein Mitbestimmungsrecht. Der mietende Betrieb verpflichtete sich allerdings in Hinblick auf die Abhängigkeit der Vergütung der Vermieterin von der Produktion, für ausreichend Rohstoffe zu sorgen.

Der BGH entschied, dass diese Vereinbarungen nicht als Gesellschaftsvertrag zu interpretieren seien, da die Parteien keinen gemeinsamen Zweck verfolgten, sondern jede Partei ihre eigenen Interessen. Auch die Abhängigkeit des Entgelts von der Produktion des Mieters spräche nicht für das Vorliegen einer Gesellschaft, denn die Vereinbarung der Beteiligung am Umsatz (und nicht am Gewinn) spräche eher gegen das Vorliegen einer Gesellschaft als dafür. Es läge daher ein partiarisches Rechtsverhältnis vor.

Die Entscheidung über das vorliegende Rechtsverhältnis sei unter Berücksichtigung sämtlicher Umstände des Einzelfalls zu treffen. Der BGH zog außerdem bestimmte Indizien zur Prüfung des gemeinsamen Zwecks hinzu. Als solche hat er im entschiedenen Fall die (nicht vorliegenden) Mitbestimmungsrechte und die (ebenfalls nicht gegebene) Gewinnbeteiligung genannt. Weiterhin stellte er

461 In Bezug auf die Abgrenzung zwischen Darlehen und stiller Gesellschaft BGH, Urt. v. 10.10.1994 – II ZR 32/94, NJW 1995, 192; *Schücking*, in: MHdB GesR I, § 2, Rn. 43.

462 BGH, Urt. v. 29.01.1951 – IV ZR 171/50, NJW-RR 1951, 308.

klar, dass eine Gewinnbeteiligung allein nicht ausreiche, um einen gemeinsamen Zweck der Parteien zu bejahen.[463]

### bb) BGH-Urteil vom 19.09.1951 – II ZR 20/51

Der BGH[464] hatte in diesem Fall zu entscheiden, ob es sich bei dem zwischen den Parteien geschlossenen und als stille Gesellschaft bezeichneten Vertrag tatsächlich um eine Gesellschaft oder um ein partiarisches Rechtsverhältnis (Darlehen) handelte. Die Parteien hatten eine Einlage von 30.000 RM und eine Gewinnbeteiligung von 20 %, mindestens 8 % der Einlage, vereinbart. Die Verlustbeteiligung war ausgeschlossen. Weiterhin wurden der geldgebenden Partei bestimmte Kontroll- und Überwachungsrechte eingeräumt.

Der BGH konnte vorliegend nicht darüber entscheiden, ob die Parteien einen gemeinsamen Zweck verfolgten, da eine weitere Sachverhaltsaufklärung durch das Berufungsgericht erforderlich war. Allerdings nannte er Anhaltspunkte, nach welchen diese Entscheidung getroffen werden sollte.

Die vertragliche Regelung, die Einlage werde „zur Geschäftserweiterung" genutzt, sei ein Indiz für das Vorliegen einer Gesellschaft und für die Entscheidung heranzuziehen, sofern sie nicht als Bezeichnung des Anlasses der Kreditgewährung, sondern tatsächlich als Zweckbestimmung zu verstehen sei. Die Gewinnbeteiligung sei nur dann als Anhaltspunkt für das Vorliegen einer Gesellschaft zu werten, wenn die Parteien nicht bereits bei Vertragsschluss damit rechneten, dass ausschließlich die Mindestgewinnbeteiligung (8 % der Einlage) gezahlt werden würde. Die Kontroll- und Überwachungsrechte sprächen zwar grundsätzlich für ein Gemeinschaftsverhältnis, sofern sie jedoch aufgrund eines einseitigen Sicherungsbedürfnisses in den Vertrag aufgenommen worden seien und damit die Unterschiedlichkeit der Interessen der Parteien zum Ausdruck brächten, sei das Gegenteil der Fall.

Der BGH ging in dieser Entscheidung ausführlich darauf ein, dass die Bestimmung des Rechtsverhältnisses nicht ausschließlich anhand von einzelnen Vertragsklauseln erfolgen könne. Es sei einzelfallbezogen unter Heranziehung

---

463 Die Vereinbarung einer Nachverhandlungsklausel über den Kaufpreis in Bezug auf die tatsächlichen Kosten eines Bauprojektes sah der BGH ebenfalls als nicht ausreichendes Indiz für das Vorliegen eines gemeinsamen Zwecks an, BGH, Urt. v. 12.11.2007 – II ZR 183/06, NJW-RR 2008, 287 (288); eine Gewinnbeteiligung allein ebenfalls als nicht ausreichend ansehend BFH, Urt. v. 14.05.2002 – VIII R 8/01, DStR 2002, 1212 (1214).

464 BGH, Urt. v. 19.09.1951 – II ZR 20/51, BeckRS 1951, 31203953.

sämtlicher Umstände zu erforschen, welche Zwecke von den Parteien verfolgt würden.

### cc) BGH-Urteil vom 10.10.1994 – II ZR 32/94

In dieser Entscheidung[465] musste der BGH ebenfalls darüber urteilen, ob es sich bei einem als „stiller Gesellschafts- und Gewinnbeteiligungsvertrag" bezeichneten Rechtsverhältnis um eine stille Gesellschaft oder ein partiarisches Darlehen handelte. Entscheidend stellte der BGH auf das Vorliegen eines gemeinsamen Zwecks ab, was er anhand von bestimmten Anhaltspunkten ausmachte. Neben der Bezeichnung des Vertrages wurden als für eine stille Gesellschaft sprechend die vereinbarten Informations- und Kontrollrechte, das Fehlen von Sicherheiten, die Mindestvertragsdauer von sieben Jahren und die eingeschränkten Kündigungs- und Übertragungsmöglichkeiten gewertet.

Es wurden Informations- und Kontrollrechte vereinbart, die sogar über die in § 233 HGB für den stillen Gesellschafter vorgesehenen Rechte hinausgingen. Außerdem wurden Zustimmungsrechte für die Änderung des Unternehmensgegenstandes, die Veräußerung oder Verpachtung des Unternehmens und die Einstellung des Gewerbebetriebs eingeräumt.

Die Zustimmung zu Änderungen des Unternehmensgegenstandes stünde einem stillen Gesellschafter aufgrund der Änderung des Gesellschaftsvertrages ohnehin zu, weswegen diese Regelungen dafürsprächen, dass zwischen den Parteien eine Gesellschaft geschlossen wurde. Darüber hinaus könne durch die Zustimmungsvorbehalte auch Einfluss auf die Geschäftsführung genommen werden, was ebenfalls ein Indiz in diese Richtung sei.

Weiterhin sei die Gewinnregelung in Form einer garantierten Mindestverzinsung kein Argument gegen das Vorliegen einer Gesellschaft, da es nicht bei der Festvergütung bliebe, sondern der Vertragspartner auch an dem nach bestimmten Abzügen verbleibenden Gewinn beteiligt werde. Auch der Ausschluss einer Verlustbeteiligung spräche nicht gegen die Annahme einer stillen Gesellschaft.

Aus diesen Gründen entschied der BGH, es läge eine stille Gesellschaft vor. Dem Urteil ist im Umkehrschluss ebenfalls zu entnehmen, dass der BGH eine Beteiligung am Verlust als eindeutiges Indiz für das Vorliegen einer Gesellschaft ansieht.[466]

---

465 BGH, Urt. v. 10.10.1994 – II ZR 32/94, NJW 1995, 192.

466 BGH, Urt. v. 10.10.1994 – II ZR 32/94, NJW 1995, 192 (193): „Würde es bei einer solchen Festvergütung verbleiben, läge ein festverzinsliches Darlehen und keine stille Gesellschaft vor, weil (…) eine Beteiligung am Verlust ausgeschlossen ist."; so auch

### dd) Zusammenfassung der von der Rechtsprechung herangezogenen Indizien

Als Indizien, die für ein Gesellschaftsverhältnis – in Abgrenzung zu einem partiarischen Rechtsverhältnis – sprächen, nennt der BGH folgende Punkte:

- Bezeichnung des Vertrages als Gesellschaftsvertrag und Zweckbestimmung der Einlage (im Urteilsfall „zur Geschäftserweiterung")
- Ausgestaltung der Beteiligung
  - o Beteiligung am Verlust
  - o Beteiligung am Gewinn (anders als eine Beteiligung am Umsatz, welche eher für ein partiarisches Rechtsverhältnis spräche)
- eingeräumte Rechte
  - o Mitbestimmungs- und Zustimmungsrechte (mit Einfluss auf die Geschäftsführung)
  - o Kontroll-, Informations- und Überwachungsrechte
- Sonstige Indizien
  - o Fehlen von Sicherheiten
  - o (lange) Mindestvertragsdauer
  - o eingeschränkte Kündigungs- und Übertragungsmöglichkeiten

Als eindeutiges Indiz wird lediglich die Beteiligung am Verlust angesehen. Ein Umkehrschluss bei fehlender Verlustbeteiligung wird dagegen nicht zugelassen.[467] Alle anderen Indizien seien im Zusammenhang mit den gesamten Umständen zu würdigen und auszulegen, um eine Entscheidung darüber treffen zu können, ob ein gemeinsamer Zweck der Parteien – und somit ein Gesellschaftsverhältnis – vorliegt.

So könne die Aufnahme der Vereinbarung, die Einlage solle „zur Geschäftserweiterung" genutzt werden, sowohl als Anlass einer Kreditgewährung als auch als Zweckbestimmung der Einlage eines stillen Beteiligten angesehen werden. Ebenso könne die Einräumung von Kontroll- und Überwachungsrechten Ausdruck eines einseitigen Sicherungsbedürfnisses – und somit Ausdruck der unterschiedlichen Interessen der Parteien – als auch ein Beleg für das Gemeinschaftsverhältnis sein.

---

BFH, Urt. v. 08.03.1984 – I R 31/80, BeckRS 1984, 22006805; RG, Urt. v. 11.11.1933 – I 130/33, RGZ 142, 212, 36.

467 Siehe diesbezüglich BGH, Urt. v. 06.04.1987 – II ZR 101/86, NJW 1987, 3124 (3125).

### b) Thematisierung der Abgrenzung in der Literatur

Nachfolgend werden die in der Literatur vertretenen Ansichten in Bezug auf die Abgrenzung von Gesellschaften zu partiarischen Rechtsverhältnissen betrachtet. Neben der allgemeinen Abgrenzung der beiden Rechtsverhältnisse zueinander wird sowohl Literatur, die sich mit der Einordnung von partiarischen Kaufverträgen beziehungsweise Kaufverträgen mit Earn-Out-Klauseln befasst, als auch solche bezüglich der Abgrenzung ähnlicher Konstruktionen – beispielsweise partiarischer Darlehen zu stillen Gesellschaften –, berücksichtigt.

#### aa) Abgrenzung anhand von Indizien

*Drygala* untersucht das Rechtsverhältnis der Vertragsparteien eines Kaufvertrages mit Earn-Out-Klausel und wirft die Frage auf, ob es sich um eine Gesellschaft handeln könnte. Bei einer Beteiligung des Veräußerers am Verlust der Zielgesellschaft – also einer Preisanpassung nach unten – läge eine BGB-Innengesellschaft vor.[468] Eine Gewinnbeteiligung allein reiche dagegen für die Bejahung einer Gesellschaft nicht aus.[469] Lediglich als Indiz sei außerdem eine Tätigkeit des Verkäufers für das Unternehmen nach der Transaktion anzusehen.[470] Genauso reichten die häufig im Rahmen von Earn-Out-Klauseln vereinbarten Veto- und Kontrollrechte nicht dafür aus, von der Verfolgung eines gemeinsamen Zwecks auszugehen und eine Gesellschaft anzunehmen, da diese Vereinbarungen regelmäßig der Verhinderung strategischen Verhaltens und nicht der Förderung des Unternehmens beziehungsweise der gemeinsamen Unternehmensführung dienten.[471] Regelmäßig sei daher – bei Fehlen einer Verlustbeteiligung – von einem partiarischen Kaufvertrag auszugehen.[472] *Drygala* schließt sich mit dieser anhand von Indizien getroffenen Einordnung der Rechtsverhältnisse im Wesentlichen der Rechtsprechung des BGH an.

*Schücking* stellt als eindeutiges Abgrenzungskriterium zwischen einer Gesellschaft und einem partiarischen Rechtsverhältnis ebenfalls auf die Verlustbeteiligung ab. Läge eine solche vor, handele es sich um eine Gesellschaft. Ein Umkehrschluss sei jedoch nicht möglich.[473] Eine Umsatzbeteiligung sei grundsätzlich kein Indiz für das Vorliegen einer Gesellschaft, da der Umsatz kein

---

468 *Drygala*, in: Drygala/Wächter, Earnout-Klauseln, S. 247 (251 f.).
469 *Drygala*, in: Drygala/Wächter, Earnout-Klauseln, S. 247 (252).
470 *Drygala*, in: Drygala/Wächter, Earnout-Klauseln, S. 247 (251).
471 *Drygala*, in: Drygala/Wächter, Earnout-Klauseln, S. 247 (252).
472 *Drygala*, in: Drygala/Wächter, Earnout-Klauseln, S. 247 (251 f.).
473 *Schücking*, in: MHdB GesR I, § 2, Rn. 35, 41.

Ausdruck des Unternehmenserfolgs sei.[474] Für die Abgrenzung eines partiarischen Darlehens zur stillen Gesellschaft sei eine Gewinnbeteiligung als Indiz ebenfalls ungeeignet, da diese für beide Rechtsverhältnisse typisch sei.[475] Grundsätzlich schließt sich *Schücking* mit dieser Einordnung der Rechtsprechung des BGH an. Zwar hält er die Entscheidungsfindung anhand von Indizien für „methodisch [...] angreifbar", sie führe jedoch zu brauchbaren Ergebnissen, sofern mehrere Indizien für das jeweilige Rechtsverhältnis vorlägen.[476] In Bezug auf Kaufverträge mit Gewinnbeteiligung – namentlich auch Earn-Out-Klauseln – führt er aus, es handele sich bei diesen regelmäßig nicht um Gesellschaften, sondern um partiarische Rechtsverhältnisse, da die Gewinnbeteiligung hinter den Leistungsaustausch im Rahmen des Kaufvertrages zurücktrete.[477]

Auch *Schöne* bezieht sich hauptsächlich auf die zur Abgrenzung von partiarischen Rechtsverhältnissen und Gesellschaften bereits ergangene BGH-Rechtsprechung und schließt sich der Beurteilung anhand der Würdigung der Gesamtumstände des Vertrages und bestimmter Indizien – wie die wirtschaftlichen Ziele der Parteien, die Beteiligung am Verlust und eingeräumte Mitwirkungs- und Kontrollbefugnisse – an.[478]

*Denkhaus* vertritt die Ansicht, es komme bei der Abgrenzung zwischen partiarischen Rechtsverhältnissen und Gesellschaften darauf an, ob die Parteien – neben möglicherweise daneben bestehenden unterschiedlichen individuellen Interessen – einen gemeinsamen Zweck verfolgten.[479] Beide Parteien müssten etwas zur Zweckerreichung beitragen, daher müsse mindestens eine „gemeinschaftliche Wirtschaftsorganisation" bestehen, welche durch „gegenseitige Einwirkungsmöglichkeiten und Kontrolle der Tätigkeit der anderen Gesellschafter" zum Ausdruck käme.[480] *Denkhaus* misst somit den Einfluss- und Kontrollmöglichkeiten einen erheblichen Stellenwert in Bezug auf die Beurteilung, ob ein Gesellschaftsverhältnis vorliegt, bei.[481] Mittelbar ist diesen Äußerungen ebenfalls der Grundgedanke der Abgrenzung des Vorliegens eines gemeinsamen Zwecks anhand von Indizien zu entnehmen, wenn dieser auch nicht weiter konkretisiert wird.

---

474 *Schücking*, in: MHdB GesR I, § 2, Rn. 39.
475 *Schücking*, in: MHdB GesR I, § 2, Rn. 42.
476 *Schücking*, in: MHdB GesR I, § 2, Rn. 44.
477 *Schücking*, in: MHdB GesR I, § 2, Rn. 48.
478 *Schöne*, in: BeckOK BGB, § 705, Rn. 33 f.
479 *Denkhaus*, Partiarische Rechtsgeschäfte, S. 26 f., 29.
480 *Denkhaus*, Partiarische Rechtsgeschäfte, S. 28.
481 *Denkhaus*, Partiarische Rechtsgeschäfte, S. 28, 30.

*Blaurock* grenzt die partiarischen Rechtsverhältnisse zu stillen Beteiligungen ab. Die Abgrenzung habe anhand der Entscheidung zu erfolgen, ob die Parteien einen gemeinsamen Zweck verfolgten.[482] Die Beurteilung sei anhand der Gesamtumstände und des von den Parteien wirtschaftlich Gewollten im Wege der Auslegung vorzunehmen.[483] Bei einer Beteiligung am Verlust läge immer eine Gesellschaft vor, während bei einer Festverzinsung eines Darlehens ohne eine Beteiligung am Gewinn keine stille Gesellschaft bestehen könne. Dies bezieht er jedoch darauf, dass eine Gewinnbeteiligung für eine stille Gesellschaft zwingend sei.[484] Darüber hinaus müssten bestimmte Indizien, wie die Dauer, Sicherungsrechte, Kontroll- und Mitspracherechte und eine etwaige Verpflichtung des Geschäftsinhabers zur bestimmungsgemäßen Verwendung der Einlage gewürdigt werden.[485] Den Kontroll-, Mitsprache- und Überwachungsrechten käme ein besonderes Gewicht zu.[486] *Blaurock* bezieht sich auf die diesbezüglich ergangene BGH-Rechtsprechung und gibt diese größtenteils wieder.

*Schäfer* spricht sich – in Bezug auf die Entscheidung, ob ein partiarisches Darlehen oder eine stille Gesellschaft vorliegt – in Übereinstimmung mit der Rechtsprechung für die Abgrenzung anhand einer Gesamtwürdigung der vom BGH aufgeführten Indizien aus und sieht ebenfalls die Verlustbeteiligung als einziges eindeutiges Abgrenzungsmerkmal an, während eine Gewinnbeteiligung zur Abgrenzung nicht geeignet sei.[487]

*Schmidt* schließt sich – ebenfalls bezüglich der Abgrenzung von partiarischen Darlehen zu stillen Gesellschaften – der Beurteilung des Vertragsverhältnisses anhand von Indizien an und unterteilt diese in zwingende und indizielle Kriterien.[488] Als zwingende Indizien für die stille Gesellschaft nennt er die Verlustbeteiligung, mitgliedschaftliche Rechte wie Stimmrechte und eine „rechnerische Beteiligung am Unternehmensvermögen".[489] Eine Festverzinsung ohne Beteiligung am Gewinn spräche dagegen zwingend für ein partiarisches Darlehen.[490] Die Würdigung der indiziellen Kriterien habe im Rahmen der Vertragsauslegung anhand

---

482 *Blaurock*, in: Blaurock, Stille Gesellschaft, § 5, Rn. 5.18.
483 *Blaurock*, in: Blaurock, Stille Gesellschaft, § 5, Rn. 5.32, 5.34.
484 *Blaurock*, in: Blaurock, Stille Gesellschaft, § 5, Rn. 5.33.
485 *Blaurock*, in: Blaurock, Stille Gesellschaft, § 5, Rn. 5.35.
486 *Blaurock*, in: Blaurock, Stille Gesellschaft, § 5, Rn. 5.36.
487 *Schäfer*, in: MüKo-BGB, Vor § 705, Rn. 113-115.
488 *Schmidt*, in: MüKo-HGB, § 230, Rn. 60 f.
489 *Schmidt*, in: MüKo-HGB, § 230, Rn. 60.
490 *Schmidt*, in: MüKo-HGB, § 230, Rn. 60; siehe auch *Schmidt*, Gesellschaftsrecht, S. 1843.

des von den Parteien wirtschaftlich Gewollten zu erfolgen.[491] Als solche nennt er unter anderem die Ausgestaltung der Gewinnbeteiligung – so spräche eine Mindestverzinsung beispielsweise eher für ein partiarisches Darlehen – und das Vorliegen von Kontroll-, Mitwirkungs- und Zustimmungsrechten, welche eher für eine stille Gesellschaft sprächen. Sicherheiten seien bei einer stillen Beteiligung dagegen eher ungewöhnlich.[492]

*Baier* führt für die Abgrenzung zwischen partiarischen Arbeitsverhältnissen und Gesellschaften aus, diese habe anhand von bestimmten Kriterien mittels einer Gesamtbetrachtung der Vertragsumstände und des Vertragszwecks inklusive der wirtschaftlichen Ziele der Parteien zu erfolgen. Wichtig sei, dass – in Anbetracht des Ziels der Beurteilung, ob ein gemeinsamer Zweck vorliegt oder nicht – nur solche Indizien herangezogen werden, die die „dem Merkmal der gemeinsamen Zweckverfolgung immanenten Wertungen" abbildeten.[493] Als Kriterien, die unter diesen Umständen für das Vorliegen einer Gesellschaft sprächen, nennt er unter anderem die Einräumung umfangreicher Kontrollrechte, die Verlustbeteiligung (als starkes Indiz für eine Gesellschaft), die Ausgestaltung der Gewinnbeteiligung mit hohem Gewinnanteil oder eine ausschließlich gewinnabhängige Entlohnung und Überwachungs- und Mitspracherechte.[494] Neben diesen Kriterien geht er auf die Indizien ein, die speziell bei Dienstverhältnissen zu beachten sind. Die Abgrenzung unter Zuhilfenahme dieser Merkmale führe zu einer methodengerechten Zuordnung zu den Vertragsverhältnissen.[495]

Die dargestellten Literaturmeinungen stimmen somit darin überein, dass sie sich – in unterschiedlicher Ausprägung – der Ansicht des BGH anschließen, dass

---

491 *Schmidt*, in: MüKo-HGB, § 230, Rn. 61; siehe auch *Schmidt*, Gesellschaftsrecht, S. 1843.

492 *Schmidt*, in: MüKo-HGB, § 230, Rn. 63 f., 68; siehe auch *Schmidt*, Gesellschaftsrecht, S. 1843. Darüber hinaus werden die vom BGH entwickelten Grundsätze insbesondere für die Abgrenzung der stillen Gesellschaft zu partiarischen Darlehen von weiteren Autoren wiedergegeben beziehungsweise wird die Ansicht über die heranzuziehenden Kriterien geteilt. So beispielsweise *Mock*, in: Röhricht/Graf v. Westphalen/Haas, HGB, § 230, Rn. 13-17; *Keul*, in: MHdB GesR II, § 73, Rn. 14, der zwar die Vorgehensweise des BGH insofern kritisiert, als dass sie „nicht immer […] zu einem zuverlässigen Ergebnis" führe, sich aber dennoch der Auslegung anhand von Indizien anschließt; *Koenigs*, Stille Gesellschaft, S. 30-33, der die Entscheidung als „hart an der Grenze des Zufälligen" bezeichnet, aber ebenfalls die Auffassung der Einordnung anhand von Indizien teilt; *Brauer*, Partiarische Darlehen, S. 39–41.

493 *Baier*, MDR 1985, 890 (892).

494 *Baier*, MDR 1985, 890 (892 f.).

495 *Baier*, MDR 1985, 890 (893).

das Vertragsverhältnis anhand der Gesamtumstände zu beurteilen sei und die Abgrenzung zwischen partiarischen Rechtsgeschäften und Gesellschaften anhand von bestimmten Kriterien, die für oder gegen das Vorliegen eines gemeinsamen Zwecks sprächen, zu erfolgen habe. Auch die von der Rechtsprechung gewählten Abgrenzungskriterien werden überwiegend übernommen beziehungsweise gelangen die Autoren nach eigener Untersuchung zu ähnlichen Indizien.

#### bb) Keine typologische Abgrenzung zwischen Gesellschaften und partiarischen Rechtsverhältnissen

*Huffer* ist ebenfalls der Ansicht, die Verfolgung eines gemeinsamen Zwecks sei das zentrale Element eines Gesellschaftsvertrages und das entscheidende Abgrenzungsmerkmal zu Austauschverträgen.[496] Die Beteiligung sowohl am Gewinn als auch am Verlust sei ein für die Gesellschaft typisches und einzigartiges Element.[497] Die Abgrenzung der Vertragsverhältnisse in der Weise, dass bei einer Gesellschaft ein gemeinsamer Zweck vorläge, während die Parteien eines partiarischen Rechtsverhältnisses in erster Linie eigene Interessen verfolgten, hält er jedoch für einen „Trugschluß".[498] Da bei einem partiarischen Rechtsverhältnis beide Seiten ihren Gewinnanteil maximieren wollten, läge auch bei diesem ein gemeinsamer Zweck der Parteien vor, der in ihrem Erfolgsbestreben zu sehen sei.[499] Die Förderpflichten eigneten sich außerdem nicht als Abgrenzungskriterium, da sich diese im Zweifel aus den gesetzlichen Pflichten der Gesellschafter ergäben, sofern zu dem Schluss gelangt werde, dass die Vorschriften der Gesellschaft Anwendung fänden.[500]

Von der Rechtsprechung werde bei der Entscheidung darüber, ob die Parteien eine Gesellschaft gegründet hätten oder nicht, die „Natur und das Wesen des Gesellschaftszwecks selbst" nicht ergründet, sondern der gemeinsame Zweck anhand von Kriterien festgemacht. Die Ausführungen des BGH seien daher in gewisser Hinsicht eine „Scheinbegründung".[501]

*Huffer* lehnt die Einteilung eines Vertrages, bei welchem die Gegenleistung (zum Teil) in einer Gewinnbeteiligung besteht, in zwei Kategorien – Gesellschafts- oder Austauschvertrag – grundsätzlich ab und bezeichnet den partiarischen Vertrag als typengemischt.[502] Infolgedessen habe eine individuelle Einordnung

---

496 *Huffer*, Partiarisches Geschäft, S. 39.
497 *Huffer*, Partiarisches Geschäft, S. 44.
498 *Huffer*, Partiarisches Geschäft, S. 54.
499 *Huffer*, Partiarisches Geschäft, S. 53 f.
500 *Huffer*, Partiarisches Geschäft, S. 55-57
501 *Huffer*, Partiarisches Geschäft, S. 58.
502 *Huffer*, Partiarisches Geschäft, S. 59-63.

innerhalb des Spektrums zwischen reinem Gesellschaftsvertrag und reinem Synallagma und darauf aufbauend eine Entscheidung, welche jeweiligen Normen dieser Vertragstypen Anwendung finden, zu erfolgen.[503]

Diese Einordnung macht er wiederum von verschiedenen Kriterien abhängig. So sei eine Beteiligung am Umsatz (und nicht am Gewinn) ein synallagmatisches und eine Verlustbeteiligung ein gesellschaftsrechtliches Element.[504] Weiterhin gäben Handlungen des am Gewinn Beteiligten, die der Förderung des Erfolgs dienten – also beispielsweise Geschäftsführungstätigkeiten oder andere Mitwirkungspflichten – eine Tendenz hin zur Gesellschaft.[505]

#### cc) Verlustbeteiligung als einziges Abgrenzungsmerkmal

*Schulze-Osterloh* sieht den gemeinsamen Zweck ebenfalls als Abgrenzungskriterium von Austauschverträgen und Gesellschaften.[506] Zum Zwecke der Rechtssicherheit sei es notwendig, Merkmale für die Bestimmung des Vorliegens eines gemeinsamen Zwecks zu benennen, anstatt die Entscheidung über das Vorliegen des selbigen anhand von Indizien zu treffen.[507] Weder die Bezeichnung des Vertrages noch die Beitragsleistung oder die Vereinbarungen über die Geschäftsführung eigneten sich als Abgrenzungskriterium.[508] Es komme allein darauf an, dass das Ergebnis des Arbeits- und/oder Kapitaleinsatzes den Beteiligten gemeinschaftlich zustehe.[509]

*Schulze-Osterloh* sieht somit die Vereinbarung der Gewinn- und Verlustzuweisung als relevantes Abgrenzungskriterium für das Vorliegen eines gemeinsamen Zwecks an, eine solche gäbe es ausschließlich bei Gesellschaften.[510] Insbesondere eine Beteiligung am Verlust sei bei Austauschverträgen nicht möglich.[511] Zum Zwecke der eindeutigen Abgrenzung sei eine Verlustbeteiligung außerdem für die Gründung einer Gesellschaft zwingend.[512] Dass für die stille Gesellschaft gesetzlich geregelt ist, dass die Verlustbeteiligung ausgeschlossen werden kann, stehe dieser Einordnung nicht entgegen, da es sich bei einer stillen Gesellschaft ohne

---

503 *Huffer*, Partiarisches Geschäft, S. 69 f.
504 *Huffer*, Partiarisches Geschäft, S. 86, 89.
505 *Huffer*, Partiarisches Geschäft, S. 87, 89.
506 *Schulze-Osterloh*, Personengesellschaften, S. 1.
507 *Schulze-Osterloh*, Personengesellschaften, S. 3 f.
508 *Schulze-Osterloh*, Personengesellschaften, S. 10, 13-16.
509 *Schulze-Osterloh*, Personengesellschaften, S. 16.
510 *Schulze-Osterloh*, Personengesellschaften, S. 17 f.
511 *Schulze-Osterloh*, Personengesellschaften, S. 28.
512 *Schulze-Osterloh*, Personengesellschaften, S. 31 f.

Verlustbeteiligung um ein gesellschaftsähnliches Rechtsverhältnis handele, für welches lediglich gesetzlich geregelt sei, inwiefern auf dieses die Vorschriften des Gesellschaftsrechts anzuwenden seien.[513]

*Schulze-Osterloh* schließt sich insofern *Huffer* an, als dass die auf das jeweilige Rechtsverhältnis anzuwendenden Rechtsvorschriften anhand der Einordnung innerhalb des Spektrums zwischen Gesellschaft und Austauschvertrag festzulegen seien.[514] Für die Bestimmung der Rechtsvorschriften, die auf gesellschaftsähnliche Rechtsverhältnisse anzuwenden seien, käme es auf die „jeweilige Interessenlage" an.[515] So seien auf eine Rechtsbeziehung ohne Verlustbeteiligung unter Umständen weitgehend die Vorschriften des Gesellschaftsrechts anzuwenden, auch wenn keine Gesellschaft vorläge.[516] Als Kriterien, die der Einordnung innerhalb des möglichen Spektrums dienten, nennt er die Ausgestaltung der Ergebnisverteilung – eine Umsatzbeteiligung sei ein schwächeres Argument für die Anwendung von Gesellschaftsrecht als eine Gewinnbeteiligung –, den Umfang und die Art und Weise der Zusammenarbeit.[517]

#### dd) Gewinnbeteiligung als einziges Abgrenzungsmerkmal

*Schön* spricht sich dagegen aus, überhaupt eine Abgrenzung von partiarischen Darlehen und stillen Gesellschaften vorzunehmen. Stattdessen sollten partiarische Darlehen grundsätzlich als stille Beteiligung behandelt werden.[518] Eine eindeutige Abgrenzung sei nicht möglich, da es an objektiven Anhaltspunkten fehle und die Abgrenzung anhand von Indizien zu zufälligen und unbefriedigenden Ergebnissen führe.[519]

Die Abgrenzung anhand des gemeinsamen Zwecks sei außerdem ungeeignet, da in beiden Fällen – bei partiarischen Darlehen und stillen Beteiligungen – der Kapitalgeber im Ergebnis lediglich an der Erzielung eines Gewinnanteils interessiert sei.[520] Dies reiche für das Vorliegen eines gemeinsamen Zwecks aus.[521] Im Interesse der Festsetzung der Normen, die für eine Kapitalüberlassung gegen

513 *Schulze-Osterloh*, Personengesellschaften, S. 34-37.
514 *Schulze-Osterloh*, Personengesellschaften, S. 30, 32.
515 *Schulze-Osterloh*, Personengesellschaften, S. 60.
516 *Schulze-Osterloh*, Personengesellschaften, S. 32.
517 *Schulze-Osterloh*, Personengesellschaften, S. 61.
518 *Schön*, ZGR 1993, 210 (214).
519 *Schön*, ZGR 1993, 210 (214, 216).
520 *Schön*, ZGR 1993, 210 (218 f.).
521 *Schön*, ZGR 1993, 210 (221).

Gewinnbeteiligung grundsätzlich gelten sollen, bedürfe es einer exakten Zuordnung zu einem Vertragsverhältnis.[522]

Auch bei einer Kombination von festem Zinssatz und Gewinnbeteiligung läge eine stille Beteiligung vor, auf die Mindestverzinsung könnten dennoch einzelne Vorschriften des Darlehensrechts Anwendung finden.[523] Eine Umsatzbeteiligung führe dagegen nicht zu einer Gesellschaft.[524]

Weiterhin stellt er verschiedene Rechte und Pflichten der Parteien in Bezug auf das jeweilig vorliegende Rechtsverhältnis dar und vertritt die Ansicht, dass aufgrund einer weitgehenden Gleichbehandlung beider Vertragsverhältnisse auf der Rechtsfolgenseite eine Unterscheidung obsolet sei.[525] Aus dem gleichen Grund sei die Hinzuziehung der von den Parteien vereinbarten Rechte, beispielsweise Kontrollrechte, als Indizien nicht zielführend.[526]

#### c) Stellungnahme

Die Rechtsprechung und die dargestellten Literaturansichten stimmen darin überein, dass der gemeinsame Zweck als das entscheidende Abgrenzungskriterium zwischen Gesellschaften und partiarischen Rechtsverhältnissen angesehen wird. Die Schwierigkeit liegt darin, für das jeweilige Vertragsverhältnis zu beurteilen, ob die Parteien einen gemeinsamen Zweck oder lediglich eigene – gegebenenfalls gleichgerichtete – Interessen verfolgen. Hier werden unterschiedliche Ansätze verfolgt. Der BGH hat sich für eine Gesamtwürdigung aller Umstände unter Berücksichtigung von Indizien ausgesprochen. Ein Teil der Literatur teilt diese Ansicht der Auslegung der Verträge, ein anderer lehnt sie ab und stellt abweichende Grundsätze auf.

##### aa) Abgrenzung anhand von Indizien

Der BGH hat in seiner Rechtsprechung verschiedene Indizien herausgearbeitet, anhand derer er die Abgrenzung von Gesellschaften zu partiarischen Rechtsverhältnissen vornimmt.[527] Ein großer Teil der Literatur hat sich dieser Unterscheidung anhand von Kriterien, die entweder für oder gegen das Vorliegen einer Gesellschaft sprächen, angeschlossen.[528]

---

522 *Schön*, ZGR 1993, 210 (216).
523 *Schön*, ZGR 1993, 210 (223).
524 *Schön*, ZGR 1993, 210 (222).
525 *Schön*, ZGR 1993, 210 (225–241).
526 *Schön*, ZGR 1993, 210 (232 f.).
527 Siehe oben Kapitel 4, § 9, B., I., 3., a).
528 Siehe oben Kapitel 4, § 9, B., I., 3., b), aa).

Die Unterscheidung der Vertragsverhältnisse erfolgt anhand der Beurteilung, ob die Parteien einen gemeinsamen Zweck verfolgen oder nicht.[529] Dies ist der Kern einer gesellschaftlichen Zusammenarbeit im Gegensatz zu einem bloßen Leistungsaustausch, dem kein gemeinsamer Zweck zugrunde liegt.

Wenn die Entscheidung, ob die Parteien einen gemeinsamen Zweck verfolgen, von Außenstehenden getroffen werden soll, birgt dies Schwierigkeiten, da es sich um ein Merkmal handelt, welches in der Beziehung der Parteien zueinander liegt. Sie kann nicht pauschal anhand einzelner Klauseln getroffen werden, da das Merkmal nicht sichtbar und schlecht greifbar ist. Die Übergänge sind fließend.

Eine Würdigung der gesamten Vereinbarungen und Umstände ist daher unumgänglich. Lediglich die Beteiligung am Verlust ist einem Austauschvertrag so fremd, dass diese nur im Rahmen eines Gesellschaftsverhältnisses vorkommen kann. Aufgrund der Notwendigkeit der Vornahme einer Gesamtwürdigung aller Vereinbarungen und Umstände, ist eine Einzelfallentscheidung zu treffen.

Zwar ist diese mit dem Nachteil behaftet, dass eine gewisse Rechtsunsicherheit besteht, denn die Würdigung aller Umstände im Einzelfall macht eine pauschale, eindeutige Beantwortung der Frage, um was für ein Vertragsverhältnis es sich bei der Vereinbarung einer erfolgsabhängigen Gegenleistung handelt, unmöglich. Aufgrund der Vertragsfreiheit ist die Ausgestaltung von Verträgen jedoch derart vielfältig, dass zum einen die pauschale Beantwortung einer solchen Frage allein deswegen kaum möglich ist und zum anderen die Beurteilung anhand von Indizien den Vorteil hat, dass flexibel auf eine Vielfalt von Vertragstypen und immer neue Vertragsklauseln – die beispielsweise aus der amerikanischen M&A-Praxis übernommen werden – reagiert werden kann.

Aus diesen Gründen ist die Einteilung der Rechtsverhältnisse in Gesellschaften und partiarische Rechtsverhältnisse durch die einzelfallbezogene Erforschung des Verhältnisses der Parteien anhand von Indizien ein taugliches Werkzeug, um auf die Vielzahl unterschiedlicher Vereinbarungen zu reagieren. Außerdem wird der Schwierigkeit der Abgrenzung fließend ineinander übergehender Vertragsverhältnisse begegnet, indem ein nicht sichtbarer Umstand (das Vorliegen des gemeinsamen Zwecks) durch die Würdigung bestimmter Indizien sichtbar gemacht wird.

Es ist zu berücksichtigen, dass bei der Prüfung nur solche Indizien hinzugezogen werden, die geeignet sind, einen Aufschluss darüber zu geben, ob die Parteien einen gemeinsamen Zweck verfolgen oder nicht. Die Vorgehensweise des BGH, dass die Vereinbarungen daraufhin untersucht werden, ob sie Parallelen zu

---

529 Siehe oben Kapitel 4, § 9, B., I., 3.

den für das jeweilige Rechtsverhältnis vorgesehenen Rechtsfolgen aufweisen, ist dafür geeignet. Als Beispiel sei hier die Vereinbarung des Einsichtsrechts in die Geschäftsbücher des anderen genannt. Dieses ist bei Austauschverträgen nicht vorgesehen, wohl aber bei Gesellschaftsverhältnissen (beispielsweise in § 716 BGB). Wenn die Parteien dementsprechend ein solches vereinbaren, wird dieses zu Recht als Indiz für das Vorliegen einer Gesellschaft gewertet.[530]

### bb) Keine typologische Abgrenzung zwischen Gesellschaften und partiarischen Rechtsverhältnissen

Bei der Vorgehensweise von *Huffer*[531] stellen sich die gleichen Abgrenzungsprobleme wie bei der Hinzuziehung von Indizien – der Unterschied liegt lediglich in der Ebene der Prüfung. Zwar muss nach der Ansicht *Huffers* nicht entschieden werden, ob es sich um einen Austauschvertrag oder eine Gesellschaft handelt, da die relevanten Verträge als typengemischt beurteilt werden. Um jedoch im zweiten Schritt die darauf anwendbaren Rechtsvorschriften – eher Gesellschaftsrecht oder eher die des jeweils infrage kommenden synallagmatischen Vertrages – festzulegen, greift auch er auf die Würdigung bestimmter Kriterien der getroffenen Vereinbarungen zurück.

Weiterhin kann der Argumentation, die Beurteilung des Vorliegens eines gemeinsamen Zwecks anhand von Indizien sei abzulehnen, da sie das Wesen des gemeinsamen Zwecks nicht ausreichend untersuche, nicht gefolgt werden. Die Indizien werden von Rechtsprechung und Literatur nicht isoliert betrachtet, um eine standardisierte Entscheidung zu treffen, sondern einzelfallbezogen interpretiert und die gesamten Umstände einbezogen. Jede Vereinbarung wird daraufhin untersucht, ob sie in dem konkreten Fall für oder gegen das Vorliegen einer Gesellschaft spricht.

### cc) Verlustbeteiligung als einziges Abgrenzungsmerkmal

Die Herangehensweise von *Schulze-Osterloh*[532] birgt die gleichen Probleme wie *Huffers* Ansicht, dass nämlich in einem zweiten Schritt die anwendbaren Regelungen einzelfallabhängig bestimmt werden müssen. Das Ziel der Rechtssicherheit kann auf diesem Weg nicht erreicht werden.

530 Auf die Tauglichkeit der einzelnen Indizien für die Abgrenzung wird nachfolgend noch eingegangen, Kapitel 4, § 9, B., II., 1.

531 *Huffer*, Partiarisches Geschäft, siehe oben Kapitel 4, § 9, B., I., 3., b), bb).

532 *Schulze-Osterloh*, Personengesellschaften, siehe oben Kapitel 4, § 9, B., I., 3., b), bb).

#### dd) Gewinnbeteiligung als einziges Abgrenzungsmerkmal

In Hinblick auf die Vielseitigkeit der Ausgestaltungsmöglichkeiten partiarischer Verträge ist die Einordnung von *Schön*[533] fraglich. Die sich hierdurch ergebenden Probleme scheint er teilweise zu erkennen, denn er spricht sich dafür aus, für partiarische Darlehen mit Mindestverzinsung bestimmte Vorschriften des Darlehensrechts anzuwenden. Dies widerspricht jedoch seiner Argumentation, die Einordnung als stille Gesellschaft führe dazu, dass die anwendbaren Vorschriften für die Parteien eindeutig bestimmbar seien.

Nicht überzeugend ist außerdem, dass er als Argument für die pauschale Einordnung als stille Gesellschaft einen Gleichlauf in Bezug auf manche Rechtsfolgen von partiarischen Darlehen und stillen Gesellschaften (beispielsweise die Pflichten des Kapitalnehmers) anführt,[534] im Folgenden jedoch die Einordnung anhand von Indizien (hier: Kontrollrechte) insofern kritisiert, als dass aus einer Nebenfolge des Vertrages nicht auf das Vorhandensein dieses Vertragstyps geschlossen werden könne.[535]

Im Übrigen betont er, dass die pauschale Einordnung für andere partiarische Vertragsverhältnisse nicht möglich sei, da beispielsweise bei einem partiarischen Miet- oder Pachtverhältnis im Gegensatz zum partiarischen Darlehen auch entgegengerichtete Parteiinteressen vorlägen.[536] Seine Ansicht kann daher nur begrenzt auf die vorliegend zu beurteilenden Fälle übertragen werden.

#### ee) Schlussfolgerung

Allen thematisierten Ansätzen für die Entscheidung, welche Vorschriften auf Verträge anzuwenden sind, die eine Erfolgsbeteiligung als Gegenleistung enthalten, ist gemeinsam, dass diese mit Unsicherheiten behaftet ist. Bei der vom BGH angewandten Einteilung der Rechtsverhältnisse anhand von Indizien unter Berücksichtigung aller Umstände des Einzelfalls kommen diese bei der Entscheidung über das Vorliegen des einen oder anderen Rechtsverhältnisses (partiarischer Vertrag oder Gesellschaft) zum Vorschein, während sich bei den abweichenden Literaturmeinungen herausgestellt hat, dass die Unsicherheiten auf der Rechtsfolgenseite – in Bezug auf die auf die jeweiligen Vertragsverhältnisse anzuwendenden Rechtsfolgen – liegen.

---

533 *Schön*, ZGR 1993, 210, siehe oben Kapitel 4, § 9, B., I., 3., b), bb).
534 *Schön*, ZGR 1993, 210 (228).
535 *Schön*, ZGR 1993, 210 (232).
536 *Schön*, ZGR 1993, 210 (221).

Dass die Abgrenzung der Vertragsverhältnisse schwierig und die Übergänge fließend sind, ist nach hier vertretender Ansicht kein Argument dafür, die Entscheidung darüber, welches Vertragsverhältnis vorliegt, nicht (so *Huffer*) beziehungsweise pauschal (so *Schulze-Osterloh* und *Schön*) zu treffen.

Es ist der Beurteilung des Vertragsverhältnisses anhand von Indizien zu folgen. Hierbei ist zu beachten, dass für eine Abgrenzung nur solche Kriterien herangezogen werden dürfen, die geeignet sind, die gemeinsame Zweckverfolgung der Parteien sichtbar zu machen. Im Folgenden werden daher die für die hier relevante Einordnung von Unternehmenskaufverträgen mit Earn-Out-Klauseln in Innengesellschaften und partiarische Kaufverträge infrage kommenden Kriterien daraufhin untersucht, ob sie diesem Anspruch gerecht werden und somit geeignet sind, eine Abgrenzung vorzunehmen. Anschließend wird anhand der so herausgearbeiteten geeigneten Indizien eine Einteilung vorgenommen.

### *II. Abgrenzung der Gesellschaft zum partiarischen Rechtsverhältnis in Bezug auf Unternehmenskaufverträge mit Earn-Out-Klauseln*

Die Beurteilung, ob die Parteien eine Gesellschaft gegründet haben oder ein partiarischer Kaufvertrag vorliegt, ist anhand des Abgrenzungsmerkmals, ob ein gemeinsamer Zweck vorliegt oder nicht, vorzunehmen. Die Parteien einer Earn-Out-Vereinbarung haben beide ein Interesse an einer positiven Unternehmensentwicklung, da sowohl der Käufer als Unternehmensinhaber als auch der Verkäufer innerhalb der Earn-Out-Periode an den Unternehmensergebnissen partizipiert. Die individuellen Interessen der Parteien weichen allerdings insofern voneinander ab, als dass der Käufer eine langfristige und der Verkäufer eine auf die Earn-Out-Periode begrenzte Erfolgssteigerung anstrebt. Darüber hinaus begrenzt sich das Interesse des Verkäufers auf die Kennzahlen, die für die Berechnung der variablen Kaufpreiszahlung relevant sind. Wenn der variable Kaufpreis von der Entwicklung der Umsatzerlöse abhängt, ist die Gewinnentwicklung für ihn im Zweifel irrelevant.

Die Gewinnerzielungsabsicht der Gesellschafter ist ebenfalls lediglich als Interesse oder Motiv der Gesellschafter zu sehen und kann daher nicht den Zweck einer Gesellschaft darstellen.[537] Die Absicht, Gewinn zu erzielen, ist vielmehr der Beweggrund der Gesellschafter, die Gesellschaft errichten zu wollen.[538] Ein gemeinsamer Zweck kann dagegen der Betrieb eines Unternehmens sein.[539]

---

537 BGH, Urt. v. 29.01.1951 – IV ZR 171/50, NJW-RR 1951, 308; *Schäfer*, in: MüKo-BGB, § 705, Rn. 151.

538 *Schäfer*, in: MüKo-BGB, § 705, Rn. 151.

539 *Schäfer*, in: MüKo-BGB, § 705, Rn. 148, 151.

Für die Beurteilung, ob es sich bei einer zwischen den Parteien eines Kaufvertrages geschlossenen Earn-Out-Vereinbarung um einen Gesellschaftsvertrag mit dem gemeinsamen Zweck des Betriebs des veräußerten Unternehmens für die Dauer der Earn-Out-Periode handelt, ist das Vertragsverhältnis genauer zu untersuchen. Im Folgenden wird daher auf die herausgearbeiteten Indizien in Bezug auf die Earn-Out-Vereinbarung näher eingegangen.

### 1. *Relevante Indizien für die Einordnung und Anwendung auf Unternehmenskaufverträge mit Earn-Out-Klausel*

Für die Auslegung und Einordnung von Unternehmenskaufverträgen mit Earn-Out-Klausel können folgende Indizien herangezogen werden:[540]

- Bezeichnung des Vertrages
- Ausgestaltung der Beteiligung
  - Beteiligung am Verlust
  - Beteiligung am Gewinn oder Umsatz
- eingeräumte Rechte
  - Mitbestimmungs- und Zustimmungsrechte
  - Kontroll-, Informations- und Überwachungsrechte
- sonstige Indizien
  - Gewährung von Sicherheiten
  - Dauer des Vertrages
  - Kündigungs- und Übertragungsmöglichkeiten

Auf die Tauglichkeit dieser Indizien – unter Berücksichtigung der gesamten Vertragsinhalte und -umstände – das Merkmal des gemeinsamen Zwecks gegenüber lediglich gleichgerichteten Interessen abbilden zu können sowie die Abgrenzung in Bezug auf Unternehmenskaufverträge mit Earn-Out-Klauseln mit diesen Kriterien, wird im Folgenden eingegangen.

#### a) Bezeichnung des Vertrages

Die Bezeichnung des Vertrages stellt grundsätzlich einen Anhaltspunkt dafür dar, was die Parteien gewollt haben. Wie bereits erwähnt, ist es jedoch für das Vorliegen eines Gesellschaftsvertrages weder notwendig, dass der Vertrag als solcher bezeichnet wird, noch, dass die Parteien sich über den Abschluss eines Gesellschaftsvertrages bewusst gewesen sind.[541] Dass die Parteien eines Unternehmens-

540 Siehe oben Kapitel 4, § 9, B., I., 3.
541 Siehe oben Kapitel 4, § 9, B., I., 1.

kaufvertrages mit Earn-Out-Vereinbarung üblicherweise nicht die Bezeichnung „Gesellschaftsvertrag" – sondern „Kaufvertrag" oder „Abtretungsvertrag" – wählen, ist zunächst dennoch als Indiz zu werten, das für die Einordnung als partiarischer Kaufvertrag spricht.

### b) Ausgestaltung der Beteiligung

Dass die Gesellschafter grundsätzlich gemeinsam (im Zweifel nach Köpfen, § 722 BGB, beziehungsweise ab dem 1.1.2024 nach den Beteiligungsverhältnissen, § 709 Abs. 3 BGB n. F.) am Gewinn und Verlust der Gesellschaft teilhaben, steht im Einklang mit der Natur der Gesellschaft, da zwischen den Gesellschaftern kein Austauschverhältnis besteht, welches sich auf den Leistungsaustausch zwischen den Parteien bezieht, sondern die Leistungen, die von den Gesellschaftern erbracht werden, der Förderung des gemeinsamen Zwecks dienen.[542] Die Beteiligung am Verlust des Vertragspartners ist darüber hinaus eine Vereinbarung, die nur im Rahmen einer Gesellschaft vorkommt, denn sie ist mit dem Grundgedanken des Austauschvertrages nicht vereinbar.[543] Die Gewinn- bzw. Verlustbeteiligung ist daher ein Indiz, welches für die Beurteilung, ob die Parteien einen gemeinsamen Zweck verfolgen, heranzuziehen ist.

#### aa) Beteiligung am Verlust

Die Verlustbeteiligung wird – wie bereits erwähnt – als Merkmal angesehen, das ausschließlich bei einer Gesellschaft vereinbart wird. Daher wird bei der Vereinbarung einer Verlustbeteiligung davon ausgegangen, dass die Parteien eine Gesellschaft gegründet haben. Der Umkehrschluss, dass bei fehlender Verlustteilnahme keine Gesellschaft vorliegen kann, ist dagegen nicht möglich, da die Gesellschafter die Verlustbeteiligung genau wie die Gewinnbeteiligung abbedingen können, was schon aus § 231 Abs. 2 HGB hervorgeht.[544]

---

542 Siehe auch *Schäfer*, in: MüKo-BGB, § 705, Rn. 166; *Huffer*, Partiarisches Geschäft, S. 39.

543 BGH, Urt. v. 10.10.1994 – II ZR 32/94, NJW 1995, 192 (193) (im Umkehrschluss); BFH, Urt. v. 08.03.1984 – I R 31/80, BeckRS 1984, 22006805 (unter 2.); *Schäfer*, in: MüKo-BGB, Vor § 705, Rn. 113; *Schücking*, in: MHdB GesR I, § 2, Rn. 40; *Mock*, in: Röhricht/Graf v. Westphalen/Haas, HGB, § 230, Rn. 15; *Blaurock*, in: Blaurock, Stille Gesellschaft, § 5, Rn. 5.23; *Schmidt*, Gesellschaftsrecht, S. 1843; *Drygala*, in: Drygala/Wächter, Earnout-Klauseln, S. 247 (251); *Guery*, Gesellschaft, S. 84 f.; zum schweizerischen Recht *Graf*, Darlehen mit Gewinnbeteiligung, S. 72.

544 BGH, Urt. v. 06.04.1987 – II ZR 101/86, NJW 1987, 3124 (3125); *Schäfer*, in: MüKo-BGB, Vor § 705, Rn. 113; *Schäfer*, in: MüKo-BGB, § 705, Rn. 152 m.w.N.; *Schücking*,

In Bezug auf Kaufverträge mit Earn-Out-Klauseln bedeutet das: Wenn der Veräußerer am Unternehmensverlust teilnimmt, liegt immer eine Gesellschaft zwischen den Kaufvertragsparteien vor.[545] Eine Verlustbeteiligung ist gegeben, wenn sich der vereinbarte Kaufpreis nachträglich aufgrund des Verlustes der Zielgesellschaft während der Earn-Out-Periode mindert.[546] Wenn die Kaufpreisminderung jedoch erfolgen soll, sofern bestimmte Gewinngrenzen nicht überschritten werden, handelt es sich dagegen um eine modifizierte Gewinnbeteiligung, denn es fehlt schon an einem Verlust des Unternehmens, an welchem der Verkäufer partizipieren könnte. Nicht jede Earn-Out-Klausel, die als Rückzahlungsmodell gestaltet ist, führt daher zu der Annahme einer Verlustbeteiligung.[547] Gleichzeitig sei erwähnt, dass nicht nur im Rahmen eines Rückzahlungsmodells eine Verlustbeteiligung gegeben sein kann, sondern generell bei einer Kaufpreisminderung. Allerdings wird eine Kaufpreisminderung üblicherweise in Verbindung mit einem Rückzahlungsmodell vereinbart.

Schwieriger ist die Abgrenzung in Fällen, in welchen der variable Kaufpreisanteil in Folge von Verlusten des veräußerten Unternehmens geschmälert wird, beziehungsweise gänzlich ausbleibt, denn dieser Minderung steht der fixe Kaufpreisanteil gegenüber, welcher auch im Falle von Verlusten nicht berührt wird. In Bezug auf partiarische Darlehen vertritt *Schücking* die Auffassung, dass ein Ausbleiben der (variablen) Darlehensverzinsung aufgrund von Verlusten des Darlehensnehmers nicht zu einer Verlustteilnahme des Darlehensgebers führt, da die Pflicht, das Darlehenskapital zurückzuzahlen, in voller Höhe erhalten bleibt.[548] Mit dem gleichen Argument verneinte auch das OLG Köln die Verlustbeteiligung von Dozenten, wenn diese eine feste und eine erfolgsabhängige Vergütung erhalten, die feste Vergütung jedoch auch im Verlustfall zahlbar ist.[549] Diese Ansicht ist insofern übertragbar, als dass in den hier zu beurteilenden Fällen nicht von einer Verlustbeteiligung ausgegangen werden kann, sofern trotz des Verlustes ein fixer

---

in: MHdB GesR I, § 2, Rn. 40; *Guery*, Gesellschaft, S. 86; zum schweizerischen Recht *Graf*, Darlehen mit Gewinnbeteiligung, S. 72.

545 Siehe auch *Drygala*, in: Drygala/Wächter, Earnout-Klauseln, S. 247 (251); ähnlich bezüglich des Schweizer Rechts *Vischer*, SJZ 2002, 509 (512).

546 So auch *Drygala*, in: Drygala/Wächter, Earnout-Klauseln, S. 247 (251); *Vischer*, SJZ 2002, 509 (512); zum sog. Rückzahlungsmodell siehe oben Kapitel 2, § 4, C., II.

547 Insofern zumindest missverständlich *Drygala*, in: Drygala/Wächter, Earnout-Klauseln, S. 247 (251), der von einer Verlustbeteiligung ausgeht, wenn eine Anpassung des „Basiskaufpreises nach unten erfolgen kann".

548 *Schücking*, in: MHdB GesR I, § 2, Rn. 40.

549 OLG Köln, Beschluss v. 17.09.2014 – 11 U 89/14, juris, Rn. 42.

Kaufpreisanteil zu zahlen ist. Etwas anderes könnte sich im Einzelfall lediglich ergeben, wenn der fixe Anteil des Kaufpreises im Verhältnis sehr gering ausfällt.

### bb) Beteiligung am Gewinn oder Umsatz

Die Beteiligung am Gewinn des anderen Teils spricht grundsätzlich für das Vorliegen einer Gesellschaft, denn die Gewinnbeteiligung ist typisch für das Wesen der Gesellschaft.[550] Ein zwingendes Abgrenzungsmerkmal zu Austauschverträgen ist sie jedoch nicht, denn auch in diesen kann die Beteiligung am Gewinn vereinbart werden.[551] Eine erfolgsabhängige Vergütung reicht demnach für die Entstehung einer Gesellschaft nicht aus.[552]

Dass die Gesellschafter am Gewinn beteiligt sind, ist außerdem für das Vorliegen einer Gesellschaft nicht notwendig.[553] Dies kann daraus geschlossen werden, dass die Gesellschafter unterschiedliche Motive für die Begründung der Gesellschaft haben und somit eigennützige oder uneigennützige Interessen verfolgen können, ohne dass sich dies auf den gemeinsamen Zweck auswirkt, denn die Interessen und Motive der Gesellschafter sind für die Beurteilung der Vorlage eines gemeinsamen Zwecks unbeachtlich.[554] Dementsprechend ist es möglich, dass sich die Gesellschaftsvertragsparteien darauf einigen, dass nicht alle Gesellschafter am Gewinn teilhaben.[555]

Eine Bestimmung darüber, ob eine Vereinbarung als Gesellschaftsvertrag anzusehen ist, ausschließlich anhand der Gewinnbeteiligung, ist daher nicht möglich, denn es kann sowohl bei Austauschverträgen eine Gewinnbeteiligung vereinbart werden, als auch eine Gesellschaft vorliegen, ohne dass alle Gesellschafter am Gewinn beteiligt sind. Eine Umsatzbeteiligung ist erst recht als Indiz für das

---

550 Siehe auch *Huffer*, Partiarisches Geschäft, S. 44.

551 *Schäfer*, in: MüKo-BGB, Vor § 705, Rn. 114; *Schücking*, in: MHdB GesR I, § 2, Rn. 42; *Denkhaus*, Partiarische Rechtsgeschäfte, S. 26, 37.

552 BFH, Urt. v. 14.05.2002 – VIII R 8/01, DStR 2002, 1212 (1214); BGH, Urt. v. 29.01.1951 – IV ZR 171/50, NJW-RR 1951, 308 (309); *Schücking*, in: MHdB GesR I, § 2, Rn. 47; *Drygala*, in: Drygala/Wächter, Earnout-Klauseln, S. 247 (252); zu einer Nachverhandlungsklausel BGH, Urt. v. 12.11.2007 – II ZR 183/06, NJW-RR 2008, 287 (288).

553 BGH, Urt. v. 06.04.1987 – II ZR 101/86, NJW 1987, 3124 (3125); *Schäfer*, in: MüKo-BGB, § 705, Rn. 153 m.w.N.

554 Siehe oben Kapitel 4, § 9, B., I., 3.; *Schäfer*, in: MüKo-BGB, § 705, Rn. 153-155.

555 BGH, Urt. v. 06.04.1987 – II ZR 101/86, NJW 1987, 3124 (3125); *Schäfer*, in: MüKo-BGB, § 705, Rn. 155.

Vorliegen einer Gesellschaft untauglich, denn der Umsatz ist kein Ausdruck des Unternehmenserfolges.[556]

Wendet man diese Grundsätze auf Earn-Out-Vereinbarungen an, ist festzuhalten, dass die Vereinbarung eines von den zukünftigen Unternehmensergebnissen abhängigen Unternehmenskaufpreises eine Gewinnbeteiligung des Veräußerers darstellt. Da eine Gewinnbeteiligung nicht exklusiv im Rahmen einer Gesellschaft, sondern darüber hinaus auch bei Austauschverträgen vereinbart werden kann, ist sie als einziges Abgrenzungskriterium ungeeignet.[557] Sie stellt als typisches Element der Gesellschaft jedoch ein Indiz dar, das für das Vorliegen einer Gesellschaft spricht. In die Beurteilung ist – neben den sonstigen Vertragsinhalten und -umständen – auch das Verhältnis von fixem zu variablem Kaufpreisanteil einzubeziehen.

Sofern der variable Kaufpreisanteil in Abhängigkeit zu den Umsatzerlösen steht, ist dies kein Indiz für eine Gesellschaft. Da die Umsatzerlöse kein Ausdruck des Unternehmenserfolgs sind, gibt eine solche Regelung eher einen Ausschlag in Richtung partiarisches Rechtsverhältnis. Gleiches gilt bei der Abhängigkeit des variablen Kaufpreisanteils von der Erreichung bestimmter Meilensteine.

### c) Eingeräumte Rechte

Die Regelung der Rechte der jeweiligen Vertragspartei dient insofern als Indiz für oder gegen das Vorliegen eines gemeinsamen Zwecks – sprich einer Gesellschaft –, als dass sie Aufschluss darüber gibt, inwiefern die Parteien das Unternehmen gemeinsam führen, beziehungsweise der Beteiligte (hier der Verkäufer) die Möglichkeit hat, in die Geschäftsführung einzugreifen oder diese zumindest zu kontrollieren. Eine solche Einflussmöglichkeit auf die Geschäftsführung kann als Indiz für die Abgrenzung herangezogen werden, da sie für Austauschverträge unüblich ist und solche Rechte üblicherweise nur Gesellschaftern zustehen.[558]

Eine gemeinsame Unternehmensführung ist bei synallagmatischen Verträgen schwer vorstellbar. Das partiarische Rechtsverhältnis ist dadurch gekennzeichnet, dass das Unternehmen von der einen Partei geführt wird, während die andere als

556 *Schücking*, in: MHdB GesR I, § 2, Rn. 39; *Kauffeld*, in: Blaurock, Stille Gesellschaft, § 8, Rn. 8.5.

557 *Drygala*, in: Drygala/Wächter, Earnout-Klauseln, S. 247 (252); *Schücking*, in: MHdB GesR I, § 2, Rn. 46–48, der das Interesse, Gewinn zu erzielen, im Rahmen einer Earn-Out-Vereinbarung für nicht ausreichend für einen gemeinsamen Zweck hält.

558 In Bezug auf die Abgrenzung einer stillen Gesellschaft zu einem partiarischen Darlehen BGH, Urt. v. 10.10.1994 – II ZR 32/94, NJW 1995, 192 (192 f.).

Gegenleistung für ihre Leistung an dessen Erfolg – also dem Ergebnis der Arbeit des Anderen – teilhat.[559]

Mit der Vereinbarung einer Earn-Out-Klausel werden dem Veräußerer teilweise bestimmte Rechte für den Earn-Out-Zeitraum eingeräumt. Infrage kommt hier auch das Recht, die Geschäftsführung während des Earn-Out-Zeitraums zu übernehmen beziehungsweise zu stellen. Da vorliegend jedoch die Fälle beurteilt werden sollen, in welchen dem Käufer dieses Recht zukommt, wird auf diese Konstellation nicht weiter eingegangen.

Weiterhin werden teilweise andere Mitwirkungsrechte vereinbart. Hier seien insbesondere Zustimmungs- beziehungsweise Vetorechte für bestimmte Handlungen der Geschäftsführung – beispielsweise die Änderung des Unternehmensgegenstandes – genannt. Solche lässt sich der Verkäufer im Zweifel einräumen, da eine Änderung des Unternehmensgegenstandes dem Sinn einer Earn-Out-Klausel entgegensteht. Es soll ein angemessener Preis für das bisher von dem Veräußerer geführte Unternehmen gefunden werden, die Änderung des Unternehmensgegenstandes verhindert dies. Außerdem kann dem Veräußerer das Recht eingeräumt werden, die Berechnung der Earn-Out-Zahlung beziehungsweise der Bemessungsgrundlage zu kontrollieren, was das Recht auf Einsichtnahme in die entsprechenden Geschäftsunterlagen beinhaltet.

Die Parteien vereinbaren diese Rechte, da sie für die Earn-Out-Periode weiterhin gemeinsam an das Unternehmen gebunden sind. Bei der Vereinbarung eines fixen Kaufpreises gäbe es dagegen keinen Grund, dem Veräußerer über den Übertragungsstichtag hinweg noch Mitwirkungs- oder Kontrollrechte einzuräumen. Durch sie wird ein Zusammenwirken der Parteien über einen bestimmten Zeitraum hinweg ermöglicht und geregelt, dass beide Parteien einen Einfluss auf das Unternehmen haben sollen, was grundsätzlich für das Vorliegen eines gemeinsamen Zwecks beziehungsweise einer Gesellschaft spricht.

Allerdings muss für die Beurteilung, ob es sich bei der Einräumung eines Rechts um ein Indiz für das Vorliegen eines gemeinsamen Zwecks handelt, der Grund für die Vereinbarung der entsprechenden Klausel analysiert werden. Denn die vereinbarten Rechte können sogar gegen den Abschluss eines Gesellschaftsvertrages sprechen, wenn sie „Ausdruck eines einseitigen Sicherungsbedürfnisses“ sind.[560]

Diese Abgrenzung kann sich bei Earn-Out-Vereinbarungen als besonders schwierig herausstellen, denn dass ein Mitwirkungsrecht für den Veräußerer –

---

559 Siehe nur *Blaurock*, in: Blaurock, Stille Gesellschaft, § 5, Rn. 5.17.

560 BGH, Urt. v. 19.09.1951 – II ZR 20/51, BeckRS 1951, 31203953 (unter I.)

beispielsweise in Form eines Zustimmungsrechtes zur Änderung des Geschäftsmodells – in den Vertrag aufgenommen wird, zeugt zum einen von dem Willen der Parteien, das Unternehmen insofern gemeinsam führen zu wollen, dass über Grundsätzliches Konsens bestehen soll. Andererseits kann dies auch auf ein Sicherungsbedürfnis des Veräußerers hindeuten, da dieser seinen variablen Kaufpreisanspruch nicht vollends in die Macht des Käufers geben möchte.

*Drygala* führt hierzu aus, dass die häufig im Rahmen von Earn-Out-Klauseln vereinbarten Veto- und Kontrollrechte nicht dafür ausreichten, von der Verfolgung eines gemeinsamen Zwecks auszugehen und eine Gesellschaft anzunehmen, da diese Vereinbarungen der Verhinderung strategischen Verhaltens und nicht der Förderung des Unternehmens dienten.[561] Regelmäßig sei daher – bei Fehlen einer Verlustbeteiligung – von einem partiarischen Kaufvertrag auszugehen.[562]

Dieser relativ pauschalen Einordnung von Earn-Out-Vereinbarungen in die verschiedenen Rechtsverhältnisse kann nicht gefolgt werden, da eine einzelfallbezogene Prüfung zu erfolgen hat. Die Einräumung bestimmter Zustimmungsrechte kann aufgrund des Einflusses auf die Geschäftsführung der ausschlaggebende Punkt bei der Einordnung als Gesellschaft sein, da ein solcher ein für die Gesellschaft typisches Element ist.[563] Ein Mitspracherecht ist für partiarische Beteiligungen untypisch, da dieses dazu führt, dass die Geschäftsführung im Ergebnis nicht alleine dem Unternehmensinhaber zusteht.[564]

Bei der Einigung der Parteien über bestimmte Rechte des Veräußerers handelt es sich somit um ein Indiz, das in Zusammenhang des gesamten Regelungswerks und der äußeren Umstände des Vertragsschlusses zu betrachten ist. Tendenziell ist die Vereinbarung von Mitwirkungs- und Kontrollrechten als für das Vorliegen einer Gesellschaft sprechend zu werten.

#### d) Weitere Indizien

Als weitere Indizien für das Vorliegen einer Gesellschaft können eine lange Vertragslaufzeit, fehlende Sicherheiten und eingeschränkte Kündigungs- beziehungsweise Übertragungsmöglichkeiten hinzugezogen werden.[565]

Eine Gesellschaft wird üblicherweise nicht für einen kurzen Zeitraum geschlossen. Eine unbestimmte Dauer spricht daher eher für eine Gesellschaft, jedoch

561 *Drygala*, in: Drygala/Wächter, Earnout-Klauseln, S. 247 (252).

562 *Drygala*, in: Drygala/Wächter, Earnout-Klauseln, S. 247 (251 f.).

563 So auch BGH, Urt. v. 10.10.1994 – II ZR 32/94, NJW 1995, 192; siehe auch oben Kapitel 4, § 9, B., I., 3., a), cc).

564 So auch BGH, Urt. v. 10.10.1994 – II ZR 32/94, NJW 1995, 192 (192 f.).

565 In Bezug auf stille Gesellschaften *Schmidt*, in: MüKo-HGB, § 230, Rn. 61, 67, 68.

gibt es selbstredend auch langfristige und/oder unbefristete Austauschverträge, beispielsweise Kredit- oder Mietverträge.[566] Ein langer Earn-Out-Zeitraum ist daher als schwaches Indiz für eine Gesellschaft zu bewerten. Hier kann im Umkehrschluss bei einer kurzen Earn-Out-Periode eher auf das Vorliegen eines partiarischen Rechtsverhältnisses geschlossen werden.

Die Einräumung von Sicherheiten zugunsten von Gesellschaftern ist eher unüblich und spricht daher tendenziell für das Vorliegen eines partiarischen Rechtsverhältnisses.[567] Sofern dem Unternehmensverkäufer in Bezug auf die zu einem späteren Zeitpunkt zu zahlende variable Kaufpreisforderung daher keinerlei Sicherheiten eingeräumt wurden, spricht dies indiziell für das Vorliegen einer Gesellschaft, während für den umgekehrten Fall der Gewährung von Sicherheiten ein Indiz in Richtung eines partiarischen Kaufvertrages gegeben ist.

Üblicherweise treffen die Parteien im Rahmen eines Unternehmenskaufvertrages mit Earn-Out-Vereinbarung keine Regelungen über Kündigungs- und Übertragungsrechte. Diese Indizien spielen daher für die Auslegung und Abgrenzung dieser Verträge eine untergeordnete Rolle.

### 2. *Fallbeispiele*

Die herausgearbeiteten Indizien werden in diesem Abschnitt auf verschiedene Arten von Earn-Out-Klauseln angewendet und auf dieser Grundlage wird für die gewählten Beispielklauseln die Einordnung in Innengesellschaften und partiarische Kaufverträge vorgenommen. Zu beachten ist in diesem Zusammenhang, dass hier nur die in der jeweiligen Klausel enthaltenen Vereinbarungen gewürdigt werden können. Die Berücksichtigung aller sonstigen Umstände wäre in einem realen Fall zusätzlich geboten und könnte zu abweichenden Ergebnissen führen.

Die Klauselbeispiele stammen in Grundzügen aus den Ausführungen des Kapitels 2, § 4 und wurden für die Veranschaulichung der Unterschiede zur Einordnung zu den jeweiligen Rechtsverhältnissen (Innengesellschaft oder partiarischer Kaufvertrag) angepasst. Aus der Einordnung der Klauseln zu dem jeweiligen Rechtsverhältnis kann in der Praxis abgeleitet werden, welche Vereinbarungen und Formulierungen im Zweifel vermieden werden sollten, sofern beispielsweise nicht gewünscht ist, dass zwischen den Parteien eine Innengesellschaft entsteht.

---

566 In Bezug auf stille Gesellschaften *Schmidt*, in: MüKo-HGB, § 230, Rn. 61, 67.

567 In Bezug auf stille Gesellschaften *Schmidt*, in: MüKo-HGB, § 230, Rn. 68.

### a) Fallbeispiel 1: Verlustbeteiligung

*Die Parteien vereinbaren eine Verminderung des unter [...] aufgeführten Kaufpreises, falls die folgende Bedingung in einem oder mehreren Geschäftsjahren während der Earn-Out-Periode erfüllt wird:*

> *Das Unternehmen erzielt einen Jahresfehlbetrag.*

*Die Earn-Out-Periode umfasst die drei auf den Abschluss dieses Vertrages folgenden Geschäftsjahre.*

*Die Kaufpreisminderung beträgt 50 % des Jahresfehlbetrages für jedes Geschäftsjahr der Earn-Out-Periode, in welchem die Bedingung erfüllt wird.*

*Die „Earn-Out-Zahlung" ist die Summe der Kaufpreisminderungen der einzelnen Geschäftsjahre der Earn-Out-Periode.*

*Die Earn-Out-Zahlung ist begrenzt auf den Betrag von € 1,5 Mio.*

Bei dieser Earn-Out-Vereinbarung entsteht aufgrund der Beteiligung des Verkäufers am Verlust des Unternehmens während der Earn-Out-Periode eine Innengesellschaft zwischen den Parteien.

### b) Fallbeispiel 2: Umsatzbeteiligung

*Die Parteien vereinbaren eine Erhöhung des unter [...] aufgeführten Kaufpreises um einmalig € 1,5 Mio. („Earn-Out-Zahlung"), falls folgende Bedingung erfüllt wird:*

> *Die Umsatzerlöse des Unternehmens betragen in jedem Geschäftsjahr der Earn-Out-Periode jeweils mindestens € 50 Mio.*

*Die Earn-Out-Periode umfasst die drei auf den Abschluss dieses Vertrages folgenden Geschäftsjahre.*

*Die Earn-Out-Zahlung beträgt maximal 50 % der Summe des EBITs der Earn-Out-Periode.*

Bei dieser Klausel ist der Veräußerer nach der Transaktion weder an einem etwaigen Verlust noch an dem Gewinn des Unternehmens beteiligt, da die variable Kaufpreiszahlung von der Erreichung einer Umsatzgrenze abhängig ist. Dies spricht für das Vorliegen eines partiarischen Kaufvertrages. Hinzu tritt, dass keinerlei Mitwirkungs- oder Kontrollrechte und eine relativ kurze Earn-Out-Periode von drei Jahren vereinbart wurden. Das einzige Indiz, das für eine Gesellschaft sprechen könnte, ist das Fehlen einer Vereinbarung von Sicherheiten für den variablen Kaufpreis von bis zu € 1,5 Mio. Dieses Indiz kann die durch die sonstigen Vereinbarungen gegebene Tendenz jedoch nicht umkehren. Es handelt sich hier um einen partiarischen Kaufvertrag.

### c) Fallbeispiel 3: Gewinnbeteiligung

*Die Parteien vereinbaren eine Erhöhung des unter […] aufgeführten Kaufpreises, falls die folgende Bedingung in einem oder mehreren Geschäftsjahren während der Earn-Out-Periode erfüllt wird:*

*Das EBIT des Unternehmens beträgt mehr als € 10 Mio. („Schwellenwert“).*

*Die Earn-Out-Periode umfasst die drei auf den Abschluss dieses Vertrages folgenden Geschäftsjahre.*

*Die Kaufpreiserhöhung beträgt 10 % des den Schwellenwert übersteigenden Betrages für jedes Geschäftsjahr der Earn-Out-Periode, in welchem die Bedingung erfüllt wird.*

*Die „Earn-Out-Zahlung“ ist die Summe der Kaufpreiserhöhungen der einzelnen Geschäftsjahre der Earn-Out-Periode.*

*Die Earn-Out-Zahlung ist begrenzt auf den Betrag von € 1,5 Mio.*

*Zur Sicherung der Earn-Out-Zahlung stellt der Käufer dem Verkäufer folgende Sicherheiten: […]*

*Klarstellend wird vereinbart, dass die Geschäftsführung während der Earn-Out-Periode alleine durch den Käufer erfolgt beziehungsweise durch diesen gestellt wird.*

Aufgrund der gewinnabhängigen Kaufpreiserhöhung wird der Verkäufer hier weiterhin am Unternehmenserfolg beteiligt. Dies stellt grundsätzlich ein Indiz für das Vorliegen einer Gesellschaft dar. Dagegen sind die kurze Vertragslaufzeit, die Stellung von Sicherheiten und die Klarstellung, dass die Geschäftsführung allein in der Hand des Käufers liegen soll, Indizien, die für das Vorliegen eines partiarischen Kaufvertrages sprechen.

Die Beteiligung am Gewinn ist als alleiniges Merkmal nicht ausreichend, um den Schluss ziehen zu können, die Parteien hätten eine Gesellschaft geschlossen. Die sonstigen Vertragsinhalte geben einen deutlicheren Ausschlag, weswegen hier ein partiarischer Kaufvertrag vorliegt.

### d) Fallbeispiel 4: Mitbestimmungs- und Zustimmungsrechte

*Die Parteien vereinbaren eine Erhöhung des unter [...] aufgeführten Kaufpreises, falls die folgende Bedingung in einem oder mehreren Geschäftsjahren während der Earn-Out-Periode erfüllt wird:*

> *Das EBIT des Unternehmens beträgt mehr als € 10 Mio. („Schwellenwert“).*

*Die Earn-Out-Periode umfasst die sieben auf den Abschluss dieses Vertrages folgenden Geschäftsjahre.*

*Die Kaufpreiserhöhung beträgt 10 % des den Schwellenwert übersteigenden Betrages für jedes Geschäftsjahr der Earn-Out-Periode, in welchem die Bedingung erfüllt wird.*

*Die „Earn-Out-Zahlung“ ist die Summe der Kaufpreiserhöhungen der einzelnen Geschäftsjahre der Earn-Out-Periode.*

*Die Earn-Out-Zahlung ist begrenzt auf den Betrag von € 1,5 Mio. (maximale Earn-Out-Zahlung).*

*Die maximale Earn-Out-Zahlung wird unabhängig von der Erreichung des Schwellenwertes geschuldet, wenn der Käufer einen oder mehrere der im Folgenden aufgeführten Handlungen ohne Zustimmung des Verkäufers durchführt:*

- *Änderung des Unternehmensgegenstandes*
- *Veräußerung oder Verpachtung des Unternehmens oder einzelner Unternehmensteile*
- *Aufnahme weiterer Gesellschafter*
- *vollständige oder teilweise Betriebsaufgabe*
- *Umwandlungen jeglicher Art*
- *Anschaffungen und Investitionen im Wert von über € 100.000,00 je Anschaffung beziehungsweise Investition oder € 1 Mio. im Wirtschaftsjahr*
- *Abschluss oder Kündigung von Verträgen mit jährlichem Entgelt von über € 500.000,00*

*Die Zustimmung ist im Vorhinein der geplanten Maßnahme schriftlich mit einer Frist von zwei Wochen einzuholen. Der Verkäufer darf seine Zustimmung nur mit einer sachlichen Begründung verweigern.*

*Der Käufer verpflichtet sich darüber hinaus, die Geschäfte des Unternehmens unter Berücksichtigung der Interessen des Verkäufers zu führen.*

Die Beteiligung am Gewinn und die relativ lange Earn-Out-Periode von sieben Jahren sind Indizien für das Vorliegen einer Gesellschaft. Hier kommt als ausschlaggebendes Kriterium außerdem hinzu, dass dem Verkäufer für den gesamten Zeitraum umfassende Zustimmungsrechte eingeräumt werden. Die relativ geringen Grenzbeträge (beispielsweise € 100.000,00 für Anschaffungen) bedeuten eine erhebliche Eingriffsmöglichkeit in die Geschäftsführung des Käufers. Darüber hinaus wird dieser verpflichtet, die Geschäfte unter Berücksichtigung der Interessen des Verkäufers zu leiten. Auch das Fehlen von Sicherheiten spricht für das Vorliegen einer Gesellschaft. Bei einer solchen Earn-Out-Klausel ist aufgrund der verschiedenen Indizien und insbesondere der Einbeziehung in die Geschäftsführung von dem Vorliegen eines gemeinsamen Zwecks und somit einer Gesellschaft auszugehen.

### e) Fallbeispiel 5: Kontrollrechte

*Die Parteien vereinbaren eine Erhöhung des unter […] aufgeführten Kaufpreises, falls die folgende Bedingung in einem oder mehreren Geschäftsjahren während der Earn-Out-Periode erfüllt wird:*

> *Das EBIT des Unternehmens beträgt mehr als € 10 Mio. („Schwellenwert").*

*Die Earn-Out-Periode umfasst die sieben auf den Abschluss dieses Vertrages folgenden Geschäftsjahre.*

*Die Kaufpreiserhöhung beträgt 10 % des den Schwellenwert übersteigenden Betrages für jedes Geschäftsjahr der Earn-Out-Periode, in welchem die Bedingung erfüllt wird.*

*Die „Earn-Out-Zahlung" ist die Summe der Kaufpreiserhöhungen der einzelnen Geschäftsjahre der Earn-Out-Periode.*

*Die Earn-Out-Zahlung ist begrenzt auf den Betrag von € 1,5 Mio.*

*Der Käufer muss dem Verkäufer bis spätestens 30.06. des Folgejahres den vollständigen geprüften Jahresabschluss vorlegen. Der Verkäufer hat bei begründetem Verdacht auf Fehler des Jahresabschlusses das Recht, einzelne Positionen der Bilanz oder der Gewinn- und Verlustrechnung anhand der entsprechenden Jahresabschlussunterlagen zu überprüfen.*

Diese Earn-Out-Vereinbarung unterscheidet sich von der vorherigen bezüglich der dem Verkäufer eingeräumten Rechte. Hier wurde dem Verkäufer kein Einfluss auf die Geschäftsführung gewährt, sondern lediglich das Recht, den

Jahresabschluss einzusehen und bei begründetem Verdacht Prüfungshandlungen durchzuführen. Dieses Kontrollrecht lässt eher das Sicherungsbedürfnis des Verkäufers erkennen als den Willen der Parteien, gemeinsam Einfluss auf das Unternehmen auszuüben. Die restlichen Indizien, die durchaus tendenziell für eine Gesellschaft sprechen – Gewinnbeteiligung, relativ lange Vertragslaufzeit und das Fehlen von Sicherheiten – reichen nicht aus, um von einem gemeinsamen Zweck der Parteien auszugehen. Es handelt sich um einen partiarischen Kaufvertrag.

### *III. Stille Gesellschaft*

Für das Vorliegen einer stillen Gesellschaft ist Voraussetzung, dass eine Gesellschaft nach § 705 BGB gegründet wurde, denn sie ist eine spezielle Form der Innengesellschaft.[568] Das bedeutet, eine Earn-Out-Klausel könnte nur dann eine stille Gesellschaft begründen, wenn durch sie die Voraussetzungen einer Gesellschaft erfüllt würden, die Vereinbarungen der Parteien also als Gesellschaftsvertrag zu werten wären. Ob dies der Fall ist, kommt auf die Ausgestaltung der Earn-Out-Klausel und die sonstigen Umstände an. Dass eine Gesellschaft zwischen dem Verkäufer und dem Käufer geschlossen wird, ist – wie bereits gezeigt wurde – jedenfalls möglich.[569]

Damit es sich um eine stille Gesellschaft nach § 230 HGB handelt, müssten weitere Voraussetzungen vorliegen: Bei dem Unternehmenskäufer beziehungsweise dem veräußerten Unternehmen müsste es sich um einen Kaufmann nach §§ 1 ff. HGB beziehungsweise eine Handelsgesellschaft handeln und der Verkäufer müsste – ohne Gesamthandsvermögen zu bilden – mit einer Einlage am veräußerten Unternehmen und an dessen Gewinn beteiligt sein.[570]

Das veräußerte Unternehmen dürfte regelmäßig Kaufmannseigenschaft haben. Der Verkäufer müsste außerdem am Gewinn des Unternehmens beteiligt sein. Orientiert sich der variable Kaufpreisanteil am Erfolg des Unternehmens, also dem Jahresüberschuss, dem EBIT oder anderen Gewinngrößen, so liegt eine solche Gewinnbeteiligung des Verkäufers vor. Die Berechnung des variablen

---

568 *Schmidt*, Gesellschaftsrecht, S. 1840; *Schmidt*, in: MüKo-HGB, § 230, Rn. 4 m.w.N.; *Mock*, in: Röhricht/Graf v. Westphalen/Haas, HGB, § 230, Rn. 2 f.

569 Siehe oben, Kapitel 4, § 9, B., II., 2.

570 Zu den Voraussetzungen einer stillen Gesellschaft *Schmidt*, in: MüKo-HGB, § 230, Rn. 3; *Mock*, in: Röhricht/Graf v. Westphalen/Haas, HGB, § 230, Rn. 1.

Kaufpreises anhand der Umsatzerlöse ist dagegen keine Gewinnbeteiligung und für die Annahme einer stillen Gesellschaft nicht ausreichend.[571]

Eine Earn-Out-Klausel in Form einer Kaufpreisminderung im Falle des Verlustes während der Earn-Out-Periode führt ebenfalls nicht zu einer Beteiligung am Gewinn, sondern zu einer Beteiligung – nur – am Verlust. Dies reicht für eine stille Beteiligung nicht aus.[572] Etwas anderes ergibt sich selbstredend für eine Kaufpreisanpassung, die in Abhängigkeit der Unternehmensentwicklung sowohl zur Minderung als auch zur Erhöhung des Kaufpreises führen kann. In einer solchen Regelung ist sowohl eine Verlust- als auch eine Gewinnbeteiligung zu sehen.

Darüber hinaus müsste der Verkäufer eine Einlage in Form eines auf einem Einlagekonto darstellbaren Guthabens im Unternehmensvermögen halten.[573] Hieran fehlt es.[574] Auf die Beurteilung, ob eine Einlage tatsächlich geleistet werden muss oder ob es ausreicht, eine Einlage zu halten, kommt es hier nicht an, denn beide Voraussetzungen sind nicht erfüllt.

Durch den Unternehmensverkauf gegen einen (teilweise) variablen Kaufpreis wird keine Buchung einer Einlage im Unternehmen vereinbart. Auch wenn Earn-Out-Vereinbarungen aufgrund der erst später fällig werdenden zusätzlichen Kaufpreiszahlung ein Finanzierungsaspekt zugesprochen wird, handelt es sich nicht um die Überlassung eines auf einem Finanzbuchhaltungskonto des Unternehmens darstellbaren Betrages in Form einer Einlage. Der voraussichtlich zu zahlende variable Kaufpreisanteil ist zwar als Verbindlichkeit oder Rückstellung zu passivieren,[575] allerdings handelt es sich hierbei nicht um eine Einlage des Verkäufers, vielmehr ist es eine Vorausberechnung der Gewinnbeteiligung. Eine stille Gesellschaft scheidet daher mangels Einlage aus.

Da bei Vorliegen einer Innengesellschaft zwischen den Parteien eines Unternehmenskaufvertrages mit Earn-Out-Vereinbarung dennoch Parallelen zu einer stillen Beteiligung vorhanden sind, steht diese Einordnung einer analogen

---

571 BFH, Urt. v. 22.10.1987 – IV R 17/84, NJW 1988, 3231 (3232); *Schmidt*, in: MüKo-HGB, § 230, Rn. 38 m.w.N.; *Kauffeld*, in: Blaurock, Stille Gesellschaft, § 8, Rn. 8.5.

572 *Schmidt*, in: MüKo-HGB, § 230, Rn. 38 m.w.N.

573 Zu der Voraussetzung der Einlage des stillen Gesellschafters und der Unterscheidung zwischen der „Leistung“ und dem „Halten“ einer Einlage *Schmidt*, in: MüKo-HGB, § 230, Rn. 37 m.w.N.; *Schmidt*, Gesellschaftsrecht, S. 1843 f. m.w.N.; *Seffer/Erhardt*, in: MHdB GesR II, § 83, Rn. 1 f.

574 So auch *Drygala*, in: Drygala/Wächter, Earnout-Klauseln, S. 247 (251).

575 *Ihlau/Gödecke*, BB 2010, 687 (689); *Richter/Rogler*, WPg 2021, 1207 (1210 f.).

Anwendung der für die stille Gesellschaft geltenden Rechtsvorschriften nicht entgegen. Auf diesen Punkt wird nachfolgend noch eingegangen.[576]

### *IV. Gemischter Vertrag mit Elementen der Gesellschaft bürgerlichen Rechts*

Für die Annahme eines gemischten Vertrages mit gesellschaftsrechtlichen Elementen dürfen die Voraussetzungen des § 705 BGB nicht erfüllt sein und dementsprechend darf keine Gesellschaft vorliegen.[577] Das Vertragsverhältnis muss dennoch einen Dauerschuldcharakter und weitere Elemente eines Gesellschaftsvertrages aufweisen, so zum Beispiel die Verfolgung gleichgerichteter Interessen oder eine erfolgsabhängige Gegenleistung.[578] Liegt ein gemischter Vertrag mit Elementen eines Gesellschaftsvertrages vor, so können unter Berücksichtigung der gesamten Umstände dennoch – obwohl keine Gesellschaft vorliegt – einzelne auf Gesellschaften bezogene Rechtsnormen Anwendung finden, so zum Beispiel § 723 BGB.[579]

Eine Earn-Out-Vereinbarung ist üblicherweise auf einen Zeitraum von mehreren Jahren abgeschlossen und regelt, dass der Veräußerer am Ergebnis des veräußerten Unternehmens weiterhin partizipieren soll. Je nach Ausgestaltung der Klausel können die Voraussetzungen des § 705 BGB erfüllt sein und somit kann eine (Innen-)Gesellschaft vorliegen.[580] Ist den Vereinbarungen und den sonstigen Umständen nicht zu entnehmen, dass sich die Parteien verpflichtet haben, einen gemeinsamen Zweck zu verfolgen, kann ein partiarischer Kaufvertrag[581] oder ein gemischter Vertrag mit gesellschaftsrechtlichen Elementen vorliegen.

Die Vereinbarung der Erfolgsbeteiligung über einen längeren Zeitraum und die gegebenenfalls eingeräumten Mitwirkungs- und Kontrollrechte für den Unternehmensverkäufer geben der Vereinbarung einen gesellschaftsvertraglichen Einschlag. Wird bei der Würdigung der gesamten Umstände ein gemischter Vertrag mit Elementen der Gesellschaft bürgerlichen Rechts angenommen, so finden einzelne gesellschaftsrechtliche Vorschriften auf das Vertragsverhältnis

576 Siehe unten Kapitel 5, § 10.

577 *Schäfer*, in: MüKo-BGB, Vor § 705, Rn. 119

578 RG, Urt. v. 11.11.1933 – I 130/33, RGZ 142, 212, 214; *Schäfer*, in: MüKo-BGB, Vor § 705, Rn. 120 m.w.N.

579 RG, Urt. v. 11.11.1933 – I 130/33, RGZ 142, 212, 214 f., das RG benutzt den Begriff „gesellschaftsähnliches Rechtsverhältnis"; *Schücking*, in: MHdB GesR I, § 2, Rn. 68; *Schäfer*, in: MüKo-BGB, Vor § 705, Rn. 119.

580 Siehe oben, Kapitel 4, § 9, B., II., 2.

581 Siehe oben, Kapitel 4, § 9, B., II., 2.

Anwendung, die eigentlich das Vorliegen einer Gesellschaft voraussetzen. Diese Rechtsfolge ist bei einem partiarischen Rechtsverhältnis nicht möglich, denn bei diesem handelt es sich um einen Austauschvertrag.[582] Die Übergänge sind jedoch fließend.[583]

Ob durch eine Earn-Out-Vereinbarung eine Gesellschaft, ein partiarischer Kaufvertrag oder ein gemischter Vertrag mit Elementen der Gesellschaft bürgerlichen Rechts zustande kommt, ist einzelfallbezogen zu prüfen. Da die Rechtsfolgen eines gemischten Vertrages mit Elementen der Gesellschaft eine Mischung derjenigen von Gesellschaftsverträgen und partiarischen Rechtsverhältnissen sind, wird auf diese Rechtsbeziehung nicht weiter eingegangen. Sollte ein solcher gemischter Vertrag vorliegen, wäre einzelfallbezogen zu ermitteln, welche Rechtsnormen Anwendung finden und welche Rechtsfolgen sich daraus für die Parteien ergeben.

## C. Zusammenfassung der Bestimmung des Rechtsverhältnisses der Parteien einer Earn-Out-Vereinbarung

Die Vereinbarung einer Earn-Out-Klausel in einem Unternehmenskaufvertrag verändert den Rechtstypus des Vertragsverhältnisses von einem bloßen Austauschvertrag hin zu einer über die Transaktion hinausgehenden Verbindung zwischen den Parteien. Die Vertragsinhalte und -umstände sind daraufhin zu untersuchen, welche Art von Vertragsverhältnis durch die Abhängigkeit des variablen Kaufpreisanteils von der künftigen Unternehmensentwicklung entsteht.

Es ist möglich, dass die Parteien eine Innengesellschaft, ein partiarisches Rechtsverhältnis oder einen gemischten Vertrag mit Elementen der Gesellschaft bürgerlichen Rechts abschließen. Ein Darlehensvertrag konnte aufgrund des Fehlens der Überlassung eines Geldbetrages und eine stille Gesellschaft aufgrund des Fehlens einer Einlage ausgeschlossen werden.

Die Abgrenzung, ob eine Gesellschaft oder ein partiarischer Kaufvertrag vorliegt, ist anhand der Entscheidung, ob die Parteien einen gemeinsamen Zweck verfolgen oder nicht, zu treffen. In letztgenanntem Fall handelt es sich nicht um eine Gesellschaft, sondern um einen Austauschvertrag in Form eines partiarischen Rechtsgeschäfts beziehungsweise um einen gemischten Vertrag.

---

582 Zu der Abgrenzung von (partiarischen) Austauschverträgen und gemischten Verträgen *Schücking*, in: MHdB GesR I, § 2, Rn. 69.

583 *Huffer*, Partiarisches Geschäft, S. 61–63, 70, der den partiarischen Vertrag grundsätzlich als gemischten Vertrag einordnet; zu gemischten Verträgen im Allgemeinen *Emmerich*, in: MüKo-BGB, § 311, Rn. 29 f.

Die Auswertung der bezüglich der Beurteilung des Vorliegens eines gemeinsamen Zwecks ergangenen BGH-Rechtsprechung und der relevanten Literatur ergab, dass die Entscheidung anhand von Indizien, die entweder für oder gegen das Vorliegen eines gemeinsamen Zwecks sprechen, zu treffen ist. Hierbei ist zu berücksichtigen, dass nur solche Kriterien hinzugezogen werden dürfen, die das Wesen des gemeinsamen Zwecks abbilden. Nur unter dieser Voraussetzung kann zu zufriedenstellenden Ergebnissen gelangt werden.

Als solche, das Wesen des gemeinsamen Zwecks darstellende, Indizien wurden für die vorliegend zu beurteilenden Fälle von Unternehmenskaufverträgen mit Earn-Out-Klausel insbesondere die Ausgestaltung der Beteiligung an Gewinn und/oder Verlust in Form der Berechnung des variablen Kaufpreisanteils, die dem Verkäufer eingeräumten Rechte (Mitbestimmungs- und Kontroll- beziehungsweise Überwachungsrechte), die Gewährung von Sicherheiten und die Länge der Earn-Out-Periode herausgearbeitet.

Lediglich die Beteiligung am Verlust ist als eindeutiges Indiz für das Vorliegen einer Gesellschaft anzusehen. Eine solche liegt vor, wenn sich der vereinbarte Kaufpreis aufgrund eines Verlustes der Zielgesellschaft im Earn-Out-Zeitraum mindert. Eine Gewinnbeteiligung spricht tendenziell für einen gemeinsamen Zweck, während eine Beteiligung am Umsatz ein Indiz für das Vorliegen eines partiarischen Kaufvertrages ist.

Bei der Vereinbarung bestimmter Rechte für den Unternehmensverkäufer ist in die Beurteilung einzubeziehen, ob den Regelungen entnommen werden kann, dass die Parteien beabsichtigten, das Unternehmen – in festgelegten Grenzen – gemeinsam zu führen oder ob diese eher aufgrund eines Sicherungsbedürfnisses des Verkäufers in den Vertrag aufgenommen wurden. Im erstgenannten Fall sprächen die Rechte für das Vorliegen einer Gesellschaft, im letztgenannten dagegen.

Ein langer Earn-Out-Zeitraum sowie das Fehlen von Sicherheiten stellen eher schwache Indizien für das Vorliegen einer Gesellschaft dar.

Nach der Feststellung der relevanten Kriterien und deren Deutung in Bezug auf Unternehmenskaufverträge mit Earn-Out-Klausel wurde anhand von Fallbeispielen aufgezeigt, wie eine Einteilung der Verträge in Innengesellschaften und partiarische Rechtsverhältnisse vorgenommen werden kann.

Zusammenfassend wurde festgestellt, dass aufgrund der Aufnahme einer Earn-Out-Klausel in einen Unternehmenskaufvertrag sowohl eine Innengesellschaft als auch ein partiarischer Kaufvertrag oder ein gemischter Vertrag mit gesellschaftsrechtlichen Elementen entstehen kann. Da die Rechtsfolgen eines solchen gemischten Vertrages je nach Lage des Einzelfalls Elemente aus beiden Rechtsbereichen enthalten, wird im Folgenden auf diese Variante nicht weiter eingegangen.

In den auf dieses Kapitel folgenden Ausführungen über die Rechte und Pflichten der Parteien aufgrund einer Manipulation durch den Käufer wird zwischen Gesellschaftsverträgen und partiarischen Kaufverträgen unterschieden.

# Kapitel 5: Rechte des Verkäufers und Pflichten des Käufers im Rahmen einer Innengesellschaft

In diesem Kapitel werden die Rechte des Verkäufers und die Pflichten des Käufers für den Fall, dass die Parteien durch die Earn-Out-Klausel eine Innengesellschaft gegründet haben, thematisiert. Es wird dargestellt, ob beziehungsweise wie bestimmte Rechte es dem Veräußerer ermöglichen, Manipulationen durch den Käufer aufzudecken oder zu verhindern. Außerdem wird analysiert, welches die Earn-Out-Berechnung beeinflussende Verhalten des Käufers eine Verletzung seiner vertraglichen Pflichten darstellt. Hierbei wird auf die bereits aufgeführten Möglichkeiten der Manipulation[584] eingegangen.

## § 10 Anwendung von Rechtsvorschriften in Abhängigkeit von der Art der Transaktion

Wer Vertragspartner und somit Gesellschafter der Innengesellschaft wird und welche gesetzlichen Regelungen Anwendung finden, ist davon abhängig, ob die Transaktion als Asset Deal oder als Share Deal vollzogen wurde.[585]

### A. Asset Deal

Wird die Transaktion in Form eines Asset Deals vorgenommen, tritt als Verkäufer die Gesellschaft (oder der Einzelunternehmer) auf, die (/der) das Unternehmen betreibt, denn sie (/er) ist Eigentümer(in) der Vermögensgegenstände des Unternehmens und kann daher als Kaufvertragspartei auftreten. Als Käufer tritt die Gesellschaft (oder der Einzelunternehmer) auf, die (/der) das Unternehmen nach der Transaktion weiterführt, denn in deren (/dessen) Eigentum müssen die Vermögensgegenstände übergehen, die zum Betrieb des Unternehmens benötigt werden.[586] Das Unternehmen wird somit vor und nach der Transaktion nicht durch den gleichen Rechtsträger betrieben. Die Parteien des Kaufvertrages – mithin Verkäufer und Käufer – werden Gesellschafter der Innengesellschaft.

Die zwischen den Parteien entstehende Gesellschaft weist gewisse Parallelen zur stillen Gesellschaft auf. Mangels Einlage handelt es sich zwar – wie bereits

584 Siehe oben Kapitel 3, § 7.
585 Siehe hierzu oben Kapitel 2, § 3.
586 Siehe oben Kapitel 2, § 3, B.

ausgeführt wurde – nicht um eine solche,[587] dennoch spricht einiges dafür, die Vorschriften über die stille Beteiligung analog anzuwenden.[588]

Die §§ 705 ff. BGB sind auf Gesellschaften ausgerichtet, in welchen die Geschäftsführung grundsätzlich gemeinschaftlich erfolgt (§ 709 BGB), die Gesellschafter gleichmäßig an Gewinn und Verlust teilnehmen (§ 722 BGB) und unbegrenzt mit ihrem Privatvermögen für Gesellschaftsschulden haften. Auf dieser Grundlage unterscheiden sich die Rechte und Pflichten der Parteien einer Innengesellschaft nach §§ 705 ff. BGB in Hinblick auf das Schutzbedürfnis der Gesellschafter deutlich von denen einer stillen Gesellschaft nach §§ 230 ff. HGB.

Bei der stillen Gesellschaft handelt es sich um eine Innengesellschaft, die sich dadurch auszeichnet, dass ein Gesellschafter nach außen in eigenem Namen Geschäfte tätigt und der andere im Innenverhältnis an dem entstehenden Ergebnis beteiligt ist.[589] Bei der stillen Gesellschaft führt außerdem der Hauptbeteiligte alleine die Geschäfte des Handelsgewerbes.[590] In den vorliegend thematisierten Fällen ist der Verkäufer ebenfalls nicht mehr in die Geschäftsführung des veräußerten Unternehmens eingebunden und vertritt dieses auch nicht nach außen.

Ein stiller Gesellschafter nimmt, sofern die Verlustbeteiligung nicht ausgeschlossen wurde, bis zur Höhe seiner Einlage am Verlust des Handelsgewerbes teil, § 232 Abs. 2 S. 1 HGB. Sofern keine abweichende vertragliche Vereinbarung getroffen wurde, ist der Verlust des stillen Gesellschafters begrenzt auf den Betrag der geleisteten oder noch zu leistenden Einlage.[591] Falls es sich bei der Earn-Out-Klausel um ein sogenanntes Rückzahlungsmodell[592] handelt, nimmt der Veräußerer ebenfalls am Verlust des Unternehmens teil. Die Verlustteilnahme ist dabei auf den maximal zurückzuzahlenden Betrag begrenzt. Dieser dürfte nur im absoluten Ausnahmefall, beispielsweise bei einem in der Krise befindlichen Unternehmen, den gesamten Betrag des Unternehmenskaufpreises umfassen. Eine unbegrenzte Verlustteilnahme ist ausgeschlossen.

---

587 Siehe oben Kapitel 4, § 9, B., III.

588 Sich ebenfalls für die Übertragung der Pflichten des Unternehmensinhabers bei einer stillen Gesellschaft auf den Unternehmenskäufer aussprechend *Reich-Rohrwig*, in: Lang/Weinzierl, FS Rödler, S. 763 (792), österreichisches Recht betreffend.

589 Zum Auftreten der Gesellschafter einer Innengesellschaft nach außen *Schücking*, in: MHdB GesR I, § 3, Rn. 44; *Schöne*, in: BeckOK BGB, § 705, Rn. 158.

590 *Seffer/Erhardt*, in: MHdB GesR II, § 80, Rn. 1, 4; *Schücking*, in: MHdB GesR I, § 3, Rn. 51.

591 *Schmidt*, in: MüKo-HGB, § 232, Rn. 31.

592 Siehe oben Kapitel 2, § 4, C., II.

Aus diesen Gründen hat die Innengesellschaft, die zwischen dem Verkäufer und dem Käufer gegründet wird, eine größere Nähe zur stillen Gesellschaft als zu einer Innengesellschaft, auf welche die §§ 705 ff. BGB – ohne die zusätzlichen Regelungen der §§ 230 ff. HGB – Anwendung finden. Es entspricht eher dem Parteiwillen, die zusätzlichen Regelungen der §§ 230 ff. HGB für die Beurteilung der Rechtsfolgen heranzuziehen.

Dies gilt auch unter Berücksichtigung der ab dem 1.1.2024 geltenden Neufassung der §§ 705 ff. BGB n. F. Auf die in § 705 Abs. 2, 2. Alt. BGB n. F. normierte nicht rechtsfähige Gesellschaft finden gemäß § 740 Abs. 2 BGB n. F. teilweise die Vorschriften für die rechtsfähige Gesellschaft Anwendung. So ist nach § 740 Abs. 2 BGB n. F. i. V. m. § 715 Abs. 3 BGB n. F. beispielsweise weiterhin die gemeinsame Geschäftsführung vorgesehen.[593] Der Anteil am Gewinn und Verlust richtet sich gemäß der Neufassung vorrangig nach der Beteiligungshöhe, § 740 Abs. 2 BGB n. F. i. V. m. § 709 Abs. 3 BGB n. F., ohne eine Begrenzung der Verlustteilnahme. Das Recht der stillen Gesellschaft ändert sich durch das MoPeG inhaltlich kaum.[594] Es wurden redaktionelle Änderungen und beispielsweise eine Erweiterung der Informationsrechte vorgenommen.[595] Das Wesen der stillen Gesellschaft ist somit auch zukünftig dem Rechtsverhältnis der Parteien eines Kaufvertrages mit Earn-Out-Klauseln, die eine Gesellschaft gegründet haben, ähnlich.

Zwar müssen die zwischen den Vertragsparteien getroffenen Vereinbarungen einzelfallbezogen analysiert und ausgelegt werden, um bestimmen zu können, welche Rechtsfolgen sich daraus ergeben.[596] Um hier aber die Rechtsfolgen für den wohl üblichsten Fall darstellen zu können, wird im Folgenden davon ausgegangen, dass das Vereinbarte zu einem Rechtsverhältnis führt, welches einer Innengesellschaft in Form einer stillen Gesellschaft am nächsten kommt und die für diese geltenden Vorschriften Anwendung finden.

## B. Share Deal

Bei einem Share Deal tritt als Veräußerer der Anteilseigner der Zielgesellschaft auf, der Käufer wird neuer Anteilseigner der Gesellschaft, der Rechtsträger des Unternehmens ändert sich nicht.[597] Gesellschafter der Innengesellschaft sind bei

593 So auch *Bachmann*, NJW 2021, 3073 (Rn. 14).

594 *Hoffmann-Theinert*, in: BeckOK HGB, § 230, 3a; *Bachmann*, NJW 2021, 3073 (Rn. 32).

595 *Bachmann*, NJW 2021, 3073 (Rn. 32).

596 Siehe auch oben Kapitel 4.

597 Siehe oben Kapitel 2, § 3, A.

einem Share Deal daher der ehemalige und der neue Gesellschafter und nicht die Gesellschaft beziehungsweise das Unternehmen selbst. Eine Beteiligung des Veräußerers am Handelsgewerbe des Anderen besteht somit nicht.

Bei dieser Konstellation handelt es sich vielmehr um eine Innengesellschaft ähnlich einer Unterbeteiligung. Räumt ein Gesellschafter einer Personen- oder Kapitalgesellschaft einem Anderen eine Beteiligung an seinem Gesellschaftsanteil ein, handelt es sich – vorbehaltlich weiterer Voraussetzungen – um eine Unterbeteiligung.[598] Die Vertragspartner bilden eine Innengesellschaft, bestehend aus dem Hauptbeteiligten, der den Anteil hält, und dem im Innenverhältnis partizipierenden Anderen.[599]

Auch wenn es sich mangels Beteiligung an einem Handelsgewerbe (sondern an dem Gesellschaftsanteil) nicht um eine stille Gesellschaft handelt, werden – neben den §§ 705 ff. BGB – die §§ 230-236 HGB analog angewendet.[600] Wie bei der stillen Gesellschaft ist eine Einlage eine weitere Voraussetzung.[601]

Aufgrund der inhaltlichen Nähe zur Unterbeteiligung, sollen im Folgenden die entsprechenden Rechtsfolgen der Unterbeteiligung herangezogen werden, auch wenn es in den hier zu betrachtenden Fällen an einer Einlage mangelt.[602]

Weil es für die Unterbeteiligung keine eigenen gesetzlichen Regelungen gibt,[603] ist es in der Praxis üblich, diese durch umfangreiche vertragliche Vereinbarungen zu gestalten. Da im Falle einer Earn-Out-Klausel im Rahmen eines Unternehmenskaufvertrages solche – abgesehen von den Vereinbarungen über die Teilhabe an den Unternehmensergebnisses und eventueller Mitbestimmungs- oder Zustimmungsrechte – üblicherweise nicht aufgenommen werden, ist hier auf die gesetzlichen Rechtsfolgen zurückzugreifen.

Es ist darüber hinaus zu berücksichtigen, dass es sich bei den vorliegend betrachteten Fällen, die zu einer Innengesellschaft, die einer Unterbeteiligung ähnelt, führen, um eine spezielle Art von „Unterbeteiligung" handelt. Unterbeteiligungen bestehen

598 *Schäfer*, in: MüKo-BGB, Vor § 705, Rn. 97; *Schmidt*, in: MüKo-HGB, Vor § 230, Rn. 97; *Gayk*, in: MHdB GesR I, § 30, Rn. 1.

599 BGH, Urt. v. 11.07.1968 – II ZR 179/66, NJW 1968, 2003; *Schäfer*, in: MüKo-BGB, Vor § 705, Rn. 97; *Schmidt*, in: MüKo-HGB, § 230, Rn. 193, 195; *Gayk*, in: MHdB GesR I, § 30, Rn. 2.

600 HM *Schäfer*, in: MüKo-BGB, Vor § 705, Rn. 97; *Schmidt*, in: MüKo-HGB, Vor § 230, Rn. 97, 99; *Gayk*, in: MHdB GesR I, § 30, Rn. 5; *Schmidt*, in: MüKo-HGB, § 230, Rn. 205 m.w.N.

601 *Schmidt*, in: MüKo-HGB, § 230, Rn. 198.

602 Siehe hierzu auch oben Kapitel 5, § 10, A.

603 *Schmidt*, in: MüKo-HGB, § 230, Rn. 193; *Gayk*, in: MHdB GesR I, § 30, Rn. 5.

an dem Gesellschaftsanteil eines Hauptgesellschafters. Bei der rechtlichen Einordnung und der Festlegung der entsprechenden Rechtsfolgen sind üblicherweise die anderen Hauptgesellschafter und deren Rechte zu berücksichtigen. Da vorliegend jedoch nur solche Fälle betrachtet werden, in denen ein ganzes Unternehmen und dementsprechend 100 % der Anteile veräußert werden, besteht hier die „Unterbeteiligung" an einem 100%igen Anteil. Es gibt neben dem „Hauptgesellschafter" keine weiteren Beteiligten an der Hauptgesellschaft, deren Rechte Beachtung finden müssten.

## C. Schlussfolgerungen für die nachfolgenden Ausführungen

Die Innengesellschaft, die durch die Ausgestaltung der Earn-Out-Vereinbarung entstehen kann, weist – je nachdem ob die Transaktion als Asset Deal oder Share Deal durchgeführt wurde – Parallelen zur stillen Gesellschaft beziehungsweise zur Unterbeteiligung auf. Für beide Gesellschaftsformen gelten die §§ 705 ff. BGB unter Berücksichtigung der speziellen Regelungen der §§ 230 ff. HGB. Sie unterscheiden sich in den Personen der Gesellschafter. Bei einem Asset Deal ist der Veräußerer am Gewinn der Außengesellschaft beteiligt, während bei einem Share Deal eine Beteiligung am Anteil an der Außengesellschaft vorliegt.

Gerade in Hinblick darauf, dass es sich bei dem entstehenden Rechtsverhältnis zwar um den vorgestellten Gesellschaftsarten ähnelnde Konstellationen handelt, die Voraussetzung einer Einlage jedoch nicht gegeben ist, handelt es sich um eine Vertragsauslegung, die ohnehin einzelfallbezogen zu differenzieren ist. Dass es bei der einer Unterbeteiligung ähnelnden Konstellation eines Share Deals vorliegend nur einen Hauptgesellschafter gibt, spricht außerdem für eine weitgehende Gleichbehandlung der beiden Veräußerungsvarianten.

Asset Deals und Share Deals werden daher im Folgenden grundsätzlich gemeinsam behandelt. Nur wenn sich gravierende Unterschiede bei den Rechtsfolgen der Transaktionsarten ergeben, werden diese thematisiert.

# § 11 Verwaltungsrechte des Verkäufers

Den Gesellschaftern einer Gesellschaft bürgerlichen Rechts stehen bestimmte Verwaltungs- und Vermögensrechte zu, die sich grundsätzlich gegen die Gesellschaft oder gegen die Mitgesellschafter richten können.[604] Bei einer Innengesellschaft verpflichten sich die Gesellschafter jedoch nur schuldrechtlich untereinander,

604 *Schäfer*, in: MüKo-BGB, § 705, Rn. 191 f.

denn die Innengesellschaft selbst ist nicht rechtsfähig.[605] Rechte und Ansprüche können daher nicht gegen die Gesellschaft, sondern nur gegen die Mitgesellschafter geltend gemacht werden.

Zu den Verwaltungsrechten eines Gesellschafters gehören grundsätzlich das Stimmrecht und Rechte in Zusammenhang mit der Geschäftsführung und Vertretung (§§ 709, 711, 712, 714 und 715 BGB), das Einsichts- und Kontrollrecht (§ 716 BGB), das Recht auf Rechnungslegung (§ 721 BGB), das Kündigungsrecht (§ 723 BGB) und das Recht auf Mitwirkung bei der Abwicklung der Gesellschaft (§ 730 BGB).[606] Letzteres ist für Innengesellschaften jedoch nicht relevant, da eine Liquidation bei einer Innengesellschaft mangels Gesellschaftsvermögens nicht infrage kommt.[607] Ein Recht auf Mitwirkung bei der Abwicklung besteht daher nicht. Auch die Vertretungsregelungen der §§ 714 f. BGB sind bei Innengesellschaften obsolet, denn diese tritt nicht in Rechtsbeziehung zu Dritten.[608] Vorliegend sind außerdem die speziellen Regelungen der §§ 230 ff. HGB analog zu berücksichtigen.[609]

Zu den Vermögensrechten eines Gesellschafters zählen grundsätzlich der Gewinnanspruch (§§ 721 f. BGB), der Anspruch auf Auseinandersetzungsguthaben (§ 717 S. 2 BGB) und der Anspruch auf Aufwendungsersatz (§ 713 BGB).[610] Der Gewinnanspruch ist durch die Earn-Out-Klausel in den hier behandelten Fällen vertraglich geregelt. Auf die gesetzliche Berechnung des Gewinnanspruchs wird daher nicht weiter eingegangen. Der Aufwendungsersatz wird hier vernachlässigt, denn dieser könnte sich lediglich aus der Geschäftsführung der Innengesellschaft ergeben, welche vorliegend nicht von Interesse ist. Auch in Bezug auf die Vermögensrechte sind die Regelungen der §§ 230 ff. HGB analog zu berücksichtigen.[611]

---

605 BGH, Urt. v. 29.01.2001 – II ZR 331/00, NJW 2001, 1056; *Schöne*, in: BeckOK BGB, § 705, Rn. 139, 161; *Friel*, in: MAH PersGesR, § 13, Rn. 14.

606 Siehe auch: *Schäfer*, in: MüKo-BGB, § 705, Rn. 199.

607 HM BGH, Urt. v. 11.09.2018 – II ZR 161/17, NJW 2019, 161 (Rn. 13); Urt. v. 26.06.1989 – II ZR 128/88, NJW 1990, 573 (574); Urt. v. 28.09.2005 – XII ZR 189/02, NJW 2006, 1268 (Rn. 19); *Keul*, in: MHdB GesR II, § 92, Rn. 1; *Koenigs*, Stille Gesellschaft, S. 261; *Schäfer*, in: MüKo-BGB, § 730, Rn. 12 m.w.N.

608 *Schäfer*, in: MüKo-BGB, § 705, Rn. 292; *Schöne*, in: BeckOK BGB, § 705, Rn. 158 f.; *Schäfer*, in: MüKo-BGB, § 714, Rn. 23; in Bezug auf die stille Gesellschaft *Seffer/Erhardt*, in: MHdB GesR II, § 80, Rn. 2.

609 Siehe oben Kapitel 5, § 10.

610 Siehe auch *Schäfer*, in: MüKo-BGB, § 705, Rn. 195 f.

611 Siehe oben Kapitel 5, § 10.

Durch das MoPeG ergeben sich hinsichtlich der Rechte des Gesellschafters einer Innengesellschaft keine hier relevanten Änderungen.[612] In den ab dem 1.1.2024 geltenden §§ 705 ff. BGB n. F. wurde beispielsweise geregelt, dass bestimmte Vorschriften (wie die über die Vertretung und die Liquidation der Gesellschaft) von vornherein keine Anwendung auf nicht rechtsfähige Gesellschaften finden. Sofern einzelne Rechte durch das MoPeG inhaltliche Änderungen erfahren haben, wird dies in den diesbezüglichen Ausführungen thematisiert.

Nachfolgend werden die Verwaltungsrechte, namentlich das Stimmrecht und das Recht auf Geschäftsführung, das Einsichts- und Kontrollrecht und das Recht auf Rechnungslegung näher betrachtet. Das Kündigungsrecht sowie der Anspruch auf Auseinandersetzungs- beziehungsweise Abfindungsguthaben werden im Rahmen der Rechtsfolgen einer Pflichtverletzung des Käufers thematisiert.[613]

## A. Stimmrecht und Geschäftsführung

Da der Verkäufer durch die Bildung einer Gesellschaft bürgerlichen Rechts mit dem Käufer nicht zum Gesellschafter des veräußerten Unternehmens wird beziehungsweise ein solcher bleibt, steht ihm in diesem Unternehmen grundsätzlich kein Stimmrecht zu.

Nur in Bezug auf die durch die Earn-Out-Vereinbarung gegründete Gesellschaft hat er nach § 709 BGB (ab 1.1.2024: § 740 Abs. 2 BGB n. F. i. V. m. § 715 BGB n. F.) grundsätzlich ein solches.[614] Da es sich bei der Verbindung zwischen Käufer und Verkäufer um eine Innengesellschaft handelt, deren Zweck der Betrieb des veräußerten Unternehmens – beziehungsweise die Beteiligung des Veräußerers an diesem – ist, kann die Anwendung der §§ 709 ff. BGB zu keinen sinnvollen Ergebnissen führen. Die Geschäftsführung des nach außen tätigen Unternehmens steht nämlich – und dies ist zwischen den Parteien in den hier behandelten Fällen so vereinbart – ausschließlich dem Käufer zu, beziehungsweise wird durch diesen gestellt. Dies stellt nicht etwa eine Vereinbarung über die Übertragung der Geschäftsführung der Innengesellschaft nach § 710 BGB dar, denn es handelt sich um die Geschäftsführung des Zielunternehmens, auf welche die Innengesellschaft

612 Siehe auch *Bachmann*, NJW 2021, 3073 (23 f.), der die Änderungen in Bezug auf die nicht rechtsfähige Gesellschaft wie folgt zusammenfasst: „In der Sache ändert sich nichts […]".

613 Siehe unten Kapitel 7, § 19, A.

614 Zur Geschäftsführung einer Innengesellschaft im Allgemeinen BGH, Urt. v. 11.09.2018 – II ZR 161/17, NJW 2019, 161 (Rn. 20); *Schücking*, in: MHdB GesR I, § 3, Rn. 52; *Schöne*, in: BeckOK BGB, § 705, Rn. 161.

keinen Einfluss hat.[615] Aus diesem Grund kommt auch ein Widerspruchsrecht nach § 711 BGB oder die Entziehung der Geschäftsführungsbefugnis nach § 712 BGB nicht in Betracht.[616] Für die stille Gesellschaft werden die Geschäftsführungsregelungen der §§ 709 ff. BGB ebenfalls nicht angewendet, sondern dem Geschäftsinhaber steht die Geschäftsführung allein zu.[617]

Als Ausfluss der gesellschaftsrechtlichen Treuepflicht kann sich zwar die Pflicht des Käufers ergeben, die Zustimmung des Verkäufers zu bestimmten Geschäften einzuholen,[618] jedoch sind auch zustimmungsbedürftige Geschäfte, die treuwidrig ohne Einverständnis des Stillen vorgenommen werden, im Außenverhältnis wirksam.[619] Auf diese Thematik wird im Rahmen der Darstellung der Pflichten des Käufers näher eingegangen.[620]

Es bleibt festzuhalten, dass der Verkäufer in Bezug auf die Manipulation des Käufers bei der Geschäftsführung des Unternehmens in seiner – mit der eines stillen Gesellschafters oder Unterbeteiligten vergleichbaren – Stellung aus den Vorschriften über die Geschäftsführung und Vertretung keine Möglichkeit hat, direkt auf die Geschäftsführung des veräußerten Unternehmens einzuwirken. Allenfalls steht ihm ein Zustimmungsrecht zu, welches jedoch keine Wirkung nach außen entfaltet.

## B. Einsichts- und Kontrollrecht

Der Veräußerer ist in den Fällen, in welchen der Käufer nach der Transaktion die Führung der Geschäfte übernimmt, nicht mehr in die Unternehmensabläufe eingebunden. Er hat daher keine Möglichkeit, die Entwicklung des Unternehmens und die der damit zusammenhängenden Berechnungsgrundlagen für die Earn-Out-Zahlung im Rahmen seiner operativen Tätigkeit für das Unternehmen zu

615 So auch in Bezug auf die stille Gesellschaft *Seffer/Erhardt*, in: MHdB GesR II, § 80, Rn. 4, 23.

616 So auch in Bezug auf die stille Gesellschaft *Seffer/Erhardt*, in: MHdB GesR II, § 80, Rn. 4, 23.

617 *Seffer/Erhardt*, in: MHdB GesR II, § 80, Rn. 1; *Schmidt*, in: MüKo-HGB, § 230, Rn. 179; in Bezug auf Unterbeteiligungen *Blaurock*, Unterbeteiligung, S. 120 f.; *Koenigs*, Stille Gesellschaft, S. 152.

618 BGH, Urt. v. 25.09.1963 – V ZR 133/61, BeckRS 1963, 31188381; *Schmidt*, in: MüKo-HGB, § 230, Rn. 138; *Seffer/Erhardt*, in: MHdB GesR II, § 80, Rn. 5, 8, 12; *Gehrlein*, in: EBJS, § 230, Rn. 51; *Wedemann*, in: Oetker, HGB, § 230, Rn. 76.

619 *Seffer/Erhardt*, in: MHdB GesR II, § 80, Rn. 5; *Gehrlein*, in: EBJS, § 230, Rn. 53; *Wedemann*, in: Oetker, HGB, § 230, Rn. 79; *Koenigs*, Stille Gesellschaft, S. 142.

620 Siehe unten Kapitel 5, § 12, B.

beobachten, beziehungsweise zu kontrollieren. Oftmals wird ihm selbst der Zutritt zu den Unternehmensräumlichkeiten – und insbesondere dem Rechnungswesen – verwehrt werden.

Die Möglichkeit des Unternehmensveräußerers, nach dem Übertragungsstichtag weiterhin Einsicht in die Geschäftsbücher und -unterlagen zu erlangen, ist Voraussetzung für die Kontrolle der Berechnung des variablen Kaufpreisanteils und die Aufdeckung möglicher Manipulationen durch den Käufer. Deswegen wird in der Literatur[621] empfohlen, entsprechende Rechte vertraglich zu vereinbaren.

Solche Rechte könnten sich auch aus dem Gesellschaftsrecht ergeben. Infrage kommen Einsichts- und Kontrollrechte nach § 716 BGB und § 233 HGB analog. Da sich das Kontrollrecht des § 716 BGB in den vorliegenden Fällen auf Angelegenheiten der Innengesellschaft zwischen den Kaufvertragsparteien und nicht auf die Außengesellschaft bezieht, ist dieses nicht zielführend. Darüber hinaus wurde bereits erläutert, dass eine analoge Anwendung der §§ 230 ff. HGB den Interessen der Parteien näher kommt.[622] Die Informationsrechte des § 233 HGB beziehen sich auf die Unterlagen der nach außen tätigen Gesellschaft und werden im Folgenden dargestellt sowie auf ihren Nutzen in Hinblick auf die Entdeckung einer Käufermanipulation untersucht.

### *I. Umfang der Einsichts- und Kontrollrechte*

Die Informationsrechte eines stillen Gesellschafters nach § 233 HGB gleichen denen eines Kommanditisten nach § 166 HGB.[623] Der stille Gesellschafter hat gemäß § 233 Abs. 1 HGB das Recht, eine Kopie des Jahresabschlusses zu erhalten und diesen unter Einsicht in sämtliche zur Aufstellung notwendigen Bücher und Papiere zu prüfen.[624] Der Umfang der Unterlagen, die für die Prüfung des Jahresabschlusses notwendig sind, kann nicht allgemeingültig, sondern nur einzelfallbezogen, bestimmt werden, da er sich je nach Lage des Falls unterschiedlich darstellt.[625]

---

621 Siehe nur *Baums*, DB 1993, 1273 (1275); *Bruski*, BB-Special Nr. 7 2005, 19 (28); *Klein*, GStB 2010, 117 (121); *Mülke*, Earn-out-Strukturen, S. 241; *Richter/Rogler*, WPg 2021, 1207 (1213); *Reich-Rohrwig*, in: Lang/Weinzierl, FS Rödler, S. 763 (782), österreichisches Recht betreffend; *Matzen*, in: Knott, Unternehmenskauf, Rn. 1300; *Gseller*, Earn-Out-Klauseln, S. 132.

622 Siehe oben Kapitel 5, § 10, C.

623 *Schmidt*, in: MüKo-HGB, § 233, Rn. 1; *Kort*, DStR 1997, 1372; *Seffer/Erhardt*, in: MHdB GesR II, § 81, Rn. 1.

624 Siehe auch: *Seffer/Erhardt*, in: MHdB GesR II, § 81, Rn. 15; *Kort*, DStR 1997, 1372 (1373); *Koenigs*, Stille Gesellschaft, S. 163.

625 BGH, Urt. v. 08.07.1957 – II ZR 54/56, NJW 1957, 1555 (unter IV., 1., c)).

Zu den abschlussrelevanten Unterlagen zählen jedenfalls Prüfungsberichte, Betriebsprüfungsberichte des Finanzamtes sowie das gesamte Rechnungswesen.[626] Nicht umfasst werden Unterlagen, die sich nicht auf die Erstellung des Jahresabschlusses beziehen, so beispielsweise Planungsrechnungen.[627] Bei der Einsichtnahme darf der stille Gesellschafter einen Sachverständigen hinzuziehen.[628]

Eine Einsichtnahme in andere Geschäftsunterlagen, die sich nicht auf den Jahresabschluss beziehen, kann der stille Gesellschafter bei Vorliegen eines wichtigen Grundes gemäß § 233 Abs. 3 HGB im Rahmen eines gerichtlichen Verfahrens fordern.[629] Ein solcher liegt insbesondere vor, wenn die Interessen des stillen Gesellschafters durch das Einsichtsrecht des § 233 Abs. 1 HGB nicht ausreichend gewahrt werden und für ihn die Gefahr einer Schädigung besteht.[630]

Über die in § 233 HGB normierten Rechte hinaus wird dem stillen Gesellschafter teilweise ein weiteres, ungeschriebenes Informationsrecht zugeschrieben, welches weitere Auskünfte und Rechte auf Einsichtnahme umfassen kann.[631] Soweit ein durch den gemeinsamen Zweck berechtigtes Informationsbedürfnis und kein Missbrauch vorliegt, wird dem stillen Gesellschafter ein Recht im Sinne des § 716 BGB – also das Recht, sich über die Angelegenheiten der Gesellschaft durch Einsicht in die Geschäftsbücher und Papiere zu unterrichten – zugesprochen.[632] Der Gesellschafter hat dann das Recht, Einsicht in sämtliche Bücher und Papiere (der nach außen tätigen Gesellschaft, nicht nur der Innengesellschaft) zu nehmen, die Aufschluss über die Gesellschaftsangelegenheiten und Geschäftsvorgänge geben.[633]

Im Rahmen des MoPeG wurden die gesetzlich normierten Informationsrechte des stillen Gesellschafters genauso wie die des Kommanditisten mit Wirkung ab dem 1.1.2024 erweitert (§ 233 HGB n. F. i. V. m § 166 Abs. 1 S. 2 HGB n. F.).

---

626 *Grunewald*, in: MüKo-HGB, § 166, Rn. 2 m.w.N.

627 *Grunewald*, in: MüKo-HGB, § 166, Rn. 2.

628 BGH, Urt. v. 08.07.1957 – II ZR 54/56, NJW 1957, 1555 (unter IV., 2.); *Seffer/Erhardt*, in: MHdB GesR II, § 81, Rn. 24; *Kort*, DStR 1997, 1372 (1374); *Roth*, in: Hopt, HGB, § 166, Rn. 6; *Koenigs*, Stille Gesellschaft, S. 168.

629 BGH, Beschluss v. 14.06.2016 – II ZB 10/15, NZG 2016, 1102 (1102 f.); *Schmidt*, in: MüKo-HGB, § 233, Rn. 13; *Roth*, in: Hopt, HGB, § 166, Rn. 8; *Seffer/Erhardt*, in: MHdB GesR II, § 81, Rn. 18; *Kort*, DStR 1997, 1372 (1372, 1374); *Brete/Braumann*, GWR 2019, 59 (59 f.).

630 BGH, Urt. v. 16.01.1984 – II ZR 36/83, NJW 1984, 2470; Beschluss v. 14.06.2016 – II ZB 10/15, NZG 2016, 1102 (1104).

631 *Kort*, DStR 1997, 1372 (1375); *Schmidt*, in: MüKo-HGB, § 233, Rn. 18 m.w.N.

632 *Schmidt*, in: MüKo-HGB, § 233, Rn. 18 m.w.N.

633 *Schäfer*, in: MüKo-BGB, § 716, Rn. 8; *Schöne*, in: BeckOK BGB, § 716, Rn. 4.

Auskunft über die Geschäftsangelegenheiten kann der stille Gesellschafter nach der Neuregelung auch ohne das Vorliegen eines wichtigen Grundes und einer gerichtlichen Anordnung verlangen, „soweit dies zur Wahrnehmung seiner Mitgliedschaftsrechte erforderlich ist, insbesondere, wenn Grund zu der Annahme unredlicher Geschäftsführung besteht." (§ 166 Abs. 1 S. 2 HGB n. F.).[634] Diese Vorschrift verbessert zwar die Informationslage des stillen Gesellschafters, geht jedoch nicht grundlegend über die bisherige Regelung und deren weite Auslegung hinaus.[635]

Dem Verkäufer stehen die Informationsrechte während der Earn-Out-Periode zu, sofern sich aus dem Unternehmenskaufvertrag in Form eines Asset Deals mit Earn-Out-Vereinbarung eine Innengesellschaft ähnlich einer stillen Gesellschaft gebildet hat. Schon das Einsichtsrecht nach § 233 Abs. 1 HGB analog (ab 2024: § 233 HGB n. F. i. V. m § 166 Abs. 1 S. 1 HGB n. F. analog) hat für den Verkäufer einen enormen Wert, denn die Einsicht in sämtliche Unterlagen, die sich auf den Jahresabschluss beziehen – der üblicherweise die Grundlage für die Berechnung seines variablen Kaufpreisanteils darstellt – erhöht die Chance, eine Manipulation des Käufers aufzudecken, erheblich.

Schwieriger ist die Durchsetzung der Informationsrechte für den Fall, dass die Transaktion in Form eines Share Deals erfolgte, da die Gesellschaft dann eher einer Unterbeteiligung ähnelt, denn die Informationsrechte des Unterbeteiligten beschränken sich grundsätzlich auf den Gesellschaftsanteil, also auf die auf diesen Anteil entfallenden Erträge und die Berechnung dieser.[636] Ein Recht auf Einsichtnahme in die Unterlagen der Hauptgesellschaft besteht für den Unterbeteiligten nach der Rechtsprechung des BGH nicht.[637]

In der Literatur wird dagegen vertreten, dass eine Einsichtsgewährung zu erfolgen hat, wenn der Vertraulichkeitsanspruch der Hauptgesellschaft dem nicht entgegensteht.[638] Teilweise wird auch die Zustimmung der Hauptgesellschaft als erforderlich angesehen, jedoch keine gesonderte Vereinbarung verlangt.[639]

---

634 Siehe auch *Bachmann*, NJW 2021, 3073 (Rn. 27, 32).

635 Bezüglich der weiten Auslegung der bisherigen Vorschrift und der Einschränkungen der neuen Regelung *Fleischer*, DStR 2021, 483 (488).

636 In Bezug auf die Unterbeteiligung im Allgemeinen BGH, Urt. v. 11.07.1968 – II ZR 179/66, NJW 1968, 2003 (2004); *Kort*, DStR 1997, 1372 (1376); *Schmidt*, in: MüKo-HGB, § 233, Rn. 34.

637 BGH, Urt. v. 11.07.1968 – II ZR 179/66, NJW 1968, 2003 (2005).

638 *Blaurock*, Unterbeteiligung, S. 184; *Schmidt*, in: MüKo-HGB, § 233, Rn. 34; ähnlich *Kort*, DStR 1997, 1372 (1376).

639 *Roth*, in: Hopt, HGB, § 233, Rn. 13.

Vor dem Hintergrund, dass in den vorliegend betrachteten Fällen der Hauptbeteiligte der Erwerber der gesamten Unternehmensanteile ist, können Interessen anderer Hauptgesellschafter den Informationsrechten des Verkäufers nicht entgegenstehen. Es ist daher kein Grund erkennbar, weshalb dem Verkäufer in diesen Fällen das Einsichtsrecht verwehrt werden sollte. Im Folgenden wird daher nicht zwischen Transaktionen im Wege des Asset Deals und solchen im Wege des Share Deals unterschieden.

### *II. Aufdeckung der Manipulation durch den Käufer*

Für den Unternehmensveräußerer, der durch eine entsprechende Earn-Out-Vereinbarung mit dem Käufer eine Innengesellschaft gründet, bedeutet das Recht auf Einsichtnahme, dass er während der Earn-Out-Periode eine Reihe von Möglichkeiten hat, eine Manipulation des variablen Kaufpreisanteils aufzudecken.

#### *1. Periodenverschiebungen*

Als Beispiele für Periodenverschiebungen wurden die verspätete Abnahme von Projekten, die Vereinbarung von Kundenverträgen mit steigenden Abnahmepreisen und das Vorziehen von Investitionen genannt.[640] In Bezug auf diese Manipulationen wurde bereits ausgeführt, dass sie nur unter Hinzuziehung des Jahresabschlusses und weiterer Unterlagen wie Verträgen zu erkennen sind.

Der Jahresabschluss inklusive des gesamten Rechnungswesens ist von dem Einsichtsrecht des § 233 Abs. 1 HGB umfasst. Auch die Verträge, die eine Auswirkung auf die Zahlen des Jahresabschlusses haben, dürften vom Einsichtsrecht umfasst sein. Die Wahrscheinlichkeit, dass eine Manipulation durch Periodenverschiebungen aufgedeckt werden kann, ist bei kritischer Würdigung der Unterlagen – gegebenenfalls unter Hinzuziehung eines Sachverständigen – hoch.

#### *2. Strukturveränderungen*

Bezüglich der Eingliederung des Unternehmens in den Käuferkonzern unter Beibehaltung der rechtlichen Selbstständigkeit wurde bereits auf die Problematik eingegangen, dass die Einbeziehung eines Unternehmens in einen Konzernjahresabschluss die Aussagekraft des Einzeljahresabschlusses des veräußerten Unternehmens beeinträchtigen kann.[641] Auch diesbezüglich ist es für den Verkäufer von Vorteil, durch den Anspruch auf Einsicht in die dem Einzeljahresabschluss zugrundeliegenden Unterlagen einen besseren Einblick zu bekommen

---

640 Siehe oben Kapitel 3, § 7, A.

641 Siehe oben Kapitel 3, § 7, B., I., 1.

und sich nicht nur auf die Prüfung des Konzernjahresabschlusses durch den Wirtschaftsprüfer verlassen zu müssen.

Bei der Integration unter Aufhebung der rechtlichen Selbstständigkeit[642] in Form einer Verschmelzung setzt sich eine stille Gesellschaft an dem aufnehmenden Unternehmen fort.[643] Der Verkäufer hätte somit ein Einsichtsrecht, welches sich auf das aufnehmende Unternehmen bezieht. Inwiefern er dieses zur Aufdeckung eventueller Manipulationen durch den Käufer nutzen kann, ist jedoch fraglich. Je kleiner das übertragende Unternehmen im Vergleich zu der aufnehmenden Gesellschaft ist, desto schwieriger wird die Sichtbarmachung einer Manipulation.

Ein Wechsel der Rechtsform des veräußerten Unternehmens[644] hat keine Auswirkung auf die Rechte eines stillen Gesellschafters aus § 233 BGB, denn die Beteiligung setzt sich an dem umgewandelten Unternehmen fort.[645]

Ebenso kann eine Änderung des Geschäftsmodells[646] keine Auswirkung auf die Informationsrechte haben. Durch diese Maßnahme lässt sich das Einsichtsrecht nicht verhindern, sodass der Veräußerer hier eine Chance hat, die Beeinflussung der Unternehmenskennzahlen zu erkennen und aufzudecken. Es bleibt dennoch das Problem, inwiefern eine Manipulation in diesem Fall überhaupt aufgedeckt werden kann, da aufgrund der umfassenden Änderungen des Geschäftsmodells – und somit auch der Unternehmenskennzahlen – beispielsweise Vergleiche mit Vorjahreswerten zu keinen verwertbaren Informationen führen dürften.

### 3. *Ergebnisverlagerungen*

Bei Ergebnisverlagerungen im Konzern oder zugunsten des Privatvermögens des Unternehmenskäufers[647] erleichtert es das Informationsrecht erheblich, den Nachweis einer Manipulation durch den Käufer zu erbringen, denn hierzu sind – wie bereits ausgeführt – Unterlagen wie Verträge zwischen den Konzernunternehmen oder mit den Gesellschaftern notwendig. Diese dürften regelmäßig von den Jahresabschlussunterlagen umfasst sein, denn sie haben eine Auswirkung auf die Bilanz und die Gewinn- und Verlustrechnung.

642 Siehe oben Kapitel 3, § 7, B., I., 2.

643 HM *Schmidt*, in: MüKo-HGB, § 234, Rn. 35; *Keul*, in: MHdB GesR II, § 87, Rn. 11; *Sedlmayer*, DNotZ 2003, 611 (615) m.w.N.

644 Siehe oben Kapitel 3, § 7, B., II.

645 *Schmidt*, in: MüKo-HGB, § 234, Rn. 31; *Keul*, in: MHdB GesR II, § 87, Rn. 29; *Sedlmayer*, DNotZ 2003, 611 (614).

646 Siehe oben Kapitel 3, § 7, B., III.

647 Siehe oben Kapitel 3, § 7, C.

### 4. *Beeinflussung der Rechnungslegung*

Durch die Möglichkeit, die Unterlagen, die zur Erstellung des Jahresabschlusses dienen, einzusehen, kann beurteilt werden, ob eine Änderung der Anwendung von Bilanzierungswahlrechten[648] erfolgt ist. Gleiches gilt für die Wahl des Käufers hinsichtlich der Kaufpreisaufteilung auf die Assets, die Abschreibungsart und -dauer[649]. Auch über die Finanzierungsstruktur[650] kann sich der Veräußerer aufgrund des Einsicht- und Kontrollrechts des § 233 BGB analog informieren.

### 5. *Weiterveräußerung*

In Bezug auf eine Weiterveräußerung[651] hat der ursprüngliche Veräußerer aus dem Einsichtsrecht nur insofern einen Vorteil, als dass er beispielsweise erkennen könnte, ob – bei einer Veräußerung im Rahmen eines Asset Deals im Konzernverbund – ein zu niedriger Preis angesetzt wurde. Ein Übergang einer stillen Gesellschaft auf den Käufer findet nicht statt.[652] Gleiches gilt für die Earn-Out-Vereinbarung.

## C. Recht auf Rechnungslegung

Der stille Gesellschafter hat nach § 232 Abs. 1 HGB das Recht auf Berechnung des ihm zustehenden Gewinns beziehungsweise Verlustes. Der Geschäftsinhaber ist daher verpflichtet, für die stille Gesellschaft eine Rechnungslegung zu erstellen.[653] Grundlage für diese ist der Jahresabschluss des Geschäftsinhabers, denn aus diesem leitet sich der Anteil des Stillen ab.[654]

Sofern durch einen Unternehmensverkauf mit Earn-Out-Klausel zwischen den Kaufvertragsparteien eine Gesellschaft ähnlich einer stillen Gesellschaft beziehungsweise einer Unterbeteiligung entstanden ist, hat der Verkäufer somit ein Recht auf Rechnungslegung, sodass der Käufer die Berechnung des variablen Kaufpreisanteils und die zugehörigen Berechnungsgrundlagen offenlegen muss. Wie die Beteiligung des Veräußerers an den Ergebnissen des Unternehmens während der Earn-Out-Periode berechnet werden soll, wurde mit der

---

648 Siehe oben Kapitel 3, § 7, D., I.
649 Siehe oben Kapitel 3, § 7, D., II.
650 Siehe oben Kapitel 3, § 7, D., III.
651 Siehe oben Kapitel 3, § 7, E.
652 HM *Schmidt*, in: MüKo-HGB, § 234, Rn. 39 m.w.N.
653 *Schmidt*, in: MüKo-HGB, § 232, Rn. 13; *Keul*, in: MHdB GesR II, § 85, Rn. 1.
654 *Schmidt*, in: MüKo-HGB, § 232, Rn. 14; *Keul*, in: MHdB GesR II, § 85, Rn. 1, 8.

Earn-Out-Klausel festgelegt.[655] Die Rechnungslegung kann daher vom Verkäufer dahingehend kontrolliert werden, ob die Regelungen in der vereinbarten Weise umgesetzt wurden.

Vor dem Hintergrund möglicher Manipulationen durch den Käufer ist die Kontrolle der Rechnungslegung, die aus dem Jahresabschluss des Unternehmens resultiert, im Vergleich zur Einsichtnahme in sämtliche Jahresabschlussunterlagen (§ 233 Abs. 1 HGB analog) ein eher schwaches Mittel. Die aufgeführten Manipulationsmöglichkeiten[656] beziehen sich auf die Geschäftsführung und Rechnungslegung des Unternehmens und können besser mit der Einsicht in die zugehörigen Jahresabschlussunterlagen aufgedeckt werden. Die Rechnungslegung, die die Berechnung des variablen Kaufpreisanteils umfasst, ist eher als zusätzliche Kontrollmöglichkeit und weniger als Mittel zur Aufdeckung von Manipulationen zu sehen.

## § 12 Treue- und Beitragsleistungspflicht sowie Pflichtverletzungen des Käufers

In diesem Abschnitt wird dargestellt, welche gesellschaftsrechtlichen Pflichten dem Unternehmenskäufer obliegen, wenn sich durch die vereinbarte Earn-Out-Klausel eine Gesellschaft bürgerlichen Rechts entweder ähnlich einer stillen Gesellschaft oder ähnlich einer Unterbeteiligung gebildet hat. Anschließend wird geprüft, ob die Manipulation der Unternehmenskennzahlen zur Beeinflussung des variablen Kaufpreisanteils[657] eine Verletzung dieser Pflichten darstellt.

Weiterhin wird grundsätzlich nicht zwischen dem Vorliegen einer Beteiligung ähnlich einer stillen Beteiligung und einer solchen, die einer Unterbeteiligung ähnelt, unterschieden. Die Gleichstellung der beiden gesellschaftsrechtlichen Konstrukte erfolgt, da die Hauptgesellschaft – wie bereits erwähnt[658] – nur einen Gesellschafter hat, an dessen Anteil die Unterbeteiligung besteht. Aufgrund dieser Besonderheit ist eine Unterscheidung der Pflichten und der Rechtsfolgen einer Pflichtverletzung gegenüber einer stillen Beteiligung nicht sachgerecht. Im Übrigen wird auch für den Fall, dass es mehrere Gesellschafter der Hauptgesellschaft gibt, vertreten, dass der Hauptgesellschafter für eine manipulative Geschäftsführung, die Herbeiführung nachteiliger Gesellschafterbeschlüsse und alle sonstigen

655 Zu den verschiedenen Varianten von Earn-Out-Klauseln siehe oben Kapitel 2, § 4.
656 Siehe oben Kapitel 3, § 7.
657 Siehe zu den Manipulationsmöglichkeiten oben Kapitel 3, § 7.
658 Siehe oben Kapitel 5, § 10.

Handlungen, die den Gesellschaftszweck vereiteln können, haftet.[659] Im Folgenden werden die Pflichten beziehungsweise Pflichtverletzungen daher in erster Linie für das einer stillen Beteiligung ähnelnde Rechtsverhältnis, also einen Asset Deal, dargestellt. Die gewonnenen Erkenntnisse lassen sich auf eine Gesellschaft, die einer Unterbeteiligung ähnelt (Share Deal), übertragen.

## A. Gesellschaftsvertragliche Treuepflicht

Die gesellschaftsvertragliche Treuepflicht gilt sowohl im Verhältnis der Gesellschafter zu der Gesellschaft, als auch zwischen den einzelnen Gesellschaftern.[660] Da vorliegend Innengesellschaften betrachtet werden, wird das Augenmerk auf die Treuepflicht der Gesellschafter untereinander gelegt.

Bei der stillen Gesellschaft ist die Treuepflicht im Vergleich zu den Personenhandelsgesellschaften weniger stark ausgeprägt.[661] Dennoch sind die Gesellschafter verpflichtet, bei der Verfolgung der eigenen Interessen auf die Belange ihrer Mitgesellschafter Rücksicht zu nehmen und ihre Mitgliedschaftsrechte nicht zur Gewinnung von gesellschaftsvertraglich nicht vorgesehenen Vorteilen auszunutzen.[662]

Die Treuepflicht strahlt in verschiedene Bereiche des zwischen den Parteien einer stillen Gesellschaft bestehenden Rechtsverhältnisses aus. Sie besteht für alle Gesellschafter[663] und somit bei einer stillen Gesellschaft sowohl für den Stillen als auch für den Geschäftsinhaber. In den vorliegend zu beurteilenden Fällen einer durch eine in einem Unternehmenskaufvertrag vereinbarten Earn-Out-Klausel entstandenen Gesellschaft ähnlich einer stillen Gesellschaft gilt die Treuepflicht demnach für den Unternehmenskäufer sowie den Unternehmensverkäufer. Für den Unternehmensverkäufer bedeutet dies unter anderem, dass er bei zustimmungspflichtigen Geschäften dazu verpflichtet sein kann, seine Zustimmung zu geben.[664]

---

659 *Blaurock*, Unterbeteiligung, S. 117, 208 f.; *Schmidt*, in: MüKo-HGB, § 230, Rn. 247; *Gayk*, in: MHdB GesR I, § 30, Rn. 62; *Gehrlein*, in: EBJS, § 230, Rn. 96.

660 BGH, Urt. v. 20.03.1995 – II ZR 205/94, NJW 1995, 1739 (1741); *Schäfer*, in: MüKo-BGB, § 705, Rn. 230, 236.

661 *Gehrlein*, in: EBJS, § 230, Rn. 42 m.w.N.; *Koenigs*, Stille Gesellschaft, S. 117; *Schön*, ZGR 1993, 210 (230).

662 *Schäfer*, in: MüKo-BGB, § 705, Rn. 236 m.w.N.; *Gehrlein*, in: EBJS, § 230, Rn. 42.

663 BGH, Urt. v. 20.03.1995 – II ZR 205/94, NJW 1995, 1739 (1741).

664 In Bezug auf stille Gesellschaften *Keul*, in: MHdB GesR II, § 87, Rn. 13; *Sedlmayer*, DNotZ 2003, 611 (619).

Der Geschäftsinhaber ist im Rahmen einer stillen Gesellschaft beispielsweise bei der Ausübung der Geschäftsführung an die Treuepflicht gebunden.[665] Aufgrund der Treuepflicht können außerdem unter besonderen Umständen Änderungen des Gesellschaftsvertrages gegen den Willen einzelner Gesellschafter erzwungen werden.[666] Weiterhin wird aus ihr ein Wettbewerbsverbot für den Geschäftsinhaber abgeleitet.[667] Das bedeutet, dass der Unternehmenskäufer keine mit dem erworbenen Unternehmen konkurrierenden Tätigkeiten ausüben darf. Eine Übertragung der Geschäftstätigkeit auf ein anderes (Konzern-)Unternehmen – beziehungsweise die Annahme von Aufträgen aus dem gleichen Geschäftsfeld durch ein solches – zur Schmälerung des variablen Kaufpreisanteils wäre somit eine Verletzung seiner gesellschaftsrechtlichen Treuepflicht.

Wenn durch den Unternehmenskaufvertrag mit Earn-Out-Klausel eine Innengesellschaft ähnlich einer Unterbeteiligung entstanden ist, da es sich um einen Share Deal handelte,[668] unterliegt der Käufer als Hauptbeteiligter ebenfalls der gesellschaftsvertraglichen Treuepflicht.[669] Er muss seine Rechte und Pflichten unter Berücksichtigung der Interessen des Verkäufers wahrnehmen.[670]

## B. Pflicht zur Beitragsleistung

### *I. Geschäftsführung durch den Geschäftsinhaber einer stillen Gesellschaft*

Der Geschäftsinhaber ist im Rahmen einer stillen Gesellschaft zur Führung des Unternehmens auf gemeinsame Rechnung verpflichtet.[671] Die Geschäftsführung

---

665 *Wedemann*, in: Oetker, HGB, § 230, Rn. 82 f.; *Koenigs*, Stille Gesellschaft, S. 117; siehe zu der Geschäftsführung nachfolgend Kapitel 5, § 12, B.

666 HM *Schäfer*, in: MüKo-BGB, § 705, Rn. 238 m.w.N.

667 *Schmidt*, in: MüKo-HGB, § 230, Rn. 142; *Wedemann*, in: Oetker, HGB, § 230, Rn. 72; *Roth*, in: Hopt, HGB, § 230, Rn. 16; *Koenigs*, Stille Gesellschaft, S. 224 f.

668 Siehe oben Kapitel 5, § 10, B.

669 In Bezug auf Unterbeteiligungen *Schmidt*, in: MüKo-HGB, § 230, Rn. 242 m.w.N.

670 In Bezug auf Unterbeteiligungen *Schmidt*, in: MüKo-HGB, § 230, Rn. 242 m.w.N.

671 *Schmidt*, in: MüKo-HGB, § 230, Rn. 138; *Seffer/Erhardt*, in: MHdB GesR II, § 80, Rn. 5; *Gehrlein*, in: EBJS, § 230, Rn. 47; *Wedemann*, in: Oetker, HGB, § 230, Rn. 71; *Roth*, in: Hopt, HGB, § 230, Rn. 13.

stellt seine gesellschaftsrechtliche Beitragsleistung dar.[672] Grundsätzlich ist er berechtigt, das Unternehmen nach seinen Vorstellungen zu führen.[673]

Da es sich bei der Geschäftsführung jedoch um ein sogenanntes uneigennütziges Recht handelt, hat er aufgrund der Treuepflicht darüber hinaus im Interesse aller Gesellschafter zu handeln.[674] Weder die Einstellung des Unternehmens, noch dessen Veräußerung oder die Änderung des Unternehmensgegenstandes sind ohne die Zustimmung des Stillen zulässig.[675] Sofern eine Umwandlung die Interessen des stillen Gesellschafters beeinträchtigt, ist auch hierfür dessen Zustimmung einzuholen.[676] Dies ändert nichts daran, dass die getätigten Geschäfte – auch ohne diese Zustimmung – im Außenverhältnis wirksam sind.[677]

Weiterhin ist der Geschäftsinhaber bei der Aufnahme weiterer Gewinnbeteiligter in seinen Rechten durch die Treuepflicht eingeschränkt und darf nur solche Geschäfte abschließen, die einem Fremdvergleich standhalten und keinen Nachteil für den bereits beteiligten stillen Gesellschafter und dessen Gewinnanspruch darstellen.[678] Ferner darf er dem Betrieb nicht die notwendigen Mittel für dessen Aufrechterhaltung entziehen.[679]

Gemäß § 708 BGB hat ein Gesellschafter bei der Erfüllung seiner Pflichten nur für die Sorgfalt einzustehen, die er in eigenen Angelegenheiten anzuwenden

---

672 *Schmidt*, in: MüKo-HGB, § 230, Rn. 138; *Seffer/Erhardt*, in: MHdB GesR II, § 80, Rn. 5; *Gehrlein*, in: EBJS, § 230, Rn. 47; *Wedemann*, in: Oetker, HGB, § 230, Rn. 71; *Koenigs*, Stille Gesellschaft, S. 139.

673 *Seffer/Erhardt*, in: MHdB GesR II, § 80, Rn. 7 f.; *Wedemann*, in: Oetker, HGB, § 230, Rn. 74; *Roth*, in: Hopt, HGB, § 230, Rn. 13.

674 *Gehrlein*, in: EBJS, § 230, Rn. 42; *Wedemann*, in: Oetker, HGB, § 230, Rn. 82.

675 BGH, Urt. v. 25.09.1963 – V ZR 133/61, BeckRS 1963, 31188381; *Schmidt*, in: MüKo-HGB, § 230, Rn. 138; *Seffer/Erhardt*, in: MHdB GesR II, § 80, Rn. 5, 8, 12; *Gehrlein*, in: EBJS, § 230, Rn. 51; *Wedemann*, in: Oetker, HGB, § 230, Rn. 76, in Bezug auf Unterbeteiligungen *Blaurock*, Unterbeteiligung, S. 121; *Gehrlein*, in: EBJS, § 230, Rn. 94; *Koenigs*, Stille Gesellschaft, S. 141 f.

676 *Schmidt*, in: MüKo-HGB, § 230, Rn. 138; *Schmidt*, in: MüKo-HGB, § 234, Rn. 35; *Seffer/Erhardt*, in: MHdB GesR II, § 80, Rn. 8; *Keul*, in: MHdB GesR II, § 87, Rn. 13; *Wedemann*, in: Oetker, HGB, § 230, Rn. 77; *Sedlmayer*, DNotZ 2003, 611 (618); in Bezug auf Unterbeteiligungen *Blaurock*, Unterbeteiligung, S. 121; *Gehrlein*, in: EBJS, § 230, Rn. 96.

677 *Seffer/Erhardt*, in: MHdB GesR II, § 80, Rn. 5; *Gehrlein*, in: EBJS, § 230, Rn. 53; *Wedemann*, in: Oetker, HGB, § 230, Rn. 79; in Bezug auf Unterbeteiligungen *Blaurock*, Unterbeteiligung, S. 121 f.; *Gehrlein*, in: EBJS, § 230, Rn. 96; *Koenigs*, Stille Gesellschaft, S. 142.

678 *Seffer/Erhardt*, in: MHdB GesR II, § 80, Rn. 20.

679 *Wedemann*, in: Oetker, HGB, § 230, Rn. 75; *Koenigs*, Stille Gesellschaft, S. 145.

pflegt, dies gilt auch für den Geschäftsinhaber bei einer stillen Gesellschaft.[680] Die dennoch bestehende unbedingte Haftung für Vorsatz und grobe Fahrlässigkeit nach § 277 BGB ist jedoch zu beachten.[681] Durch das MoPeG wird der Haftungsmaßstab des § 708 BGB mit Wirkung ab dem 1.1.2014 aufgehoben.[682]

### *II. Geschäftsführung des Unternehmenskäufers im Rahmen einer Earn-Out-Vereinbarung*

Es wurde bisher herausgestellt, dass der Geschäftsinhaber im Rahmen einer stillen Gesellschaft grundsätzlich alleine bestimmt, welche geschäftlichen Entscheidungen er trifft. Sein Handlungsspielraum wird jedoch durch die gesellschaftsrechtliche Treuepflicht begrenzt. Er darf sein Geschäftsführungsrecht nicht eigennützig unter Beeinträchtigung der Rechte des Stillen ausüben.[683]

Diese Erkenntnisse sollen im Folgenden auf die zwischen den Parteien einer Unternehmenstransaktion unter Vereinbarung einer Earn-Out-Klausel, die so ausgestaltet ist, dass zwischen den Parteien eine Innengesellschaft entsteht, bestehende Rechtsbeziehung angewendet werden. Bei den betrachteten Fällen handelt es sich um diejenigen, bei welchen der Käufer nach Übergang des Unternehmens die Geschäftsführung übernimmt beziehungsweise stellt und somit – im Vergleich zur stillen Gesellschaft – die Stellung des Geschäftsinhabers einnimmt.

Die verschiedenen Möglichkeiten, wie das Ergebnis der Earn-Out-Klauseln zugunsten des Käufers durch dessen Geschäftsführung beeinflusst werden kann, wurden bereits dargestellt.[684] Im Folgenden werden diese erneut aufgegriffen, um darzustellen, bei welchem Verhalten des Käufers es sich um eine Verletzung seiner gesellschaftsrechtlichen Pflichten handelt.

---

680 *Schmidt*, in: MüKo-HGB, § 230, Rn. 165; *Seffer/Erhardt*, in: MHdB GesR II, § 80, Rn. 31; *Gehrlein*, in: EBJS, § 230, Rn. 46; *Wedemann*, in: Oetker, HGB, § 230, Rn. 84; *Koenigs*, Stille Gesellschaft, S. 118.

681 *Schmidt*, in: MüKo-HGB, § 230, Rn. 165; *Seffer/Erhardt*, in: MHdB GesR II, § 80, Rn. 31; *Gehrlein*, in: EBJS, § 230, Rn. 46; *Wedemann*, in: Oetker, HGB, § 230, Rn. 84; *Koenigs*, Stille Gesellschaft, S. 153.

682 Siehe auch *Bachmann*, NJW 2021, 3073 (Rn. 14).

683 Siehe oben Kapitel 5, § 12, B., I.

684 Siehe oben Kapitel 3, § 7.

*1. Periodenverschiebungen*

Der Unternehmenskäufer kann Periodenverschiebungen[685] nutzen, um die Ergebnisse von der Earn-Out-Periode in Zeiträume danach zu verschieben. Beispielhaft wurden drei Varianten dargestellt:

- Hinauszögerung der Abnahme von Aufträgen, um die Erhöhung der Umsatzerlöse und des Gewinns hinauszuschieben,
- Änderung der Vertragsgestaltung mit Kunden (steigende Preise), um Umsatzerlöse und Gewinne in die Zukunft zu verschieben und
- Vorzug von Investitionen, deren Ertrag erst nach der Earn-Out-Periode entsteht.

Der Käufer ist in seiner Geschäftsführung grundsätzlich frei. Es stellt sich jedoch die Frage, ob er die Treuepflicht verletzt, wenn er die vorgenannten Maßnahmen zur Schmälerung des variablen Kaufpreisanteils ergreift. Für den Fall, dass dem Käufer nachgewiesen werden kann, dass seine Intention die Minderung der Rechte des Verkäufers – also seines Mitgesellschafters in der Innengesellschaft – war, und er keine anderen Sachgründe für sein Handeln vorbringen kann, dürfte dies der Fall sein. Er hat dann sein Geschäftsführungsrecht eigennützig ausgenutzt, um sich einen gesellschaftsvertraglich nicht vorgesehenen Vorteil zu verschaffen und handelte somit nicht im Interesse aller Gesellschafter.

Sollte er jedoch betriebswirtschaftliche Erwägungen als Grund für sein Handeln vorbringen und darlegen, dass dieses nicht der Schmälerung der Rechte des Verkäufers diente, dürften die Chancen, ihm ein pflichtwidriges Verhalten nachweisen zu können, deutlich geringer ausfallen. Möglicherweise könnte jedoch eine Beweislastumkehr zugunsten des Verkäufers eintreten. Eine solche wurde vom BGH für eine in ein beherrschendes Unternehmen eingegliederte Gesellschaft angenommen.[686] Ein abhängiges Unternehmen sei „regelmäßig nicht in der Lage, festzustellen, ob und welche pflichtwidrigen Handlungen [durch das beherrschende Unternehmen] vorgenommen worden sind und zu einer Schädigung geführt haben".[687] Eine Nachweispflicht des eingegliederten Unternehmens stelle dieses vor unverhältnismäßig hohe Anforderungen. Dem beherrschenden Unternehmen sei es daher aufzuerlegen, nachzuweisen, dass die behaupteten schädigenden Pflichtverletzungen nicht stattgefunden hätten.[688] Vorliegend kann

685 Siehe oben Kapitel 3, § 7, A.
686 BGH, Urt. v. 05.02.1979 – II ZR 210/76, NJW 1980, 231.
687 BGH, Urt. v. 05.02.1979 – II ZR 210/76, NJW 1980, 231 (232).
688 BGH, Urt. v. 05.02.1979 – II ZR 210/76, NJW 1980, 231 (232).

unter Umständen mit der gleichen Argumentation eine Beweislastumkehr in dem Sinne, dass der Käufer belegen muss, dass keine schädigende Treuepflichtverletzung begangen wurde, durchgesetzt werden. Diese Abwägungen sind im Einzelfall durchzuführen.

Für das erste Beispiel der Hinauszögerung eines Abnahmetermins ist zu beachten, dass es wenige betriebswirtschaftliche Gründe für diese Handlung gibt. Umsatzerlöse und Gewinne nicht zu realisieren, sobald dies möglich ist, widerspricht betriebswirtschaftlichen Grundsätzen. Insbesondere, falls die Abnahme von Projekten bisher – also auch während des Earn-Out-Zeitraums – in relativ regelmäßigen Abständen zur Fertigstellung erfolgte und lediglich die Abnahme der Projekte zum Ende der Earn-Out-Periode zu späteren Zeitpunkten durchgeführt wurden, ist dies ein Indiz, das gegen betriebswirtschaftliche Erwägungen spricht. Zu prüfen wäre außerdem, ob die verspätete Abnahme auf einem Kundenwunsch basierte oder die Verzögerung durch den Käufer herbeigeführt wurde. Es ist darüber hinaus sowohl die Anzahl solcher auffällig später Abnahmen als auch die Zeitspanne zwischen Fertigstellung und Abnahme zu berücksichtigen.

Ähnliche Überlegungen können auch in Bezug auf das Beispiel der Änderung der Preisgestaltung mit Kunden getätigt werden. Erfolgten die Vertragsänderungen, ohne dass die Kunden oder der Markt diese eingefordert haben, lässt sich eine solche Verfahrensweise nur schwierig mit betriebswirtschaftlichen Erwägungen begründen. In diesem Zusammenhang ist insbesondere zu berücksichtigen, dass es für das leistende Unternehmen unter wirtschaftlichen Gesichtspunkten grundsätzlich besser ist, gleichbleibende (und somit am Beginn der Vertragsbeziehung höhere) Preise anstelle von zunächst niedrigeren und dann steigenden Entgelten zu vereinbaren, da ein Ertrag beziehungsweise eine Einnahme wertvoller ist, je früher er/sie erzielt wird. Dies liegt zum einen an dem Zinsvorteil und zum anderen an dem geringeren Forderungsausfallrisiko.

In beiden aufgezeigten Varianten bleibt allerdings die Schwierigkeit bestehen, nachzuweisen, dass die entsprechenden Handlungen nicht auf Drängen der Kunden hin erfolgten, sondern durch den Käufer veranlasst wurden. Da der Verkäufer an den relevanten Kundengesprächen nicht teilnimmt und sein Einsichtsrecht[689] mangels entsprechender Unterlagen im Zweifel ins Leere läuft, sind seine Möglichkeiten begrenzt. Bei einer massenhaften Änderung der üblichen Abnahmezeitpunkte beziehungsweise Abrechnungsarten spricht jedoch viel dafür, dass nicht sämtliche Kunden ihre Gepflogenheiten und Ansprüche geändert haben, sondern die Änderungen durch den Unternehmenskäufer veranlasst wurden.

---

689 Siehe oben Kapitel 5, § 11, B.

Das dritte Beispiel für eine Periodenverschiebung – der Vorzug von Investitionen in die Earn-Out-Periode – ist die wohl am schwierigsten nachzuweisende Manipulation durch den Käufer. Für die Wahl des Zeitpunktes einer Investition gibt es eine Vielzahl betriebswirtschaftlichen Gründe.[690] Darüber hinaus wird es sich im Zweifel um für das Unternehmen grundsätzlich sinnvolle Aufwendungen handeln, deren Nutzen und Ertrag jedoch erst zu einem späteren Zeitpunkt entsteht. Es dürfte nur in besonders gelagerten Einzelfällen möglich sein, dieses Vorgehen als die eigennützige Ausübung des Geschäftsführungsrechts zum Nachteil des anderen Gesellschafters der Innengesellschaft zu enttarnen, obgleich es bei Manipulationsabsicht des Käufers selbstredend eine Treuepflichtverletzung darstellt.

### 2. *Strukturveränderungen*

Um den variablen Kaufpreis zu seinen Gunsten zu beeinflussen, kann der Käufer außerdem Strukturveränderungen an dem erworbenen Unternehmen vornehmen.[691] Solche können zum Beispiel durch

- die Integration in den Käuferkonzern,
- den Wechsel der Rechtsform oder
- die Änderung des Geschäftsmodells

erfolgen.

Sofern nachgewiesen werden kann, dass das Hauptziel und nicht nur ein Nebeneffekt der Maßnahme ist, den Verkäufer – und somit den Mitgesellschafter in der entstandenen Innengesellschaft – schädigen zu wollen, läge eine Verletzung der Treuepflicht durch den Käufer vor. Darüber hinaus ist zu berücksichtigen, dass der Verkäufer bei Anwendung der Rechtsgrundsätze der stillen Gesellschaft ein Anrecht darauf hat, dass das Unternehmen „in seinen wesentlichen Grundlagen keine Änderungen gegen seinen Willen erfährt“[692].

Die Integration in den Käuferkonzern unter Beibehaltung der rechtlichen Selbstständigkeit stellt keine Pflichtverletzung des Käufers dar, denn es handelt sich hier um den mit dem Unternehmenserwerb notwendigerweise verbundenen Gesellschafterwechsel. Dass dem Käufer durch die damit unter Umständen verbundene Einbeziehung des Jahresabschlusses des Zielunternehmens in den

---

690 So auch *Drygala*, in: Drygala/Wächter, Earnout-Klauseln, S. 247 (255).

691 Siehe oben Kapitel 3, § 7, B.

692 BGH, Urt. v. 25.09.1963 – V ZR 133/61, BeckRS 1963, 31188381 (unter II., 1.); siehe auch oben Kapitel 5, § 12, B., I.

Konzernjahresabschluss Möglichkeiten eröffnet werden, die Earn-Out-Bemessungsgrundlage zu beeinflussen,[693] stellt für sich genommen keine Pflichtverletzung dar. Unabhängig davon, ob die Integration in den Konzern unter Beibehaltung oder unter Aufgabe der rechtlichen Selbstständigkeit erfolgt, ist abzugrenzen, ob durch sie die wesentlichen Grundlagen des Unternehmens verändert werden.

Das Unternehmen wird in diesem Zusammenhang unter Umständen mit Integrationskosten belastet.[694] Darüber hinaus geht mit einer Konzernintegration häufig die Übernahme bestimmter Bereiche zentral durch das Mutterunternehmen einher, da dies aus Konzernsicht kostensparend ist. Die Integration in den Konzern könnte außerdem zu dem Zweck erfolgen, den Absatz von Drittunternehmen auf Konzernunternehmen zu verschieben.

Anhand der sich in Bezug auf das Unternehmen ergebenden Umgestaltungen ist zu beurteilen, ob es sich bei diesen um eine Änderung der wesentlichen Grundlagen des Unternehmens handelt. Sollte dies der Fall sein, so stellt eine Durchführung der Integration ohne Einholung der Zustimmung des Verkäufers eine Pflichtverletzung des Käufers dar.

Ein Wechsel der Rechtsform wird durch eine Umwandlung vollzogen. Diese darf der Käufer nur dann ohne die Zustimmung des Unternehmenskäufers durchführen, wenn dessen Interessen hierdurch nicht beeinträchtigt werden.[695] Sofern die Interessen des Verkäufers beeinträchtigt werden – was bei einem Wechsel der Rechtsform mit dem Ziel beziehungsweise dem Ergebnis der Verminderung des variablen Kaufpreisanteils grundsätzlich der Fall sein dürfte – stellt die Umwandlung eine Treuepflichtverletzung des Käufers dar.

Das dritte Beispiel für Strukturveränderungen ist die Änderung des Geschäftsmodells. Auch hier ist zu beurteilen, wie tiefgreifend die Umgestaltungen sind. Eine Möglichkeit wäre, dass der Käufer wenig Erfolg bringende Geschäftssparten aus anderen Konzernunternehmen in das erworbene Unternehmen überträgt, um im Ergebnis einen niedrigeren variablen Kaufpreis herbeizuführen. In einem solchen Fall ist abzuwägen, ob es sich um eine wesentliche Veränderung handelt. Zu diesem Zweck kann beispielsweise der Anteil der Geschäftssparte am Umsatz und am Gewinn beziehungsweise Verlust herangezogen werden.

---

693 Siehe oben Kapitel 3, § 7, B., I., 1.

694 Siehe oben Kapitel 3, § 7, B., I., 2.

695 In Bezug auf stille Gesellschaften *Schmidt*, in: MüKo-HGB, § 234, Rn. 35; *Seffer/Erhardt*, in: MHdB GesR II, § 80, Rn. 8; *Keul*, in: MHdB GesR II, § 87, Rn. 13; *Sedlmayer*, DNotZ 2003, 611 (618); in Bezug auf Unterbeteiligungen *Gehrlein*, in: EBJS, § 230, Rn. 94.

### 3. *Ergebnisverlagerungen*

Der Käufer kann den variablen Kaufpreisanteil dadurch vermindern, dass er Ergebnisverlagerungen innerhalb des Konzerns oder zugunsten seines Privatvermögens vornimmt.[696]

Der BGH hat in einem – eine stille Gesellschaft betreffenden – Fall, in welchem der Unternehmensinhaber dem Unternehmen durch Honorare und Provisionen, welchen keine entsprechenden Gegenleistungen gegenüberstanden, Vermögen entzogen hat, eine Treuepflichtverletzung des Inhabers gesehen.[697] In einem eine Kommanditgesellschaft betreffenden Urteil wurde entschieden, dass eine durch den Mehrheitsgesellschafter veranlasste Konzernumlage, welcher keine beziehungsweise keine gleichwertige Gegenleistung gegenübersteht, eine Treuepflichtverletzung darstellt.[698] Dieses Prinzip, dass der Unternehmensinhaber Geschäfte – insbesondere solche mit Einräumung einer Gewinnbeteiligung – mit Dritten nur abschließen darf, soweit diese einem Fremdvergleich standhalten und Leistung und Gegenleistung sich somit gleichwertig gegenüber stehen, wird auch in der Literatur vertreten.[699]

Übertragen auf die hier thematisierten Fälle einer Innengesellschaft ähnlich einer stillen Gesellschaft ist festzuhalten, dass Ergebnisverlagerungen in andere Konzernunternehmen oder das Privatvermögen die Interessen des Unternehmensverkäufers als Partei der Earn-Out-Vereinbarung beeinträchtigen, da sie den variablen Kaufpreisanteil schmälern. Sofern den Vergütungen keine gleichwertigen Gegenleistungen gegenüberstehen, verletzt der Käufer durch diese Maßnahmen seine gesellschaftsrechtliche Treuepflicht. Ähnlich wie bei Periodenverschiebungen[700] dürfte in solchen Fällen der Nachweis, dass die Gegenleistungen nicht angemessen sind, die Schwierigkeit darstellen.[701]

### 4. *Beeinflussung der Rechnungslegung*

Als Möglichkeiten der Beeinflussung der Rechnungslegung[702] wurden folgende genannt:

- Ausübung von Bilanzierungswahlrechten,

---

696 Siehe oben Kapitel 3, § 7, C.
697 BGH, Urt. v. 29.06.1987 – II ZR 173/86, NJW 1988, 413.
698 BGH, Urt. v. 05.06.1975 – II ZR 23/74, BGHZ 65, 15.
699 *Seffer/Erhardt*, in: MHdB GesR II, § 80, Rn. 20.
700 Siehe oben Kapitel 5, § 12, B., II., 1.
701 Siehe zu den Möglichkeiten der Aufdeckung oben Kapitel 3, § 7, C., I., 2.
702 Siehe oben Kapitel 3, § 7, D.

- Erhöhung der Abschreibungen und
- Erhöhung der Finanzierungskosten.

Um beurteilen zu können, ob es sich bei den genannten Maßnahmen um eine Pflichtverletzung des Käufers handelt, ist zu unterscheiden zwischen Änderungen in der Rechnungslegung, die notwendigerweise mit dem Kauf des Unternehmens einhergehen – so beispielsweise die Erhöhung der Abschreibungen, falls ein Kaufpreis oberhalb der Buchwerte vereinbart wurde oder der Finanzierungskosten, die aufgrund des Erwerbs der Assets entstehen – und solchen, die außer der Schmälerung des variablen Kaufpreises keine weiteren (handelsrechtlichen oder betriebswirtschaftlichen) Gründe haben.

Sollte dem Käufer nachgewiesen werden können, dass seine Intention die Schmälerung des variablen Kaufpreises gewesen ist, so stellt dieser Eingriff in die Rechte seines Mitgesellschafters der Innengesellschaft eine Treuepflichtverletzung dar, da er sein Geschäftsführungsrecht eigennützig und nicht im Interesse aller Gesellschafter ausübt. Auch und insbesondere hier wird sich das Problem des Nachweises einer manipulativen Handlung ergeben. Dies liegt darin begründet, dass die Handhabung der Wahlrechte sich oftmals mit anderen Absichten, wie beispielsweise einer Minderung der Steuerbelastung aufgrund der höheren Abschreibungen, rechtfertigen lassen.

### 5. *Weiterveräußerung*

Bei der Veräußerung des Handelsunternehmens geht eine daran bestehende stille Beteiligung nicht automatisch auf den Erwerber über.[703] Nur wenn dies vereinbart wurde, ist der Unternehmenserwerber verpflichtet, das Vertragsverhältnis mit dem Stillen zu übernehmen.[704] Der Inhaber darf im Rahmen einer stillen Gesellschaft das Unternehmen nicht ohne die Zustimmung des Stillen veräußern.[705]

Übertragen auf das Rechtsverhältnis zwischen den Parteien des Unternehmenskaufs mit Earn-Out-Klausel und die dadurch entstandene Innengesellschaft, bedeutet dies, dass die eigenmächtige Weiterveräußerung des Unternehmens eine Pflichtverletzung des Käufers darstellt.

703 HM *Schmidt*, in: MüKo-HGB, § 234, Rn. 39 m.w.N.
704 *Schmidt*, in: MüKo-HGB, § 234, Rn. 39.
705 BGH, Urt. v. 25.09.1963 – V ZR 133/61, BeckRS 1963, 31188381 (unter II., 1.)

## § 13 Zusammenfassung der Rechte des Verkäufers und Pflichten des Käufers im Rahmen einer Innengesellschaft

Bei der zwischen den Parteien entstehenden Innengesellschaft handelt es sich je nach Transaktionsart (Asset Deal oder Share Deal) um eine einer stillen Gesellschaft oder einer Unterbeteiligung ähnelnde Gesellschaft. Die Rechtsgrundsätze der stillen Gesellschaft beziehungsweise der Unterbeteiligung wurden auf die vorliegend zu beurteilenden Fälle angewendet, wobei sich schwerpunktmäßig auf die Transaktion als Asset Deal und die sich daraus ergebende Position des Unternehmensverkäufers, ähnlich der eines stillen Beteiligten, konzentriert wurde. Es wurde darüber hinaus festgestellt, dass die Rechte und Pflichten in beiden Konstellationen ähnlich sind und die für Asset Deals gewonnen Erkenntnisse größtenteils auf Share Deals übertragen werden können.

In Bezug auf die Verwaltungsrechte des Verkäufers ist festzustellen, dass ihm weder ein Stimmrecht in dem nach außen tätigen Unternehmen noch ein Recht auf Geschäftsführung zusteht. Dies ergibt sich allerdings außerhalb des Gesellschaftsrechtes schon aus den im Kaufvertrag vereinbarten Regelungen, da hier nur Fälle beurteilt werden, in welchen der Verkäufer sein Unternehmen in Gänze an den Erwerber veräußert und der Käufer nach der Übertragung die Geschäfte führt. Falls der Verkäufer weiterhin ein Stimmrecht in der Gesellschafterversammlung haben soll, müsste dies gesondert vereinbart werden.

Dem Verkäufer steht dagegen ein umfangreiches Einsichts- und Kontrollrecht zu, welches sämtliche Unterlagen, die dem Jahresabschluss zugrunde liegen, umfasst. Bei Vorliegen eines wichtigen Grundes erstreckt sich dieses Recht darüber hinaus auch auf Unterlagen, die sich nicht auf den Jahresabschluss beziehen. Durch das Einsichts- und Kontrollrecht kann der Verkäufer Manipulationen des Käufers eher erkennen und dagegen vorgehen. Bei bestimmten Manipulationen (beispielsweise der Weiterveräußerung des Unternehmens) läuft sein Informationsrecht allerdings ins Leere. Zwar ist bereits die Weiterveräußerung an sich eine Pflichtverletzung, um jedoch den ihm zustehenden variablen Kaufpreisanteil ermitteln zu können, bräuchte der Verkäufer Informationen über die Geschäftsentwicklung des „neuen“ Käufers. Grundsätzlich bleibt festzuhalten, dass dem Verkäufer auch ohne vertragliche Vereinbarung relativ umfangreiche Einsichts- und Kontrollrechte zustehen.

Außerdem besteht für den Verkäufer ein Recht auf Rechnungslegung. Der Käufer ist dementsprechend verpflichtet, die Berechnung des variablen Kaufpreisanteils und die zugehörigen Berechnungsgrundlagen offenzulegen.

In Bezug auf die sich für den Käufer ergebenden Pflichten wurde festgestellt, dass er sein Recht zur Geschäftsführung als uneigennütziges Recht im Sinne aller

Gesellschafter ausüben muss. In der Manipulation der Bemessungsgrundlage der Earn-Out-Klausel zu Lasten des Verkäufers ist daher eine Verletzung seiner gesellschaftsrechtlichen Treuepflicht zu sehen.

Der Nachweis einer solchen manipulativen Beeinflussung wird dadurch erschwert, dass der Käufer für sein Handeln oftmals betriebswirtschaftliche Gründe vorschieben kann. Für den Verkäufer stellt die Beweislast daher unter Umständen eine unverhältnismäßig hohe Anforderung für die Geltendmachung seiner Ansprüche dar. Er kann aus diesem Grund möglicherweise eine Umkehr der Beweislast erwirken, sodass der Käufer belegen muss, dass eine schädigende Treuepflichtverletzt nicht begangen wurde. Darüber hinaus wurden weitere Möglichkeiten des Verkäufers aufgezeigt, eine gezielte Beeinflussung des variablen Kaufpreisanteils mit seinen Möglichkeiten aufzudecken beziehungsweise die Rechtfertigung des Käufers mit betriebswirtschaftlichen Gründen zu widerlegen.

Sofern durch das Verhalten des Käufers eine Änderung der wesentlichen Grundlagen des Unternehmens erfolgt und keine entsprechende Zustimmung des Verkäufers eingeholt wird, liegt regelmäßig eine Pflichtverletzung vor. Auch die Ergebnisverlagerung beispielsweise in andere Konzernunternehmen aufgrund von Vereinbarungen, die einem Fremdvergleich nicht standhalten, stellen eine Pflichtverletzung dar. Gleiches gilt für die Weiterveräußerung des Unternehmens ohne Zustimmung des Verkäufers.

# Kapitel 6: Rechte des Verkäufers und Pflichten des Käufers im Rahmen eines partiarischen Kaufvertrages

Nachfolgend werden die Rechte des Verkäufers und die Pflichten des Käufers für den Fall, dass die Parteien durch die Vereinbarungen des Unternehmenskaufvertrages keine Gesellschaft gegründet haben, sondern es sich um ein partiarisches Rechtsverhältnis handelt, erläutert. Außerdem wird dargestellt, ob beziehungsweise wie bestimmte Rechte und Pflichten der Parteien es dem Veräußerer möglich machen, Manipulationen durch den Käufer aufzudecken oder zu verhindern. Welches die Earn-Out-Berechnung beeinflussende Verhalten des Käufers[706] eine Verletzung seiner vertraglichen Pflichten darstellt, ist ebenfalls Inhalt dieses Kapitels.

## § 14 Verwaltungsrechte des Verkäufers

Als Verwaltungsrechte des Verkäufers werden nachfolgend das Recht des Verkäufers zur Mitwirkung bei der Geschäftsführung, seine Einsichts- und Kontrollrechte in Bezug auf die Geschäftsunterlagen des Unternehmens und sein Recht auf Rechnungslegung dargestellt.

### A. Recht auf Mitwirkung bei der Geschäftsführung

Bei einem partiarischen Rechtsverhältnis besteht die Gegenleistung für die vereinbarte Leistung mindestens teilweise aus einer Beteiligung an Umsatz oder Gewinn der anderen Partei.[707] Aus dieser Tatsache ergibt sich eine gewisse Abhängigkeit von der Geschäftsführung der anderen Partei. Eine Möglichkeit auf diese einzuwirken, würde diese Abhängigkeit mildern.

Bei Unternehmenskaufverträgen mit Earn-Out-Klausel ist der Verkäufer durch die Vereinbarung eines variablen Kaufpreisanteils von der Unternehmensentwicklung nach der Transaktion abhängig. Er ist darauf angewiesen, dass der Käufer seinen Anspruch auf die variable Vergütung nicht durch sein Handeln schmälert, da dieser während der Earn-Out-Periode die Geschäfte führt. Sollte sich aus dem zwischen den Parteien geschlossenen partiarischen Rechtsverhältnis ein Recht des

706 Siehe bezüglich der Manipulationsmöglichkeiten oben Kapitel 3, § 7.
707 Siehe nur *Schäfer*, in: MüKo-BGB, Vor § 705, Rn. 112.

Verkäufers auf Mitwirkung bei der Geschäftsführung ergeben, würde ihn dieses in Bezug auf die bestehende Abhängigkeit in eine bessere Position versetzen. Da vorliegend jedoch nur solche Vereinbarungen betrachtet werden, bei welchen dem Verkäufer keine vertraglichen Geschäftsführungsbefugnisse eingeräumt wurden, kämen Mitwirkungsrechte bei der Geschäftsführung nur infrage, wenn sie dem Verkäufer gesetzlich zustünden.

Dass die Vereinbarung von Geschäftsführungsbefugnissen und Mitwirkungsrechten bei der Abgrenzung einer Gesellschaft von einem partiarischen Rechtsverhältnis als Indiz für das Vorliegen einer Gesellschaft gewertet wird,[708] spricht gegen die Ableitung solcher Rechte aus dem partiarischen Rechtsverhältnis, denn diese Rechte werden als einem Gesellschafter vorbehalten angesehen. In der Literatur wird daher folgerichtig für partiarische Rechtsverhältnisse ausgeführt, dass der Partiar (hier: der Verkäufer) keine Geschäftsführungs- oder Mitwirkungsrechte habe.[709]

Teilweise wird dem Verkäufer allerdings ein Zustimmungsrecht zu strukturändernden Maßnahmen zugesprochen.[710] Selbst wenn ein solches Zustimmungsrecht bestünde, führt dieses noch nicht zur Mitwirkung bei der Geschäftsführung, denn einerseits besteht nur ein passives Recht auf Verhinderung einer Maßnahme und – was noch schwerer wiegt – es besteht für den Käufer kein Hindernis, die Handlungen auch ohne Zustimmung des Verkäufers durchzuführen, da er als Unternehmensinhaber mangels anderer Vereinbarungen die uneingeschränkte Vertretungsmacht inne hat. Auf die Geschäftsführung des Käufers im Außenverhältnis hat die Nichteinholung einer Zustimmung im Innenverhältnis keine Auswirkung. Ob in diesem Handeln eine Pflichtverletzung des Käufers zu sehen ist und welche Rechtsfolgen sich daraus ergeben könnten, wird nachfolgend noch thematisiert.[711]

---

708 BGH, Urt. v. 10.10.1994 – II ZR 32/94, NJW 1995, 192 (192 f.); *Schäfer*, in: MüKo-BGB, Vor § 705, Rn. 115.

709 *Denkhaus*, Partiarische Rechtsgeschäfte, S. 9, 30; *Graf*, Darlehen mit Gewinnbeteiligung, S. 23–25 (schweizerisches Recht); *Guery*, Gesellschaft, S. 94; *Brauer*, Partiarische Darlehen, S. 166; *Vischer*, SJZ 2002, 509 (513); *Weigell/Beckert*, in: Formularbuch Recht und Steuern, B. 16. Partiarisches Darlehen, Rn. 5; *Drygala*, in: Drygala/Wächter, Earnout-Klauseln, S. 247 (254).

710 *Reich-Rohrwig*, in: Lang/Weinzierl, FS Rödler, S. 763 (794) zum österreichischen Recht.

711 Siehe unten Kapitel 6, § 15.

Zusammenfassend bleibt festzustellen, dass dem Verkäufer aus dem Unternehmenskaufvertrag mit Earn-Out-Klausel, welcher ein partiarisches Rechtsverhältnis begründet hat, kein Recht auf Mitwirkung bei der Geschäftsführung zusteht.

## B. Einsichts- und Kontrollrecht

Die Wichtigkeit für den Verkäufer, nach der Unternehmenstransaktion weiterhin Einsicht in die Geschäftsbücher und weitere Unterlagen zu erhalten, um die Grundlagen für die Ermittlung seines variablen Kaufpreisanteils kontrollieren zu können, wurde bereits dargestellt.[712] Zu klären bleibt, welche diesbezüglichen Rechte dem Verkäufer zustehen, wenn der Unternehmensverkauf in Verbindung mit einer Earn-Out-Klausel als partiarisches Rechtsverhältnis anzusehen ist. In der Literatur wird ein unbedingtes Recht des Partiars auf Einsicht in die Geschäftsbücher grundsätzlich verneint.[713]

*Drygala* spricht sich dafür aus, dass zumindest, wenn der Verdacht einer Manipulation bestünde, ein Recht auf Prüfung der Berechnung des variablen Kaufpreisanteils gegeben sei und begründet dies mit dem Rechtsgedanken aus § 87c Abs. 4 HGB, § 716 Abs. 2 BGB und § 118 Abs. 2 HGB.[714] Dennoch sei die Position des Verkäufers als eher schwach anzusehen, denn er müsse erst einen entsprechenden Verdacht darlegen, bevor er Einsicht bekäme.[715]

Nach Ansicht von *Graf* besteht – hier für den Darlehensgeber eines partiarischen Darlehens – ebenfalls ein Recht auf Einsicht in die der Berechnung des Gewinnanteils zugrunde liegenden Geschäftsbücher bei Verdacht einer Manipulation. An den Verdacht seien aber nur geringe Maßstäbe anzusetzen. Die Einsicht sei schon zu gewähren, wenn die Berechnung „zu irgendwelchem Zweifel Anlaß gibt".[716] Dieser Ansicht schließt sich *Guery* an.[717] Beide beziehen sich jedoch auf schweizerisches Recht.[718]

---

712 Siehe oben Kapitel 5, § 11, B., II.

713 *Denkhaus*, Partiarische Rechtsgeschäfte, S. 30, 40; *Drygala*, in: Drygala/Wächter, Earnout-Klauseln, S. 247 (253); *Weigell/Beckert*, in: Formularbuch Recht und Steuern, B. 16. Partiarisches Darlehen, Rn. 14; zum schweizerischen Recht *Graf*, Darlehen mit Gewinnbeteiligung, S. 46 f.; *Guery*, Gesellschaft, S. 8, 105 f.

714 *Drygala*, in: Drygala/Wächter, Earnout-Klauseln, S. 247 (253).

715 *Drygala*, in: Drygala/Wächter, Earnout-Klauseln, S. 247 (253 f.).

716 *Graf*, Darlehen mit Gewinnbeteiligung, S. 46 f.

717 *Guery*, Gesellschaft, S. 8, 106.

718 Ebenfalls zum schweizerischen Recht und ein Kontrollrecht ohne Verdacht anerkennend *Vischer*, SJZ 2002, 509 (S. 514 f.).

*Denkhaus* räumt dem Partiar auch ohne einen Verdacht ein beschränktes Prüfungsrecht ein, das lediglich die Prüfung der Richtigkeit der Berechnung des Gewinnanteils beinhaltet. Er könne die Vorlage der Bilanz und der Gewinn- und Verlustrechnung verlangen, um die Übereinstimmung mit der Gewinnanteilsberechnung zu prüfen.[719]

*Brauer* spricht sich für ein auf §§ 666, 681, 687 Abs. 2 BGB i. V. m. § 242 BGB beruhendes Einsichtsrecht des partiarischen Darlehensgebers aus. Er stützt seine Annahme auf eine Entscheidung des BGH[720], in welcher einem Genussrechtsinhaber ein entsprechendes Einsichtsrecht gewährt wurde. Dieses gelte ebenfalls für partiarische Darlehen.[721] Das Recht sei grundsätzlich auf die zur Plausibilisierung des Anspruchs notwendigen Unterlagen beschränkt.[722] Nur bei Vorliegen eines begründeten Verdachts einer Pflichtverletzung bestünde ein Recht zu näheren Auskünften.[723]

Darüber hinaus wird in der Literatur auch das Recht auf Urkundeneinsicht – in Form der Einsicht in die Jahresabschlussunterlagen – bei Vorliegen eines rechtlichen Interesses gemäß § 810 BGB für den Partiar in Betracht gezogen.[724] Nach Ansicht von *Schäfer* werde durch diese Vorschrift eine weitgehende Annäherung an die Einsichtsrechte eines stillen Gesellschafters nach § 233 HGB erreicht, sodass eine Differenzierung zwischen partiarischem Rechtsgeschäft (hier: Darlehen) und stiller Gesellschaft in dieser Hinsicht weniger von Interesse sei.[725] Allerdings wird die Einräumung von Einsichts- und Kontrollrechten als Indiz für das Vorliegen einer Gesellschaft angesehen.[726] Dieser Auffassung schließt sich *Schäfer* an,[727] was einer Angleichung durch § 810 BGB im Prinzip wiederspricht.

*Denkhaus* spricht dem Partiar grundsätzlich ebenfalls ein Recht auf Einsicht in die Geschäftsbücher nach § 810 BGB zu, begrenzt dieses aber auf den Fall, dass es sich bei dem Vertragspartner um einen Vollkaufmann handelt, da es sich nur

719 *Denkhaus*, Partiarische Rechtsgeschäfte, S. 45 f.

720 BGH, Urt. v. 14.06.2016 – II ZR 121/15, DStR 2016, 1941.

721 *Brauer*, Partiarische Darlehen, S. 80 f.

722 *Brauer*, Partiarische Darlehen, S. 81; BGH, Urt. v. 14.06.2016 – II ZR 121/15, DStR 2016, 1941 (1942).

723 *Brauer*, Partiarische Darlehen, S. 81 f.; BGH, Urt. v. 14.06.2016 – II ZR 121/15, DStR 2016, 1941 (1943).

724 a. A. *Brauer*, Partiarische Darlehen, S. 82, der aus § 810 BGB nur ein Recht auf Einsicht in den Vertrag ableitet (hier: partiarischer Darlehensvertrag).

725 *Schäfer*, in: MüKo-BGB, Vor § 705, Rn. 113: so auch *Schön*, ZGR 1993, 210 (232).

726 *Schmidt*, in: MüKo-HGB, § 230, Rn. 64; siehe hierzu auch oben Kapitel 4, § 9, B., I., 3 und II., 1., c).

727 *Schäfer*, in: MüKo-BGB, Vor § 705, Rn. 115.

insofern bei den Geschäftsbüchern überhaupt um Urkunden handle.[728] Diese Eingrenzung ist in Hinblick auf den nunmehr erweiterten Urkundenbegriff wohl als hinfällig anzusehen.[729] Danach sind Urkunden „durch Niederschrift verkörperte Gedankenerklärungen, die Aussagen über Rechtsgeschäfte oder Rechtsverhältnisse zum Inhalt haben“[730].[731] Das trifft auch auf die Geschäftsunterlagen eines nicht zur Buchführung verpflichteten Unternehmers zu. Für die hier behandelten Fälle ist eine Abgrenzung ohnehin unnötig, denn bei Unternehmenstransaktionen mit Earn-Out-Klauseln dürfte es sich aufgrund des rechtlichen und wirtschaftlichen Beratungsbedarfs um solche Unternehmen handeln, die aufgrund ihrer Größe zur Buchführung verpflichtet sind.

Den Literaturmeinungen, die dem Partiar ein Recht auf Einsicht in die Geschäftsbücher gemäß § 810 BGB zusprechen, ist zu folgen. Der Partiar hat aufgrund der Erfolgsabhängigkeit seiner Vergütung ein berechtigtes Interesse daran, in Bezug auf die Berechnung seiner Vergütung in die Geschäftsbücher des Anderen Einsicht zu erhalten.[732] Bei den Geschäftsbüchern handelt es sich außerdem um Urkunden, in welchen ein zwischen ihm und einem Anderen bestehendes Rechtsverhältnis beurkundet ist. Für diese Schlussfolgerung ist ausreichend, dass die in den Urkunden niedergelegten Sachverhalte einen unmittelbaren rechtlichen Bezug zu dem entsprechenden Rechtsverhältnis haben.[733] Dies ist bezüglich der Berechnung der Vergütung eines Partiars gegeben, da diese auf den in den Geschäftsbüchern niedergelegten Sachverhalten basiert.

Die Frage, ob der Verkäufer aus dem partiarischen Rechtsverhältnis ein Prüfrecht in Bezug auf die Richtigkeit der Ermittlung des variablen Kaufpreisanteils nur bei einem glaubhaft gemachten Verdacht auf Manipulation oder auch ohne einen entsprechenden Verdacht zusteht, kann daher unbeantwortet bleiben, denn das Recht auf Überprüfung steht ihm jedenfalls aus § 810 BGB zu. Für

---

728 *Denkhaus*, Partiarische Rechtsgeschäfte, S. 44.

729 Siehe zu der großzügigen Auslegung des Begriffs *Dißars*, DStR 2020, 1514 (1515).

730 BGH, Urt. v. 27.05.2014 – XI ZR 264/13, NJW 2014, 3312 (Rn. 22).

731 Siehe auch BGH, Urt. v. 28.11.1975 – V ZR 127/74, NJW 1976, 294; *Habersack*, in: MüKo-BGB, § 810, Rn. 3.

732 Bezüglich des rechtlichen Interesses bei Abhängigkeit eines Provisionsanspruches von Vertragsabschlüssen BGH, Urt. v. 20.01.1971 – VIII ZR 251/69, NJW 1971, 656 (unter 1. c)); bezüglich des Einsichtsrechts für die Ermittlung des Abfindungsanspruchs bzw. Einziehungsentgelts eines ausgeschiedenen Gesellschafters Urt. v. 28.04.1977 – II ZR 208/75, BeckRS 1977, 31115809; OLG Frankfurt, Beschluss v. 21.08.1995 – 20 W 124/95, NJW-RR 1996, 871; LG Köln, Teilurteil v. 01.06.2016 – 84 O 255/15, BeckRS 2016, 135563.

733 BGH, Urt. v. 20.01.1971 – VIII ZR 251/69, NJW 1971, 656 (unter 1. c)).

die Geltendmachung dieses Rechts ist ein Verdacht der Manipulation nicht notwendig, sondern nur die Darlegung des rechtlichen Interesses. Ob daneben ein Einsichtsrecht auch auf §§ 666, 681, 687 Abs 2 BGB i. V. m. § 242 BGB gestützt werden könnte,[734] braucht hier nicht entschieden zu werden, da der Umfang des Rechts nicht über den des § 810 BGB hinausgeht.

Für Unternehmenskaufverträge mit Earn-Out-Klausel, die ein partiarisches Rechtsverhältnis begründen, bedeutet das, dass der Verkäufer auch ohne den Verdacht einer Manipulation der entsprechenden Kennzahlen die Einsicht in die der Berechnung zugrunde liegenden Geschäftsbücher fordern kann. Sein Einsichtsrecht beschränkt sich dabei auf die Unterlagen, die einen Einfluss auf die Berechnung des variablen Kaufpreisanteils haben.[735]

Ein grundsätzliches Recht, Einsicht in die Geschäftsbücher zu nehmen, steht ihm – im Gegensatz zu einem stillen Gesellschafter – nicht zu. Der Ansicht von *Schäfer*,[736] dass eine Abgrenzung zwischen partiarischem Rechtsverhältnis und stiller Gesellschaft in Bezug auf die Einsichtsrechte von untergeordneter Bedeutung sei, kann aus diesem Grund nicht uneingeschränkt gefolgt werden.

Zur Klärung der Frage, inwiefern die Unterschiede zwischen den beiden Rechtsverhältnissen praktische Bedeutung haben, kommt es auf die Ausgestaltung der Earn-Out-Klausel an. Sofern sich diese beispielsweise auf den Jahresüberschuss des veräußerten Unternehmens bezieht, dürfte für die Prüfung der Richtigkeit der Gewinn- und Verlustrechnung die Einsicht in relativ umfangreiche Unterlagen – wie auch zugrunde liegende Verträge – notwendig sein, denn in den Jahresüberschuss fließen die Gewinnauswirkungen sämtlicher Geschäftsvorfälle des Geschäftsjahres ein.[737] Sofern sich der variable Kaufpreisanteil jedoch an bestimmten Meilensteinen oder dem Erfolg einzelner Unternehmenssegmente orientiert, ist für die Kontrolle mitnichten die Einsicht in sämtliche Unterlagen, die dem Jahresabschluss zugrunde liegen, notwendig, sondern nur in solche, die diesen bestimmten Bereich betreffen.

Bezüglich der Möglichkeiten, die der Verkäufer durch entsprechende Einsichtsrechte hat, eine Manipulation durch den Käufer aufzudecken, wird auf die

734 so *Brauer*, Partiarische Darlehen, S. 80 f. für partiarische Darlehen.

735 Zur Beschränkung des Einsichtsrechts auf das Informationsbedürfnis OLG Frankfurt, Beschluss v. 21.08.1995 – 20 W 124/95, NJW-RR 1996, 871 (872); *Dißars*, DStR 2020, 1514 (1516 f.).

736 *Schäfer*, in: MüKo-BGB, Vor § 705, Rn. 113.

737 Zu dem Umfang der einzusehenden Unterlagen zur Berechnung des Abfindungsguthabens eines ausgeschiedenen Gesellschafters LG Köln, Teilurteil v. 01.06.2016 – 84 O 255/15, BeckRS 2016, 135563, Rn. 12.

Erläuterungen zur Innengesellschaft[738] verwiesen, denn auch bei Vorlage eines partiarischen Rechtsverhältnisses umfasst das Einsichtsrecht die Unterlagen, die Grundlage für die Berechnung des variablen Kaufpreisanteils sind. Die Aussagen lassen sich daher übertragen. Bezüglich der Manipulation im Rahmen von Strukturänderungen ist diesbezüglich festzustellen, dass auch ein partiarisches Rechtsverhältnis nach einer Verschmelzung mit dem übernehmenden Rechtsträger fortgeführt wird. Dies ergibt sich aus der stattfindenden Gesamtrechtsnachfolge gemäß § 20 UmwG und dem Schutz der Inhaber von Sonderrechten gemäß § 23 UmwG.[739]

### C. Recht auf Rechnungslegung

Die Literatur spricht dem Verkäufer (beziehungsweise dem Partiar) ein Recht auf Rechnungslegung, also die ordnungsgemäße Ermittlung und Mitteilung seines Gewinnanteils, zu.[740] Dem ist zuzustimmen, dieses Recht ergibt sich bei Rechtsverhältnissen, bei welchen der einen Partei eine Beteiligung am Gewinn oder Umsatz der anderen zugesprochen wird, aus § 242 BGB, der Umfang bestimmt sich nach § 259 BGB.[741] Für die bereits erläuterten Einsichtsrechte[742] bestünde ansonsten keinerlei Ansatzpunkt. Wie die Beteiligung des Verkäufers an den Ergebnissen des Unternehmens berechnet werden soll, wird mit der Earn-Out-Klausel festgelegt.[743] Nur gemeinsam mit den Einsichtsrechten in die zugrundeliegenden Unterlagen kann das Recht auf Rechnungslegung für den Verkäufer ein sinnvolles Mittel zur Aufdeckung von Manipulationen durch den Käufer darstellen.

## § 15 Schutz- und Leistungstreuepflichten sowie Pflichtverletzungen des Käufers

Nachfolgend wird zunächst darauf eingegangen, welche Pflichten der Käufer im Rahmen des partiarischen Kaufvertrages dem Verkäufer gegenüber hat, um

738 Siehe oben Kapitel 5, § 11, B, II.

739 *Leonard/Simon*, in: Semler/Stengel/Leonard, UmwG, § 20, Rn. 12; *Kalss*, in: Semler/Stengel/Leonard, UmwG, § 23, Rn. 7.

740 *Drygala*, in: Drygala/Wächter, Earnout-Klauseln, S. 247 (253); *Denkhaus*, Partiarische Rechtsgeschäfte, S. 13, 42; bezüglich des schweizerischen Rechts *Graf*, Darlehen mit Gewinnbeteiligung, S. 44; *Guery*, Gesellschaft, S. 137; *Vischer*, SJZ 2002, 509 (514).

741 *Krüger*, in: MüKo-BGB, § 259, Rn. 1, 7 f.

742 Siehe oben Kapitel 6, § 14, B.

743 Siehe zu den verschiedenen Regelungsbereichen oben Kapitel 2, § 4.

eine Aussage darüber treffen zu können, in welchem Verhalten des Käufers eine Pflichtverletzung zu sehen ist. Von besonderem Interesse ist hier ein Verhalten des Käufers, das das Ziel hat, den im Rahmen der Earn-Out-Klausel vereinbarten variablen Kaufpreisanteil zu schmälern. Aus diesem Grund wird auf die bereits beschriebenen Möglichkeiten[744] eingegangen, die Earn-Out-Zahlung zu beeinflussen.

## A. Schutz- und Leistungstreuepflichten

Gemäß § 241 Abs. 2 BGB haben die Vertragsparteien die (Neben-)Pflicht, auf die Rechte, Rechtsgüter und Interessen der anderen Partei Rücksicht zu nehmen. Zu diesen zählen auch die Vermögensinteressen.[745]

Diese Rücksichtnahmepflicht ist Ausfluss einer Treuepflicht, die es nicht nur im Gesellschaftsrecht gibt, sondern die für alle Schuldverhältnisse gilt.[746] Zwar ist die Treuepflicht eines Gesellschafters aufgrund des Vertrauensverhältnisses stärker ausgeprägt,[747] eine Leistungstreuepflicht triff dennoch auch die Parteien eines partiarischen Kaufvertrages. Sie ist begrenzt auf die dem jeweiligen Vertragspartner zumutbare Rücksicht.[748] Darüber hinaus sind die Parteien verpflichtet, alles zu unterlassen, was den Vertragszweck vereiteln könnte.[749]

Übertragen auf die hier betrachteten Fälle ist der Unternehmenskäufer sowohl verpflichtet, auf die Vermögensinteressen des Verkäufers Rücksicht zu nehmen, als auch Handlungen zu unterlassen, die die Zweckerfüllung des Vertrages gefährden könnten.[750] Der Verkäufer hat ein Interesse daran, sein Unternehmen zu einem möglichst hohen Preis zu veräußern. In Bezug auf die Earn-Out-Vereinbarung ist

---

744 Siehe oben Kapitel 3, § 7.

745 *Bachmann*, in: MüKo-BGB, § 241, Rn. 168 m.w.N.

746 *Bachmann*, in: MüKo-BGB, § 241, Rn. 129; explizit zu Unternehmenskaufverträgen mit Earn-Out-Vereinbarung nach österreichischem Recht *Reich-Rohrwig*, in: Lang/Weinzierl, FS Rödler, S. 763 (792); zu partiarischen Darlehen nach schweizerischem Recht *Graf*, Darlehen mit Gewinnbeteiligung, S. 25.

747 *Mansel*, in: Jauernig, BGB, § 242, Rn. 27; zur Ausprägung der gesellschaftsrechtlichen Treuepflicht allgemein BGH, Urt. v. 20.03.1995 – II ZR 205/94, NJW 1995, 1739 (1741).

748 *Bachmann*, in: MüKo-BGB, § 241, Rn. 129.

749 *Bachmann*, in: MüKo-BGB, § 241, Rn. 111.

750 *Reich-Rohrwig*, in: Lang/Weinzierl, FS Rödler, S. 763 (792) zum österreichischen Recht; *Denkhaus*, Partiarische Rechtsgeschäfte, S. 47–50, der jedoch partiarische Rechtsverhältnisse allgemein behandelt und lediglich die völlige Untätigkeit des Vertragspartners als Pflichtverletzung thematisiert.

er insbesondere daran interessiert, dass die Entwicklung der zugrundeliegenden betriebswirtschaftlichen Kennzahlen durch den Käufer nicht zu seinen Ungunsten beeinflusst wird. Eine solche Beeinträchtigung würde für ihn eine Minderung seines Vermögens bedeuten, denn er bekäme für den Verkaufsgegenstand keinen angemessenen, sondern einen zu niedrigen Kaufpreis. Der Käufer ist – im Rahmen des Zumutbaren – verpflichtet, auf diese Interessen Rücksicht zu nehmen.

Auch unter Hinzuziehung des Vertragszwecks ergibt sich ein ähnliches Bild. Der Zweck des Vertrages ist die Veräußerung des Unternehmens gegen einen erfolgsabhängigen Preis, der so berechnet werden soll, dass durch die Einbeziehung der Unternehmensentwicklung nach der Transaktion ein möglichst zutreffender Wert zum Übertragungsstichtag ermittelt wird. Diesem Zweck ist immanent, dass der Käufer das Unternehmen während der Earn-Out-Periode wirtschaftlich sinnvoll und unter Berücksichtigung der Interessen von Käufer und Verkäufer führt.[751] Wird die Berechnung des angemessenen Preises durch das Verhalten einer Partei (hier des Käufers) beeinflusst, wird hierdurch die Erreichung des Vertragszwecks verhindert, was eine Pflichtverletzung darstellt.[752]

Der Käufer ist dagegen nicht verpflichtet, das Unternehmen im Sinne des Verkäufers zu führen.[753] Ebenso ist die Erfüllung der Bedingung, die den variablen Kaufpreisanteil auslöst, nicht seine Pflicht, denn das würde die Vereinbarung eines bedingten Kaufpreisanteils ad absurdum führen.[754]

---

751 *Reich-Rohrwig*, in: Lang/Weinzierl, FS Rödler, S. 763 (792) zum österreichischen Recht; die Pflicht, mit Ertragsabsicht tätig zu werden, für partiarische Rechtsverhältnisse allgemein bejahend *Denkhaus*, Partiarische Rechtsgeschäfte, S. 47 f.; die Pflicht des Darlehensnehmers zur Verwendung des Darlehensbetrages mit Erfolgsabsicht für partiarische Darlehen nach dem schweizerischen Recht bejahend *Graf*, Darlehen mit Gewinnbeteiligung, S. 32; *Guery*, Gesellschaft, S. 9.

752 So auch: *Reich-Rohrwig*, in: Lang/Weinzierl, FS Rödler, S. 763 (792) zum österreichischen Recht.

753 Bezüglich partiarischer Rechtsverhältnisse allgemein *Denkhaus*, Partiarische Rechtsgeschäfte, S. 50; bezüglich partiarischer Darlehen *Graf*, Darlehen mit Gewinnbeteiligung, S. 23 (schweizerisches Recht); *Guery*, Gesellschaft, S. 94; *Brauer*, Partiarische Darlehen, S. 94.

754 Bezüglich partiarischer Rechtsverhältnisse allgemein *Denkhaus*, Partiarische Rechtsgeschäfte, S. 47; bezüglich partiarischer Darlehen *Graf*, Darlehen mit Gewinnbeteiligung, S. 23, 53 (schweizerisches Recht).

## B. Pflichten des Käufers in Bezug auf die einzelnen Manipulationsmöglichkeiten

Im Folgenden soll auf die einzelnen Manipulationsmöglichkeiten des Käufers[755] eingegangen werden, um beurteilen zu können, ob in diesen Handlungen eine Pflichtverletzung zu sehen ist.

Bezüglich der Einordnung des Verhaltens des Käufers als Pflichtverletzung kann grundsätzlich auf die Aussagen bezüglich der Innengesellschaft verwiesen werden.[756] Zwar ist die Treuepflicht – wie bereits erwähnt – bei Gesellschaftsverhältnissen tendenziell stärker ausgeprägt als bei anderen Schuldverhältnissen, dennoch liegen die hier betrachteten Fälle eines Unternehmenskaufvertrages mit Earn-Out-Vereinbarung, welche entweder zu der Einstufung einer Innengesellschaft ähnlich einer stillen Gesellschaft bzw. einer Unterbeteiligung oder eines partiarischen Kaufvertrages führt, grundsätzlich in der rechtlichen Einordnung sehr nah beieinander.[757]

Zu beachten ist in diesem Zusammenhang, dass die Treuepflicht bei stillen Gesellschaften weniger stark ausgeprägt ist als bei Personenhandelsgesellschaften[758] und bei partiarischen Verträgen – im Vergleich zu rein gegenseitigen Verträgen – ein besonderes Vertrauensverhältnis zwischen den Parteien besteht.[759] In der Literatur werden darüber hinaus die Pflichten, die für den Unternehmensinhaber einer stillen Gesellschaft oder einen beherrschenden Gesellschafter einer GmbH & Co. KG beziehungsweise GmbH gelten – ohne weitere Erläuterung – auf den Käufer im Rahmen eines Unternehmensverkaufs mit Earn-Out-Vereinbarung übertragen.[760] Von einer Pflichtverletzung kann daher grundsätzlich auch bei Vorlage eines partiarischen Rechtsverhältnisses in den bereits für die Innengesellschaft beschriebenen Fällen[761] ausgegangen werden. Im Folgenden wird in der

---

755 Siehe oben Kapitel 3, § 7.

756 Siehe oben Kapitel 5, § 12, B., II.

757 In Bezug auf die Abgrenzung der Treuepflichten des Darlehensnehmers im Rahmen eines partiarischen Darlehens im Vergleich zu denen des Unternehmers im Rahmen einer stillen Gesellschaft zu einem ähnlichen Ergebnis gelangend *Schön*, ZGR 1993, 210 (230 f.).

758 *Gehrlein*, in: EBJS, § 230, Rn. 42 m.w.N.

759 Bezüglich des Vertrauensverhältnisses bei partiarischen Verträgen *Graf*, Darlehen mit Gewinnbeteiligung, S. 25 (schweizerisches Recht).

760 *Reich-Rohrwig*, in: Lang/Weinzierl, FS Rödler, S. 763 (792) zum österreichischen Recht.

761 Siehe oben Kapitel 5, § 12, B., II.

gebotenen Kürze auf die möglichen Pflichtverletzungen und die Besonderheiten, die sich bei partiarischen Rechtsverhältnissen ergeben, eingegangen.

### *I. Periodenverschiebungen*

In Bezug auf eine Manipulation durch Periodenverschiebungen[762] wird in der Literatur darauf hingewiesen, dass sich für diese – insbesondere bei Verschiebung von Investitionen in den Earn-Out-Zeitraum – leicht betriebswirtschaftliche Gründe finden lassen und die Grenze zur Pflichtverletzung aufgrund der Schädigung der Interessen des Verkäufers daher schwer zu ziehen ist.[763] Diese Beurteilung stimmt mit den bereits erwähnten Schwierigkeiten des Nachweises einer Manipulation im Rahmen einer Innengesellschaft überein.[764]

### *II. Strukturveränderungen*

Für die Fälle, in denen durch die Earn-Out-Vereinbarung eine Innengesellschaft entsteht, wurde die Frage, ob bei Strukturveränderungen[765] eine Pflichtverletzung vorliegt, bejaht, sofern durch die Handlungen des Käufers eine Änderung des Unternehmens in seinen wesentlichen Grundlagen erfolgt.[766] Diese Abgrenzung kann aufgrund der Nähe zu dem Verhältnis der Parteien bei Vorliegen einer Innengesellschaft[767] auch bei Vorlage eines partiarischen Kaufvertrages als Entscheidungskriterium hinzugezogen werden.

In der Literatur wird ebenfalls – ohne eine Abgrenzung zwischen Innengesellschaft und partiarischem Rechtsverhältnis vorzunehmen – ausgeführt, dass wesentliche Strukturänderungen wie die vollständige Eingliederung, Verschmelzung oder die Zusammenlegung von Betriebsteilen ohne Zustimmung des Verkäufers unzulässig seien, da durch diese Maßnahmen eine vom restlichen Konzern abgegrenzte Berechnung der Earn-Out-Zahlung unmöglich würde.[768] Auch die umfassende Umgestaltung des Betriebs durch den Käufer wird als treuwidrig angesehen.[769] Durch das Vorbringen betriebswirtschaftlicher Gründe ließen sich die strukturändernden Maßnahmen außerdem nicht grundsätzlich rechtfertigen, denn diese seien – ohne die Zustimmung des Verkäufers – an sich eine Verletzung

762 Siehe oben Kapitel 3, § 7, A.
763 *Reich-Rohrwig*, in: Lang/Weinzierl, FS Rödler, S. 763 (793).
764 Siehe oben Kapitel 5, § 12, B., II., 1.
765 Siehe oben Kapitel 3, § 7, B.
766 Siehe oben Kapitel 5, § 12, B., II., 2.
767 Siehe hierzu oben Kapitel 6, § 15, B.
768 *Reich-Rohrwig*, in: Lang/Weinzierl, FS Rödler, S. 763 (793).
769 *Wächter*, M&A Litigation, Rn. 14.47.

von Nebenpflichten.[770] Der Verkäufer dürfe im Gegenzug seine Zustimmung nicht verweigern, sofern sich aus den Änderungen für ihn keine Nachteile ergäben.[771] Dem ist zuzustimmen, denn bei diesen Maßnahmen handelt es sich um solche, die eine wesentliche Änderung des Unternehmens bewirken.

### *III. Ergebnisverlagerungen*

In Bezug auf Ergebnisverlagerungen[772], also die Verlagerung von Ergebnissen auf andere Konzernunternehmen oder in das Privatvermögen des Käufers, wird teilweise die Rechtsprechung zu Gesellschaften hinzugezogen, ohne dass erläutert wird, warum diese Anwendung finden sollte.[773] In Hinblick auf die getroffenen Feststellungen bezüglich der Nähe des partiarischen Rechtsverhältnisses zu Innengesellschaften – insbesondere in Bezug auf die Treuepflichten – ist diese Einordnung dennoch nachvollziehbar.[774]

Für die Beurteilung, ob eine unzulässige Ergebnisverlagerung vorliegt, solle außerdem der Fremdvergleichsmaßstab angewendet werden.[775] Die Verlagerung von Erträgen auf andere Konzernunternehmen oder in das Privatvermögen des Käufers sei treuwidrig und stelle – genau wie der Abzug lukrativer Aufträge in selbst oder durch nahe Angehörige betriebene Konkurrenzunternehmen – eine Verletzung vertraglicher Nebenpflichten dar.[776] Dem ist – unter Berücksichtigung der Feststellungen zu Pflichtverletzungen des Verkäufers im Rahmen von Innengesellschaften und der bereits erläuterten Nähe in Bezug auf die Treuepflichten – zuzustimmen.[777]

### *IV. Beeinflussung der Rechnungslegung*

Bezüglich der manipulativen Beeinflussung der Rechnungslegung[778], die der Schmälerung des variablen Kaufpreisanteils dient, wird – zu Recht – vertreten,

770 *Reich-Rohrwig*, in: Lang/Weinzierl, FS Rödler, S. 763 (794) zum österreichischen Recht.

771 *Reich-Rohrwig*, in: Lang/Weinzierl, FS Rödler, S. 763 (794) zum österreichischen Recht.

772 Siehe oben Kapitel 3, § 7, C.

773 *Drygala*, in: Drygala/Wächter, Earnout-Klauseln, S. 247 (255).

774 Siehe oben Kapitel 6, § 15, B.

775 *Reich-Rohrwig*, in: Lang/Weinzierl, FS Rödler, S. 763 (793) zum österreichischen Recht.

776 *Reich-Rohrwig*, in: Lang/Weinzierl, FS Rödler, S. 763 (795 f.) zum österreichischen Recht.

777 Siehe hierzu oben Kapitel 5, § 12, B., II., 3.

778 Siehe oben Kapitel 3, § 7, D.

dass diese gegen Treu und Glauben verstoße und daher eine Pflichtverletzung des Käufers darstelle.[779] Grundsätzlich kann auf die Aussagen zur Innengesellschaft[780] verwiesen werden.

### *V. Weiterveräußerung*

Die Earn-Out-Vereinbarung geht im Falle der Weiterveräußerung nicht auf den neuen Erwerber über.[781] Aus diesem Grund stellt die Weiterveräußerung eine erhebliche Beeinträchtigung der Interessen des ursprünglichen Verkäufers dar, welche noch über die grundsätzliche Änderung des Unternehmens hinausgeht, da der Verkäufer insgesamt an der Teilhabe am Unternehmenserfolg gehindert wird. Die Weiterveräußerung des Unternehmens stellt daher eine Verletzung der Treuepflicht des Käufers dar.

## § 16 Zusammenfassung der Rechte des Verkäufers und Pflichten des Käufers im Rahmen eines partiarischen Kaufvertrages

Bei der Prüfung der Verwaltungsrechte des Käufers für den Fall, dass durch den Unternehmenskaufvertrag mit Earn-Out-Klausel zwischen den Parteien ein partiarisches Rechtsverhältnis entstanden ist, wurde festgestellt, dass für ihn nach der Transaktion kein Recht auf Mitwirkung bei der Geschäftsführung des Unternehmens besteht.

Ein Einsichtsrecht in die Geschäftsbücher des Unternehmens steht dem Verkäufer dagegen gemäß § 810 BGB zu. Der Verdacht der Manipulation der der Earn-Out-Berechnung zugrundeliegenden Kennzahlen ist hierfür nicht notwendig. Das Einsichtsrecht ist zwar beschränkt auf solche Unterlagen, die Kennzahlen betreffen, die für die Berechnung des variablen Kaufpreisanteils relevant sind und somit weniger umfangreich als das Recht des Verkäufers für den Fall, dass zwischen ihm und dem Käufer eine Innengesellschaft entstanden ist. Vorliegend kommt es dem Verkäufer jedoch auf eben diese, der Earn-Out-Berechnung zugrunde liegenden, Informationen an, denn er hat das Ziel, eine Manipulation der Berechnungsgrundlagen aufzudecken. Die Einschränkung spielt hier daher keine Rolle. Das Einsichtsrecht des Verkäufers ermöglicht es ihm, Manipulationen

---

779 In Bezug auf partiarische Darlehen *Graf*, Darlehen mit Gewinnbeteiligung, S. 35 f., 38 zum schweizerischen Recht; *Reich-Rohrwig*, in: Lang/Weinzierl, FS Rödler, S. 763 (797 f.) zum österreichischen Recht.

780 Siehe oben Kapitel 5, § 12, B., II., 4.

781 Siehe oben Kapitel 3, § 7, E.

offenzulegen und daraus Ansprüche abzuleiten. Darüber hinaus hat der Verkäufer ein Recht auf Rechnungslegung. Der Käufer hat ihm eine ordnungsgemäße Ermittlung seines Gewinnanteils zur Verfügung zu stellen.

Überdies wurde geprüft, welche Pflichten der Käufer in Bezug auf das partiarische Rechtsverhältnis hat und in welchem Verhalten eine Verletzung dieser Pflichten zu sehen ist. Als Ausfluss der Treuepflicht hat der Käufer auf die Vermögensinteressen des Verkäufers Rücksicht zu nehmen und Handlungen zu unterlassen, die die Erfüllung des Vertragszwecks gefährden. Die Manipulation der Bemessungsgrundlagen der Earn-Out-Berechnung verletzt die Vermögensinteressen des Verkäufers und gefährdet die Erreichung des Vertragszwecks. Sie stellt somit grundsätzlich eine Pflichtverletzung dar. Der Käufer ist jedoch nicht verpflichtet, das Unternehmen im Sinne des Verkäufers zu führen. Bezüglich der Beurteilung des Verhaltens des Käufers als Pflichtverletzung kann aufgrund der Nähe der Vertragsverhältnisse in Bezug auf die Treuepflicht auf die Aussagen zur Innengesellschaft zurückgegriffen werden. Beispielsweise die (wesentliche) Änderung des Geschäftsmodells oder die Weiterveräußerung des Unternehmens ohne Zustimmung des Verkäufers stellen somit Pflichtverletzungen dar.

Insgesamt kann festgestellt werden, dass sich die Rechte des Verkäufers sowie die Pflichten des Käufers nicht wesentlich von denen unterscheiden, die sich bei Vorliegen einer Innengesellschaft ergeben. Ein Unterschied zeigt sich am ehesten im Umfang des Einsichts- und Kontrollrechtes. Dieses beschränkt sich bei einem partiarischen Kaufvertrag auf die Bemessungsgrundlagen der Berechnung des variablen Kaufpreisanteils. Da vorliegend nur die Aufdeckung einer Manipulation dieser Kennzahlen das Ziel ist, bietet ein umfassenderes Einsichtsrecht, das sich auf sämtliche Unterlagen bezieht, die dem Jahresabschluss zugrunde liegen, keinen erkennbaren Mehrwert.

# Kapitel 7: Rechtsfolgen bei pflichtwidrigem Verhalten des Käufers

Im Folgenden werden die Ansprüche und Gestaltungsrechte des Verkäufers aufgrund einer Manipulation der Earn-Out-Zahlung durch den Käufer dargestellt. Es wird sowohl auf solche Verträge eingegangen, die zur Gründung einer Innengesellschaft geführt haben als auch auf partiarische Kaufverträge. Sofern keine Differenzierung erfolgt, gelten die Aussagen für beide Rechtsverhältnisse.

Neben den vertraglichen beziehungsweise vertragsähnlichen Ansprüchen und Gestaltungsrechten kann der Verkäufer gegebenenfalls auch Ansprüche aus Delikt geltend machen. Für deliktische Ansprüche ist das Vorliegen eines Vertrages zwischen den Parteien keine Voraussetzung, diese Ansprüche sind daher unabhängig von der Art des geschlossenen Rechtsverhältnisses. Deliktische Ansprüche können außerdem auch neben vertraglichen bestehen, einen Vorrang gibt es weder für Vertrags- noch für Deliktsrecht.[782] Grundsätzlich hat das Deliktsrecht bei Streitigkeiten zwischen Unternehmenskaufvertragsparteien jedoch eine untergeordnete Bedeutung.[783]

Namentlich werden folgende vertragliche beziehungsweise vertragsähnliche Ansprüche und Gestaltungsrechte thematisiert: der Schadensersatz wegen Pflichtverletzung gemäß § 280 Abs. 1 BGB, die Fiktion des Bedingungseintritts aufgrund treuwidrigen Verhaltens, § 162 Abs. 1 BGB, der Schadensersatz wegen Aufklärungspflichtverletzung (culpa in contrahendo), §§ 311 Abs. 2, 241 Abs. 2, 280 Abs. 1 BGB, die Lösung vom Vertrag mittels Kündigung (sofern eine Innengesellschaft ähnlich einer stillen Gesellschaft gegründet wurde, § 234 Abs. 1 S. 2 HGB i. V. m. § 723 BGB) oder Rücktritt (sofern ein partiarisches Rechtsverhältnis vorliegt, § 324 i. V. m. § 241 Abs. 2 BGB), die Anfechtung des Vertrages wegen arglistiger Täuschung gemäß § 123 Abs. 1 BGB und die Vertragsänderung oder -aufhebung wegen Störung der Geschäftsgrundlage gemäß § 313 BGB.

Der Entzug von Geschäftsführungs- und Vertretungsbefugnissen im Rahmen der möglicherweise entstandenen Innengesellschaft kommt als Rechtsfolge einer

782 *Heun-Rehn/Hoffmann*, in: Mehrbrey, Streitigkeiten Unternehmenskauf, § 18, Rn. 5; *Wagner*, in: MüKo-BGB, Vor § 823, Rn. 82 m.w.N.

783 *Heun-Rehn/Hoffmann*, in: Mehrbrey, Streitigkeiten Unternehmenskauf, § 18, Rn. 2, 11.

Pflichtverletzung nicht infrage. Diese Rechte stehen dem Käufer unentziehbar zu, da sie nicht gesellschaftsrechtlich übertragen wurden.[784]

In Hinblick auf mögliche deliktische Ansprüche wird nachfolgend geprüft, ob durch die Manipulation der Unternehmenskennzahlen ein Schadensersatzanspruch aufgrund der Verletzung eines Schutzgesetzes, § 823 Abs. 2 BGB, oder vorsätzlicher sittenwidriger Schädigung, § 826 BGB, gegen den Käufer besteht. Diese Vorschriften kommen im – Gegensatz zu § 823 Abs. 1 BGB – insbesondere im Falle der hier üblicherweise vorliegenden reinen Vermögensschäden infrage.[785]

## § 17 Schadensersatz wegen Pflichtverletzung

### A. Anwendung auf Innengesellschaften und partiarische Rechtsverhältnisse

Im Rahmen eines Schuldverhältnisses sind die Parteien gemäß § 280 Abs. 1 BGB zum Ersatz des entstandenen Schadens verpflichtet, wenn sie eine sich aus dem Vertrag ergebende Pflicht verletzen und sich nicht vom vermuteten Verschulden der Verletzung exkulpieren können. Dies gilt ebenfalls für die Verletzung der Treuepflicht durch einen Gesellschafter.[786] Auch der Geschäftsinhaber im Rahmen einer stillen Gesellschaft ist bei entsprechender Pflichtverletzung zum Schadensersatz verpflichtet.[787]

### B. Schuldhafte Pflichtverletzung

Der Käufer ist bei den hier thematisierten Unternehmenstransaktionen mit Earn-Out-Klausel zum Ersatz des entstandenen Schadens verpflichtet, wenn er eine ihm aufgrund der gegründeten Innengesellschaft beziehungsweise des partiarischen Kaufvertrages bestehende Pflicht verletzt und sich nicht vom nach § 280 Abs. 1 S. 2 BGB vermuteten Verschulden exkulpieren kann. Die sich für den Käufer – je nach entstandenem Vertragsverhältnis – ergebenden Pflichten sowie

---

784 In Bezug auf stille Gesellschaften *Schmidt*, in: MüKo-HGB, § 230, Rn. 179; *Seffer/Erhardt*, in: MHdB GesR II, § 80, Rn. 3, 23; *Wedemann*, in: Oetker, HGB, § 230, Rn. 74, 80; *Gehrlein*, in: EBJS, § 230, Rn. 48; *Koenigs*, Stille Gesellschaft, S. 154.

785 *Lorenz*, JuS 2020, 493; *Wagner*, in: MüKo-BGB, § 823, Rn. 423; *Heun-Rehn/Hoffmann*, in: Mehrbrey, Streitigkeiten Unternehmenskauf, § 18, Rn. 3.

786 *Schäfer*, in: MüKo-BGB, § 705, Rn. 249; *Lieder*, in: Oetker, HGB, § 109, Rn. 32.

787 *Schmidt*, in: MüKo-HGB, § 230, Rn. 141; *Seffer/Erhardt*, in: MHdB GesR II, § 80, Rn. 27; *Wedemann*, in: Oetker, HGB, § 230, Rn. 83; *Gehrlein*, in: EBJS, § 230, Rn. 43, 55.

die Abgrenzung, welche Verhaltensweisen als Pflichtverletzungen anzusehen sind, wurden bereits dargestellt.[788] Diese Pflichtverletzungen bestehen in einer Manipulation der betriebswirtschaftlichen Kennzahlen, die der Earn-Out-Berechnung zugrunde liegen, und beinhalten somit bereits ein subjektives Element. Eine Verschuldensexkulpation des Käufers dürfte daher regelmäßig nicht möglich sein.

## C. Schadensersatz

Die Berechnung des Schadens erfolgt in der Weise, dass der Verkäufer so zu stellen ist, als wäre die Pflichtverletzung nicht erfolgt, § 249 Abs. 1 BGB. Für eine stille Gesellschaft gilt, dass der Schaden so zu bemessen ist, dass der stille Beteiligte an dem Ergebnis der schädigenden Handlung nicht teilnimmt.[789] Der Schadensersatz kann entweder erfolgen, indem das Handelsgeschäft einen Ausgleich für den erlittenen Vermögensnachteil erhält oder – falls dies nicht möglich ist – der stille Gesellschafter die Wertminderung der Beteiligung ersetzt bekommt.[790]

Bezogen auf die hier behandelten Fälle der Innengesellschaften sowie der partiarischen Kaufverträge, die durch die Vereinbarung einer Earn-Out-Klausel entstehen, ist für die Bemessung des Schadens zu beurteilen, wie sich das Unternehmen – und insbesondere die Kennzahlen, die die Grundlage für die Berechnung des variablen Anteils darstellen –, entwickelt hätten, wenn die schädigenden Maßnahmen nicht vorgenommen worden wären. Der sich durch die Berechnung mit den fiktiven Kennzahlen ergebende Kaufpreis ist dem sich aus den tatsächlichen betriebswirtschaftlichen Kennzahlen ergebenden Kaufpreis gegenüberzustellen, die Differenz ist der Schadensersatzanspruch.[791]

Im Folgenden soll daher erneut auf die oben beispielhaft dargestellten Manipulationsmöglichkeiten[792] eingegangen und aufgezeigt werden, wie die Berechnung

---

788 Siehe oben Kapitel 5, § 12 und Kapitel 6, § 15.

789 BGH, Urt. v. 29.06.1987 – II ZR 173/86, NJW 1988, 413 (unter II., 1., a)); Urt. v. 11.09.2018 – II ZR 161/17, NJW 2019, 161 (Rn. 26); *Wedemann*, in: Oetker, HGB, § 230, Rn. 75; *Gehrlein*, in: EBJS, § 230, Rn. 43, 56; *Koenigs*, Stille Gesellschaft, S. 154; *Seffer/Erhardt*, in: MHdB GesR II, § 80, Rn. 21 m.w.N.

790 BGH, Urt. v. 29.06.1987 – II ZR 173/86, NJW 1988, 413; *Wedemann*, in: Oetker, HGB, § 230, Rn. 79.

791 So auch *Laas/Demuth*, in: Mehrbrey, Streitigkeiten Unternehmenskauf, § 15, Rn. 156; in Bezug auf partiarische Rechtsverhältnisse allgemein („so kann der Partiar das als Vergütung verlangen, was er bei ordnungsmäßiger Tätigkeit für den Ertrag als Anteil erhalten hätte"), *Denkhaus*, Partiarische Rechtsgeschäfte, S. 49 f.; in Bezug auf partiarische Darlehen *Brauer*, Partiarische Darlehen, S. 97 f.

792 Siehe oben Kapitel 3, § 7.

der Earn-Out-Zahlung unter Berücksichtigung des Schadensersatzes zu ermitteln wäre.

## *I. Periodenverschiebungen*

Verletzt der Käufer seine Pflichten durch Periodenverschiebungen, die die Berechnung des variablen Kaufpreisanteils vermindern, hat er dem Verkäufer die Minderung, die sich hieraus ergibt, zu ersetzen.

Handelte es sich bei der Periodenverschiebung beispielsweise um ein Hinauszögern der Abnahmen, so könnte als Grundlage für die Berechnung des variablen Preisbestandteils – statt der tatsächlichen Dauer zwischen der Fertigstellung des Projektes und der Abnahme – der Zeitpunkt unterstellt werden, der sich bei einem normalen Ablauf ergeben hätte. Dieser ließe sich aus Vergangenheitswerten oder durch den Vergleich mit anderen Unternehmen der Branche ermitteln. Sofern demnach Abnahmen statt außerhalb des Earn-Out-Zeitraums innerhalb dessen gelegen hätten, sind die Erträge aus diesen Projekten in die Berechnung des variablen Kaufpreisbestandteils einzubeziehen. Die Differenz zwischen dem auf Grundlage der tatsächlichen Zahlen ermittelten Kaufpreis und dem aufgrund der fiktiven Werte ermittelten stellt dann den zu leistenden Schadensersatz dar.

## *II. Strukturveränderungen*

Stellt sich die Pflichtverletzung in Form einer Strukturveränderung, also beispielsweise der Integration in den Käuferkonzern unter Aufhebung der rechtlichen Selbstständigkeit dar, ist – sofern aufgrund dieser Vereinigung der Unternehmen die isolierte Ermittlung der Unternehmenskennzahlen nicht mehr möglich ist – zur Bemessung des variablen Kaufpreisanteils eine fiktive Ermittlung der Unternehmensentwicklung notwendig.[793]

Die Problematik liegt hier in dem Umstand, dass eine Earn-Out-Vereinbarung gerade dann aufgenommen wird, wenn sich die Kaufvertragsparteien über die Prognose der Unternehmensentwicklung nicht einig sind. Das wird dazu führen, dass sich auch ein Übereinkommen über eine solche – nachträgliche und fiktive – Unternehmensentwicklung als äußerst schwierig darstellen dürfte.

Diesen Unwägbarkeiten könnte durch die gemeinsame Beauftragung eines neutralen Wirtschaftsprüfers für die Erstellung der fiktiven Unternehmensentwicklung begegnet werden. Der Wirtschaftsprüfer würde sowohl Vergangenheitswerte

---

793 Zur Schadensersatzberechnung und Ermittlung eines fiktiven Unternehmenswertes im Rahmen von M&A-Streitigkeiten *Wächter/Wollny*, NZG 2019, 801–807; *Wächter/Wollny*, in: Drygala/Wächter, M&A-Transaktionen, S. 235 (235-257).

als auch Zukunftsprognosen und die sich in der Zeit seit der Transaktion gegebenenfalls ergebenen Änderungen der Umstände in die Ermittlung einbeziehen. In diesem Zusammenhang würde der Wirtschaftsprüfer nicht als Berater einer Partei auftreten, sondern als neutraler Gutachter.[794] Voraussetzung für diese Vorgehensweise ist, dass die Parteien eine Schiedsgutachtervereinbarung schließen. Dies ist auch nach Kaufvertragsschluss und sogar noch während der Gerichtsanhängigkeit des Streits möglich.[795] Das Schiedsgutachten ist grundsätzlich für beide Parteien verbindlich.[796] In der Schiedsgutachtervereinbarung kann festgelegt werden, dass der Gutachter vom Institut der Wirtschaftsprüfer in Deutschland e. V. unter Berücksichtigung der fachlichen und persönlichen Eignung ausgewählt werden soll.[797] Dies gewährleistet die Neutralität. Darüber hinaus würde wohl auch ohne eine derartige Klausel im gerichtlichen Verfahren ein entsprechendes Gutachten eingeholt werden, um eine fiktive Unternehmensentwicklung zu konstruieren.

Es bleibt festzustellen, dass eine vertragliche Regelung der Rechtsfolgen einer solchen Manipulation grundsätzlich empfehlenswert ist. Da hier jedoch gerade die Fälle betrachtet werden, in welchen eine entsprechende Regelung – oder die sich ergebende Rechtsfolge – nicht getroffen wurde, ist zu beachten, dass der Verkäufer aufgrund seines Schadensersatzanspruchs gegen den Käufer zumindest nicht chancenlos den Handlungen des Käufers ausgesetzt ist.

Im Übrigen ist bei der Festlegung der fiktiven Unternehmensentwicklung auch zu prüfen, wer die Beweislast für diese trägt. Diese ist – als Grundlage für die Schadensbezifferung – grundsätzlich alleine dem Verkäufer auferlegt. Das bedeutet, dass bei mehreren möglichen Verläufen (die es zwangsweise gibt) immer die für ihn schlechteste Variante gewählt werden müsste. In der Literatur wird daher empfohlen, eine Schätzung mit Sicherheitszuschlägen vorzunehmen.[798] Im gerichtlichen Verfahren könnte gegebenenfalls auch eine Schätzung durch das Gericht nach § 287 ZPO vorgenommen werden.[799] Dadurch ist der Verkäufer davor geschützt, dass ihm nur ein Mindestschaden zugesprochen wird. Bei der Schätzung einer fiktiven Unternehmensentwicklung durch das Gericht könnte sodann nicht von der schlechtesten möglichen Variante, sondern von der von

794 Zu den verschiedenen Funktionen des Wirtschaftsprüfers bei der Unternehmensbewertung *IDW*, IDW S1, Rn. 12.

795 *IDW*, Benennung von Gutachtern durch das IDW, Rn. 5 f.

796 *IDW*, Benennung von Gutachtern durch das IDW, Rn. 10.

797 *IDW*, Benennung von Gutachtern durch das IDW, Rn. 12 f., 24 f.

798 *Reich-Rohrwig*, in: Lang/Weinzierl, FS Rödler, S. 763 (S. 798 f.).

799 Siehe nur (in Bezug auf Schadensersatz im Rahmen der Haftung nach c.i.c.) BGH, Urt. v. 02.06.1980 – VIII ZR 64/79, NJW 1980, 2408 (2410).

dem Gutachter (Wirtschaftsprüfer) festgestellten wahrscheinlichsten Variante ausgegangen werden.

### *III. Ergebnisverlagerungen*

Handelte es sich bei der Pflichtverletzung um eine Ergebnisverlagerung innerhalb des Konzerns oder in das Privatvermögen des Käufers, so ist für die berechneten Leistungen ein Fremdvergleich durchzuführen und nur der Wert bei der Ermittlung der Earn-Out-Zahlung zu berücksichtigen, der unter fremden Dritten gezahlt worden wäre.

### *IV. Beeinflussung der Rechnungslegung*

Eine Pflichtverletzung aufgrund der Beeinflussung der Rechnungslegung kann sich beispielsweise aus der unterschiedlichen Ausübung von Ansatz- und Bewertungswahlrechten ergeben. In diesem Fall ist eine Vergleichsberechnung durchzuführen, wie sich die Kennzahlen, die die Bemessungsgrundlage der Earn-Out-Zahlung bilden, dargestellt hätten, wenn keine Änderung vorgenommen worden wäre, sondern die Wahlrechte wie vor der Transaktion ausgeübt worden wären. Die Differenz zwischen den beiden Ermittlungen stellt dann den Schadensersatzanspruch dar.

### *V. Weiterveräußerung*

Bei der Weiterveräußerung des Unternehmens ist wie bei der Integration des Unternehmens unter Aufgabe der rechtlichen Selbstständigkeit die Erstellung einer fiktiven Unternehmensentwicklung notwendig. Daher wird auf die hierzu getroffenen Aussagen verwiesen.[800]

Alternativ kann – sofern Zugang zu den relevanten Unterlagen besteht – auf die tatsächliche Entwicklung des Unternehmens zurückgegriffen werden, sofern der neue Erwerber das Unternehmen in den Grundzügen fortführt. Sofern sich die Earn-Out-Vereinbarung beispielsweise auf Kennzahlen wie den Umsatz oder das EBIT bezieht, können die relevanten Beträge unter Umständen sogar der Offenlegung des Jahresanschlusses im Bundesanzeiger, §§ 325 ff. HGB, entnommen werden.

## D. Fazit zum Schadensersatz wegen Pflichtverletzung

Als Rechtsfolge einer schuldhaften Pflichtverletzung des Käufers aufgrund einer Beeinflussung des Earn-Out-Ergebnisses ergibt sich ein Schadensersatzanspruch

800 Siehe oben Kapitel 7, § 17, C., II.

für den Verkäufer. Dieser ist somit – auch, ohne dass die einzelnen Handlungen des Käufers vertraglich untersagt und unter Strafe gestellt werden – bei umfangreichen Änderungen oder gar der Veräußerung des Unternehmens geschützt.[801]

Sofern der Käufer nach § 280 Abs. 1 BGB zum Schadensersatz verpflichtet ist, wird der Schaden so bemessen, dass dem Verkäufer im Ergebnis die Earn-Out-Zahlung zusteht, die sich ergeben hätte, falls der Verkäufer sich redlich verhalten und die schädigenden Geschäftsführungsmaßnahmen unterlassen hätte. Die Differenz zu dem Kaufpreis, der sich nach den tatsächlichen Kennzahlen ermittelt, ist die Höhe des Schadensersatzanspruchs. Die Ermittlung dieses Wertes dürfte die Parteien vor die Schwierigkeit stellen, sich auf eine fiktive Unternehmensentwicklung zu einigen, sodass sie auf neutrale Gutachter angewiesen sind.

## § 18 Fiktion des Bedingungseintritts aufgrund treuwidrigen Verhaltens

Nach § 162 Abs. 1 BGB gilt eine Bedingung als eingetreten, wenn ihr Eintritt von einer Vertragspartei treuwidrig verhindert wird. Bei Earn-Out-Klauseln handelt es sich um aufschiebende Bedingungen, § 158 Abs. 1 BGB, da der zusätzliche, variable Kaufpreisanteil von der Entwicklung des Unternehmens nach dem Übertragungsstichtag abhängig ist.[802] Dies gilt auch, wenn zwischen den Parteien eine Innengesellschaft geschlossen wurde. In diesem Fall ist die Gewinnbeteiligung aufschiebend bedingt auf das Erreichen der festgelegten Ziel- beziehungsweise Schwellenwerte in der Earn-Out-Periode.[803]

Nur wenn die Bedingungen, die für die Zahlung des variablen Kaufpreisanteils festgelegt wurden – beispielweise die Erzielung eines bestimmten Mindest-Jahresüberschusses in den auf den Übertragungsstichtag folgenden drei Geschäftsjahren – eintreten, ist der Käufer verpflichtet, den zusätzlichen Kaufpreis zu zahlen. Dementsprechend hat der Käufer gemäß § 162 Abs. 1 BGB den variablen Kaufpreisanteil auch bei Nicht-Eintritt der Bedingung(en) zu zahlen, wenn er deren Eintritt treuwidrig verhindert.[804]

---

801 Siehe zu der Prüfung des Vorliegens einer Pflichtverletzung oben Kapitel 5, § 12 und Kapitel 6, § 15.

802 *Seibt*, in: Drygala/Wächter, Earnout-Klauseln, S. 220 (229 f.); *Drygala*, in: Drygala/Wächter, Earnout-Klauseln, S. 247 (254); *Geyrhalter/Zirngibl*, in: Wachter, FS Spiegelberger, S. 667 (671); *Elsing*, in: Elsing et al., M&A, B., Rn. 188.

803 Bezüglich der Möglichkeit eines aufschiebend bedingten Gewinnanspruchs *Ekkenga*, in: MüKo-GmbHG, § 29, Rn. 96; *Martens*, JuS 2010, 578 (581).

804 *Drygala*, in: Drygala/Wächter, Earnout-Klauseln, S. 247 (256).

## A. Anwendung auf Innengesellschaften und partiarische Rechtsverhältnisse

Die Regelungen des § 162 BGB sind Ausfluss des Grundsatzes von Treu und Glauben (§ 242 BGB).[805] Dieser gilt für partiarische Rechtsverhältnisse[806] als Schuldverhältnisse ebenso wie im Gesellschaftsrecht – hier in der besonderen Form der gesellschaftsrechtlichen Treuepflicht[807]. Die Vorschrift des § 162 Abs. 1 BGB ist daher für alle hier thematisierten Varianten von Unternehmenskaufverträgen mit Earn-Out-Klausel anwendbar.

## B. Treuwidrige Verhinderung des Bedingungseintritts

Die Beurteilung, ob eine den Bedingungseintritt beeinflussende Maßnahme treuwidrig ist, ist einzelfallbezogen vorzunehmen.[808] Zu diesem Zweck muss bestimmt werden, wie sich ein loyaler Vertragspartner nach Treu und Glauben mit Rücksicht auf die Interessen des Anderen verhalten hätte.[809] Bei dieser Einzelfallbetrachtung sind auch vernünftige wirtschaftliche Gründe für beeinflussendes Verhalten einzubeziehen, nicht jeder solche Grund reicht allerdings aus, um eine Treuwidrigkeit ausschließen zu können.[810] Auch hier ist eine einzelfallspezifische Einordnung vorzunehmen.[811]

Die Bedingungsvereitelung muss nicht vorsätzlich sein, es genügt, wenn die Beeinträchtigung fahrlässig erfolgt.[812] Darüber hinaus wird teilweise vertreten, schuldhaftes Handeln sei überhaupt nicht notwendig.[813] Diese Abgrenzung soll

---

805 *Westermann*, in: MüKo-BGB, § 162, Rn. 1; *Rövekamp*, in: BeckOK BGB, § 162, Rn. 1.

806 So auch *Drygala*, in: Drygala/Wächter, Earnout-Klauseln, S. 247 (254).

807 *Schubert*, in: MüKo-BGB, § 242, Rn. 195 m.w.N.

808 *Westermann*, in: MüKo-BGB, § 162, Rn. 9; BGH, Urt. v. 16.09.2005 – V ZR 244/04, NJW 2005, 3417; *Rövekamp*, in: BeckOK BGB, § 162, Rn. 5.

809 *Westermann*, in: MüKo-BGB, § 162, Rn. 9; BGH, Urt. v. 21.03.1984 – VIII ZR 286/82, NJW 1984, 2568 (2569); Urt. v. 13.02.1989 – II ZR 110/88, NJW-RR 1989, 802 (803); Urt. v. 16.09.2005 – V ZR 244/04, NJW 2005, 3417; *Rövekamp*, in: BeckOK BGB, § 162, Rn. 5.

810 BGH, Urt. v. 16.09.2005 – V ZR 244/04, NJW 2005, 3417.

811 BGH, Urt. v. 16.09.2005 – V ZR 244/04, NJW 2005, 3417 (3417 f.).

812 RG, Urt. v. 13.11.1928 – III 148/28, RGZ 122, 247, 247 (251 f.); BGH, Urt. v. 17.05.1965 – III ZR 239/64, BeckRS 1965, 31176017 (unter 2.); Urt. v. 13.02.1989 – II ZR 110/88, NJW-RR 1989, 802; *Westermann*, in: MüKo-BGB, § 162, Rn. 10; *Rövekamp*, in: BeckOK BGB, § 162, Rn. 4 f.

813 *Westermann*, in: MüKo-BGB, § 162, Rn. 10 m.w.N.; *Rövekamp*, in: BeckOK BGB, § 162, Rn. 4.1 m.w.N.

hier vernachlässigt werden, denn die dargestellten Manipulationsmöglichkeiten beinhalten bereits ein subjektives Element, sodass zumindest Fahrlässigkeit vorliegen dürfte.[814]

Für die Beurteilung, ob der Käufer treuwidrig gehandelt hat und seinem Verhalten keine vernünftigen wirtschaftlichen Erwägungen zugrunde liegen, kann grundsätzlich auf die Ausführungen zu der Verletzung der (Treue-)Pflichten des Käufers nach § 241 Abs. 2 BGB verwiesen werden.[815] Zwar ist für die Anwendung von § 162 BGB gerade nicht Voraussetzung, dass eine klagbare Pflicht zur Mitwirkung bei der Erfüllung der Bedingung verletzt wird,[816] da jedoch vorliegend in beiden Fällen auf den Grundsatz von Treu und Glauben zurückgegriffen wird, dürfte die Einordnung als treuwidrige Bedingungsvereitelung in – überwiegend – den gleichen Fällen vorliegen, wie eine Verletzung der Treuepflicht als vertragliche Nebenpflicht. Eine Pflichtverletzung des Käufers liegt dagegen nicht vor, wenn sein Verhalten von vernünftigen wirtschaftlichen Gründen getragen wird. Da solche auch den fingierten Bedingungseintritt nach § 162 Abs. 1 BGB verhindern, können diesbezüglich weitestgehend die gleichen Erwägungen herangezogen werden.

Die Voraussetzungen des § 162 Abs. 1 BGB können darüber hinaus unter Umständen auch dann erfüllt sein, wenn keine Verletzung der Pflichten des § 241 Abs. 2 BGB vorliegt. Der BGH hat in Bezug auf ein Darlehen, das zurückzuzahlen war, sofern die finanzielle Lage des Darlehensnehmers es zulasse, entschieden, dass der Darlehensnehmer zwar nicht zur ordentlichen Geschäftsführung verpflichtet sei, ein solches Verhalten jedoch nach Treu und Glauben billigerweise erwartet werden könne.[817] Der Gläubiger habe sein Geschäft so zu führen, „wie sein Gegner zu erwarten berechtigt gewesen sei, und wie er es, um eine sachgemäße Entscheidung zu erwirken, redlicherweise hätte tun müssen".[818] Sofern demnach die Schwelle zur Verletzung der Pflichten nach § 241 Abs. 2 BGB für die vorliegend zu beurteilenden Fälle der Manipulation der Kennzahlen, die der Earn-Out-Klausel zugrunde liegen, nicht überschritten wird, kann dennoch ein treuwidriges Verhalten nach § 162 BGB vorliegen, das zu einem fingierten

814 Siehe auch oben Kapitel 5, § 12, B. und Kapitel 6, § 15, B.; ebenfalls zu der Ansicht gelangend, dass es auf die „Begehungsform des Verstoßes" nicht ankommt *Stauder/Schürer*, in: Mehrbrey, Streitigkeiten Unternehmenskauf, § 13, Rn. 69.

815 Siehe oben Kapitel 6, § 15, B.

816 BGH, Urt. v. 17.05.1965 – III ZR 239/64, BeckRS 1965, 31176017 (unter 2.); *Westermann*, in: MüKo-BGB, § 162, Rn. 13.

817 BGH, Urt. v. 17.05.1965 – III ZR 239/64, BeckRS 1965, 31176017 (unter 2.)

818 BGH, Urt. v. 17.05.1965 – III ZR 239/64, BeckRS 1965, 31176017 (unter 2.)

Bedingungseintritt führt, denn auch hier darf der Unternehmensverkäufer die ordentliche Geschäftsführung durch den Unternehmenskäufer nach Treu und Glauben erwarten.

In der Literatur werden als Beispiel für treuwidriges Verhalten im Sinne des § 162 BGB in Bezug auf Earn-Out-Klauseln – beziehungsweise partiarische Rechtsverhältnisse im Allgemeinen – die Berechnung von Konzernumlagen, die einem Drittvergleich nicht standhalten,[819] die Gewinnabschöpfung durch Konkurrenzhandlungen[820] und „willkürlich[es] oder launenhaftes" Verhalten in Bezug auf die Geschäftsführung[821] genannt. In Bezug auf Periodenverschiebungen, für welche vergleichsweise einfach unternehmerische Gründe angeführt werden können, vorhersehbare Integrationskosten und Fehlentscheidungen des Unternehmenskäufers, die beide Parteien gleichermaßen treffen, biete § 162 BGB jedoch keinen Schutz für den Verkäufer.[822] Dem ist mit der Einschränkung zuzustimmen, dass sich nicht jede Periodenverschiebung per se mit wirtschaftlichen Gründen rechtfertigen lässt. So dürfte dies beispielsweise bei der Verzögerung von Abnahmen – wie bereits dargestellt wurde – nur unter bestimmten Umständen der Fall sein.[823] Das Vorbringen von wirtschaftlichen Gründen als Rechtfertigung der getroffenen Maßnahmen des Käufers wird dennoch als das größte Problem bei der Durchsetzung von auf § 162 BGB gestützten Ansprüchen angesehen.[824]

## C. Fiktion des Bedingungseintritts

Ein besonderes Augenmerk ist auf die Rechtsfolge der Vereitelung des Bedingungseintritts zu legen, denn diese ist – anders als bei Treuepflichtverletzungen – kein Schadensersatzanspruch, sondern die Fiktion des Bedingungseintritts.[825] Ein darüber hinaus gehender Schadensersatzanspruch kann zusätzlich geltend

---

819 *Drygala*, in: Drygala/Wächter, Earnout-Klauseln, S. 247 (255).

820 In Bezug auf österreichisches Recht *Reich-Rohrwig*, in: Lang/Weinzierl, FS Rödler, S. 763 (796).

821 In Bezug auf partiarische Darlehen nach schweizerischem Recht *Graf*, Darlehen mit Gewinnbeteiligung, S. 55 f.; *Guery*, Gesellschaft, S. 23, 100.

822 *Drygala*, in: Drygala/Wächter, Earnout-Klauseln, S. 247 (255).

823 Siehe hierzu oben Kapitel 5, § 12, B., II., 1.

824 *Geyrhalter/Zirngibl*, in: Wachter, FS Spiegelberger, S. 667 (671); *Stauder/Schürer*, in: Mehrbrey, Streitigkeiten Unternehmenskauf, § 13, Rn. 79; *Drygala*, in: Drygala/Wächter, Earnout-Klauseln, S. 247 (254 f.).

825 So auch *Westermann*, in: MüKo-BGB, § 162, Rn. 2; *Drygala*, in: Drygala/Wächter, Earnout-Klauseln, S. 247 (256).

gemacht werden.[826] Da der Schaden gemäß §§ 280 Abs. 1, 249 BGB im Falle einer Pflichtverletzung des Käufers mittels einer fiktiven Unternehmensentwicklung, wie sie sich ergeben hätte, wenn die schädigende Handlung nicht vorgenommen worden wäre, bemessen wird,[827] ist die Rechtsfolge allerdings im Ergebnis die gleiche, wie die des fiktiven Bedingungseintritts. In beiden Fällen hat der Verkäufer einen Anspruch auf den variablen Kaufpreisanteil, der sich ergeben hätte, wenn der Käufer nicht manipulativ tätig geworden wäre.[828]

### D. Fazit zur Fiktion des Bedingungseintritts aufgrund treuwidrigen Verhaltens

Die Vorschrift des § 162 Abs. 1 BGB ist somit – unabhängig davon, welche Art von Rechtsverhältnis zwischen den Parteien vorliegt – für den Unternehmensverkäufer eine weitere Möglichkeit, zu einer fairen Kaufpreisbemessung für das veräußerte Unternehmen zu gelangen, sofern der Käufer die Unternehmenskennzahlen treuwidrig zu Lasten des variablen Kaufpreisanteils beeinflusst hat. Ähnlich wie bei der Beurteilung, ob eine Pflichtverletzung des Käufers vorliegt, dürfte die Schwierigkeit darin liegen, zu beweisen, dass die für das Verhalten vorgebrachten wirtschaftlichen Gründe nicht ausreichen, beziehungsweise vom Käufer nur vorgeschoben werden. Auch bezüglich der Kaufpreisberechnung auf Grundlage des fiktiven Bedingungseintritts ergeben sich ähnliche Probleme wie bei der Schadensberechnung.

## § 19 Lösung vom Vertrag durch Kündigung oder Rücktritt wegen Pflichtverletzung

In Bezug auf die Möglichkeit, sich durch Kündigung beziehungsweise Rücktritt vom Vertrag zu lösen, wird zwischen Verträgen, die zu der Gründung einer Innengesellschaft führen und partiarischen Kaufverträgen unterschieden.

### A. Kündigung im Falle einer Innengesellschaft

Handelt es sich bei dem durch die Earn-Out-Vereinbarung entstandenen Rechtsverhältnis um eine Gesellschaft – ähnlich einer stillen Gesellschaft – so hat der Verkäufer gemäß § 234 Abs. 1 HGB analog ein Kündigungsrecht. Da es sich vorliegend um Gesellschaften handelt, die für eine bestimmte Zeit geschlossen werden,

826 *Westermann*, in: MüKo-BGB, § 162, Rn. 16.
827 Siehe oben Kapitel 7, § 17, C.
828 So auch *Drygala*, in: Drygala/Wächter, Earnout-Klauseln, S. 247 (256).

nämlich für die Dauer der Earn-Out-Periode, ist das Recht zur fristlosen Kündigung aus wichtigem Grund relevant, welches sich nach § 723 BGB richtet, § 234 Abs. 1 S. 2 HGB analog. Durch das MoPeG wird das Kündigungsrecht aus wichtigem Grund ab dem 1.1.2024 ohne für die vorliegenden Fälle relevante inhaltliche Änderungen in § 234 Abs. 1 HGB n. F. i. V. m. § 132 Abs. 2 HGB n. F. geregelt.[829]

Ein wichtiger Grund für eine Kündigung liegt vor, wenn es einem Gesellschafter bei Gesamtbetrachtung der Umstände des Einzelfalles – beispielsweise aufgrund der Störung des Vertrauensverhältnisses – nicht zugemutet werden kann, an der Gesellschaft über die vereinbarte Laufzeit festzuhalten.[830] Nicht jede Pflichtverletzung des Käufers hat dementsprechend ein Kündigungsrecht des Verkäufers zur Folge. Aus diesem Grund soll im Folgenden nochmals unter Berücksichtigung dieser erhöhten Anforderungen auf die Pflichtverletzung des Käufers eingegangen werden.

Für das außerordentliche Kündigungsrecht eines Unterbeteiligten gelten die gleichen Rechtsgrundsätze wie für die Kündigung durch einen stillen Gesellschafter, § 723 BGB findet Anwendung.[831] Zu beachten ist, dass die zu beurteilenden Umstände – so beispielsweise das Vertrauensverhältnis – unter Würdigung der Beziehung der Gesellschafter untereinander betrachtet werden müssen. Bei der Unterbeteiligung kommt es demnach auf das Verhältnis zwischen dem Unternehmenskäufer als neuem Anteilseigner und dem an diesem Anteil beteiligten Veräußerer an.

Gerade in Bezug auf Manipulationen, die sich in der Geschäftsführung der Hauptgesellschaft abspielen, kann die Durchsetzung eines Kündigungsrechtes für den Unterbeteiligten schwieriger sein. Vor dem Hintergrund, dass es bei den hier betrachteten Fällen nur einen Gesellschafter in der Hauptgesellschaft gibt, soll von einem Gleichlauf der Rechte des Unterbeteiligten ausgegangen werden.[832] In der Literatur wird diesbezüglich beispielsweise vertreten, dass eine Änderung des Unternehmensgegenstandes oder die Eingliederung in einen Konzern ein Kündigungsrecht des Unterbeteiligten auslösen können.[833]

829 Siehe auch *Bachmann*, NJW 2021, 3073 (Rn. 21, 32).

830 BGH, Urt. v. 03.02.2015 – II ZR 335/13, NJW 2015, 1956 (Rn. 16) m.w.N.; *Koenigs*, Stille Gesellschaft, S. 267.

831 *Schmidt*, in: MüKo-HGB, § 234, Rn. 71; *Gayk*, in: MHdB GesR I, § 30, Rn. 72; *Seffer/Erhardt*, in: MHdB GesR II, § 80, Rn. 25 f.

832 Siehe hierzu auch oben Kapitel 5, § 10.

833 *Schmidt*, in: MüKo-HGB, § 234, Rn. 71, der darauf hinweist, dass das Kündigungsrecht des Unterbeteiligten bei Änderungen der Hauptgesellschaft in der Literatur bisher vernachlässigt wurde.

Die im Folgenden größtenteils für die zwischen den Kaufvertragsparteien bestehende Gesellschaft ähnlich einer stillen Beteiligung dargestellten Voraussetzungen und Rechtsfolgen sollen daher auch für die Beteiligung ähnlich einer Unterbeteiligung gelten. Nur ausnahmsweise wird explizit auf die Kündigungsmöglichkeit einer Gesellschaft, die einer Unterbeteiligung ähnelt, eingegangen.

### *I. Kündigungsrecht bei Manipulation durch den Käufer*

In Bezug auf die aufgeführten Möglichkeiten des Käufers, die Earn-Out-Zahlung zu seinen Gunsten zu manipulieren,[834] ist zu prüfen, ob diese den Verkäufer berechtigen, die Gesellschaft zu kündigen.

#### *1. Periodenverschiebungen*

Der BGH hat bezüglich der Beurteilung einer außerordentlichen Kündigung eines stillen Gesellschafters festgestellt, dass „jeder Vertragspartner [...] verpflichtet [ist], im Rahmen des ihm Zumutbaren alles zu unterlassen, was den Eintritt des vertraglich vorgesehenen Leistungserfolges vereiteln oder gefährden könnte".[835] Dies sei Ausfluss der gesellschaftsvertraglichen Treuepflicht.[836] Wenn der stille Gesellschafter davon ausgehen müsse, dass der Vertragspartner seine Vertragspflichten in Hinblick auf wesentliche Vertragsbestandteile nicht erfüllen werde, sei er zur außerordentlichen Kündigung berechtigt.[837]

Auf die vorliegend zu untersuchenden Fälle angewendet, folgt hieraus, dass – wenn der Käufer die Ergebnisse der Earn-Out-Periode durch Periodenverschiebungen[838] in der Weise manipuliert, dass die relevanten Schwellenwerte nicht erreicht werden und dadurch der Anspruch auf den variablen Kaufpreisanteil vereitelt oder erheblich gemindert wird – dem Verkäufer ein außerordentliches Kündigungsrecht zustehen dürfte, denn der Anspruch auf den variablen Kaufpreisanteil ist ein wesentlicher Vertragsbestandteil. Die Fortsetzung des Gesellschaftsverhältnisses kann ihm in diesem Fall auch aufgrund der Verletzung des Vertrauensverhältnisses nicht zugemutet werden. Voraussetzung ist selbstredend, dass es dem Verkäufer gelingt, dem Käufer die Manipulation nachzuweisen. Auf die sich in diesem Zusammenhang ergebenden Schwierigkeiten wurde bereits bei der Prüfung des Vorliegens einer Pflichtverletzung eingegangen.[839]

---

834 Siehe oben Kapitel 3, § 7.
835 BGH, Urt. v. 21.03.2005 – II ZR 124/03, DStR 2005, 1064 (1065).
836 BGH, Urt. v. 21.03.2005 – II ZR 124/03, DStR 2005, 1064 (1065).
837 BGH, Urt. v. 21.03.2005 – II ZR 124/03, DStR 2005, 1064 (1065).
838 Siehe oben Kapitel 3, § 7, A.
839 Siehe oben Kapitel 5, § 12, B., II., 1.

### *2. Strukturveränderungen*

Hier ist ein außerordentliches Kündigungsrecht in erster Linie bei der Integration in den Käuferkonzern unter Aufgabe der rechtlichen Selbstständigkeit des Unternehmens[840] – beispielsweise im Rahmen einer Verschmelzung – oder bei einer Änderung des Geschäftsmodells[841] denkbar.

Bei einer Verschmelzung des Handelsunternehmens geht eine stille Beteiligung auf den übernehmenden Rechtsträger über.[842] Grundsätzlich ist die Zustimmung des Stillen einzuholen, sofern dessen Interessen betroffen sind.[843] Dieser ist möglicherweise aufgrund der gesellschaftsvertraglichen Treuepflicht zur Zustimmung verpflichtet.[844] Die Wirksamkeit der Umwandung ist allerdings unabhängig davon, ob der Stille zugestimmt hat.[845]

Zur Beurteilung, ob dem Stillen in Zusammenhang mit einer Verschmelzung ein außerordentliches Kündigungsrecht zusteht, sind die allgemeinen Rechtsgrundsätze zur Kündigung des Gesellschaftsverhältnisses heranzuziehen.[846] Der Gesellschaftsvertrag darf durch die Verschmelzung nicht in der Weise verändert werden, dass eine Fortsetzung der Gesellschaft dem Stillen nicht zumutbar ist.[847] Wenn nicht durch entsprechende Vertragsanpassungen sichergestellt wird, dass die Rechte des Stillen nicht beeinträchtigt werden, steht ihm ein Recht zur außerordentlichen Kündigung zu.[848] Gleiches gilt für die Unterbeteiligung im Falle der Verschmelzung der Hauptgesellschaft.[849]

Für den Fall einer Verschmelzung des mit einer Earn-Out-Klausel veräußerten Unternehmens durch den Käufer bleibt daher festzuhalten, dass dem Verkäufer eine faire Anpassung der Earn-Out-Vereinbarung zusteht. Werden die Rechte des Verkäufers durch die Integration in ein anderes Unternehmen in der Weise

---

840 Siehe oben Kapitel 3, § 7, B., I., 2.

841 Siehe oben Kapitel 3, § 7, B., III.

842 HM *Schmidt*, in: MüKo-HGB, § 234, Rn. 35; *Keul*, in: MHdB GesR II, § 87, Rn. 11; *Sedlmayer*, DNotZ 2003, 611 (615) m.w.N.

843 *Schmidt*, in: MüKo-HGB, § 234, Rn. 35; *Seffer/Erhardt*, in: MHdB GesR II, § 80, Rn. 8; *Keul*, in: MHdB GesR II, § 87, Rn. 13; *Sedlmayer*, DNotZ 2003, 611 (618); siehe oben Kapitel 5, § 12, I.

844 *Keul*, in: MHdB GesR II, § 87, Rn. 13; *Sedlmayer*, DNotZ 2003, 611 (619).

845 *Keul*, in: MHdB GesR II, § 87, Rn. 14; *Sedlmayer*, DNotZ 2003, 611 (620).

846 *Schmidt*, in: MüKo-HGB, § 234, Rn. 35; *Sedlmayer*, DNotZ 2003, 611 (620), die das neben einem Schadensersatzanspruch möglicherweise bestehende außerordentliche Kündigungsrecht lediglich erwähnt.

847 *Keul*, in: MHdB GesR II, § 87, Rn. 19.

848 *Schmidt*, in: MüKo-HGB, § 234, Rn. 33; *Keul*, in: MHdB GesR II, § 87, Rn. 17.

849 *Schmidt*, in: MüKo-HGB, § 234, Rn. 75 m.w.N.

beschnitten, dass die Ermittlung der Bemessungsgrundlagen für den variablen Kaufpreisanteil nicht mehr möglich ist oder geringer ausfällt als ohne die Verschmelzung, steht ihm ein außerordentliches Kündigungsrecht zu.

Bei Änderungen des Geschäftsmodells während der Earn-Out-Periode ist zu prüfen, ob diese vertragswidrig sind. Stellen sie eine wesentliche Vertragsverletzung dar, kann sich hieraus ein außerordentliches Kündigungsrecht ergeben.[850] Für die Beurteilung sind die oben in Bezug auf Periodenverschiebungen aufgestellten Grundsätze relevant.[851]

### 3. *Ergebnisverlagerungen und Beeinflussung der Rechnungslegung*

Bei der Beurteilung, ob sich durch eine Manipulation des Käufers in Form von Ergebnisverlagerungen[852] oder der Beeinflussung der Rechnungslegung[853] ein außerordentliches Kündigungsrecht des Verkäufers ergeben kann, sind ebenfalls die Grundsätze, die in Bezug auf Periodenverschiebungen erläutert wurden, anzuwenden.[854] Handelt es sich um eine wesentliche Vertragsverletzung des Käufers, die die Fortführung der Gesellschaft für den Verkäufer unzumutbar macht, hat er ein Recht zur außerordentlichen Kündigung.

### 4. *Weiterveräußerung*

Bei der Veräußerung des Handelsunternehmens geht eine daran bestehende stille Beteiligung nicht automatisch auf den Erwerber über.[855] Nur wenn dies vereinbart wurde, ist der Unternehmenserwerber verpflichtet, das Vertragsverhältnis mit dem Stillen zu übernehmen.[856] Wird das Unternehmen ohne die Einholung der Zustimmung des Stillen veräußert, steht diesem ein außerordentliches Kündigungsrecht zu.[857] Auch einem Unterbeteiligten kann bei Veräußerung der Hauptbeteiligung durch den Hauptbeteiligten ein außerordentliches Kündigungsrecht zustehen.[858]

---

850 In Bezug auf die Verletzung von Mitwirkungsrechten des Stillen bei Änderung des Unternehmens *Schmidt*, in: MüKo-HGB, § 234, Rn. 42; in Bezug auf Unterbeteiligungen *Schmidt*, in: MüKo-HGB, § 234, Rn. 71.

851 Siehe oben Kapitel 7, § 19, A., I., 1.

852 Siehe oben Kapitel 3, § 7, C.

853 Siehe oben Kapitel 3, § 7, D.

854 Siehe oben Kapitel 7, § 19, A., I., 1.

855 HM *Schmidt*, in: MüKo-HGB, § 234, Rn. 39 m.w.N.

856 *Schmidt*, in: MüKo-HGB, § 234, Rn. 39.

857 *Schmidt*, in: MüKo-HGB, § 234, Rn. 39; *Keul*, in: MHdB GesR II, § 87, Rn. 7 m.w.N.

858 *Schmidt*, in: MüKo-HGB, § 234, Rn. 73.

Bezogen auf eine Weiterveräußerung[859] durch den Unternehmenskäufer während der Earn-Out-Periode mit dem Ziel der Vereitelung oder Minderung des variablen Kaufpreisanteils bedeutet dies, dass dem (ursprünglichen) Verkäufer ebenfalls das Recht zusteht, das entstandene Gesellschaftsverhältnis außerordentlich zu kündigen.

## *II. Rechtsfolgen der Kündigung*

### *1. Auflösung der Gesellschaft*

Rechtsfolge der Kündigung einer stillen Gesellschaft ist die Auflösung der Gesellschaft und die Abfindung des Stillen.[860] Durch das MoPeG wird die Kündigung des stillen Gesellschafters zum 1.1.2024 in eine Austrittskündigung (statt Auflösungskündigung) geändert, § 234 Abs. 1 HGB n. F. i. V. m. § 132 Abs. 2 HGB n. F.[861] Diese Änderung ist für die vorliegenden Fälle zweigliedriger Gesellschaften irrelevant.

Wie bereits dargestellt, ist der aus gesellschafts- und kaufrechtlichen Bestandteilen bestehende Vertrag als einheitliches Ganzes anzusehen und kann grundsätzlich nicht in seine Einzelteile zerlegt werden.[862] Es muss daher im Rahmen der Vertragsauslegung geprüft werden, ob es von den Parteien gewollt ist, dass die Earn-Out-Klausel (und somit die Innengesellschaft) isoliert gekündigt werden kann.

Der BGH hat in Bezug auf Bauträgerverträge und die Möglichkeit der Kündigung des die Errichtung des Baus betreffenden Teils bei gleichzeitigem Festhalten an dem Grundstückskaufvertrag entschieden, dass ein Bauträgervertrag grundsätzlich ein einheitlicher Vertrag sei, der mit sämtlichen Bestandteilen „stehen und fallen“[863] solle.[864] Der Rücktritt könne bei solchen verbundenen Verträgen daher nur einheitlich ausgeübt werden.[865] Die isolierte Lösung von der Bauleistung sei jedoch möglich, wenn der Bauträger dem Grundstückskäufer einen wichtigen

859 Siehe oben Kapitel 3, § 7, E.

860 BGH, Urt. v. 03.02.2015 – II ZR 335/13, NJW 2015, 1956 (Rn. 15) m.w.N.; *Schmidt*, in: MüKo-HGB, § 234, Rn. 18; *Polzer*, in: MHdB GesR II, § 91, Rn. 1.

861 *Bachmann*, NJW 2021, 3073 (Rn. 32).

862 Siehe oben Kapitel 4.

863 BGH, Urt. v. 21.11.1985 – VII ZR 366/83, NJW 1986, 925 (926).

864 BGH, Urt. v. 21.11.1985 – VII ZR 366/83, NJW 1986, 925 (926 f.).

865 BGH, Urt. v. 21.11.1985 – VII ZR 366/83, NJW 1986, 925 (926); Urt. v. 30.04.1976 – V ZR 143/7, NJW 1976, 1931 (1932).

Grund zur Kündigung gibt.[866] Dies begründet der BGH unter anderem mit der Wirkung der Auflassungsvormerkung als Erwerbssicherung.[867]

Für die vorliegend zu beantwortende Frage, ob die Kündigung nur des gesellschaftsrechtlichen Teils der Vereinbarung unter gleichzeitigem Festhalten an dem kaufvertraglichen Teil möglich ist, kommt es auf die Umstände des Einzelfalls an. Grundsätzlich kann davon ausgegangen werden, dass die Parteien den Vertrag als einheitliches Konstrukt ansehen, von welchem sich nur insgesamt getrennt werden können soll. Für dieses Ergebnis spricht auch, dass es sich bei der Vereinbarung der Earn-Out-Klausel um einen Bestandteil der Kaufpreisvereinbarung – und somit um ein essentiale negotii – handelt.

Sofern jedoch der Käufer dem Verkäufer einen wichtigen Grund zur Kündigung gibt, sind seine Interessen weniger schutzwürdig als die seines Vertragspartners. In dem zitierten Urteil des BGH kam es außerdem entscheidend darauf an, dass der Erwerber eine Auflassungsvormerkung hatte, auf deren Schutzwirkung er sich verlassen durfte. Etwas Vergleichbares steht dem Unternehmensverkäufer nicht zur Verfügung.

In den meisten Fällen wird daher davon auszugehen sein, dass eine isolierte Lösung von den gesellschaftsrechtlichen Vertragsbestandteilen – mithin von der Earn-Out-Vereinbarung – nicht möglich ist. Es könnte dann nur die gesamte Transaktion rückabgewickelt werden. Dies dürfte regelmäßig vom Verkäufer nicht gewollt sein, ist seine Intention doch die Erzielung eines möglichst hohen Kaufpreises und nicht die Rückabwicklung der Unternehmenstransaktion.

Aus diesem Grund soll nachfolgend als Rechtsfolge der Kündigung nur für den Fall, dass die Möglichkeit einer isolierten Kündigung der Innengesellschaft bejaht wird, dargestellt werden, wie ein Abfindungsanspruch berechnet werden könnte.

### *2. Anspruch auf Auseinandersetzungs-/ Abfindungsguthaben*

Einem stillen Beteiligten steht gemäß § 235 Abs. 1 HGB im Falle der Auflösung der Gesellschaft – durch Zeitablauf, Kündigung, Zweckerreichung, Tod des Geschäftsinhabers oder Eröffnung des Insolvenzverfahrens über dessen Vermögen – ein schuldrechtlicher Anspruch auf eine Abfindung in Geld zu.[868]

---

866 BGH, Urt. v. 21.11.1985 – VII ZR 366/83, NJW 1986, 925 (927).

867 BGH, Urt. v. 21.11.1985 – VII ZR 366/83, NJW 1986, 925 (927).

868 BGH, Urt. v. 11.09.2018 – II ZR 161/17, NJW 2019, 161 (Rn. 13); Urt. v. 26.06.1989 – II ZR 128/88, NJW 1990, 573 (574); Urt. v. 28.09.2005 – XII ZR 189/02, NJW 2006, 1268 (Rn. 19); Urt. v. 02.05.1983 – II ZR 148/82, NJW 1983, 2375; *Keul*, in: MHdB GesR II, § 92, Rn. 1 f.; *Schäfer*, in: MüKo-BGB, § 730, Rn. 12.

Die Abfindung besteht in seiner Einlage zuzüglich nicht ausgezahlter Gewinne beziehungsweise abzüglich nicht abgerechneter Verluste zum Auflösungsstichtag.[869] Lediglich an den bereits zum Zeitpunkt der Auflösung laufenden Geschäften nimmt der stille Gesellschafter gemäß § 235 Abs. 2 HGB noch teil. Für die Auflösung einer Unterbeteiligung gelten die Vorschriften für stille Gesellschaften entsprechend.[870]

Vorliegend muss berücksichtigt werden, dass die Parteien vertragliche Regelungen bezüglich der Berechnung des variablen Kaufpreisanteils und somit des Gewinnanteils des Verkäufers während der Earn-Out-Periode getroffen haben. Diese werden regelmäßig die gesetzliche Gewinnverteilung verdrängen. In Bezug auf die Berechnung eines Abfindungsguthabens ist daher im Rahmen der Vertragsauslegung festzustellen, welche Vereinbarungen die Parteien für den Fall einer vorzeitigen Beendigung der Earn-Out-Periode getroffen hätten. Hierfür kann sich an dem Inhalt des § 235 HGB orientiert werden. Im Folgenden wird die Berechnung des Abfindungsguthabens analog der gesetzlichen Regelung vorgenommen.

Da es im Falle der Gründung einer Innengesellschaft durch einen Unternehmenskaufvertrag mit Earn-Out-Klausel an einer Einlage fehlt, wird eine solche nicht zurück gewährt. Allerdings können die Vorschriften für die stille Beteiligung insofern auf die vorliegend zu beurteilenden Innengesellschaften übertragen werden, als dass der variable Kaufpreisanteil im Falle der vorzeitigen Auflösung der Gesellschaft nur bis zu diesem Zeitpunkt berechnet wird.

Wenn beispielsweise eine Earn-Out-Periode von fünf Jahren vereinbart wurde und der Unternehmensverkäufer nach Ablauf von drei Jahren aus wichtigem Grund kündigt, ist sein variabler Kaufpreisanteil anhand der abgelaufenen drei Jahre und der zu diesem Zeitpunkt laufenden Geschäfte zu bemessen. An den Ergebnissen der darauffolgenden zwei Jahre nimmt er – anders als bei Ablauf der Earn-Out-Periode ohne Kündigung – nicht mehr teil, seine Beteiligung an diesen Jahren entfällt.

Vor diesem Hintergrund muss der Verkäufer in Bezug auf die Aussprache der außerordentlichen Kündigung strategisch vorgehen. Nur wenn durch die Weiterführung der gesellschaftsvertraglichen Verbindung über die Earn-Out-Klausel eine Minderung seines variablen Kaufpreisanteils zu erwarten ist, ist die Beendigung sinnvoll. Dies kann bei einer vereinbarten Verlustteilnahme der Fall

869 *Schmidt*, in: MüKo-HGB, § 235, Rn. 16 f. m.w.N.; auf die Details der Berechnung soll hier nicht weiter eingegangen werden, siehe diesbezüglich *Schmidt*, in: MüKo-HGB, § 235, Rn. 20-27.

870 *Schmidt*, in: MüKo-HGB, § 235, Rn. 69, 73 m.w.N.

sein. Ein anderer Grund für die Vorteilhaftigkeit der Kündigung im Vergleich zur Weiterführung der Earn-Out-Periode könnte die Vereinbarung der Berechnung der Earn-Out-Zahlung mit dem kumulativen Standard[871] und die Erwartung, dass sich die Ergebnisse verschlechtern, sein. Das liegt darin begründet, dass bei der Berechnung mit dem kumulativen Standard die Ergebnisse aller Jahre der Earn-Out-Periode addiert werden und anhand dieses Ergebnisses beurteilt wird, ob dem Verkäufer ein zusätzlicher variabler Kaufpreis zusteht, beziehungsweise wie hoch dieser ist. Diese Berechnung lässt sich durch eine Kündigung erhöhen, wenn beispielsweise nach Jahren mit positiven Ergebnissen erwartet wird, dass die noch ausstehenden Jahre der Earn-Out-Periode verlustbringend sein werden.

In allen anderen Fällen könnte der Anspruch auf Ersatz eines über die Abfindung hinausgehenden Schadens des Verkäufers nach § 280 Abs. 1 BGB geltend gemacht werden.[872] In Hinblick darauf, dass die Kündigung – sowohl nur der Earn-Out-Vereinbarung als auch des gesamten Vertragswerkes – nur in Ausnahmefällen zu für den Verkäufer wünschenswerten Rechtsfolgen führt, bleibt festzuhalten, dass diese nicht sein Mittel erster Wahl sein dürfte. Für den Verkäufer ist die Geltendmachung von Schadensersatz oder der fiktive Bedingungseintritt gemäß § 162 BGB regelmäßig interessanter als die Kündigung.[873]

### *III. Fazit zur Kündigung wegen Pflichtverletzung*

Der Verkäufer hat bei Vorlage eines wichtigen Grundes – der bei Manipulationen des Käufers, die das Festhalten an der Gesellschaft für den Verkäufer unzumutbar machen, gegeben ist – das Recht zur außerordentlichen Kündigung der Gesellschaft. Ein wichtiger Grund kann beispielsweise in einer Verschmelzung, die ohne die Zustimmung des Verkäufers erfolgt, gesehen werden. Im Rahmen der Vertragsauslegung ist im Einzelfall zu prüfen, ob die Parteien eine isolierte Kündigung der Earn-Out-Vereinbarung gewollt hätten, oder – sofern dies verneint wird – die gesamte Unternehmenstransaktion rückabzuwickeln wäre. Letzteres ist vom Verkäufer üblicherweise nicht gewünscht. Bei Beendigung der Earn-Out-Vereinbarung durch Kündigung steht dem Verkäufer das Auseinandersetzungsguthaben zum Zeitpunkt der Auflösung und ein gegebenenfalls darüber hinausgehender Schadensersatz zu. Dies ist für den Verkäufer im Vergleich zur Berechnung des variablen Kaufpreisanteils bis zum Ende der Earn-Out-Periode zuzüglich eines

871 Siehe oben Kapitel 2, § 4, E., II.
872 *Schäfer*, in: MüKo-BGB, § 723, Rn. 49 m.w.N.; *Koenigs*, Stille Gesellschaft, S. 150.
873 Siehe diesbezüglich oben Kapitel 7, § 17 und § 18.

eventuell entstehenden Schadensersatzanspruchs wegen Pflichtverletzung nur in wenigen Ausnahmefällen vorteilhaft.

## B. Rücktrittsrecht im Falle eines partiarischen Kaufvertrages

### *I. Abgrenzung zur Kündigung*

Eine Earn-Out-Klausel gibt dem Unternehmenskaufvertrag ein Dauerschuldelement.[874] Es ist daher zunächst zu klären, ob dem Verkäufer bei einer Pflichtverletzung des Käufers im Rahmen eines partiarischen Kaufvertrages ein Recht auf Kündigung gemäß § 314 BGB oder auf Rücktritt gemäß § 324 i. V. m. § 241 Abs. 2 BGB zusteht.

*Becker* thematisiert lediglich das Kündigungsrecht und spricht sich dafür aus, ein solches vertraglich zu vereinbaren.[875] Aus welchem Grund er die Kündigung und nicht den Rücktritt wählt, wird nicht erläutert. Hinsichtlich der Konsequenzen einer Kündigung durch den Verkäufer weist er auf die damit in Zusammenhang stehenden Schwierigkeiten der Bemessung eines durch den Käufer zu leistenden Betrages hin, ohne einen Lösungsansatz zu erarbeiten.[876] Auch *Denkhaus* erwähnt lediglich die Möglichkeit der fristlosen Kündigung bei Pflichtverletzung des Unternehmers im Rahmen eines partiarischen Rechtsverhältnisses.[877] Seinen Äußerungen liegt jedoch erkennbar die Annahme zugrunde, dass alle partiarischen Rechtsverhältnisse Dauerschuldverhältnisse sind.[878] *Graf* räumt dem Partiar im Rahmen eines partiarischen Darlehens dagegen ohne weitere Erläuterung ein Rücktrittsrecht ein.[879] *Guery* nutzt den Begriff des „Lösungsrecht[s] vom Vertrag"[880] und erwähnt die Umstrittenheit der Abgrenzung zwischen Kündigung und Rücktritt.

Ein Kaufvertrag ist grundsätzlich ein klassischer Austauschvertrag.[881] Das Hinzutreten einer Earn-Out-Klausel gibt diesem Vertrag – wie bereits erwähnt – ein Element eines Dauerschuldverhältnisses. Dieses bezieht sich jedoch lediglich auf einen Teil des zu zahlenden Kaufpreises. Das Unternehmen wird zum Stichtag in einem Zuge übertragen. Das Gepräge des Kaufvertrages als Austauschvertrag

874 *Schücking*, in: MHdB GesR I, § 2, Rn. 46.
875 *Becker*, Earn Out Klausel, S. 119 f.
876 *Becker*, Earn Out Klausel, S. 120.
877 *Denkhaus*, Partiarische Rechtsgeschäfte, S. 51-57.
878 *Denkhaus*, Partiarische Rechtsgeschäfte, S. 54.
879 *Graf*, Darlehen mit Gewinnbeteiligung, S. 32 (schweizerisches Recht).
880 *Guery*, Gesellschaft, S. 9 (schweizerisches Recht).
881 So auch *Schücking*, in: MHdB GesR I, § 2, Rn. 46.

wird durch die Regelung des variablen Kaufpreises nicht derart beeinflusst, dass deswegen von einem Dauerschuldverhältnis ausgegangen werden könnte.[882] Die Lösung vom Vertrag ist daher durch den Rücktritt und nicht durch Kündigung möglich.

### *II. Rücktrittsrecht bei Manipulation durch den Käufer*

Da es sich bei der Manipulation des variablen Kaufpreisanteils durch den Käufer um die Verletzung von Nebenpflichten in Form von Schutz- und Treuepflichten gemäß § 241 Abs. 2 BGB handelt,[883] ist das Rücktrittsrecht nach § 324 BGB relevant. Der Verkäufer hat das Recht, vom Kaufvertrag zurückzutreten, wenn der Käufer seine Nebenpflichten derart verletzt, dass dem Verkäufer ein Festhalten am Vertrag nicht zumutbar ist.

Als Beispiel für eine solch schwerwiegende Pflichtverletzung wird die Illoyalität des Vertragspartners genannt.[884] In den aufgeführten Manipulationshandlungen des Käufers, die eine Pflichtverletzung darstellen,[885] dürfte mehrheitlich eine solche schwerwiegende Verletzung der Treuepflicht zu sehen sein, denn der Käufer verhält sich in hohem Maße illoyal. Grundsätzlich kann auf die Aussagen zum Kündigungsrecht[886] verwiesen werden, da es auch hier darauf ankommt, dass ein Festhalten am Vertrag dem Käufer nicht zumutbar ist.

Der Rücktritt wird für Unternehmenskaufverträge aufgrund seiner Rechtsfolgen als unpraktikabel angesehen und deshalb in der Regel ausgeschlossen.[887] Der Verkäufer hat außerdem kein Interesse daran, vom Kaufvertrag zurückzutreten, denn sein Ziel ist es, einen angemessenen Preis für sein Unternehmen zu bekommen. Darüber hinaus sind die Voraussetzungen für Schadensersatz aufgrund einer Pflichtverletzung des Käufers geringer als die für den Rücktritt.[888] Um die vom Verkäufer angestrebte Rechtsfolge des Ersatzes des durch das illoyale Verhalten des Käufers entstandenen Schadens zu erreichen, ist die Geltendmachung von Schadensersatz daher zielführender.[889] Auch der fiktive Bedingungseintritt gemäß

882 Den partiarischen Kaufvertrag ebenfalls als partiarischen Vertrag, der kein Dauerschuldverhältnis ist, bezeichnend *Schücking*, in: MHdB GesR I, § 2, Rn. 46.

883 Siehe oben Kapitel 6, § 15.

884 *Ernst*, in: MüKo-BGB, § 324, Rn. 9.

885 Siehe oben Kapitel 6, § 15, B.

886 Siehe oben Kapitel 6, § 19, A., I.

887 *Westermann*, in: MüKo-BGB, § 453, Rn. 46.

888 *Ernst*, in: MüKo-BGB, § 324, Rn. 8.

889 Siehe diesbezüglich oben Kapitel 7, § 17.

§ 162 BGB wird seinen Interessen eher gerecht.[890] Die Rechtsfolgen eines Rücktritts sollen nachfolgend dennoch in der gebotenen Kürze aufgeführt werden.

### *III. Rechtsfolgen des Rücktritts*

Die Rechtsfolge des Rücktritts ist grundsätzlich die Rückgewährung der empfangenen Leistungen und der gezogenen Nutzungen, § 346 Abs. 1 BGB. Das bedeutet, der Käufer müsste das Unternehmen zurückübertragen und der Verkäufer den erhaltenen Kaufpreis zurückzahlen. Bis dem Verkäufer die Manipulation des Käufers auffällt und er den Rücktritt erklärt, dürften regelmäßig Jahre vergehen. Das von ihm übertragene Unternehmen existiert in dieser Form zu diesem Zeitpunkt nicht mehr. Die Rückabwicklung eines Unternehmenskaufvertrages birgt erhebliche Schwierigkeiten.

Der isolierte Rücktritt von der variablen Kaufpreisvereinbarung könnte nur in Einzelfällen zu für den Verkäufer wünschenswerten Ergebnissen führen,[891] ein solcher dürfte außerdem regelmäßig nicht möglich sein. Da es sich bei der Earn-Out-Klausel um die Vereinbarung der Gegenleistung im Kaufvertrag handelt, ist eine isolierte Lösung von diesem Vertragsbestandteil nicht vorgesehen. Insbesondere findet § 323 Abs. 5 BGB keine (analoge) Anwendung, da kein teilbares Rechtsgeschäft vorliegt, sondern lediglich eine in einen fixen und einen variablen Teil gespaltene Kaufpreisvereinbarung. Ein Rücktritt nur von der variablen Kaufpreisklausel kommt bei einem partiarischen Rechtsverhältnis – im Gegensatz zur Kündigung der Innengesellschaft[892] – erst gar nicht in Betracht, da die Gesellschaft neben beziehungsweise zusätzlich zum Kaufvertrag geschlossen wurde, während die Earn-Out-Klausel im partiarischen Kaufvertrag nur die Gestaltung des Kaufpreises darstellt.

Die Rechtsfolge eines erfolgreich erklärten Rücktritts ist demnach die Rückabwicklung des gesamten Unternehmenskaufs. Dies ist jedoch – wie bereits erwähnt[893] – nicht das Ziel des Unternehmensverkäufers.

### *IV. Fazit zum Rücktritt wegen Pflichtverletzung des Käufers*

Dem Verkäufer steht das Recht, vom Vertrag zurückzutreten, zu, wenn der Käufer durch Manipulation der Earn-Out-Bemessungsgrundlagen eine (Neben-)Pflicht in der Weise verletzt, dass ihm ein Festhalten am Vertrag unzumutbar ist. Es muss

---

890 Siehe diesbezüglich oben Kapitel 7, § 18.

891 Siehe die in Bezug auf die Kündigung der Innengesellschaft getroffenen Aussagen oben Kapitel 7, § 19, A., II., 2.

892 Siehe oben Kapitel 7, § 19, A.

893 Siehe oben Kapitel 7, § 19, A., II., 1.

eine schwerwiegende Verletzung der Treuepflicht, beispielsweise ein illoyales Verhalten dem Vertragspartner gegenüber, vorliegen. Da eine isolierte Lösung nur von der Earn-Out-Klausel nicht möglich ist, ist die Rechtsfolge des Rücktritts die Rückabwicklung des gesamten Unternehmenskaufvertrages. Dies ist in aller Regel nicht die vom Verkäufer gewollte Rechtsfolge. Aus diesem Grund stellt das Rücktrittsrecht kein geeignetes Mittel zur Durchsetzung der Rechte des Verkäufers dar.

## § 20 Culpa in contrahendo wegen unterlassener Aufklärung

Gemäß § 311 Abs. 2 Nr. 1 BGB entsteht durch die Aufnahme von Vertragsverhandlungen ein Schuldverhältnis mit Pflichten nach § 241 Abs. 2 BGB. Die Parteien des Unternehmenskaufvertrages haben demnach schon bei Vertragsschluss Rücksicht auf die Rechte, Rechtsgüter und Interessen des Anderen zu nehmen. Insbesondere treffen die Parteien durch diese Vorschrift unter Umständen vorvertragliche Aufklärungs- und Informationspflichten sowie die Pflicht, sich dem anderen Teil gegenüber loyal zu verhalten.[894] Werden diese Pflichten verletzt, entsteht gemäß §§ 311 Abs. 2, 241 Abs. 2, 280 Abs. 1 BGB ein Schadensersatzanspruch des Verkäufers.

Vorliegend gilt es zu prüfen, ob der Käufer den Verkäufer bei Vertragsschluss über seine geplanten, die Earn-Out-Zahlung beeinflussenden, Maßnahmen hätte informieren müssen und ob er aufgrund der Missachtung seiner Aufklärungspflichten zum Schadensersatz verpflichtet ist. Von einem Anspruch aus culpa in contrahendo sind Handlungen des Käufers abzugrenzen, zu welchen er sich erst nach Vertragsschluss entschieden hat, denn über diese kann er den Verkäufer nicht schon vor beziehungsweise bei Vertragsabschluss aufklären.

### A. Anwendung auf Innengesellschaften und partiarische Rechtsverhältnisse

Die Rechtsfolgen des § 311 BGB treten unabhängig von der Art des Vertragsverhältnisses, welches durch die aufgenommenen Vertragsverhandlungen entsteht oder – sofern es nicht zum Abschluss gekommen ist – entstanden wäre, ein.[895] Die Vorschrift ist daher für alle hier behandelten Unternehmenskaufverträge mit Earn-Out-Klausel anwendbar. Sie gilt sowohl für Fälle, in denen eine Innengesellschaft gegründet wurde, als auch für solche, in welchen ein partiarisches

894 *Emmerich*, in: MüKo-BGB, § 311, Rn. 52.
895 *Emmerich*, in: MüKo-BGB, § 311, Rn. 53.

Rechtsverhältnis entstanden ist. Auf eventuelle Auswirkungen der Vertragsart auf die Rechtsfolgen wird in Zusammenhang mit der Darstellung dieser eingegangen.[896]

## B. Aufklärungspflichtverletzung

Um einen Schadensersatzanspruch des Verkäufers gemäß §§ 311 Abs. 2, 241 Abs. 2, 280 Abs. 1 BGB aufgrund der schuldhaften Verletzung einer Aufklärungspflicht des Käufers bejahen zu können, ist zunächst Voraussetzung, dass der Käufer verpflichtet war, den Verkäufer vor Vertragsschluss über die fraglichen Umstände aufzuklären. Denn grundsätzlich besteht für die Vertragsparteien keine Pflicht, die andere Seite über Risiken und Chancen des Vertrages aufzuklären, jede Partei hat sich selbst über solche zu informieren.[897]

Allerdings ergibt sich eine Pflicht zur Aufklärung, wenn die entsprechenden Umstände den Vertragszweck vereiteln können und für die andere Partei daher eine wesentliche Bedeutung für die Entscheidung darüber haben, ob sie den Vertrag abschließt.[898] Der Vertragspartner muss die Information über die entsprechenden Tatsachen außerdem nach Treu und Glauben erwarten dürfen.[899] Die Feststellung, ob eine Aufklärungspflicht besteht, ist einzelfallbezogen vorzunehmen.[900]

Für den Umfang der bestehenden Aufklärungspflichten kommt es wesentlich auf die Art des zu schließenden Vertrages an.[901] So werden bei langfristig eingegangenen Verträgen und bei solchen, die große wirtschaftliche Auswirkungen

---

896 Siehe unten Kapitel 7, § 20, C.

897 BGH, Urt. v. 12.11.1969 – I ZR 93/67, NJW 1970, 653 (655); Urt. v. 31.01.1979 – I ZR 77/77, GRUR 1979, 429 (430); *Emmerich*, in: MüKo-BGB, § 311, Rn. 64, 66 m.w.N.; bezüglich Unternehmenstransaktionen *Bergjan/Burgić*, in: Drygala/Wächter, M&A-Transaktionen, S. 19 (21).

898 BGH, Urt. v. 12.11.1969 – I ZR 93/67, NJW 1970, 653 (655); Urt. v. 08.05.1980 – IV a ZR 1/80, NJW 1980, 2460 (2461); Urt. v. 16.10.1987 – V ZR 170/86, NJW-RR 1988, 394; Urt. v. 06.12.1995 – VIII ZR 192/94, NJW-RR 1996, 429; Urt. v. 04.04.2001 – VIII ZR 32/00, NJW 2001, 2163 (2164); Urt. v. 08.11.2007 – IX ZR 5/06, BKR 2008, 203 (204).

899 BGH, Urt. v. 12.11.1969 – I ZR 93/67, NJW 1970, 653 (655); Urt. v. 08.05.1980 – IV a ZR 1/80, NJW 1980, 2460 (2461); Urt. v. 16.10.1987 – V ZR 170/86, NJW-RR 1988, 394; Urt. v. 06.12.1995 – VIII ZR 192/94, NJW-RR 1996, 429; Urt. v. 04.04.2001 – VIII ZR 32/00, NJW 2001, 2163 (2164).

900 BGH, Urt. v. 12.11.1969 – I ZR 93/67, NJW 1970, 653 (655); *Meyer-Sparenberg*, in: BeckHdB M&A, § 47, Rn. 88 f.

901 *Emmerich*, in: MüKo-BGB, § 311, Rn. 70 m.w.N.

haben – wie unter anderem Unternehmenskaufverträge – weitgehendere Aufklärungspflichten für die Parteien angenommen als bei reinen Austauschverträgen mit geringer finanzieller Bedeutung.[902] Darüber hinaus werden einer Partei gesteigerte Aufklärungspflichten auferlegt, wenn ihr bestimmte für den Vertragsschluss wesentliche Informationen exklusiv zur Verfügung stehen und daher ein Informationsgefälle besteht, aufgrund dessen die andere Partei in besonderem Maße von der Aufklärung über diese Umstände abhängig ist.[903]

Eine andere Fallvariante, die – Verschulden vorausgesetzt – eine Haftung wegen Pflichtverletzung im Rahmen von Vertragsverhandlungen begründet, ist die Täuschung durch positives Tun.[904] Eine Pflichtverletzung gemäß §§ 311 Abs. 2, 241 Abs. 2 BGB liegt bei Falschinformationen grundsätzlich vor.[905] Eine Aufklärungspflicht muss hier nicht vorliegen, da gegebene Informationen korrekt sein müssen.[906] Ein positives Tun kann auch in konkludentem Handeln – und somit im Verschweigen bestimmter Tatsachen – bestehen.[907] Zu einer solchen Täuschung durch Verschweigen kann es kommen, wenn die Eingehung eines Vertrages durch die Partei nur so verstanden werden kann, dass bestimmte Umstände vorliegen oder eben nicht.[908] Der BGH hat beispielsweise entschieden, dass die uneingeschränkte Mandatsannahme durch einen Rechtsanwalt die konkludente Erklärung beinhaltet, dass er nicht für die Gegenseite tätig ist.[909]

902 *Emmerich*, in: MüKo-BGB, § 311, Rn. 70; *A. Vollmerhaus/M. Vollmerhaus*, in: Mehrbrey, Streitigkeiten Unternehmenskauf, § 9, Rn. 223; bezüglich der wirtschaftlichen Folgen des Unternehmenskaufs: BGH, Urt. v. 04.04.2001 – VIII ZR 32/00, NJW 2001, 2163 (2164).

903 *Emmerich*, in: MüKo-BGB, § 311, Rn. 71 f.; BGH, Urt. v. 04.04.2001 – VIII ZR 32/00, NJW 2001, 2163 (2164).

904 *Emmerich*, NJW 2011, 2321 (2322); *Emmerich*, in: MüKo-BGB, § 311, Rn. 67; *Haß/Koch/Golland*, in: Mehrbrey, Streitigkeiten Unternehmenskauf, § 17, Rn. 12 f.

905 *Emmerich*, NJW 2011, 2321 (2322); *Emmerich*, in: MüKo-BGB, § 311, Rn. 67; *Lorenz*, JuS 2015, 398 (400); *Haß/Koch/Golland*, in: Mehrbrey, Streitigkeiten Unternehmenskauf, § 17, Rn. 13; *Maier*, Aufklärungspflichten, S. 21 m.w.N.; *Wächter*, M&A Litigation, Rn. 6.35–6.37 m.w.N.

906 *Emmerich*, NJW 2011, 2321 (2322); *Emmerich*, in: MüKo-BGB, § 311, Rn. 67; *Wächter*, M&A Litigation, Rn. 6.35.

907 *Emmerich*, NJW 2011, 2321 (2322); *Emmerich*, in: MüKo-BGB, § 311, Rn. 67; *Wächter*, M&A Litigation, Rn. 6.38.

908 *Emmerich*, NJW 2011, 2321 (2322); *Emmerich*, in: MüKo-BGB, § 311, Rn. 67.

909 BGH, Urt. v. 08.11.2007 – IX ZR 5/06, BKR 2008, 203 (204).

Grundsätzlich wird im Rahmen von Unternehmenskaufverträgen zwar üblicherweise eine Aufklärungspflicht des Verkäufers diskutiert, eine solche kann jedoch auch für den Käufer bestehen.[910]

Den Käufer trifft in Bezug auf die Verletzung von Aufklärungspflichten die sekundäre Darlegungslast, er muss also vortragen, in welcher Weise eine Aufklärung des Verkäufers erfolgt ist, sofern dieser behauptet, nicht aufgeklärt worden zu sein.[911] Dies stellt eine Beweiserleichterung für den Verkäufer dar.

## *I. Aufklärungspflichten des Käufers im Rahmen eines Unternehmenskaufvertrages mit Earn-Out-Klausel*

Vorliegend soll beurteilt werden, inwiefern der Käufer eines Unternehmens bei Vereinbarung einer Earn-Out-Klausel verpflichtet ist, dem Verkäufer vor Vertragsschluss seine weiteren Pläne für das Unternehmen, die den variablen Kaufpreisanteil beeinflussen, beziehungsweise eine Ermittlung der entsprechenden Bemessungsgrundlagen erschweren oder gar unmöglich machen könnten, zu offenbaren.

Bei Kaufverträgen handelt es sich zwar grundsätzlich um reine Austauschverträge, diese bekommen hier jedoch aufgrund der Earn-Out-Klausel ein Dauerschuldelement, sodass den Parteien grundsätzlich weitreichendere Aufklärungspflichten aufzuerlegen sind. Dies gilt umso mehr, da es sich bei Unternehmenskaufverträgen um Verträge mit großem wirtschaftlichem und finanziellem Gewicht handelt.

Diese Auffassung vertritt der BGH jedenfalls in Bezug auf die Aufklärungspflichten des Verkäufers gegenüber dem Käufer einer Unternehmenstransaktion.[912] Fraglich ist, ob die höchstrichterliche Rechtsprechung auf den hier umgekehrten Fall der Aufklärungspflicht des Käufers gegenüber dem Verkäufer übertragen werden kann. Hier muss differenziert werden, denn der Käufer eines Unternehmens ist in den meisten Fällen insofern von den Angaben des Verkäufers abhängig, als dass er mit dem Unternehmen zukünftig Gewinne erzielen, unter

---

910 BGH, Urt. v. 31.01.1979 – I ZR 77/77, GRUR 1979, 429; OLG Hamm, Urt. v. 09.01.1991 – 8 U 122/90, DB 1991, 799; *Weber/Schulz*, in: Hölters, Unternehmenskauf, Kapitel 9, Rn. 9.390; *A. Vollmerhaus/M. Vollmerhaus*, in: Mehrbrey, Streitigkeiten Unternehmenskauf, § 9, Rn. 223.

911 *Jaques*, in: Ettinger/Jaques, Unternehmenskauf im Mittelstand, C., Rn. 27 m.w.N.; *Hieke*, Vorvertragliche Aufklärungspflichten, S. 194 f. m.w.N.

912 BGH, Urt. v. 04.04.2001 – VIII ZR 32/00, NJW 2001, 2163.

Umständen sogar seinen Lebensunterhalt bestreiten, möchte.[913] Er ist auf längere Zeit an dieses Unternehmen gebunden, denn üblicherweise nimmt die Suche nach Unternehmenskäufern, die bereit sind, einen angemessenen Preis zu zahlen, eine gewisse Zeit in Anspruch.

Der Verkäufer, um den es in den vorliegenden Fällen geht, büßt durch eine unterlassene Aufklärung über bestimmte Umstände dagegen lediglich einen Teil seines Kaufpreises ein. Es könnte argumentiert werden, dass dies eine geringere Belastung darstellt, da nur die finanzielle Seite des Geschäfts betroffen ist und sich keine darüber hinausgehenden Auswirkungen ergeben. Der Verkäufer veräußert jedoch unter Umständen seine bisherige Existenzgrundlage und benötigt den Kaufpreis für seine Altersvorsorge. Grundsätzlich kann aus diesen Gründen von einer gesteigerten Aufklärungspflicht auch des Käufers ausgegangen werden. Im Einzelfall ist in diese Prüfung auch die Höhe der Preiseinbuße einzubeziehen.

Bei der Beurteilung, ob es sich um für die Entscheidung des Verkäufers, den Vertrag einzugehen, wesentliche Informationen handelt, ist zu beachten, dass die Umstände, über die gegebenenfalls aufzuklären ist, die Höhe des zu zahlenden Kaufpreises betreffen, welche ein zentrales Element des Vertrages darstellt und gerade für den Verkäufer von hoher Wichtigkeit ist. Wenn eine Earn-Out-Klausel in einen Unternehmenskaufvertrag aufgenommen wird, ist für den Käufer erst recht erkennbar, dass es dem Verkäufer entscheidend auf die Höhe des zu zahlenden Kaufpreises ankommt und dieser Punkt wesentlich für ihn ist. Hierfür spricht auch, dass bei den Vertragsverhandlungen die Einigung auf die Ausgestaltung der Earn-Out-Klausel erfahrungsgemäß einen großen zeitlichen Anteil einnimmt. Diese für den Käufer erkennbare subjektive Wesentlichkeit, die sich durch Äußerungen und konkludentes Handeln des Verkäufers zeigt, ist neben der objektiven Wesentlichkeit, die unabhängig vom Einzelfall vorliegt, gleichwertig zu beachten.[914]

Dass die Höhe des Kaufpreises bei einer Unternehmenstransaktion ein wesentliches Element darstellt, ist selbstverständlich. Hier gilt es jedoch überdies zu beurteilen, ob die Information über die geplanten Maßnahmen des Käufers, die sich auf die Berechnung des variablen Kaufpreisanteils auswirken, ebenfalls wesentlich und entscheidend für den Verkäufer sind, den Vertrag (in dieser Form) abzuschließen.

---

913 Bezüglich der Erheblichkeit der Information, dass das Unternehmen die Existenzgrundlage des Käufers bilden soll für die Beurteilung einer Aufklärungspflicht BGH, Urt. v. 12.11.1969 – I ZR 93/67, NJW 1970, 653 (655).

914 In Bezug auf Aufklärungspflichten des Verkäufers *Maier*, Aufklärungspflichten, S. 42; *Hieke*, Vorvertragliche Aufklärungspflichten, S. 207.

Der Vertragszweck des Unternehmensverkäufers dürfte überwiegend die Erzielung eines angemessenen Preises für sein Unternehmen sein. Dies gilt besonders in den hier thematisierten Fällen, in welchen der Käufer die Geschäftsführung übernimmt beziehungsweise stellt und der Verkäufer somit aus dem operativen Geschäft ausscheidet. Es dürfte dem Verkäufer in erster Linie auf das Finanzielle ankommen und die Unternehmensentwicklung nach der Transaktion aufgrund emotionaler oder beruflicher Gründe eher zweitrangig sein.

In Bezug auf die Vorhaben des Käufers für die Unternehmensentwicklung nach der Transaktion liegt darüber hinaus ein Informationsgefälle zwischen den Parteien vor, denn der Verkäufer hat üblicherweise keinen Zugang zu den Plänen des Käufers. Insofern ist der Verkäufer auf die Information des Käufers angewiesen, er kann sie nicht auf anderen Wegen selbst beschaffen.

Diese Kriterien sind für die Bejahung einer generellen Aufklärungspflicht des Käufers über seine Pläne jedoch nicht ausreichend. Zusätzlich dazu, dass die Umstände für den Verkäufer wesentlich und grundsätzlich dazu geeignet sind, seinen Vertragszweck zu vereiteln, muss er eine Aufklärung nach Treu und Glauben mit Rücksicht auf die Verkehrssitte erwarten dürfen. Ob es sich bei den beeinflussenden Maßnahmen des Käufers um solche Tatsachen handelt, soll im Folgenden für die einzelnen Manipulationsmöglichkeiten[915] dargestellt werden.

## *II. Aufklärungspflichten des Käufers in Bezug auf bestimmte Manipulationsmöglichkeiten*

### *1. Periodenverschiebungen*

Für die Möglichkeit des Käufers, die Kennzahlen mittels Periodenverschiebungen zu beeinflussen, wurden verschiedene Varianten dargestellt:[916]

- Hinauszögerung der Abnahme von Aufträgen, um die Erhöhung der Umsatzerlöse und des Gewinns hinauszuschieben,
- Änderung der Vertragsgestaltung mit Kunden (steigende Preise), um Umsatzerlöse und Gewinne in die Zukunft zu verschieben und
- Vorzug von Investitionen, deren Ertrag sich erst nach der Earn-Out-Periode ergibt.

Da der Käufer in den vorliegend zu beurteilenden Fällen die Geschäftsführung nach der Transaktion allein übernimmt, muss der Verkäufer grundsätzlich damit

---

915 Siehe oben Kapitel 3, § 7.

916 Siehe oben Kapitel 3, § 7, A.

rechnen, dass dieser Änderungen bei der Ausführung von Aufträgen und bei Vertragsabschlüssen vornimmt. Auch die Investitionsplanung hat der Verkäufer durch diese Regelung vollständig in die Hände des Käufers gegeben. Es ist daher fraglich, ob es für den Käufer erkennbar war, dass diese Punkte für den Verkäufer dennoch wesentlich und entscheidungserheblich waren.

Der BGH hat in einem Fall, in welchem für den Unternehmensverkäufer ein vertragliches Wettbewerbsverbot vereinbart wurde, eine Aufklärungspflicht über die Pläne von dessen Ehefrau, ein Konkurrenzgeschäft zu eröffnen, verneint, weil in der Klausel explizit nur der Verkäufer und keine weiteren (nahestehenden) Personen aufgeführt wurden.[917] Wäre es dem Käufer darauf angekommen, dass das Wettbewerbsverbot auch für andere Personen gelten solle, hätte dies in die Klausel aufgenommen werden müssen.[918]

Dieses Urteil kann hier insofern herangezogen werden, als dass der Verkäufer zugestimmt hat, dass der Käufer nach der Transaktion die Geschäfte des Unternehmens führt und Änderungen der Geschäftsführung somit konkludent zugestimmt hat. Der Käufer kann ohne Weiteres nicht erkennen, dass es dem Verkäufer entscheidend darauf ankommt, wie in den genannten Bereichen vorgegangen wird. Wenn daher in den Unternehmenskaufvertrag bezüglich der genannten Punkte keinerlei Regelungen aufgenommen wurden, kann der Verkäufer grundsätzlich nicht verlangen, dass der Käufer ihn ungefragt über seine Pläne aufklärt.

Allerdings ist für den Verkäufer dennoch – auch ohne explizite Erwähnung im Vertrag – erkennbar, dass es dem Käufer auf einen angemessenen Preis für sein Unternehmen ankommt.[919] Sofern daher mittels der geplanten Änderungen in der Geschäftsführung der Kaufpreis bewusst und erheblich beeinflusst werden soll, handelt es sich bei den Plänen des Käufers um eine für den Verkäufer wesentliche Information, was für den Käufer auch erkennbar ist. Grundsätzlich kann durch das Verschweigen dieser Information auch der Vertragszweck des Verkäufers vereitelt werden, denn es kommt ihm in erster Linie darauf an, einen hohen und fair berechneten Kaufpreis für sein Unternehmen zu erlangen. In einem solchen Fall kann der Verkäufer eine Aufklärung über die Pläne des Käufers auch nach Treu und Glauben erwarten.

Für die Bejahung der Aufklärungspflicht in solchen Fällen spricht auch die Entscheidung des BGH, dass ein Verkäufer zwar seine Kaufpreiskalkulation grundsätzlich nicht ungefragt offenzulegen braucht, jedoch, wenn „die Vertragspartner […]

917 BGH, Urt. v. 26.11.1986 – VIII ZR 260/85, NJW 1987, 909 (910).
918 BGH, Urt. v. 26.11.1986 – VIII ZR 260/85, NJW 1987, 909 (910).
919 Siehe oben Kapitel 7, § 20, B., I.

einvernehmlich davon ausgegangen [sind], daß für die Kaufpreisberechnung bestimmte Faktoren maßgeblich sein sollen, [...] der Verkäufer, wenn er bei der Errechnung des in sein Angebot aufzunehmenden Preises einseitig von diesen Grundlagen abweicht, verpflichtet [ist], den Käufer auf diesen Umstand hinzuweisen“[920]. Dies ist insofern übertragbar, als dass bei der Einigung auf eine Earn-Out-Klausel ebenfalls bestimmte Faktoren als maßgebend für die Kaufpreisermittlung angesehen werden und der Käufer durch sein diese beeinflussendes Verhalten im Ergebnis einseitig von der vereinbarten Kaufpreisermittlung abweicht.

In einer anderen Entscheidung hat der BGH eine Aufklärungspflicht des Verkäufers über einen erheblichen Umsatzrückgang (im Urteilsfall über 40 %) unter anderem mit dem Argument bejaht, dass sich dieser auf den Rohertrag und somit auf die Kaufpreisbestimmung (welcher ein bestimmter Rohertrag zugrunde gelegt wurde) ausgewirkt hat.[921] Aus dieser Argumentation kann ebenfalls geschlossen werden, dass der BGH Umstände, die sich erheblich auf die Höhe des zu zahlenden Kaufpreises auswirken, im Grundsatz für aufklärungsbedürftig hält.

### 2. *Strukturveränderungen*

Als Beispiele der Manipulation durch den Käufer mittels Strukturänderungen wurden die folgenden genannt:[922]

- Integration in den Käuferkonzern,
- Wechsel der Rechtsform und
- Änderung des Geschäftsmodells.

Die Integration des Unternehmens in den Käuferkonzern unter Beibehaltung der rechtlichen Selbstständigkeit ist für sich genommen ein Vorgang, mit dem der Verkäufer rechnen und über welchen er daher nicht grundsätzlich aufgeklärt werden muss. Es kann ihm in diesem Fall zugemutet werden, danach zu fragen, sofern die Information der Integration in den Käuferkonzern für ihn entscheidend ist.

Falls das Unternehmen jedoch unter Aufhebung der rechtlichen Selbstständigkeit und der eigenen Buchhaltung in den Käuferkonzern integriert werden soll und aus diesem Grund die Ermittlung der Kennzahlen für die Berechnung der Earn-Out-Zahlung nicht wie vertraglich vereinbart möglich sein wird, handelt es sich für den Käufer erkennbar um einen wesentlichen und entscheidungserheblichen

---

920 BGH, Urt. v. 01.04.1981 – VIII ZR 51/80, NJW 1981, 2050.

921 BGH, Urt. v. 06.12.1995 – VIII ZR 192/94, NJW-RR 1996, 429.

922 Siehe oben Kapitel 3, § 7, B.

Umstand, über welchen der Verkäufer erwarten darf, ungefragt aufgeklärt zu werden.[923]

In einem solchen Fall könnte sogar über die Verletzung der Aufklärungspflicht hinaus eine positive Täuschung vorliegen, denn der Verkäufer muss aufgrund der Einigung auf eine Earn-Out-Klausel davon ausgehen, dass der Käufer vorhat, das Unternehmen in der Weise weiterzuführen, dass die Berechnung des variablen Kaufpreisanteils möglich ist. Die Eingehung des Vertrages durch den Käufer kann als konkludente Äußerung angesehen werden, er werde das Unternehmen so weiterführen, dass die Ermittlung der der Berechnung zugrunde liegenden Kennzahlen möglich ist.[924]

Ein geplanter Wechsel der Rechtsform stellt dagegen im Allgemeinen keinen Umstand dar, über welchen ungefragt aufgeklärt werden müsste. Auch hier gilt, dass eine Aufklärungspflicht nur bei der Planung einer durch den Rechtsformwechsel begründeten erheblichen Minderung des variablen Kaufpreisanteils[925] in Betracht kommt.

Die geplante Änderung des Geschäftsmodells ist für den Verkäufer insofern eine wesentliche Information, als dass der Sinn und Zweck einer Earn-Out-Klausel die Berechnung eines fairen Preises für das zu veräußernde Unternehmen ist. Eine grundlegende Änderung des Geschäftsmodells steht diesem Zweck entgegen. Der Verkäufer muss mit einer solchen auch nicht rechnen, denn aufgrund der Vereinbarung einer Earn-Out-Klausel kann er davon ausgehen, dass der Käufer das Geschäft grundsätzlich in der bisherigen Form fortführen möchte. Die Information ist aufgrund ihrer wirtschaftlichen Tragweite erkennbar für den Verkäufer entscheidungserheblich. Bei einer grundlegenden Änderung des Geschäftsmodells darf der Verkäufer bei der Vereinbarung einer Earn-Out-Klausel eine ungefragte Aufklärung auch nach Treu und Glauben erwarten. Auch hier kann im Einzelfall sogar eine positive Täuschung durch den Käufer vorliegen.[926]

Schwieriger ist die Abgrenzung selbstverständlich bei einer nicht als grundlegend zu bezeichnenden Änderung des Geschäftsmodells. Änderungen in der Geschäftsführung des Unternehmens müssen dem Käufer – wie bereits erwähnt[927] – erlaubt sein, ohne dass er bei den Vertragsverhandlungen hierauf hinweisen müsste. Plant der Käufer beispielsweise die Aufnahme weiterer Produkte in das Sortiment eines Supermarktes, so handelt es sich hierbei offensichtlich nicht um

923 So auch *Drygala*, in: Drygala/Wächter, Earnout-Klauseln, S. 247 (257).
924 Ähnlich auch *Drygala*, in: Drygala/Wächter, Earnout-Klauseln, S. 247 (257).
925 Siehe hierzu oben Kapitel 7, § 20, B., II., 1.
926 So auch *Drygala*, in: Drygala/Wächter, Earnout-Klauseln, S. 247 (257).
927 Siehe oben Kapitel 7, § 20, B., II., 1.

einen Umstand, über welchen er den Verkäufer aufklären müsste. Plant er jedoch, aus dem Supermarktgebäude ein Lager zu machen, welches für die Geschäfte anderer Konzernunternehmen zur Verfügung stehen soll, ist die Aufklärungspflicht zu bejahen.

### 3. *Ergebnisverlagerungen*

Wie bereits dargestellt,[928] kann die Berechnung der Earn-Out-Zahlung durch erhöhte Konzernumlagen oder Ergebnisverlagerungen in das Privatvermögen des Käufers beeinflusst werden.

Dass bei einer Integration in den Käuferkonzern Konzernumlagen beziehungsweise -weiterberechnungen getätigt werden, die die Unternehmensergebnisse beeinflussen, ist für einen sachkundigen Verkäufer[929] zu erwarten. Der Plan, das Unternehmen nach der Transaktion aufgrund der zentralen Übernahme von Aufgaben durch andere Konzernunternehmen mit entsprechenden Umlagen zu belasten, ist daher kein Umstand, über den der Verkäufer grundsätzlich erwarten darf, ungefragt aufgeklärt zu werden. Sofern es ihm auf diese Umstände entscheidend ankommt, ist es ihm zuzumuten, danach zu fragen, welche Konzernkosten nach der Transaktion weiterberechnet werden sollen. Gleiches gilt für geplante rechtliche Beziehungen zwischen dem Unternehmen und dem Käufer beziehungsweise diesem nahestehenden Personen.

Eine andere Beurteilung kann sich – wie auch in Bezug auf Periodenverschiebungen[930] – dennoch im Einzelfall ergeben. Ein solcher könnte bei in wesentlichem Umfang über Fremdvergleichspreisen liegenden Umlagen beziehungsweise Entgelten gegeben sein, die geeignet sind, die Zahlung des variablen Kaufpreisanteils gänzlich zu verhindern oder in erheblichem Umfang zu schmälern. Plant der Käufer dagegen beispielsweise, seine Ehefrau auf Minijobbasis (€ 450,00 Euro monatliches Arbeitsentgelt) einzustellen – ohne dass diese überhaupt für das Unternehmen tätig werden soll – handelt es sich bei der Umsetzung des Vorhabens zwar um eine Pflichtverletzung, nicht jedoch um einen Umstand, über welchen er den Verkäufer aufklären müsste.

---

928 Siehe oben Kapitel 3, § 7, C.

929 Siehe in Bezug auf die Minderung von Aufklärungspflichten aufgrund der Sachkunde der anderen Vertragspartei *Hieke*, Vorvertragliche Aufklärungspflichten, S. 276 f.; *Maier*, Aufklärungspflichten, S. 102.

930 Siehe oben Kapitel 7, § 20, B., II., 1.

### 4. *Beeinflussung der Rechnungslegung*

Die Beeinflussung des variablen Kaufpreisanteils durch Änderungen in der Rechnungslegung wurde für die folgenden Möglichkeiten erläutert[931]:

- Ausübung von Bilanzierungswahlrechten,
- Erhöhung der Abschreibungen und
- Erhöhung der Finanzierungskosten.

Sofern es sich bei den vom Käufer getätigten Änderungen der Rechnungslegung um legale Gestaltungsmöglichkeiten handelt, fehlt es an einem für eine Aufklärungspflicht notwendigen Informationsgefälle zwischen den Parteien, denn dem sachkundigen Verkäufer muss bewusst sein, dass die Rechnungslegung gewisse Spielräume bei der Gewinnermittlung eröffnet. Auch die Änderung der Abschreibungen und die Belastung des Unternehmens mit Finanzierungskosten sind keine Umstände, die grundsätzlich eine Aufklärungspflicht begründen, denn der Verkäufer muss mit diesen Belastungen rechnen. Es kann außerdem von ihm verlangt werden, nach diesen Umständen zu fragen, sofern er seine Entscheidung, den Vertrag einzugehen, hiervon abhängig macht.

### 5. *Weiterveräußerung*

Die geplante Weiterveräußerung des Unternehmens während der Earn-Out-Periode stellt erkennbar einen wesentlichen und entscheidungserheblichen Umstand dar, über welchen der Verkäufer nach Treu und Glauben eine Aufklärung erwarten darf, denn eine solche vereitelt den Zweck der vereinbarten Earn-Out-Klausel. Auch in diesem Handeln kann über die Verletzung der Aufklärungspflicht hinaus eine positive Täuschung gesehen werden, denn wenn der Käufer sich auf eine Earn-Out-Klausel einlässt, kann der Verkäufer darin die konkludente Äußerung sehen, dass eine Veräußerung innerhalb des vereinbarten Zeitraums nicht geplant ist.[932]

Der BGH bejahte in dem sogenannten „Daktari"-Urteil die Pflicht des Käufers, den Verkäufer über die geplante Weiterveräußerung der infrage stehenden Lizenzen (Fernsehrechte für die Serien „Daktari" und „Flipper") aufzuklären und sah in dem Verschweigen dieser Information eine arglistige Täuschung.[933] Im Entscheidungsfall war die Vereinbarung über eine 50%ige Beteiligung an

931 Siehe oben Kapitel 3, § 7, D.

932 Ähnlich in Bezug auf die Zerschlagung des Unternehmens auch *Drygala*, in: Drygala/Wächter, Earnout-Klauseln, S. 247 (257).

933 BGH, Urt. v. 31.01.1979 – I ZR 77/77, GRUR 1979, 429 (430).

Weiterveräußerungserlösen zugunsten des Veräußerers gegen Zahlung von 10.000 US-Dollar abgelöst worden, anschließend veräußerte der Käufer die Lizenzen für 8,3 Mio. DM weiter. Sofern schon zum Zeitpunkt der Ablösung der Erlösbeteiligung konkrete Angebote über die Veräußerung der Lizenzen vorgelegen hätten (was von der Vorinstanz unterstellt wurde), sei eine Aufklärungspflicht zu bejahen. Der BGH stützte seine Entscheidung maßgeblich auf das zwischen den Parteien bestehende langjährige Vertrauensverhältnis, welches durch die „intensiven Geschäftsbeziehungen" und darüber hinaus bestehende „freundschaftliche Beziehungen" entstanden sei, auch die – aufgrund der Erlösbeteiligung des Veräußerers – gemeinsame Verwertung der Fernsehrechte bestärke dieses Vertrauensverhältnis.[934]

Das OLG Hamm entschied in einem ähnlich gelagerten Fall der Weiterveräußerung eines KG-Anteils innerhalb weniger Monate nach dem Erwerb ebenfalls, dass diesbezüglich eine Aufklärungspflicht des Käufers bestanden habe, da zum Zeitpunkt des Vertragsschlusses bereits ein konkretes Angebot für die Weiterveräußerung vorgelegen habe und die Parteien eine langjährige geschäftliche Beziehung unterhielten.[935]

Diese Urteile können hier unterstützend angeführt werden, da sie den seltenen Fall betreffen, dass eine Aufklärungspflicht des Käufers dem Verkäufer gegenüber bejaht wird und zwar für eine geplante Weiterveräußerung, wenn zwischen den Parteien ein besonderes Vertrauensverhältnis besteht. Durch die Earn-Out-Klausel vereinbaren die Vertragsparteien eine jahrelange gemeinsame Teilhabe am Unternehmenserfolg. Dieses begründet ein besonderes Vertrauensverhältnis, welches hier relevant ist, selbst wenn es vor den Vertragsverhandlungen noch nicht bestanden hat. Anders als in dem Urteilsfall des BGH ist die Weiterveräußerung durch den Käufer jedoch nicht aufgrund des erzielten Preises problematisch, sondern da durch sie die Berechnung der variablen Kaufpreiszahlung in der vertraglich vereinbarten Weise verhindert wird. Zu welchem Preis die Weiterveräußerung erfolgt, ist grundsätzlich irrelevant.

*Maier* kritisiert an der Entscheidung des BGH, dass aufgrund der Privatautonomie und der damit begründeten freien Preisbildung eine Aufklärung der anderen Partei über Weiterveräußerungsmöglichkeiten sowie ein Missverhältnis zwischen Leistung und Gegenleistung nicht gefordert werden könne.[936] Außerdem könne gerade in Bezug auf Marktverhältnisse bei gleichermaßen

---

934 BGH, Urt. v. 31.01.1979 – I ZR 77/77, GRUR 1979, 429 (430).
935 OLG Hamm, Urt. v. 09.01.1991 – 8 U 122/90, DB 1991, 799.
936 *Maier*, Aufklärungspflichten, S. 105 f.

sachkundigen Vertragsparteien keine Aufklärung erwartet werden, da es insofern an einer Informationsasymetrie fehle.[937]

Diese Argumente sind – in Bezug auf den Urteilsfall – durchaus nachvollziehbar und die Entscheidung des BGH (und auch des OLG Hamm) somit allein deshalb zu rechtfertigen, da die Vertragsparteien ein spezielles Vertrauensverhältnis hatten. Die Kritik greift jedoch nicht, wenn das Urteil für die Beurteilung der hier infrage stehenden Fälle herangezogen wird, da vorliegend der relevante Umstand für die Bejahung einer Aufklärungspflicht des Käufers nicht die Weiterveräußerung des Unternehmens zu einem höheren als dem geleisteten Preis ist, sondern, dass durch die Handlung des Käufers die Ermittlung des variablen Kaufpreisanteils auf die im Unternehmenskaufvertrag vereinbarte Weise vereitelt wird.

## C. Schadensersatz

Der durch eine Aufklärungspflichtverletzung des Vertragspartners Geschädigte ist so zu stellen, wie er stünde, wenn er über die für seinen Entschluss, den Vertrag einzugehen, entscheidenden Umstände ordnungsgemäß aufgeklärt worden wäre.[938] Er kann somit entscheiden, ob er die Rückabwicklung des Vertrages fordert oder an dem Vertrag festhält und zusätzlich Schadensersatz verlangt.[939]

In den vorliegend zu beurteilenden Fällen kommt es dem Verkäufer darauf an, einen angemessenen Kaufpreis für sein Unternehmen zu bekommen, die Rückabwicklung des Vertrages aufgrund der Manipulationshandlungen ist üblicherweise nicht seine Intention.[940] Der Schadensersatz bei gleichzeitigem Festhalten an dem Kaufvertrag stellt daher für ihn grundsätzlich die attraktivere Rechtsfolge dar.[941] Aus diesem Grund wird nicht auf die Auswirkungen einer eventuellen Rückabwicklung oder die Anwendung der Grundsätze der fehlerhaften Gesellschaft für die Fälle, in welchen eine Innengesellschaft zwischen den Parteien geschlossen wurde, eingegangen.

---

937 *Maier*, Aufklärungspflichten, S. 106-108.

938 BGH, Urt. v. 04.04.2001 - VIII ZR 32/00, NJW 2001, 2163 (2165); *Emmerich*, in: MüKo-BGB, § 311, Rn. 219; *Hieke*, Vorvertragliche Aufklärungspflichten, S. 171; *Maier*, Aufklärungspflichten, S. 27.

939 BGH, Urt. v. 02.06.1980 - VIII ZR 64/79, NJW 1980, 2408 (2409 f.); Urt. v. 04.04.2001 - VIII ZR 32/00, NJW 2001, 2163 (2165); *Emmerich*, in: MüKo-BGB, § 311, Rn. 232-235; *Louven*, in: Mehrbrey, Streitigkeiten Unternehmenskauf, § 14, Rn. 40; *Lorenz*, JuS 2015, 398 (400).

940 Siehe oben Kapitel 7, § 19, A., II., 1. und B., III.

941 Für Unternehmenskaufverträge im Allgemeinen ebenfalls zu diesem Schluss gelangend *Louven*, in: Mehrbrey, Streitigkeiten Unternehmenskauf, § 14, Rn. 41.

Die Berechnung des Schadensersatzanspruchs eines durch Aufklärungspflichtverletzung Geschädigten erfolgt in der Weise, dass angenommen wird, er hätte bei Kenntnis der in Rede stehenden Umstände einen anderen Preis durchsetzen können.[942] Ob der schädigende Vertragspartner sich auf diese Vertragsänderung eingelassen hätte, ist insofern irrelevant.[943]

Da der Verkäufer sich bei Kenntnis der Pläne des Käufers nicht auf eine Earn-Out-Klausel eingelassen hätte, läge der Schaden somit in der Differenz des – unter Berücksichtigung der Manipulation – niedrigeren zu zahlenden Kaufpreises zu dem (Fest-)Preis, den der Verkäufer verlangt hätte, wenn er die Absichten des Käufers gekannt hätte. Es ist daher im Einzelfall zu untersuchen, welcher Kaufpreis gerechtfertigt gewesen wäre, wenn der Käufer darüber aufgeklärt hätte, dass er beispielsweise die Eingliederung des Unternehmens in seinen Konzern unter Aufhebung der rechtlichen Selbstständigkeit plant. Bei der Schadensermittlung sind alle relevanten Umstände einzubeziehen, notfalls kann eine Schätzung nach § 287 ZPO erfolgen.[944]

Die Schadensermittlung dürfte in Fällen, in welchen sich die Parteien zur Kaufpreisbemessung auf eine Earn-Out-Klausel geeinigt haben, besonders schwierig sein, da eine solche üblicherweise aufgrund der verschiedenen Zukunftserwartungen der Parteien für das Unternehmen in den Kaufvertrag aufgenommen wird.[945] Für die Bemessung des Schadensersatzes muss dennoch ein Wert festgelegt werden, der in Anbetracht aller Umstände angemessen gewesen wäre.

Bezüglich des Schadensersatzanspruchs bei Pflichtverletzung des Käufers wurde bereits dargestellt, mit welchen Hilfsmitteln eine fiktive Unternehmensentwicklung festgelegt werden könnte.[946] Eine solche könnte ebenfalls als Grundlage

---

942 BGH, Urt. v. 06.04.2001 – V ZR 394/99, NJW 2001, 2875 (2877); *Emmerich*, in: MüKo-BGB, § 311, Rn. 234 f.; *Maier*, Aufklärungspflichten, S. 28; *Louven*, in: Mehrbrey, Streitigkeiten Unternehmenskauf, § 14, Rn. 41; *Wächter*, M&A Litigation, Rn. 12.147; *Wächter/Wollny*, NZG 2019, 801 (805); *Wächter/Wollny*, in: Drygala/Wächter, M&A-Transaktionen, S. 235 (249).

943 BGH, Urt. v. 06.04.2001 – V ZR 394/99, NJW 2001, 2875 (2877); *Lorenz*, JuS 2015, 398 (400); *Emmerich*, in: MüKo-BGB, § 311, Rn. 235; *Louven*, in: Mehrbrey, Streitigkeiten Unternehmenskauf, § 14, Rn. 41.

944 BGH, Urt. v. 02.06.1980 – VIII ZR 64/79, NJW 1980, 2408 (2410); *Louven*, in: Mehrbrey, Streitigkeiten Unternehmenskauf, § 14, Rn. 42; *Wächter*, M&A Litigation, Rn. 12.146, 12.151, der im Folgenden auf die sich bei der Ermittlung dieses Betrages ergebenden Schwierigkeiten eingeht.

945 Siehe zu den Gründen für den Abschluss einer Earn-Out-Klausel oben Kapitel 1, § 1, A.

946 Siehe oben Kapitel 7, § 17, C.

für die Ermittlung des Unternehmenswertes bei der Berechnung des Schadens aufgrund der Aufklärungspflichtverletzung herangezogen werden.

## D. Fazit zum Schadensersatz wegen unterlassener Aufklärung bei Vertragsschluss

Im Ergebnis ist festzustellen, dass die Hürden, die der Verkäufer nehmen muss, um gegen den Käufer einen Schadensersatzanspruch wegen unterlassener Aufklärung über die geplanten Änderungen des Unternehmens zu erwirken, relativ hoch sind. In diesem Zusammenhang ist nochmals darauf hinzuweisen, dass es sich nicht etwa um eine Sanktion des Verhaltens des Käufers nach der Transaktion handelt, sondern die Pflichtverletzung bereits bei den Vertragsverhandlungen begangen wird. Das bedeutet, dass der Käufer schon zu diesem Zeitpunkt nachweisbare Pläne gefasst haben muss, die die Earn-Out-Zahlung im Nachhinein beeinflussen. Dies bietet dem Käufer Spielraum, sich mit dem Argument zu exkulpieren, entsprechende Vorhaben habe es bei Vertragsschluss noch nicht gegeben. Hier kann neben unter Umständen schon bestehenden Vertragsentwürfen oder belegbaren Vertragsverhandlungen auch mit einer kurzen Zeitspanne zwischen dem Kauf und den getätigten Änderungen argumentiert werden. Dennoch dürfte der Nachweis des Vorliegens der Vorhaben bei Vertragsschluss ein nicht zu unterschätzendes Hindernis für den Verkäufer darstellen.

Grundsätzlich ist es sinnvoll, an die Haftung aus culpa in contrahendo hohe Voraussetzungen zu stellen, da als Rechtsfolge unter anderem die Rückabwicklung des Vertrages gefordert werden kann. Diese Rechtsfolge lässt sich nur durch eine erhebliche Pflichtverletzung des Käufers rechtfertigen.

Aus diesen Gründen ist eine generelle Haftung aufgrund des Verschweigens bestimmter Pläne – wie zu Periodenverschiebungen führenden Änderungen der Geschäftsführung, der Eingliederung des Unternehmens in den Käuferkonzern unter Beibehaltung der rechtlichen Selbstständigkeit, dem Wechsel der Rechtsform, der Belastung mit Konzernumlagen und Rechtsbeziehungen zu dem Käufer und diesem nahestehenden Personen einzugehen oder Änderungen in der Rechnungslegung vorzunehmen – abzulehnen. Handelt es sich bei den genannten Plänen jedoch um solche, die eine erhebliche Minderung des Kaufpreises herbeiführen sollen, ist eine Aufklärungspflicht zu bejahen.

Das Vorhaben, das Unternehmen unter Aufhebung der rechtlichen Selbstständigkeit in den Käuferkonzern einzugliedern, das Geschäftsmodell grundlegend zu verändern oder das Unternehmen während der Earn-Out-Periode weiterveräußern zu wollen, stellt dagegen regelmäßig einen Umstand dar, über welchen der Käufer den Verkäufer aufgrund der eingegangenen Earn-Out-Vereinbarung grundsätzlich aufzuklären hätte.

Liegt eine schuldhafte Aufklärungspflichtverletzung des Käufers vor, kann der Verkäufer zwischen der Rückgängigmachung des Vertrages sowie dem Festhalten am Vertrag und der ergänzenden Geltendmachung von Schadensersatz wählen. Der Schadensersatzanspruch dürfte im Allgemeinen für den Verkäufer vorzugswürdig sein, denn er möchte das verkaufte Unternehmen nicht zurück, sondern einen angemessenen Kaufpreis hierfür erhalten. Bei der Ermittlung der Höhe des Schadensersatzes ergeben sich die aus den bereits thematisierten Schadensersatzansprüchen bekannten Probleme der Ermittlung eines angemessenen Unternehmenswertes.

## § 21 Anfechtung wegen arglistiger Täuschung

Gemäß § 123 Abs. 1 BGB kann eine Partei den geschlossenen Vertrag – beziehungsweise ihre hierzu abgegebene Willenserklärung – anfechten, sofern sie bei Vertragsschluss arglistig getäuscht wurde. Vorliegend könnte der Verkäufer demnach den Unternehmenskaufvertrag anfechten, wenn das Verschweigen bestimmter Pläne, welche die Earn-Out-Vereinbarung beeinflussen, durch den Käufer als arglistige Täuschung gewertet würde. Der Vertrag ist dann grundsätzlich als von Anfang an nichtig anzusehen, § 142 Abs. 1 BGB.

Da – wie bereits erläutert[947] – die Lösung vom Vertrag nicht die primäre Intention des Verkäufers ist, sondern die Erlangung eines angemessenen Kaufpreises für sein Unternehmen, werden die Möglichkeit der Vertragsanfechtung und die daraus resultierenden Rechtsfolgen nur der Vollständigkeit halber und in der gebotenen Kürze dargestellt.

### A. Anwendung auf Innengesellschaften und partiarische Rechtsverhältnisse

Grundsätzlich ist § 123 BGB auf alle privatrechtlichen Willenserklärungen anzuwenden, Ausnahmen gelten, sofern Sondervorschriften Anwendung finden.[948] Der Unternehmenskaufvertrag ist, wenn der Verkäufer arglistig getäuscht wurde, sowohl bei Vorliegen eines partiarischen Rechtsverhältnisses als auch einer entstandenen Innengesellschaft, nach § 123 Abs. 1 BGB anfechtbar.

---

947 Siehe oben Kapitel 7, § 19, A., II., 2. und B. III.

948 *Armbrüster*, in: MüKo-BGB, § 123, Rn. 6.

## B. Arglistige Täuschung

In Bezug auf die Beurteilung, ob eine Täuschung vorliegt, kann auf die Ausführungen zu der Verletzung von Aufklärungspflichten in Zusammenhang mit einer Haftung aus culpa in contrahendo verwiesen werden.[949] Als zusätzliche Voraussetzung muss die Täuschung vorsätzlich begangen worden sein, der Bezeichnung der Täuschung als „arglistig“ ist darüber hinaus keine eigene Bedeutung beizumessen.[950]

Die Voraussetzung des Vorsatzes dürfte in den vorliegenden Fällen üblicherweise keine hohe Hürde darstellen.[951] Da bedingter Vorsatz genügt[952] und die Beeinflussung der Unternehmenskennzahlen bereits ein subjektives Element enthält,[953] kann bei dem als manipulativ herausgestellten Verhaltensweisen des Käufers, für welche er sich nicht durch andere unternehmerische Zwecke entlasten kann, im Zweifel von einer schuldhaften (hier vorsätzlichen) Täuschung ausgegangen werden. Allerdings ist zu berücksichtigen, dass das Verschulden des Käufers – anders als nach § 280 Abs. 1 BGB – nicht vermutet wird.[954] Der Nachweis des Verschuldens (hier des Vorsatzes) stellt daher eine größere Schwierigkeit dar als bei der Haftung nach § 280 Abs. 1 BGB.

Generell kann festgehalten werden, dass eine arglistige Täuschung grundsätzlich in den gleichen Fällen infrage kommt, wie die Haftung aus Verschulden bei Vertragsschluss.[955]

---

949 Siehe oben Kapitel 7, § 20, B.; bezüglich der Gleichstellung der Voraussetzungen *Wächter*, M&A Litigation, Rn. 6.179; *Hieke*, Vorvertragliche Aufklärungspflichten, S. 195; *Jaques*, in: Ettinger/Jaques, Unternehmenskauf im Mittelstand, C., Rn. 25; *A. Vollmerhaus/M. Vollmerhaus*, in: Mehrbrey, Streitigkeiten Unternehmenskauf, § 9, Rn. 206.

950 *Armbrüster*, in: MüKo-BGB, § 123, Rn. 18; *Wächter*, M&A Litigation, Rn. 8.1; *Hieke*, Vorvertragliche Aufklärungspflichten, S. 193 m.w.N.; *Jaques*, BB 2002, 417 (419); *Oltmanns*, in: Drygala/Wächter, M&A-Transaktionen, S. 257 (260).

951 Die Grenze zu Vorsatz in Bezug auf Aufklärungspflichtverletzungen generell für niedrig haltend *Jaques*, in: Ettinger/Jaques, Unternehmenskauf im Mittelstand, C., Rn. 24; *Jaques*, BB 2002, 417.

952 *Armbrüster*, in: MüKo-BGB, § 123, Rn. 15.

953 Siehe oben Kapitel 7, § 17, B.

954 *A. Vollmerhaus/M. Vollmerhaus*, in: Mehrbrey, Streitigkeiten Unternehmenskauf, § 9, Rn. 207.

955 Ähnlich auch *Drygala*, in: Drygala/Wächter, Earnout-Klauseln, S. 247 (257).

## C. Wirkung der Anfechtung

Die Anfechtung bewirkt gemäß § 142 Abs. 1 BGB grundsätzlich, dass das Rechtsgeschäft als von Anfang an (ex tunc) nichtig anzusehen ist. Die Unternehmenstransaktion wäre folglich rückabzuwickeln.[956] Für Gesellschaftsverträge, auch solche, die eine Innengesellschaft betreffen, gilt die Besonderheit, dass die Rechtsfolgen der Anfechtung nur für die Zukunft (ex nunc) eintreten und somit denjenigen einer Kündigung gleichzustellen sind.[957] Sowohl für die Rückabwicklung[958] als auch für die Kündigung[959] wurde bereits dargestellt, dass diese Rechtsfolgen in aller Regel für den Käufer nicht die primär angestrebten sind.

## D. Fazit zur Anfechtung wegen arglistiger Täuschung

Wie eingangs bereits erwähnt, dürfte die Anfechtung des Kaufvertrages wegen arglistiger Täuschung für den Verkäufer grundsätzlich eher uninteressant sein. Die Voraussetzungen sind im Vergleich zur culpa in contrahendo höher, da dem Käufer Vorsatz nachgewiesen werden müsste, während der Schadensersatz als Rechtsfolge der culpa in contrahendo denen der Anfechtung des Rechtsgeschäfts vorzuziehen sind. Darüber hinaus ist bei der Anfechtung die Jahresfrist nach § 124 BGB einzuhalten.[960]

Der Verkäufer wird daher im Zweifel seinen Schadensersatzanspruch aus culpa in contrahendo bevorzugt verfolgen. Die Ansprüche bestehen nebeneinander, einen Vorrang der Anfechtung verneint der BGH.[961]

---

956 *Busche*, in: MüKo-BGB, § 142, Rn. 15 m.w.N.

957 *Armbrüster*, in: MüKo-BGB, § 119, Rn. 15 m.w.N.; *Busche*, in: MüKo-BGB, § 142, Rn. 19 m.w.N.; *Schäfer*, in: MüKo-BGB, § 723, Rn. 4; BGH, Versäumnisurteil v. 20.10.2015 – II ZR 444/13, DNotZ 2015, 454 (456) m.w.N.; bezüglich der Geltung der Grundsätze der fehlerhaften Gesellschaft für stille Gesellschaften beziehungsweise Innengesellschaften Urt. v. 06.11.2018 – II ZR 57/16, DB 2019, 54 (56); Urt. v. 21.03.2005 – II ZR 149/03, NZG 2005, 476 (477); Urt. v. 29.11.2004 – II ZR 6/03, DNotI-Report 2005, 54; Urt. v. 29.06.1970 – II ZR 158/69, NJW 1971, 375 (377); a.A. *Koenigs*, Stille Gesellschaft, S. 111-114.

958 Siehe oben Kapitel 7, § 19, B., III.

959 Siehe oben Kapitel 7, § 19, A., II., 2.

960 So auch: *Lorenz*, JuS 2015, 398 (400).

961 BGH, Urt. v. 26.09.1997 – V ZR 29/96, NJW 1998, 302 (303 f.); *Jaques*, in: Ettinger/Jaques, Unternehmenskauf im Mittelstand, C., Rn. 25; *A. Vollmerhaus/M. Vollmerhaus*, in: Mehrbrey, Streitigkeiten Unternehmenskauf, § 9, Rn. 206; *Lorenz*, JuS 2015, 398 (400).

# § 22 Vertragsänderung oder -aufhebung wegen Störung der Geschäftsgrundlage

Gemäß § 313 BGB kann ein Vertrag geändert oder aufgehoben werden, wenn die Geschäftsgrundlage gestört ist. Eine solche Störung kann beispielsweise vorliegen, wenn – vorbehaltlich weiterer Voraussetzungen – bei den Vertragsparteien zum Zeitpunkt des Geschäftsabschlusses eine Fehlvorstellung über künftige Entwicklungen vorlag.[962] Die Risikoverteilung zwischen den Parteien wird im Falle einer solchen Störung abweichend vom geschlossenen Vertrag zu Lasten der bevorteilten Partei vorgenommen.[963] Insbesondere für langfristige Verträge, bei welchen die Parteien nicht alle zukünftigen Entwicklungen bereits bei Vertragsschluss vorhersehen können, bedarf es teilweise einer Anpassung des Vertragsinhaltes über § 313 BGB.[964]

Vorliegend gilt es zu prüfen, ob die beeinflussenden Maßnahmen des Käufers nach der Unternehmenstransaktion zu einer Störung der Geschäftsgrundlage führen und somit aus Sicht des Verkäufers eine Anpassung des Vertrages möglich ist, denn bei Unternehmenskaufverträgen mit Earn-Out-Klauseln ergibt sich häufig ebendieses Problem, dass bei Vertragsschluss nicht vorhergesehen werden konnte, wie sich das Unternehmen während der Earn-Out-Periode entwickeln, beziehungsweise welche Maßnahmen mit Auswirkung auf das Earn-Out-Ergebnis der Käufer durchführen wird.

## A. Anwendung auf Innengesellschaften und partiarische Rechtsverhältnisse

Die Regelungen des § 313 BGB sind grundsätzlich sowohl auf schuldrechtliche Verträge als auch auf Gesellschaftsverträge anwendbar.[965] Ob die Störung der Geschäftsgrundlage durch das Recht auf eine Vertragsanpassung aufgrund der gesellschaftsrechtlichen Treuepflicht oder das Kündigungsrecht gemäß § 723 Abs. 1 S. 2 BGB verdrängt wird oder beide Institute nebeneinander beziehungsweise in sich überschneidenden Anwendungskreisen gelten sollen, ist strittig.[966]

Auf diese Differenzierung soll hier nicht weiter eingegangen, sondern der Anspruch auf Vertragsanpassung für beide Fallvarianten unter der Störung der

962 *Finkenauer*, in: MüKo-BGB, § 313, Rn. 1.
963 *Finkenauer*, in: MüKo-BGB, § 313, Rn. 2.
964 *Finkenauer*, in: MüKo-BGB, § 313, Rn. 6.
965 *Finkenauer*, in: MüKo-BGB, § 313, Rn. 47; *Schäfer*, in: MüKo-BGB, § 723, Rn. 4.
966 Zum Meinungsstreit *Finkenauer*, in: MüKo-BGB, § 313, Rn. 177 m.w.N.; *Baier*, NZG 2004, 356–360 m.w.N.

Geschäftsgrundlage zusammengefasst werden. Zwar ist die Treuepflicht – aus welcher auch das Institut der Störung der Geschäftsgrundlage entwickelt wurde[967] – in Gesellschaftsverhältnissen stärker ausgeprägt,[968] dennoch ist die Abgrenzung vorliegend schwierig, da auch im Rahmen eines partiarischen Rechtsverhältnisses eine erhöhte Treuepflicht gegeben ist.[969] Die Vertragsanpassung aufgrund der gesellschaftsrechtlichen Treuepflicht und die Anpassung aufgrund einer Störung der Geschäftsgrundlage führen außerdem zu gleichen Ergebnissen.[970]

Im Folgenden wird daher nicht zwischen partiarischen Rechtsverhältnissen und Innengesellschaften unterschieden, sondern für sämtliche Fälle die Möglichkeit einer Vertragsanpassung über die Störung der Geschäftsgrundlage geprüft.

## B. Störung der Geschäftsgrundlage

### *I. Störung der Geschäftsgrundlage beim Unternehmenskaufvertrag mit Earn-Out-Klausel*

Die Geschäftsgrundlage eines Vertrages sind nach der Rechtsprechung des BGH „die bei Vertragsschluss bestehenden gemeinsamen Vorstellungen beider Parteien oder die dem Geschäftsgegner erkennbaren und von ihm nicht beanstandeten Vorstellungen der einen Vertragspartei von dem Vorhandensein oder dem künftigen Eintritt gewisser Umstände, sofern der Geschäftswille der Parteien auf dieser Vorstellung aufbaut“[971].

Vorliegend hat der Verkäufer die Vorstellung, dass das verkaufte Unternehmen nach der Transaktion im Wesentlichen unverändert fortgeführt wird, denn nur dann ist aus seiner Sicht die Vereinbarung einer Earn-Out-Klausel für die Kaufpreisbemessung sinnvoll, beziehungsweise kann eine Earn-Out-Klausel überhaupt zu einem angemessenen Unternehmenskaufpreis führen. Da das Mittel des variablen Kaufpreisanteils gewählt wird, um – trotz unterschiedlicher Prognosen über die zukünftige Entwicklung des Unternehmens – eine Einigung zwischen den Parteien zu erzielen, ist dem Käufer die vom Verkäufer erwartete beziehungsweise erhoffte Unternehmensentwicklung außerdem bekannt. Anhand dieser

---

967 *Finkenauer*, in: MüKo-BGB, § 313, Rn. 184.

968 BGH, Urt. v. 24.05.1993 – II ZR 36/92, NJW 1993, 2101 (2102).

969 Siehe oben Kapitel 6, § 15.

970 *Baier*, NZG 2004, 356 (359 f.), der den Anwendungsbereich der Störung der Geschäftsgrundlage für Fälle der Vertragsanpassung auch im Personengesellschaftsrecht für breiter hält.

971 BGH, Urt. v. 08.02.2006 – VIII ZR 304/04, NJW-RR 2006, 1037 (1038) m.w.N.

Planwerte dürfte für ihn üblicherweise erkennbar sein, dass der Verkäufer von einer im Wesentlichen unveränderten Unternehmensfortführung ausgeht. Die im Wesentlichen unveränderte Fortführung des Unternehmens ist somit Geschäftsgrundlage des Kaufvertrags.

Ob sich durch die Maßnahmen des Käufers nach der Transaktion eine schwerwiegende Veränderung dieser Umstände ergibt und die Parteien den Vertrag daher bei Kenntnis der Entwicklungen nicht oder mit anderem Inhalt geschlossen hätten (§ 313 Abs. 1 BGB), muss einzelfallbezogen beurteilt werden. In diesem Zusammenhang muss auch die Zumutbarkeit des Festhaltens am unveränderten Vertrag für den Verkäufer geprüft werden.

### *II. Störung der Geschäftsgrundlage bei Manipulation durch den Käufer*

Die Voraussetzungen für das Vorliegen einer Störung der Geschäftsgrundlage enthalten verschiedene unbestimmte Rechtsbegriffe (zum Beispiel „Vertragsgrundlage", „schwerwiegende Veränderung", „Zumutbarkeit").[972] Eine pauschale Bewertung für die dargestellten Fallgruppen einer Manipulation durch den Käufer ist daher kaum möglich.

Bei der Prüfung eines Anspruchs aus culpa in contrahendo und der Möglichkeit einer Anfechtung wegen arglistiger Täuschung wurde bereits darauf eingegangen, in welchen Fällen der Verkäufer nach Treu und Glauben eine Aufklärung über Umstände, die den Vertragszweck vereiteln können und für den Käufer erkennbar eine wesentliche Bedeutung für die Entscheidung des Verkäufers haben, den Vertrag einzugehen, erwarten darf.[973]

Die Voraussetzungen einer Haftung aus culpa in contrahendo gleichen denen der Störung der Geschäftsgrundlage insofern, als dass auch hier gewisse Erwartungen des Verkäufers nach der Transaktion nicht erfüllt werden, von welchen er seine Entscheidung abhängig gemacht hat, den Vertrag in dieser Form einzugehen. Der Unterschied der beiden Vorschriften ist – in Bezug auf die vorliegend zu prüfenden Fälle – in erster Linie der zeitliche Aspekt: Während es bei der culpa in contrahendo beziehungsweise der arglistigen Täuschung darauf ankommt, dass der Käufer bereits bei Vertragsschluss bestimmte Pläne gefasst hat, Änderungen am Unternehmen vorzunehmen, kommt es bei der Störung der Geschäftsgrundlage nur auf die Änderung der entsprechenden Umstände an sich an, sprich, dass der Käufer die Veränderungen am Unternehmen nach der Transaktion überhaupt

---

972 Siehe auch *Finkenauer*, in: MüKo-BGB, § 313, Rn. 7, 76; *A. Vollmerhaus/M. Vollmerhaus*, in: Mehrbrey, Streitigkeiten Unternehmenskauf, § 9, Rn. 430; *Picot*, in: Picot, Handbuch M&A, S. 347.

973 Siehe oben Kapitel 7, § 20, B., II.

vorgenommen hat.[974] Ob er dies bereits zum Zeitpunkt des Vertragsschlusses geplant hatte, ist dagegen irrelevant.

Die Störung der Geschäftsgrundlage führt zu einer vom Vertrag abweichenden Risikoverteilung.[975] Diese wird beispielsweise als gerechtfertigt angesehen, wenn ein Risiko auf Umständen basiert, die in die Sphäre der anderen Partei fallen, oder wenn ein erhebliches Informationsgefälle zu Lasten der risikotragenden Partei vorliegt.[976] Die Bejahung einer Aufklärungspflicht erfolgt unter Zuhilfenahme ähnlicher Erwägungen.[977]

Der BGH sah beispielsweise die Aufnahme einer Tätigkeit für ein Konkurrenzunternehmen im Nachgang an einen Verkauf von Gesellschaftsanteilen nach der vorherigen ausdrücklichen Verneinung solcher Pläne und obwohl das Unterlassen einer Konkurrenztätigkeit für den Käufer erkennbar eine erhebliche Bedeutung hatte, als Störung der Geschäftsgrundlage an, welche eine Anpassung des Vertrages in Form einer Minderung des Kaufpreises rechtfertige.[978] Dass in den Vertrag kein Konkurrenzverbot aufgenommen worden sei, stehe dem nicht entgegen, sondern besage lediglich, dass ein solches nicht Inhalt des Vertrages geworden sei.[979] Sofern entsprechende Pläne bereits bei Vertragsschluss vorgelegen hätten, wäre auch die Anfechtung wegen arglistiger Täuschung möglich.[980] Diese Beurteilung des BGH zeigt, dass in entsprechenden Fällen sowohl die Verletzung von Aufklärungspflichten als auch eine Störung der Geschäftsgrundlage vorliegen kann. Darüber hinaus ist dieses Urteil auch insofern auf die hier behandelten Fälle übertragbar, als dass die Störung der Geschäftsgrundlage in einem Verhalten der einen Partei nach der Unternehmenstransaktion gesehen wurde, das der anderen widerstrebte.

In Bezug auf die hier zu beurteilenden Maßnahmen der Manipulation der Kennzahlen der Earn-Out-Klausel durch den Käufer wird in den meisten Fällen, in welchen ein Anspruch aus culpa in contrahendo beziehungsweise eine Anfechtung wegen arglistiger Täuschung bejaht wird, möglicherweise auch eine Störung der Geschäftsgrundlage vorliegen.

---

974 Zu dem (zeitlichen) Verhältnis der Institute der culpa in contrahendo und der Störung der Geschäftsgrundlage *Finkenauer*, in: MüKo-BGB, § 313, Rn. 178.

975 *Finkenauer*, in: MüKo-BGB, § 313, Rn. 2.

976 *Finkenauer*, in: MüKo-BGB, § 313, Rn. 71 m.w.N.

977 Siehe oben Kapitel 7, § 20, B., I.

978 BGH, Urt. v. 08.02.2006 – VIII ZR 304/04, NJW-RR 2006, 1037.

979 BGH, Urt. v. 08.02.2006 – VIII ZR 304/04, NJW-RR 2006, 1037 (1038).

980 BGH, Urt. v. 08.02.2006 – VIII ZR 304/04, NJW-RR 2006, 1037 (1039)

Eine Störung der Geschäftsgrundlage kann sich somit beispielsweise ergeben, wenn der Käufer das Unternehmen unter Aufhebung der rechtlichen Selbstständigkeit in seinen Konzern eingliedert, das Geschäftsmodell grundlegend ändert oder das Unternehmen während der Earn-Out-Periode weiterveräußert. Es kommt bei der Beurteilung, ob eine Störung der Geschäftsgrundlage vorliegt, jedoch nicht darauf an, wann der Käufer den Entschluss gefasst hat, die die Earn-Out-Zahlung beeinflussenden Maßnahmen durchzuführen.

## C. Vertragsänderung oder -aufhebung

Die vorrangige Rechtsfolge einer Störung der Geschäftsgrundlage ist gemäß § 313 Abs. 1 BGB die Anpassung des Vertrages an die veränderten Umstände. Diese ist begrenzt auf die sich durch die Störung ergebenden Änderungen, es darf keine Überkompensation erfolgen.[981]

Die Anpassung kann bei einem Kaufvertrag in der Weise erfolgen, dass der Kaufpreis auf den Betrag geändert wird, der gezahlt worden wäre, wenn die entsprechende Änderung vorhergesehen worden wäre.[982] In den hier zu beurteilenden Fällen wäre bei Bejahung eines Anspruchs auf Vertragsanpassung aufgrund einer Störung der Geschäftsgrundlage daher der Kaufpreis auf den Betrag anzupassen, den der Verkäufer bei Kenntnis der beeinflussenden Maßnahmen des Käufers verlangt hätte. In diesem Zusammenhang ergeben sich die bereits erläuterten Schwierigkeiten der Festlegung dieses Wertes, denn Käufer und Verkäufer konnten sich im Vorhinein gerade nicht auf einen fixen Kaufpreis einigen. Die fiktive Ermittlung des Preises, den der Verkäufer verlangt hätte, wenn er die manipulativen Maßnahmen vorhergesehen hätte, birgt gewisse Schwierigkeiten. Wie ein solcher Wert ermittelt werden könnte, wurde bereits im Rahmen der Schadensersatzbemessung erläutert.[983]

Für die Aufhebung des Vertrages sieht § 313 Abs. 3 BGB als weitere Voraussetzung vor, dass eine Anpassung des Vertrages nicht möglich oder dem Verkäufer nicht zumutbar ist. Wie bereits erwähnt, ist in den vorliegenden Fällen die Anpassung des Vertrages für den Verkäufer die attraktivere Rechtsfolge, weswegen auf die Voraussetzungen einer Vertragsaufhebung nicht weiter eingegangen wird. Im Übrigen ist nicht ersichtlich, in welchen Fällen eine Anpassung des Vertrages in Form der Korrektur des Kaufpreises für den Verkäufer nicht zumutbar sein sollte, denn ihm kommt es nach der Veräußerung auf die Zahlung eines angemessenen

981 BAG, Urt. v. 18.02.2003 - 9 AZR 136/02, NJW 2003, 3005 (3006).

982 BGH, Urt. v. 08.02.2006 - VIII ZR 304/04, NJW-RR 2006, 1037 (1038).

983 Siehe oben Kapitel 7, § 17, C.

Kaufpreises an, andere grundlegende Interessen hat er in Bezug auf das veräußerte Unternehmen regelmäßig nicht, da er auch die Geschäftsführung bereits in die Hände des Käufers gegeben hat und somit für ihn weder die berufliche noch die persönliche Zukunft mit dem Unternehmen verbunden bleibt.

### D. Fazit zur Vertragsänderung oder -aufhebung wegen Störung der Geschäftsgrundlage

Um einen Anspruch auf Vertragsanpassung aufgrund einer Störung der Geschäftsgrundlage bejahen zu können, muss das Handeln des Käufers nach der Transaktion von den Vorstellungen des Verkäufers in zentralen Punkten – die für dessen Entscheidung, den Vertrag einzugehen, erheblich waren – für diesen unzumutbar abweichen. Diese Voraussetzungen stellen ein relativ hohes Hindernis dar,[984] was auch erforderlich ist, denn durch die Vorschrift des § 313 BGB wird regulierend in die Vereinbarungen der Parteien eingegriffen und diese über eine ergänzende Vertragsauslegung hinaus abgeändert.[985]

Im Vergleich jedoch zu der Möglichkeit, einen Schadensersatzanspruch aus einer behaupteten Aufklärungspflichtverletzung zu erlangen oder den Vertrag wegen arglistiger Täuschung anfechten zu können, bietet die Vertragsanpassung nach § 313 BGB den Vorteil, dass es nicht darauf ankommt, ob der Käufer schon bei Vertragsschluss entsprechende Pläne gefasst hatte, das Unternehmen zu ändern oder zu verkaufen. Es genügt hier die Änderung der Umstände, ohne dass dies bereits bei Vertragsschluss geplant gewesen sein müsste. Auch ein Verschulden des Käufers ist nicht notwendig.

## § 23 Schadensersatz wegen Verletzung von Schutzgesetzen

Gemäß § 823 Abs. 1, 2 BGB ergibt sich eine Pflicht zum Ersatz des entstandenen Vermögensschadens, wenn der Schädiger schuldhaft gegen ein Schutzgesetz verstößt. Hier kommt eine deliktische Haftung des Käufers aufgrund der Manipulation der Unternehmenskennzahlen zu Lasten des Verkäufers in Betracht, sofern in seinem Handeln ein Betrug (§ 263 StGB), Untreue (§ 266 StGB) oder eine Bilanzfälschung (§ 331 Abs. 1 HGB) zu sehen ist.

---

984 So auch *Brandi/Schmidt*, DB 2019, 2002 (2003).

985 Bezüglich der Rechtsfolge der Vertragsänderung *Finkenauer*, in: MüKo-BGB, § 313, Rn. 3.

## A. Betrug

Tatbestandsmerkmale des Betrugs, § 263 Abs. 1 StGB, sind die vorsätzliche, schuldhafte und rechtswidrige Täuschung über Tatsachen in der Absicht, einen Vermögensvorteil zu erhalten, sowie ein dadurch erregter oder aufrechterhaltener Irrtum. Darüber hinaus muss der Geschädigte aufgrund des Irrtums eine Vermögensverfügung vorgenommen haben und ein Vermögensschaden entstanden sein.

Hier kommt als täuschende Handlung infrage, dass der Käufer den Verkäufer über seine Pläne, die das Earn-Out-Ergebnis beeinflussen, nicht vor Vertragsschluss aufgeklärt hat. Ein Betrug aufgrund einer unterlassenen Aufklärung setzt eine Garantenpflicht voraus.[986] Diese kann sich bei Vertragsverhältnissen beispielsweise aufgrund eines besonderen Vertrauensverhältnisses oder engen laufenden Geschäftsbeziehungen ergeben.[987] Vorliegend kommt dementsprechend ein Betrug in den Fällen infrage, in welchen eine Haftung aus culpa in contrahendo beziehungsweise eine arglistige Täuschung vorliegt.[988]

Zusätzlich zur Täuschung und der damit einhergehenden Irrtumserregung könnte die weitere Voraussetzung der Vermögensverfügung in der Eingehung des Unternehmenskaufvertrages mit Earn-Out-Klausel und ohne Vertragsstrafe für die entsprechenden Sachverhalte, durch welche die Berechnung des variablen Kaufpreises beeinflusst wird, gesehen werden (Eingehungsbetrug). Der (kausale) Schaden wäre in der Minderung des variablen Kaufpreisanteils und somit in einer zu niedrigen Gegenleistung für das hingegebene Unternehmen zu sehen.[989] Der

---

986 *Beukelmann*, in: BeckOK StGB, § 263, Rn. 18; *Heun-Rehn/Hoffmann*, in: Mehrbrey, Streitigkeiten Unternehmenskauf, § 18, Rn. 18; *Beckemper*, in: Drygala/Wächter, M&A-Transaktionen, S. 33 (47 f.); bezüglich der Möglichkeit der Begehung eines Betrugs durch Unterlassen *Kindhäuser*, in: Kindhäuser/Neumann/Peaffgen, NK-StGB, § 263, Rn. 144 m.w.N.

987 *Beukelmann*, in: BeckOK StGB, § 263, Rn. 19; *Heun-Rehn/Hoffmann*, in: Mehrbrey, Streitigkeiten Unternehmenskauf, § 18, Rn. 18; *Beckemper*, in: Drygala/Wächter, M&A-Transaktionen, S. 33 (47).

988 Siehe hierzu oben Kapitel 7, § 20 und § 21; bezüglich der verschiedenen Rechtsfolgen einer Aufklärungspflichtverletzung und der Möglichkeit des Vorliegens eines Betrugs *Armbrüster*, in: MüKo-BGB, § 123, Rn. 103; *Jaques*, in: Ettinger/Jaques, Unternehmenskauf im Mittelstand, C., Rn. 25; *Hieke*, Vorvertragliche Aufklärungspflichten, S. 196; *Wächter*, M&A Litigation, Rn. 6.1; BGH, Urt. v. 21.03.2005 – II ZR 140/03, NZG 2005, 472-276 (475); Urt. v. 26.09.1997 – V ZR 29/96, NJW 1998, 302 (303).

989 Zur Schadensberechnung bei Eingehungsbetrug *Perron*, in: Schönke/Schröder, StGB, § 263, Rn. 128.

Käufer müsste außerdem vorsätzlich und mit Bereicherungsabsicht gehandelt haben.

Für die Fälle, in welchen eine Haftung aus culpa in contrahendo bejaht wurde, wie der Plan, das Unternehmen unter Aufhebung der rechtlichen Selbstständigkeit in den Käuferkonzern einzugliedern, das Geschäftsmodell grundlegend zu verändern oder das Unternehmen während der Earn-Out-Periode weiterzuveräußern, erscheint es somit zumindest möglich, dass daneben auch ein Schadensersatzanspruch aus § 823 Abs. 1, 2 BGB i. V. m. § 263 StGB besteht.

Ein solcher ergäbe für den Verkäufer grundsätzlich keinen Mehrwert im Vergleich zu einem Schadensersatzanspruch aus culpa in contrahendo. Die Voraussetzungen des Schadensersatzes aus einer vorvertraglichen Aufklärungspflichtverletzung sind grundsätzlich niedriger. Es wird für culpa in contrahendo beispielsweise kein (bedingter) Vorsatz verlangt, sondern Fahrlässigkeit genügt und wird vermutet.[990] Eine Bereicherungsabsicht wird ebenso nicht verlangt. Darüber hinaus ist – soweit ersichtlich – nicht höchstrichterlich geklärt, ob die Berechnung des Schadensersatzes bei Delikt in gleicher Weise erfolgen kann wie bei culpa in contrahendo.[991] Nur dann wäre es dem Verkäufer möglich, Ersatz in Höhe des aufgrund der Täuschung zu niedrig vereinbarten Kaufpreises zu bekommen, ohne nachweisen zu müssen, dass sich der Vertragspartner auf diesen Preis eingelassen hätte.[992]

Der Verkäufer wird daher seine Rechte vorzugsweise über die Haftung aus culpa in contrahendo geltend machen.

## B. Untreue

Fraglich ist, ob der Käufer durch die Manipulation der Kennzahlen, die der Berechnung des variablen Kaufpreisanteils zugrunde liegen, den Tatbestand der Untreue, § 266 StGB, erfüllt. Dieser enthält zwei Alternativen: den Missbrauchstatbestand und den Treubruchstatbestand.[993]

Für beide Alternativen ist eine Vermögensbetreuungspflicht Voraussetzung.[994] Daher ist zunächst zu prüfen, ob der Käufer eine solche gegenüber dem Verkäufer

990 Zu einem ähnlichen Ergebnis in Bezug auf Eingehungsbetrug im Allgemeinen gelangend *Heun-Rehn/Hoffmann*, in: Mehrbrey, Streitigkeiten Unternehmenskauf, § 18, Rn. 25 f.; bezüglich des Vorsatzerfordernisses für Betrug *Hefendahl*, in: MüKo-StGB, § 263, Rn. 1091.

991 *Wächter*, M&A Litigation, Rn. 12.234 m.w.N.

992 *Wächter*, M&A Litigation, Rn. 12.234; siehe oben Kapitel 7, § 20, C.

993 *Dierlamm/Becker*, in: MüKo-StGB, § 266, Rn. 23.

994 hM *Dierlamm/Becker*, in: MüKo-StGB, § 266, Rn. 31 m.w.N.

in den vorliegenden Fällen hat. Für die Bejahung einer Vermögensbetreuungspflicht ist eine schuldrechtliche Verbindung der Vertragsparteien mit der Nebenpflicht, das Vermögen des Anderen zu schützen, nicht ausreichend.[995] Es muss sich vielmehr um eine Hauptpflicht aus dem Vertrag handeln.[996]

Da der Verkäufer vorliegend dem Käufer – sowohl in Fällen, in welchen eine Innengesellschaft als auch in Fällen, in welchen ein partiarisches Rechtsverhältnis besteht – kein Vermögen zur Betreuung überlässt, kommt eine Untreuehandlung durch den Käufer nicht in Betracht. Durch das Verhalten des Käufers wird zwar der Kaufpreisanspruch des Verkäufers geschmälert, was seine Vermögensinteressen betrifft, dies ist jedoch im Bereich der Verletzung einer Nebenpflicht im Rahmen des schuldrechtlichen Vertrages zu verorten. Es fehlt sowohl an der Hingabe von Vermögen – und somit an der Betreuung fremden Vermögens an sich – als auch an dem darüber hinausgehenden Erfordernis, dass es sich um eine Hauptpflicht des Vertragsverhältnisses handeln muss.[997]

Ein Schadensersatzanspruch des Verkäufers aus § 823 Abs. 1, 2 BGB i. V. m. § 266 StGB kommt daher nicht in Betracht.

## C. Bilanzfälschung

Als eine Möglichkeit des Käufers, die Ermittlung der Earn-Out-Zahlung zu seinen Gunsten zu manipulieren, wurde die Beeinflussung der Rechnungslegung genannt.[998] Sofern die Beeinflussung außerhalb des rechtlich Erlaubten[999] erfolgt, könnte hierdurch der Tatbestand der Bilanzfälschung erfüllt werden.

Durch § 331 Abs. 1 HGB wird die vorsätzliche unrichtige Darstellung der Verhältnisse eines Unternehmens beispielsweise in Jahresabschlüssen sanktioniert, um das Vertrauen auf die Richtigkeit der Informationen über die Gesellschaft zu schützen.[1000] Es werden allerdings nur erhebliche Verletzungen der

---

995 *Dierlamm/Becker*, in: MüKo-StGB, § 266, Rn. 43.

996 *Dierlamm/Becker*, in: MüKo-StGB, § 266, Rn. 68 m.w.N.

997 Siehe bezüglich der Überlassung einer Einlage zum Zwecke der stillen Beteiligung an einer noch zu gründenden GmbH und einer insofern fehlenden Vermögensbetreuungspflicht OLG Karlsruhe, Beschluss v. 24.02.1992 – 3 Ss 112/91, BB 1992, 1585 (1586).

998 Siehe oben Kapitel 3, § 7, D.

999 Siehe hierzu oben Kapitel 3, § 7, D.

1000 *Grottel/Hoffmann*, in: Beck Bil-Komm, § 331, Rn. 7; *Böcking/Gros/Rabenhorst*, in: EBJS, § 331, Rn. 6.

Rechnungslegungsvorschriften von der Vorschrift erfasst.[1001] Aus Gründen der Rechtssicherheit muss es sich außerdem um eindeutig falsche und unvertretbare Darstellungen handeln.[1002] Ein Erfolg ist nicht Tatbestandsmerkmal, es handelt sich um ein abstraktes Gefährdungsdelikt.[1003]

Die Vorschrift gilt – abgesehen von Sonderregelungen für bestimmte Unternehmen wie Kreditinstitute – nur für Kapitalgesellschaften und diesen gleichgestellte Personenhandelsgesellschaften, die keine natürliche Person als persönlich haftenden (unmittelbaren oder mittelbaren) Gesellschafter haben.[1004] Bei Unternehmenskäufen mit Earn-Out-Klausel wird es sich in der Regel um solche Unternehmen handeln, da sich die Vereinbarung nur für größere Unternehmenstransaktionen lohnt und die persönliche Haftung der dahinter stehenden natürlichen Personen in diesen Größenklassen die Ausnahme bildet.

Als Möglichkeiten, die Rechnungslegung zu beeinflussen, um die Berechnungsgrundlagen für den variablen Kaufpreisanteil nach Maßgabe der Earn-Out-Vereinbarung zu mindern, wurden die Ausübung von Bilanzierungswahlrechten, erhöhte Abschreibungen in Zusammenhang mit dem Erwerb des Unternehmens und die Belastung mit Finanzierungskosten für die Transaktion genannt.[1005] Sowohl die Erhöhung der Abschreibungen bei dem Erwerb der Vermögensgegenstände als auch die Belastung mit Finanzierungskosten für den Erwerb dieser im Rahmen eines Asset Deals sind keine falsche Darstellung der Lage des Unternehmens. Diese Aufwendungen entstehen im Falle eines Asset Deals, wenn stille Reserven aufgedeckt werden, beziehungsweise wenn zur Finanzierung des Kaufpreises ein Darlehen aufgenommen wird.[1006] Diese Umstände beeinflussen zwar die Earn-Out-Zahlung, für die Annahme einer unrichtigen Darstellung gemäß § 331 Abs. 1 HGB ist in diesen Fällen jedoch kein Raum.

Etwas anderes könnte sich bei der Ausübung von Bilanzierungswahlrechten zugunsten eines niedrigeren variablen Kaufpreisanteils ergeben. Wie bereits erwähnt, dürfen diese nicht willkürlich ausgeübt und darf nur in begründeten Ausnahmefällen vom Prinzip der Ansatz- und Bewertungsstetigkeit abgewichen

---

1001 *Grottel/Hoffmann*, in: Beck Bil-Komm, § 331, Rn. 20 m.w.N.; *Böcking/Gros/Rabenhorst*, in: EBJS, § 331, Rn. 6

1002 *Grottel/Hoffmann*, in: Beck Bil-Komm, § 331, Rn. 11 m.w.N.

1003 *Grottel/Hoffmann*, in: Beck Bil-Komm, § 331, Rn. 7.

1004 *Grottel/Hoffmann*, in: Beck Bil-Komm, § 331, Rn. 1; *Böcking/Gros/Rabenhorst*, in: EBJS, § 331, Rn. 2.

1005 Siehe oben Kapitel 3, § 7, D.

1006 Siehe oben Kapitel 3, § 7, D., II. und III.

werden.[1007] Ein schwerer Verstoß gegen diese Grundsätze kann grundsätzlich den Tatbestand des § 331 Abs. 1 HGB erfüllen.[1008] Auch im Falle des Unterlassens der Angabe der vorgenommenen Änderungen der Ansatz- und Bewertungsmethoden im Anhang gemäß § 284 Abs. 2 Nr. 2 HGB kann eine unrichtige Darstellung im Sinne des § 331 Abs. 1 HGB bejaht werden, denn durch das Unterlassen der Angaben wird der Eindruck erweckt, es habe sich keine Änderung ergeben.[1009] Strenggenommen führt die Änderung der Ansatz- und Bewertungsmethoden (ohne einen Rechtfertigungsgrund und/oder die Angabe im Anhang) zu einer Verletzung der Rechnungslegungsvorschriften und somit zur unrichtigen Wiedergabe der Verhältnisse der Gesellschaft. Es ist hier jedoch zu berücksichtigen, dass nur erhebliche Verstöße nach § 331 HGB geahndet werden können.[1010] Da es sich um eine Straftat handelt, sind die Hürden naturgemäß hoch. Auch aus der Vorschrift des § 334 Abs. 1 HGB, welcher beispielsweise unter Nr. 1 d) in Verstößen gegen die Angabepflichten im Anhang nach § 284 HGB grundsätzlich nur eine Ordnungswidrigkeit sieht, lässt sich ablesen, dass das bloße Unterlassen einer Anhangangabe nicht zu einer Strafbarkeit nach § 331 HGB führt.[1011]

Die Geltendmachung eines Schadensersatzanspruchs über § 823 Abs. 1, 2 BGB i. V. m. § 331 Abs. 1 HGB stellt für den Verkäufer regelmäßig keine attraktive Möglichkeit dar, sein Recht auf einen angemessenen und richtig berechneten variablen Kaufpreisanteil durchzusetzen.

## § 24 Schadensersatz wegen vorsätzlicher sittenwidriger Schädigung

Gemäß § 826 BGB ist zum Schadensersatz verpflichtet, wer in gegen die guten Sitten verstoßender Weise einem Anderen vorsätzlich Schaden zufügt.

Aufgrund des Erfordernisses eines (bedingt) vorsätzlichen und sittenwidrigen Verhaltens sind die Voraussetzungen der Vorschrift sehr eng ausgestaltet.[1012] Für die Bejahung eines sittenwidrigen Verhaltens reicht die bloße Verletzung

---

1007 Siehe oben Kapitel 3, § 7, D., I., 2.

1008 *Störk/Büssow*, in: Beck Bil-Komm, § 252, Rn. 100.

1009 *Grottel/Hoffmann*, in: Beck Bil-Komm, § 331, Rn. 14.

1010 *Grottel/Hoffmann*, in: Beck Bil-Komm, § 331, Rn. 20; *Böcking/Gros/Rabenhorst*, in: EBJS, § 331, Rn. 6.

1011 *Grottel/Hoffmann*, in: Beck Bil-Komm, § 331, Rn. 20.

1012 *Lorenz*, JuS 2020, 493.

einer vertraglichen Pflicht nicht aus, es muss eine besondere Verwerflichkeit hinzutreten.[1013]

Die Rechtsfolge des Schadensersatzes kann in den vorliegend zu beurteilenden Fällen bei einer Pflichtverletzung des Käufers auch durch einen Anspruch aus § 280 Abs. 1 BGB erreicht werden, da zwischen den Parteien unstrittig ein Vertrag geschlossen wurde. Die Anspruchsvoraussetzungen des § 826 BGB gehen über die des § 280 Abs. 1 BGB hinaus, sodass es keinen Fall gibt, in welchem ein Anspruch über § 826 BGB gegeben ist, während ein solcher aus § 280 Abs. 1 BGB verneint wird. Darüber hinaus genügt im Rahmen des § 826 BGB Fahrlässigkeit nicht, sondern die Schädigung muss (bedingt) vorsätzlich erfolgen, wobei sich der Vorsatz auch auf die Schadensfolgen beziehen muss.[1014] Auch eine Verschuldensvermutung wie die des § 280 Abs. 1 S. 2 BGB existiert im § 826 BGB nicht.[1015] Wenn zwischen dem Geschädigten und dem Schädiger ein Vertragsverhältnis besteht, ist daher für eine Haftung aus § 826 BGB neben vertraglichen Schadensersatzansprüchen kein Raum.[1016]

Die Tatsache, dass die Geltendmachung eines vertraglichen Anspruchs im Vergleich geringere Hürden aufweist als die Geltendmachung eines deliktischen Anspruchs aus § 826 BGB,[1017] wird auch nicht durch möglicherweise bestehende vertragliche Haftungsausschlüsse berührt, denn diese können lediglich fahrlässige Pflichtverletzungen umfassen, § 276 Abs. 3 BGB.[1018] Die Haftung aus einer (bedingt) vorsätzlichen vertraglichen Pflichtverletzung unterliegt dennoch geringeren Voraussetzungen als die einer (bedingt) vorsätzlichen sittenwidrigen Schädigung.

Aus diesem Grund führt die Anspruchsgrundlage des § 826 BGB für die hier thematisierten Fälle, in welchen die Parteien unstrittig in einem Vertragsverhältnis zueinanderstehen, zu keinem über das Vertragsrecht hinausgehenden Schutz des Verkäufers.

---

1013 BGH, Urt. v. 15.10.2013 – VI ZR 124/12, NJW 2014, 1380.

1014 *Lorenz*, JuS 2020, 493; *Wagner*, in: MüKo-BGB, § 826, Rn. 28 m.w.N.

1015 Siehe auch *Heun-Rehn/Hoffmann*, in: Mehrbrey, Streitigkeiten Unternehmenskauf, § 18, Rn. 10.

1016 Die „Ergänzung [der] vertragsrechtlichen Rechtsbehelfe durch einen deliktischen Schadensersatzanspruch aus § 826 BGB" für „weder möglich noch erforderlich" haltend *Wagner*, in: MüKo-BGB, § 826, Rn. 74 m.w.N.

1017 Siehe auch *Heun-Rehn/Hoffmann*, in: Mehrbrey, Streitigkeiten Unternehmenskauf, § 18, Rn. 10.

1018 Siehe auch *Heun-Rehn/Hoffmann*, in: Mehrbrey, Streitigkeiten Unternehmenskauf, § 18, Rn. 3-6.

## § 25 Zusammenfassung der Rechtsfolgen bei pflichtwidrigem Verhalten des Käufers

Im Falle der Manipulation der Berechnungsgrundlagen des variablen Kaufpreisanteils des Käufers im Rahmen eines Unternehmenskaufvertrages mit Earn-Out-Klausel stehen dem Verkäufer verschiedene Ansprüche und Gestaltungsrechte zu.

Wenn der Käufer durch die Beeinflussung der Kennzahlen, die der Earn-Out-Berechnung zugrunde liegen, eine schuldhafte Pflichtverletzung begeht, die zu einer Minderung des variablen Kaufpreisanteils führt, besteht für den Verkäufer ein Recht auf Schadensersatz, § 280 Abs. 1 BGB. Für diesen Anspruch reicht jede Pflichtverletzung aus, sofern der Käufer sich nicht vom vermuteten Verschulden exkulpieren kann. Die Voraussetzungen sind daher vergleichsweise niedrig. Der Schadensersatzanspruch berechnet sich aus der Differenz zwischen dem sich nach den tatsächlichen Gegebenheiten ergebenden variablen Kaufpreisanteil und der hypothetischen Earn-Out-Zahlung, welche sich ohne das pflichtwidrige Verhalten des Käufers ergeben hätte. Wie die Ermittlung des Schadens – je nach der Art der Manipulation – erfolgen könnte, wurde im Einzelnen dargestellt.

Kann dem Käufer eine treuwidrige Verhinderung des Eintritts der Bedingung, die das Recht auf den variablen Kaufpreis auslöst, nachgewiesen werden, ist der Verkäufer so zu stellen, als wäre die Bedingung dennoch eingetreten, § 162 Abs. 1 BGB. Das bedeutet, die Earn-Out-Zahlung ist so zu berechnen, als hätte der Käufer nicht treuwidrig in die Entwicklung der entsprechenden Kennzahlen eingegriffen. Dieser Anspruch kommt grundsätzlich in den gleichen Fällen wie der auf Schadensersatz wegen Pflichtverletzung des Käufers in Betracht. Ein Unterschied besteht darin, dass hier kein Verschulden notwendig ist, die treuwidrige Verhinderung des Bedingungseintritts ist die einzige Voraussetzung. Die Rechtsfolge des fiktiven Bedingungseintritts führt – in den hier behandelten Fällen – im Ergebnis zu einem betragsmäßig gleichen Anspruch wie die Schadensbemessung nach § 249 BGB.

Die Kündigung (im Falle einer Innengesellschaft), § 723 BGB, führt für den Verkäufer nur in seltenen Ausnahmefällen zu wünschenswerten Ergebnissen und ist daher im Ergebnis als mögliches Gestaltungsrecht zur Durchsetzung der Interessen des Verkäufers zu vernachlässigen. Gleiches gilt für den Rücktritt (im Falle eines partiarischen Kaufvertrages), § 324 BGB. Die Rechtsfolge der Rückabwicklung des gesamten Vertrages aufgrund einer Manipulation des Käufers führt nicht zu dem vom Verkäufer gewünschten Ausgleich seines zu niedrigen Unternehmenskaufpreises. Gleiches gilt für das Recht auf Anfechtung des Vertrages, § 123 Abs. 1 BGB, auch hier ist die Rechtsfolge die Lösung vom Vertrag und somit für den Verkäufer wenig attraktiv.

Der Schadensersatzanspruch wegen Verletzung einer Aufklärungspflicht gemäß §§ 311 Abs. 2, 241 Abs. 2, 280 Abs. 1 BGB setzt voraus, dass für den Käufer in Bezug auf seine Pläne mit dem Unternehmen nach der Transaktion zu verfahren, eine Aufklärungspflicht bestand und diese schuldhaft verletzt wurde. Eine solche existiert, wenn die Umstände, über welche aufgeklärt werden soll, für den Verkäufer wesentlich und grundsätzlich dazu geeignet sind, seinen Vertragszweck zu vereiteln und er darüber hinaus eine Aufklärung nach Treu und Glauben mit Rücksicht auf die Verkehrssitte erwarten darf. Eine Aufklärungspflicht dürfte zwar beispielsweise für die Planung der Eingliederung in den Käuferkonzern unter Aufhebung der rechtlichen Selbstständigkeit oder eine grundlegende Änderung des Geschäftsmodells gegeben sein, dennoch bleibt festzuhalten, dass die Voraussetzungen für die Bejahung eines Anspruchs relativ hohe Hürden darstellen. Die Berechnung des Schadensersatzanspruchs erfolgt in diesen Fällen, indem angenommen wird, der Verkäufer hätte bei Kenntnis der entsprechenden Umstände einen höheren Kaufpreis für das Unternehmen durchsetzen können. Alternativ kann der Verkäufer die Rückabwicklung des Vertrages verlangen, dies ist jedoch regelmäßig nicht die von ihm angestrebte Rechtsfolge.

Die Geltendmachung eines Anspruchs auf Vertragsanpassung aus § 313 BGB setzt eine Störung der Geschäftsgrundlage voraus. Eine Störung der Geschäftsgrundlage kommt beispielsweise bei der Eingliederung des Unternehmens in den Käuferkonzern unter Aufhebung der rechtlichen Selbstständigkeit oder der Weiterveräußerung innerhalb des Earn-Out-Zeitraums in Betracht. Als Rechtsfolge ergibt sich im Ergebnis ein Anspruch auf Ersatz der Differenz des durch den manipulativen Eingriff des Käufers in die Unternehmenskennzahlen geminderten Kaufpreises und dem Kaufpreis, den der Verkäufer bei Kenntnis dieser Handlungen gefordert hätte. Die Voraussetzungen, die hierfür vorliegen müssen, stellen jedoch – wie auch bei dem Anspruch auf Schadensersatz wegen Verletzung einer Aufklärungspflicht – vergleichsweise hohe Hindernisse dar. Die nachrangige Rechtsfolge der Vertragsaufhebung ist für den Verkäufer nicht zielführend.

Vorliegend wurde außerdem geprüft, ob der Verkäufer im Falle der Manipulation der Earn-Out-Bemessungsgrundlagen durch den Käufer neben den vertraglichen auch deliktische Ansprüche geltend machen kann, beziehungsweise ob dies zur Durchsetzung seiner Interessen sinnvoll ist.

Die Manipulation der Earn-Out-Zahlung durch den Käufer kann unter Umständen eine Schutzgesetzverletzung in Form eines Betrugs oder einer Bilanzfälschung darstellen. Der Untreuetatbestand wurde für die hier thematisierten Fälle ausgeschlossen. Jedoch sind auch gegenüber den grundsätzlich infrage kommenden Schutzrechtsverletzungen die bereits dargestellten vertraglichen Ansprüche für den Verkäufer einfacher durchzusetzen, da die Voraussetzungen niedriger sind. Gleiches gilt für einen möglicherweise bestehenden Anspruch aufgrund vorsätzlicher sittenwidriger Schädigung: Die Voraussetzungen für einen Schadensersatzanspruch nach § 280 Abs. 1 BGB sind niedriger und dieser daher für den Verkäufer einfacherer durchsetzbar.

Es ist im Ergebnis für den durch das Verhalten des Käufers mit dem Ziel der Minderung des variablen Kaufpreisanteils geschädigten Verkäufer sinnvoller, seine Rechte auf Grundlage vertraglicher Anspruchsgrundlagen durchzusetzen. Unter Berücksichtigung des Umstandes, dass die Parteien eines Vertrages grundsätzlich umfangreicher geschützt werden sollen als Personen ohne vertragliche Bindung, ist diese Schlussfolgerung wenig überraschend und unterstützt auch die Aussage, dass das Deliktsrecht bei Streitigkeiten des Unternehmenskaufrechts eine untergeordnete Bedeutung hat.[1019]

Der Anspruch auf Schadensersatz wegen Pflichtverletzung und die Fiktion des Bedingungseintritts aufgrund treuwidriger Verhinderung des selbigen stellen – im Falle der manipulativen Einwirkung des Käufers in die Unternehmensentwicklung mit dem Ziel der Minderung des variablen Kaufpreisanteils im Rahmen einer Earn-Out-Vereinbarung – die attraktivsten vertraglichen Anspruchsgrundlagen für den Verkäufer dar. Gelingt es ihm, eines dieser Rechte durchzusetzen, hat er im Ergebnis Anspruch auf Zahlung der Differenz zu dem Betrag des variablen Kaufpreisanteils, der sich ohne das Eingreifen des Käufers ergeben hätte. Dem Verkäufer stehen mit diesen Vorschriften daher taugliche Mittel zur Durchsetzung seiner Ansprüche gegen den Käufer zur Verfügung.

Eine vertragliche Regelung sowohl der verbotenen Handlungen des Käufers als auch der Rechtsfolgen bei Überschreitung des erlaubten Handlungsspielraumes durch den Käufer ist dennoch empfehlenswert. Zum einen hat dies im Vergleich zu den gesetzlich vorgesehenen Rechtsfolgen den Vorteil, dass nicht zunächst eine Pflichtverletzung oder ein treuwidriges Handeln nachgewiesen werden muss, da das entsprechende Verhalten per se zu der vereinbarten Rechtsfolge führt, zum anderen kann bei im Vorhinein festgelegten Vertragsstrafen die mit Schwierigkeiten und Ungewissheiten verbundene Ermittlung einer fiktiven Unternehmensentwicklung vermieden werden.

Festzuhalten ist dennoch, dass der Verkäufer durch die gesetzlichen Regelungen die Möglichkeit hat, trotz der manipulativen Einwirkung des Käufers zu einer fairen Kaufpreisermittlung zu gelangen, selbst wenn keinerlei diesbezüglichen

---

1019 Bezüglich der Relevanz des Deliktsrechts bei Streitigkeiten zwischen Unternehmenskaufvertragsparteien *Heun-Rehn/Hoffmann*, in: Mehrbrey, Streitigkeiten Unternehmenskauf, § 18, Rn. 2, 11.

vertraglichen Vereinbarungen getroffen wurden oder der Vertrag an entscheidenden Stellen Regelungslücken aufweist, was in Anbetracht der Vielschichtigkeit der Manipulationsmöglichkeiten in nahezu jedem Kaufvertrag mit Earn-Out-Klausel der Fall sein dürfte.

# Kapitel 8: Zusammenfassung der Ergebnisse

Um Preisfindungsschwierigkeiten zwischen den Parteien eines Unternehmenskaufvertrages zu überwinden, kann es sich anbieten, eine Earn-Out-Klausel in die Einigung über den zu zahlenden Kaufpreis aufzunehmen. Ein Teil des Kaufpreises wird damit von der zukünftigen Entwicklung der Zielgesellschaft abhängig gemacht. Diese kann sowohl anhand von betriebswirtschaftlichen Kennzahlen, wie den Umsatzerlösen oder dem EBIT im Earn-Out-Zeitraum, als auch von der Erreichung bestimmter Meilensteine, wie der Erteilung eines Patents oder der Vertragsverlängerung mit wichtigen Kunden, beurteilt werden.

Es stellt sich in diesem Zusammenhang regelmäßig das Problem, dass jede Partei im Rahmen ihrer Möglichkeiten versuchen wird, das Ergebnis der Berechnung des variablen Kaufpreisanteils zu ihren Gunsten zu beeinflussen. Da nach der Transaktion üblicherweise der Käufer die Geschäftsführung übernimmt beziehungsweise stellt, finden solche Manipulationen häufig durch ihn statt. Seine Intention ist es (nur) die Berechnungsgrundlagen der Earn-Out-Zahlung zu beeinflussen, denn generell ist selbstverständlich auch er als (neuer) Inhaber des Unternehmens an einer langfristig erfolgreichen Unternehmensentwicklung interessiert.

1. Nicht alle Möglichkeiten, das Ergebnis der Earn-Out-Berechnung zu manipulieren, können vertraglich geregelt werden.

Dem Käufer stehen viele Möglichkeiten zur Verfügung, die Höhe der Earn-Out-Zahlung zu beeinflussen. So lassen sich die der Berechnung zugrunde liegenden Kennzahlen beispielsweise mittels Periodenverschiebungen verändern, durch welche entweder Erträge in einen Zeitraum nach der Earn-Out-Periode verschoben oder Aufwendungen in den Earn-Out-Zeitraum vorgezogen werden. Darüber hinaus ist eine Manipulation möglich, indem das gekaufte Unternehmen nach der Transaktion in wesentlichen Punkten verändert wird, sodass die Berechnung der Kennzahlen für die Earn-Out-Zahlung erschwert oder sogar unmöglich gemacht wird. Eine Berechnung ist beispielsweise nicht mehr möglich, wenn der Käufer das Unternehmen unter Aufgabe der rechtlichen Selbstständigkeit in den Käuferkonzern integriert. Bei einer Änderung des Geschäftsmodells wird die Berechnung erschwert, da das Unternehmen, für welches ein variabler Kaufpreisanteil berechnet werden soll, in der vorherigen Form nicht mehr existiert. Auch Ergebnisverlagerungen in andere Konzernunternehmen oder das Privatvermögen des Käufers durch vertragliche Vereinbarungen zu Konditionen, die unter fremden Dritten nicht üblich sind, führen zu einer nicht vorgesehenen Beeinflussung der Earn-Out-Berechnung. Weiterhin ist die Einflussnahme durch gezielte Wahlrechtsausübung in der Rechnungslegung oder eine Weiterveräußerung des Unternehmens innerhalb des Earn-Out-Zeitraums möglich.

Zwar kann die Ausgestaltung der Klausel bereits unter Berücksichtigung des Ziels, die Manipulationsmöglichkeiten einzuschränken, erfolgen. Es kann beispielsweise eine wenig manipulationsanfällige Bemessungsgrundlage – wie Meilensteine oder Umsatzerlöse – gewählt werden. Eine betragsmäßige Begrenzung des variablen Kaufpreisanteils verhindert darüber hinaus, dass der gesamte Vorteil einer positiven Unternehmensentwicklung durch die Earn-Out-Verpflichtung abgeschöpft wird. Somit kann auch der Käufer an dem Erfolg während der Earn-Out-Periode partizipieren und hat weniger Anreiz zur Manipulation. Eine kurze Earn-Out-Periode sollte vermieden werden, wenn die Beeinflussung des variablen Kaufpreisanteils mittels Periodenverschiebungen befürchtet wird. In diesen Fällen bietet sich außerdem die Berechnung der Schwellenwerte mit dem kumulativen Standard an.

Die Möglichkeiten der Manipulation sind jedoch derart vielfältig und die Handlungen teilweise auch mit relativ geringem Aufwand mit betriebswirtschaftlichen Gründen zu rechtfertigen, dass es geradezu unmöglich ist, jede Beeinflussung vertraglich zu verhindern. Dies stünde zumindest in keinem vertretbaren Kosten-/Nutzenverhältnis.

2. Aus der Vereinbarung einer Earn-Out-Klausel kann eine Innengesellschaft oder ein partiarisches Rechtsverhältnis entstehen.

Aufgrund der getroffenen Vereinbarungen kann sich eine Innengesellschaft bilden, wenn Käufer und Verkäufer durch die gemeinsame Teilhabe am Unternehmens(miss)erfolg einen gemeinsamen Zweck verfolgen. Dies ist das entscheidende Abgrenzungsmerkmal zum partiarischen Rechtsverhältnis, bei welchem die Gegenleistung (zum Teil) vom Umsatz oder Gewinn der anderen Partei abhängig ist.

Für die Entscheidung, ob eine Gesellschaft oder ein partiarisches Rechtsverhältnis vorliegt, sind verschiedene Indizien – wie die Ausgestaltung der Beteiligung (Beteiligung auch am Verlust, Gewinn- oder Umsatzbeteiligung), die dem Käufer eingeräumten Rechte wie Mitbestimmungs- und Zustimmungsrechte sowie Kontroll- und Informationsrechte, die Gewährung von Sicherheiten und die Dauer des Earn-Out-Zeitraums – heranzuziehen. Nur im Falle einer Beteiligung auch am Verlust liegt zwingend eine Innengesellschaft zwischen den Parteien vor. Eine solche ist gegeben, wenn sich der vereinbarte

Kaufpreis aufgrund von Verlusten des Unternehmens während der Earn-Out-Periode mindert.

Alle anderen Indizien müssen einzelfallbezogen und in Zusammenhang mit den sonstigen Umständen und Vereinbarungen untersucht werden, um eine Entscheidung darüber treffen zu können, welches Rechtsverhältnis vorliegt. Die Vereinbarung einer Earn-Out-Klausel, die sich an den Umsatzerlösen des Unternehmens orientiert und für den Verkäufer keinerlei Mitwirkungs- und Kontrollrechte vorsieht, wird daher ein partiarischer Vertrag sein, während die Vereinbarung einer Gewinnbeteiligung, einer relativ langen Earn-Out-Periode und umfangreicher Zustimmungsrechte, die mittelbaren Einfluss auf die Geschäftsführung ermöglichen, im Zweifel eine Innengesellschaft begründet.

Neben der Innengesellschaft und dem partiarischen Kaufvertrag kann außerdem ein gemischter Vertrag mit gesellschaftsrechtlichen Elementen vorliegen. In diesem Fall würden einzelne gesellschaftsrechtliche Vorschriften auf das Vertragsverhältnis Anwendung finden.

3. Die Art des entstehenden Rechtsverhältnisses kann durch die Gestaltung der Earn-Out-Klausel beeinflusst werden.

Durch die Erkenntnis, dass bei der Vereinbarung einer Earn-Out-Klausel eine Innengesellschaft, ein partiarischer Kaufvertrag oder ein gemischter Vertrag entstehen kann, ist es möglich, die Klausel so auszugestalten, dass das bevorzugte Rechtsverhältnis eingegangen wird. Es ist beispielsweise denkbar, dass die Parteien die Gründung einer Gesellschaft mit den entsprechenden Rechtsfolgen als für ihre Belange nicht zielführend ansehen. Als solche sei hier beispielsweise das umfangreiche Einsichts- und Kontrollrecht des Gesellschafters genannt.[1020]

Sofern diese Rechtsfolgen nicht gewünscht sind, sollte eine Verlustbeteiligung des Verkäufers vermieden werden. Die Entstehung einer Gesellschaft ist jedoch auch ohne die Vereinbarung einer Verlustbeteiligung möglich. Die Earn-Out-Klausel ist daher eingehend auf Indizien, die für einen gemeinsamen Zweck der Parteien sprechen, zu untersuchen und gegebenenfalls abzuändern.

1020 Ähnlich in Bezug auf die unerwünschten Rechtsfolgen einer Gesellschaft im Rahmen einer Earn-Out-Klausel *Drygala*, in: Drygala/Wächter, Earnout-Klauseln, S. 247 (S. 251 f.).

4. Die Parteien haben auch ohne entsprechende vertragliche Vereinbarungen relevante Rechte und Pflichten in Bezug auf die Earn-Out-Klausel.

Unternehmenskaufverträge mit Earn-Out-Klausel, durch welche eine Innengesellschaft gegründet wird, sind zwar mangels einer Einlage des Verkäufers keine stille Beteiligung, weisen jedoch Parallelen zu dieser auf. Die gesetzlichen Regelungen der stillen Gesellschaft werden dem von den Parteien Gewollten eher gerecht und wurden daher für diese Fälle herangezogen. Sofern die Transaktion in Form eines Share Deals erfolgt, ergibt sich ein Gesellschaftsverhältnis ähnlich einer Unterbeteiligung, auf welche ebenfalls die Regelungen der stillen Gesellschaft anzuwenden sind.

Dem Unternehmensverkäufer steht in diesen Fällen – neben anderen hier weniger relevanten Rechten – ein umfassendes Einsichts- und Kontrollrecht in Bezug auf das veräußerte Unternehmen zu. Durch dieses ist es ihm möglich, in den Jahresabschluss, das Rechnungswesen und diesen zugrunde liegende Verträge und Unterlagen Einsicht zu nehmen. Es wurde gezeigt, wie der Verkäufer sein Einsichtsrecht für die Aufdeckung beeinflussender Maßnahmen des Käufers nutzen kann. Ein Stimmrecht oder Recht auf Mitwirkung bei der Geschäftsführung besteht dagegen nicht. Sofern der Verkäufer ein solches für die Durchsetzung seiner Rechte für notwendig erachtet, müsste eine entsprechende vertragliche Vereinbarung getroffen werden.

Der Käufer ist bei der Ausübung der Geschäftsführung an die gesellschaftsrechtliche Treuepflicht gebunden. Dies bedeutet zwar nicht, dass er die Geschäfte im Sinne des Verkäufers führen muss, wohl aber, dass er auf dessen Interessen Rücksicht nehmen und sein Recht auf Geschäftsführung nicht eigennützig, sondern unter Beachtung der Rechte aller Gesellschafter auszuüben hat. Problematisch ist in diesem Zusammenhang, dass der Käufer vielfach andere betriebswirtschaftliche Gründe für sein Handeln vorbringen und der Nachweis einer Manipulation somit erschwert wird. Unter Umständen kann der Verkäufer in diesen Fällen eine Beweislastumkehr in der Form erwirken, dass der Käufer nachweisen muss, dass eine entsprechende schädigende Treuepflichtverletzung nicht begangen wurde. Darüber hinaus ist nicht jede Geschäftsführungsmaßnahme, die den variablen Kaufpreisanteil schmälert, mit anderen sachlichen Erwägungen begründbar. Es gilt hier die Rechtfertigung des Käufers genau zu analysieren.

Eine Verletzung der gesellschaftsrechtlichen Treuepflicht liegt jedenfalls vor, wenn wesentliche Änderungen des Unternehmens ohne Zustimmung des Verkäufers vorgenommen werden. Eine solche liegt in der Integration in den

Käuferkonzern unter Aufhebung der rechtlichen Selbständigkeit oder der wesentlichen Änderung des Geschäftsmodells. Auch die Ergebnisverlagerung beispielsweise in andere Konzernunternehmen aufgrund von Vereinbarungen, die einem Fremdvergleich nicht standhalten, stellen eine Pflichtverletzung dar. Gleiches gilt für die eigenmächtige Weiterveräußerung innerhalb des Earn-Out-Zeitraums.

Sofern ein partiarisches Rechtsverhältnis zwischen den Gesellschaften besteht, hat der Verkäufer ebenfalls kein Recht auf Mitwirkung bei der Geschäftsführung. Er kann jedoch gemäß § 810 BGB Einsicht in die Geschäftsbücher des Unternehmens verlangen, um die Berechnung des variablen Kaufpreisanteils zu überprüfen, da er aufgrund der Erfolgsabhängigkeit seiner Vergütung ein berechtigtes Interesse an der Einsichtnahme hat. Ein Verdacht auf Manipulation ist für dieses Recht nicht notwendig. Das Einsichtsrecht ist weniger umfangreich als das eines Gesellschafters, denn es ist beschränkt auf die Unterlagen, die einen Einfluss auf die Berechnung des variablen Kaufpreisanteils haben. Diese Einschränkung ist für den Verkäufer zur Verfolgung seiner Rechte nicht relevant, denn es kommt ihm nur auf eben diese Unterlagen an.

Der Käufer ist auch im Rahmen eines partiarischen Rechtsverhältnisses dazu verpflichtet, auf die Rechte und Interessen des Verkäufers Rücksicht zu nehmen, sofern ihm dies zumutbar ist. Weiterhin hat er alles zu unterlassen, was den Vertragszweck vereiteln könnte. Aufgrund der Nähe der gesellschaftsrechtlichen Treuepflicht und der schuldrechtlichen Leistungstreuepflicht in den hier thematisierten Fällen sind bei der Beurteilung, ob das Verhalten des Käufers eine Pflichtverletzung darstellt, die gleichen Maßstäbe anzusetzen wie bei den Verträgen, die eine Innengesellschaft begründen.

## 5. Bei einer Manipulation durch den Käufer hat der Verkäufer verschiedene Möglichkeiten, im Ergebnis dennoch zu einem fairen Kaufpreis zu gelangen.

Als Rechtsfolge einer Pflichtverletzung des Käufers durch die manipulative Beeinflussung der Kennzahlen, die der Earn-Out-Berechnung zugrunde liegen, hat der Verkäufer gemäß § 280 Abs. 1 BGB ein Recht auf Ersatz des ihm entstandenen Schadens, sofern der Käufer sich nicht vom vermuteten Verschulden exkulpieren kann. Die Berechnung des Schadens erfolgt in der Weise, dass der Verkäufer so zu stellen ist, als wäre die Pflichtverletzung nicht erfolgt. Dies macht die Ermittlung einer fiktiven Unternehmensentwicklung ohne das manipulative Eingreifen des Käufers notwendig, was mit praktischen Schwierigkeiten verbunden ist. Es wurden Möglichkeiten dargestellt, wie die Unternehmensentwicklung unter Eliminierung der entsprechenden beeinflussenden Maßnahmen konstruiert werden könnte, Abhilfe kann auch die Bestellung eines neutralen Gutachters verschaffen.

Darüber hinaus kann der Verkäufer seine Rechte mit Hilfe des § 162 Abs. 1 BGB durchsetzen. Diese Vorschrift besagt, dass eine Bedingung, deren Eintritt von einer Vertragspartei treuwidrig verhindert wurde, als eingetreten gilt. Das bedeutet, die Earn-Out-Zahlung ist so zu berechnen, als hätte der Käufer nicht treuwidrig in die Entwicklung der entsprechenden Kennzahlen eingegriffen. Im Gegensatz zum Schadensersatzanspruch gemäß § 280 Abs. 1 BGB ist hier kein Verschulden notwendig. Ansonsten kommt ein Anspruch aus § 162 Abs. 1 BGB regelmäßig in den Fällen, in welchen auch eine Pflichtverletzung des Käufers bejaht wurde, in Betracht. Die Rechtsfolge führt bei den vorliegend zu beurteilenden Fällen im Ergebnis zu einem gleich hohen Anspruch wie der Ersatz des entstandenen Schadens.

Neben diesen Ansprüchen kommen für den Verkäufer ein Anspruch aufgrund der schuldhaften Verletzung einer Aufklärungspflicht durch den Käufer bei Vertragsschluss (culpa in contrahendo), ein Anspruch auf Änderung oder Aufhebung des Vertrages aufgrund einer Störung der Geschäftsgrundlage und die Gestaltungsrechte der Kündigung beziehungsweise des Rücktritts und der Anfechtung wegen arglistiger Täuschung in Frage. Es wurde festgestellt, dass diese Ansprüche beziehungsweise Gestaltungsrechte für die Durchsetzung der Rechte es Verkäufers weniger relevant sind, da sie entweder aufgrund höherer Anforderungen schwieriger durchsetzbar sind oder als Rechtsfolge die Lösung vom Vertrag vorsehen, was nur in Ausnahmefällen die vom Verkäufer gewünschte Rechtsfolge ist, da er sich grundsätzlich nicht von dem geschlossenen Kaufvertrag lösen, sondern die Berechnung seines Kaufpreisanspruches auf einer nicht käuferseits manipulierten Berechnungsgrundlage durchsetzen möchte.

Darüber hinaus kann der Verkäufer unter Umständen auch deliktische Ansprüche geltend machen. Infrage kommen insbesondere ein Schadensersatzanspruch aufgrund der Verletzung eines Schutzgesetzes und die vorsätzliche sittenwidrige Schädigung. Es wurde jedoch festgestellt, dass diese Anspruchsgrundlagen – gegenüber den vertraglichen – für den Verkäufer keinen Mehrwert darstellen.

### 6. Die gesetzlichen Vorschriften sind eine wertvolle Ergänzung der vertraglichen Vereinbarungen in Bezug auf die Earn-Out-Klausel.

Es wurde festgestellt, dass der Unternehmensverkäufer auch ohne entsprechende vertragliche Regelungen Möglichkeiten hat, sein Recht auf einen angemessenen variablen Kaufpreis durchzusetzen. Insbesondere bei schwerwiegenden Manipulationshandlungen, die die Berechnung der Earn-Out-Zahlung unmöglich machen, – wie der Eingliederung des Unternehmens in den Käuferkonzern unter Aufhebung der rechtlichen Selbstständigkeit oder die Weiterveräußerung während der Earn-Out-Periode – sowie bei sonstigen gravierenden Beeinflussungen – wie der umfassenden Änderung des Geschäftsmodells – hat der Verkäufer verschiedene Möglichkeiten, vom Käufer Ersatz zu erlangen. Hier sind insbesondere das Recht auf Schadensersatz wegen Verletzung der (gesellschafts-)vertraglichen Treuepflicht durch den Käufer (§ 280 Abs. 1 BGB) und der fiktive Bedingungseintritt wegen treuwidriger Verhinderung dieses (§ 162 Abs. 1 BGB) hervorzuheben. Sofern die Voraussetzungen vorliegen, hat der Verkäufer im Ergebnis Anspruch auf Zahlung der Differenz zu dem Betrag des variablen Kaufpreisanteils, der sich ohne die Manipulation des Käufers ergeben hätte.

Auch die notwendigen Einsichtsrechte, um eine Manipulation erkennen zu können, stehen dem Verkäufer zur Verfügung. Insofern ist der Behauptung zu widersprechen, dass – wie teilweise vertreten wird – der Verkäufer ohne vertragliche Vereinbarung weder ein Informationsrecht habe, noch in der Lage sei, seine Ansprüche gegen den Käufer durchzusetzen.

Sofern die Beeinflussung der Earn-Out-Zahlung dagegen mit subtileren Mitteln erfolgt, für welche einfacher betriebswirtschaftliche Gründe vorgetäuscht werden können – wie beispielsweise dem Vorziehen von Investitionen in die Earn-Out-Periode –, stellt sich die Durchsetzung der Ansprüche schwieriger dar. In solchen Fällen sind zur Verhinderung von Manipulationen beziehungsweise für deren angemessene Sanktionierung konkrete vertragliche Vorgaben über die verbotenen Handlungen notwendig. Durch diese wird die Geltendmachung von Ansprüchen erheblich erleichtert, da nicht nachgewiesen werden muss, dass in dem Verhalten eine Pflichtverletzung oder ein treuwidriges Handeln zu sehen ist.

Gerade diese Maßnahmen sind jedoch schwer definierbar, sodass auch die Vertragsgestaltung hier an ihre Grenzen stößt. Diesem Problem könnte mit der Aufstellung möglichst offener, nicht abschließender, Regelungskataloge begegnet werden. Allerdings ergeben sich sodann für den Käufer Möglichkeiten der Umgehung dieser. Nicht zu vergessen ist darüber hinaus, dass sich der Unternehmenskäufer nicht uneingeschränkt in seinem unternehmerischen Handeln begrenzen lassen wird. Die Verhinderung der Beeinflussung der Earn-Out-Berechnungsgrundlage mit so subtilen Mitteln, wie erhöhten Investitionen, deren Mehrwert sich erst nach der Earn-Out-Periode zeigen, ohne eine enorme Einschränkung der Geschäftsführung des Käufers ist kaum möglich.

Darüber hinaus kann durch die Festlegung einer Rechtsfolge im Falle der Beeinflussung der Earn-Out-Berechnungsgrundlagen – beispielsweise einer Vertragsstrafe oder eines fixen Kaufpreises bei einer nachgewiesen

Manipulationshandlung – auch die von einer Vielzahl mit Ungewissheiten behafteten Faktoren abhängende und verkäuferseits zu beweisende Schadensberechnung vermieden werden. Alternativ kann eine Schiedsgutachterklausel für den Fall des Eingreifens des Käufers in die Unternehmensentwicklung aufgenommen werden. Eine solche ist im Vergleich zu der Festlegung eines fixen Betrages flexibler.

Bei dem Versuch, möglichst viele Manipulationsmöglichkeiten vertraglich zu erfassen, sind die Kosten für die Gestaltung solch umfangreicher Vertragswerke zu dem Nutzen ins Verhältnis zu setzen. Bei der Durchführung einer solchen Kosten-/Nutzen-Analyse sind die hier erarbeiteten Erkenntnisse zu berücksichtigen, dass der Verkäufer bei Fehlen vertraglicher Regelungen seine Ansprüche in vielen Fällen auch auf Grundlage gesetzlicher Vorschriften geltend machen kann. Er ist den Manipulationen des Käufers nicht machtlos ausgesetzt.

Die gesetzlichen Regelungen bieten dem Verkäufer keinen absoluten Schutz vor einer Manipulation des Käufers und sanktionieren diese auch nicht ausnahmslos. Dieses anspruchsvolle Ziel lässt sich jedoch auch mit durchdachten vertraglichen Vereinbarungen nicht erzielen. Als Ergänzung solcher und – wie ein Sicherheitsnetz wirkende – Auffangregelungen stehen die gesetzlichen Vorschriften dem Verkäufer dennoch als sinnvoll einsetzbare Werkzeuge für die Durchsetzung seiner Rechte zur Verfügung.

# Literaturverzeichnis


*Bachmann, Gregor*, Das Gesetz zur Modernisierung des Personengesellschaftsrechts, NJW 2021, S. 3073–3078.

*Baier, Klaus-Georg*, Die Störung der Geschäftsgrundlage im Recht der Personengesellschaften, NZG 2004, S. 356–360.

*Baier, Manfred*, Grundstrukturen des partiarischen Arbeitsverhältnisses, MDR 1985, S. 890–893.

*Baums, Theodor*, Ergebnisabhängige Preisvereinbarungen in Unternehmenskaufverträgen ("earn-outs"), DB 1993, S. 1273–1276.

*Beck'scher Bilanz-Kommentar. Handels- und Steuerbilanz §§ 238 bis 339, 342 bis 342a HGB*, herausgegeben von Bernd Grottel/Petra Justenhoven/Wolfgang J. Schubert/Ulrich Störk, 13. Aufl., München 2022 [zitiert als: *Bearbeiter*, in: Beck Bil-Komm].

*Beck'scher Online-Kommentar BGB*, herausgegeben von Wolfgang Hau/Roman Poseck, 63. Aufl., München 2022 [zitiert als: *Bearbeiter*, in: BeckOK BGB].

*Beck'scher Online-Kommentar HGB*, herausgegeben von Martin Häublein/Roland Hoffmann-Theinert, 37. Aufl., München 2022 [zitiert als: *Bearbeiter*, in: BeckOK HGB].

*Beck'scher Online-Kommentar StGB*, herausgegeben von Bernd von Heintschel-Heinegg, 54. Aufl., München 2022 [zitiert als: *Bearbeiter*, in: BeckOK StGB].

*Beck'sches M&A-Handbuch. Planung, Gestaltung, Sonderformen, regulatorische Rahmenbedingungen und Streitbeilegung bei Mergers & Acquisitions*, herausgegeben von Wolfgang Meyer-Sparenberg/Christof Jäckle, 2. Aufl., München, Basel 2022 [zitiert als: *Bearbeiter*, in: BeckHdB M&A].

*Beckemper, Katharina*, Strafrechtliche Verantwortlichkeit für Täuschungen über Prognosen, Pläne und „andere innere Tatsachen"?, in: Tim Drygala/Gerhard H. Wächter (Hrsg.), Verschuldenshaftung, Aufklärungspflichten, Wissens- und Verhaltenszurechnung bei M&A-Transaktionen. Beiträge der 4. Leipziger Konferenz „Mergers & Acquisitions" am 28. und 29.9.2018 in Leipzig, München 2020, S. 33–53.

*Becker, Ruben*, Earn Out Klauseln – Aufgaben, Funktionsmechanismen, Risiken, Anwendungsbereiche, in: Ingo Saenger/Gerhard Schewe (Hrsg.), Forum Mergers & Acquisitions 2012. Beiträge aus rechts- und wirtschaftswissenschaftlicher Sicht, Wiesbaden 2012, S. 221–242.

*ders.*, Die Earn Out Klausel. Eine anwendungsorientierte Betrachtung unter Berücksichtigung möglicher Gestaltungsalternativen, Hamburg 2015 (zugl. Diss. Siegen 2015).

*ders.*, Die Unternehmensbewertung von Start-up Unternehmen, in: Jutta Stumpf-Wollersheim/Andreas Horsch (Hrsg.), Forum Mergers & Acquisitions 2019. Beiträge aus rechts- und wirtschaftswissenschaftlicher Sicht, Wiesbaden 2019, S. 85–102.

*Behme, Caspar*, Die Eignung der Mediation zur Konfliktlösung bei M&A-Streitigkeiten, DB 2014, S. 881–885.

*Beisel, Wilhelm/Klumpp, Hans-Hermann (Begr.)*, Der Unternehmenskauf. Gesamtdarstellung der zivil- und steuerrechtlichen Vorgänge einschließlich gesellschafts-, arbeits- und kartellrechtlicher Fragen bei der Übertragung eines Unternehmens, 7. Aufl., München 2016.

*Bergjan, Ralf/Burgić, Nemanja*, Zweck und Bedeutung der „gesteigerten Aufklärungspflicht" beim Unternehmenskauf, in: Tim Drygala/Gerhard H. Wächter (Hrsg.), Verschuldenshaftung, Aufklärungspflichten, Wissens- und Verhaltenszurechnung bei M&A-Transaktionen. Beiträge der 4. Leipziger Konferenz „Mergers & Acquisitions" am 28. und 29.9.2018 in Leipzig, München 2020, S. 19–33.

*Bisle, Michael*, Gewährleistungs- und Garantieklauseln in Unternehmenskaufverträgen, DStR 2013, S. 364–367.

*ders.*, Kaufpreisklauseln in Unternehmenskaufverträgen. Modelle zur Ermittlung des Kaufpreises erleichtern insbesondere den Verkauf junger Unternehmen, NWB 2019, S. 665–672.

*Blaurock, Uwe*, Unterbeteiligung und Treuhand an Gesellschaftsanteilen. Formen mittelbarer Teilhabe an Gesellschaftsverhältnissen, Baden-Baden 1981 (zugl. Habil. Freiburg (Breisgau) 1978).

*ders.*, Handbuch Stille Gesellschaft. Gesellschaftsrecht, Steuerrecht, 9. Aufl., Köln 2020.

*Borowicz, Frank*, Earn-out: Grundgedanke, Ausgestaltung und Einbettung in die Transaktion, CF 2014, S. 429–437.

*Brandi, Tim Oliver/Schmidt, Mike Karl*, Material-Adverse-Change-Klauseln in Unternehmenskaufverträgen nach dem Gerichtsurteil Akorn/Fresenius, DB 2019, S. 2002–2009.

*Brandis, Peter/Heuermann, Bernd (Hrsg.)*, Ertragsteuerrecht. Kommentar zum Einkommensteuergesetz, Körperschaftsteuergesetz, Gewerbesteuergesetz, Außensteuergesetz, Investmentsteuergesetz, Umwandlungssteuergesetz und Nebengesetze. Band 5. Loseblatt, Stand: 162. Ergänzungslieferung Mai 2022 [zitiert als: *Bearbeiter*, in: Brandis/Heuermann, AStG].

*Brauer, Björn*, Das partiarische Darlehen als Instrument der Unternehmensfinanzierung, Berlin 2020 (zugl. Diss. Berlin 2019).

*v. Braunschweig, Philipp*, Variable Kaufpreisklauseln in Unternehmenskaufverträgen, DB 2002, S. 1815–1818.

*ders.*, Vendor Loan, Rückbeteiligung und Earn-Out als aktuelle Finanzierungsalternativen bei Buy-Outs, DB 2010, S. 713–718.

*Brete, Raik/Braumann, Florian*, Das Informationsrecht des Gesellschafters der verschiedenen Gesellschaftsformen, GWR 2019, S. 59–66.

*Bruski, Johannes*, Kaufpreisbemessung und Kaufpreisanpassung im Unternehmenskaufvertrag, BB-Special Nr. 7 2005, S. 19–28.

*Cain, Matthew D./Denis, David J./Denis, Diane K.*, Earnouts. A Study of Financial Contracting in Acquisition Agreements, JAE 2010, S. 1–51.

*Denkhaus, Hans*, Die rechtliche Natur der partiarischen Rechtsgeschäfte, Bochum-Langendreer 1935 (zugl. Diss. Göttingen 1934).

*Dißars, Björn-Axel*, Das Informationsrecht des ausgeschiedenen Gesellschafters gegen die Gesellschaft, DStR 2020, S. 1514–1517.

*Drygala, Tim*, Vertragliche und gesetzliche Kontrolle des Earnout-Schuldners, in: Tim Drygala/Gerhard H. Wächter (Hrsg.), Kaufpreisanpassungs- und Earnout-Klauseln bei M&A-Transaktionen. Beiträge der 2. Leipziger Konferenz „Mergers & Acquisitions“ am 18. und 19.9.2015 in Leipzig, München 2016, S. 247–261.

*Ebenroth, Carsten Thomas/Boujong, Karlheinz/Joost, Detlev (Begr.)/Strohn, Lutz (Hrsg.)*, Handelsgesetzbuch. Band 1, 4. Aufl., München 2020 [zitiert als: *Bearbeiter*, in: EBJS].

*Ebering, Alexander*, Wann sind Preisanpassungsklauseln bei Funktionsverlagerungen i. S. von § 1 Abs. 3 Satz 9 AStG fremdüblich?, IStR 2011, S. 418–422.

*Eilers, Stephan/Beutel, David*, Seminar G: Steuerfreistellungen und -gewährleistungen in M&A-Transaktionen, IStR 2010, S. 564–566.

*Eilers, Stephan/Koffka, Nils Matthias/Mackensen, Marcus/Paul, Markus/Josenhans, Michael (Hrsg.)*, Private Equity. Unternehmenskauf – Finanzierung – Restrukturierung – Exitstrategien, 4. Aufl., München 2022.

*Elsing, Siegfried H./Pickrahn, Günter/Pörnbacher, Karl/Wagner, Gerhard (Hrsg.)*, M&A-Streitigkeiten vor DIS-Schiedsgerichten. Praxishandbuch, München 2022.

*Emmerich, Volker*, Aufklärungspflichten des Mieters, NJW 2011, S. 2321–2323.

*Ettinger, Jochen/Jaques, Henning (Hrsg.)*, Beck'sches Handbuch Unternehmenskauf im Mittelstand, 3. Aufl., München 2021.

*Ettinger, Jochen/Schmitz, Markus*, Earn-Out Gestaltungen im Unternehmenskaufvertrag. Zivilrechtliche Gestaltung und ertragsteuerliche Behandlung, GmbHR 2016, S. 966–975.

*Ewelt-Knauer, Corinna/Knauer, Thorsten/Pex, Simon*, Ausgestaltung und Einsatzbereiche von Earn-Outs in Unternehmenskaufverträgen, zfbf 2011, S. 371–400.

*Fehr, Benjamin/Benkert, Stefan/Poggensee, Ruben*, Earn-Out: Erfolgsorientierter Kaufpreis. Wahl der Kennzahl und Minimierung des Manipulationsrisikos als bestimmende Faktoren, Expert Focus 2015, S. 798–804.

*Fischer, Nico*, Steuerklauseln in Unternehmenskaufverträgen, in: Tim Drygala/Gerhard H. Wächter (Hrsg.), Kaufpreisanpassungs- und Earnout-Klauseln bei M&A-Transaktionen. Beiträge der 2. Leipziger Konferenz „Mergers & Acquisitions" am 18. und 19.9.2015 in Leipzig, München 2016, S. 91–108.

*Fisseler, Markus/Weißhaupt, Frank*, Vendor Finance beim nicht-öffentlichen Unternehmenskauf, DB 2006, S. 431–435.

*Fleischer, Holger*, Änderungen des KG-Rechts im Regierungsentwurf eines Gesetzes zur Modernisierung des Personengesellschaftsrechts, DStR 2021, S. 483–491.

*Formularbuch Recht und SteueRn. Gesellschaftsverträge – Sonstige Verträge – Besteuerungsverfahren – Rechtsmittelverfahren – Steuerstrafverfahren*, bearbeitet von Jörg Alvermann et al., 10. Aufl., München 2021.

*Geyrhalter, Volker/Zirngibl, Nikolas*, Kaufpreisklauseln in Unternehmenskaufverträgen, in: Thomas Wachter (Hrsg.), Festschrift für Sebastian Spiegelberger zum 70. Geburtstag. Vertragsgestaltung im Zivil- und Steuerrecht, Bonn 2009, S. 667–673.

*Graf, Peter*, Das Darlehen mit Gewinnbeteiligung oder das partiarische Darlehen, besonders seine Abgrenzung von der Gesellschaft, Aarau 1951 (zugl. Diss. Zürich 1951).

*Greil, Stefan*, Überblick zu aktuellen Entwicklungen im Berich der Verrechnungspreise, IStR 2021, S. 960–967.

*Gruhn, Thomas/Swoboda, Jörg*, Net Debt/Net Cash-Klauseln und Vergleich der Kaufpreisbestimmung gemäß Festpreis/Locked Box- oder Completion-Accounts-Mechanismus, in: Tim Drygala/Gerhard H. Wächter (Hrsg.), Kaufpreisanpassungs- und Earnout-Klauseln bei M&A-Transaktionen. Beiträge der 2. Leipziger Konferenz „Mergers & Acquisitions" am 18. und 19.9.2015 in Leipzig, München 2016, S. 108–119.

*Gseller, Peter*, Die Bedeutung von Earn-Out-Klauseln als Instrument zur Überwindung unterschiedlicher Kaufpreisvorstellungen. Externe Unternehmenstransaktionen kleiner sowie mittlerer Familienunternehmen unter besonderer Berücksichtigung von Bewertungsproblemen und Informationsasymmetrien, Hamburg 2022 (zugl. Diss. Wuppertal 2021).

*Guery, Michael*, Die Abgrenzung des partiarischen Darlehens von der Gesellschaft. Mit Vergleichen zum deutschen und französischen Recht, Zürich 1999 (zugl. Diss. Zürich 1999).

*Hehn, Markus/Krones, Hannah*, Earnouts als sinnvolle Instrumente der Kaufpreisgestaltung bei M&A-Transaktionen, GmbHR 2018, R374-R376.

*Hettler, Stephan/Stratz, Rolf-Christian/Hörtnagl, Robert (Hrsg.)*, Beck'sches Mandatshandbuch Unternehmenskauf, 2. Aufl., München 2013.

*Hieke, Oliver*, Vorvertragliche Aufklärungspflichten des Verkäufers beim Unternehmenskauf, München 2018 (zugl. Diss. Potsdam 2017).

*Hilgard, Mark C.*, Berechnung des Schadens bei Verletzung von Garantien eines Unternehmenskaufvertrages, ZIP 2005, S. 1813–1821.

*ders.*, Earn-Out-Klauseln beim Unternehmenskauf, BB 2010, S. 2912–2919.

*Hofer, Florian*, Negativer Kaufpreis beim Unternehmenskauf – Gestaltungsmöglichkeiten zur Absicherung der Verkäuferinteressen, BB 2013, S. 972–976.

*Hölters, Wolfgang (Hrsg.)*, Handbuch Unternehmenskauf, 10. Aufl., Köln 2022.

*Holzapfel, Hans-Joachim/Pöllath, Reinhard/Bergjan, Ralf/Engelhardt, Timo (Hrsg.)*, Unternehmenskauf in Recht und Praxis. Rechtliche und steuerliche Aspekte, 16. Aufl., Köln 2021.

*Hopt, Klaus J./Kumpan, Christoph/Leyens, Patrick/Merkt, Hanno/Roth, Markus*, Handelsgesetzbuch. Mit GmbH & Co., Handelsklauseln, Bank- und Kapitalmarktrecht, Transportrecht (ohne Seerecht), 41. Aufl., München 2022.

*Huber, Ulrich*, Die Praxis des Unternehmenskaufs im System des Kaufrechts, AcP 202 (2002), S. 179–242.

*Huffer, Henning*, Das partiarische Geschäft als Rechtstypus. Zugleich eine Studie über die Grundlagen der Typuslehre, München 1970 (zugl. Diss. München 1970).

*Hülsmann, Matthias*, Die Steuerklausel im Unternehmenskaufvertrag, DStR 2008, S. 2402–2407.

*IDW*, Grundsätze für die Benennung von Gutachtern durch das IDW (Stand 07.06.2010), abrufbar unter: *<https://www.idw.de/blob/35372/cde41b02924a289396cd00da5fd5dba2/down-benennung-gutachter-data.pdf>*.

*IDW PS 320 n.F.* Besondere Grundsätze für die Durchführung von Konzernabschlussprüfungen (einschließlich der Verwertung der Tätigkeit von Teilbereichsprüfern) (Stand: 10.07.2014), in: WPg 2014, Suppl 3, 11.

*IDW S1 i.d.F. 2008*. Grundsätze zur Durchführung von Unternehmensbewertungen (Stand: 04.07.2016), in: WPg 2008, Suppl 3, 68.

*Ihlau, Susann/Gödecke, Steffen*, Earn-Out-Klauseln als Instrument für die erfolgreiche Umsetzung von Unternehmenstransaktionen, BB 2010, S. 687–691.

*Jaques, Henning*, Haftung des Verkäufers für arglistiges Verhalten beim Unternehmenskauf – zugleich eine Stellungnahme zu § 444 BGB n. F., BB 2002, S. 417–423.

*Jauernig Bürgerliches Gesetzbuch. Mit Rom-I-VO, Rom-II-VO, Rom-III-VO, EG-UnthVO/HUntProt und EuErbVO: Kommentar*, herausgegeben von Rolf Stürner, 18. Aufl., München 2021 [zitiert als: *Bearbeiter*, in: Jauernig, BGB].

*Kästle, Florian/Oberbracht, Dirk*, Unternehmenskauf – Share Purchase Agreement, 3. Aufl., München 2018.

*Kiem, Roger*, Am Enterprise Value orientierte Kaufpreisanpassungsklauseln, Weiterverkaufs- und Mehrerlösklauseln, in: Tim Drygala/Gerhard H. Wächter (Hrsg.), Kaufpreisanpassungs- und Earnout-Klauseln bei M&A-Transaktionen. Beiträge der 2. Leipziger Konferenz „Mergers & Acquisitions“ am 18. und 19.9.2015 in Leipzig, München 2016, S. 151–171.

*ders.*, Kaufpreisregelungen beim Unternehmenskauf. Bewertung – Kaufpreisermittlung – Klauselgestaltung – Kaufpreisanpassung, 2. Aufl., München 2018.

*Kindhäuser, Urs/Neumann, Ulfrid/Paeffgen, Ullrich (Hrsg.)*, Strafgesetzbuch, 5. Aufl., Baden-Baden 2017 [zitiert als: *Bearbeiter*, in: Kindhäuser/Neumann/Paeffgen, NK-StGB].

*Klein, Dennis*, Ergebnisabhängige Kaufpreisanpassung beim Unternehmenskauf durch „earn-out“-Klauseln, GStB 2010, S. 117–122.

*Knott, Hermann J. (Hrsg.)*, Unternehmenskauf, 6. Aufl., Köln 2019.

*Koenigs, Folkmar*, Die stille Gesellschaft, Berlin 1961.

*Koppmann, Verena*, Die gesetzliche Aufklärungspflicht des Verkäufers und ihre Erfüllung bei Unternehmenskauf – ein Praxisleitfaden, BB 2014, S. 1673–1680.

*Korch, Stefan*, Der Unternehmenskauf. Eine Einführung in Theorie und Praxis, JuS 2018, S. 521–526.

*Kort, Michael*, Das Informations- und Prüfungsrecht des stillen Gesellschafters gemäß § 233 HGB, DStR 1997, S. 1372–1376.

*Lacher, Jörg/Poppe, Hermann*, Unternehmenskauf nach der Methode des „realisierten“ Ertragswerts, DB 1988, S. 1761–1765.

*Lorenz, Stephan*, Grundwissen – Zivilrecht: Haftung aus § 826 BGB, JuS 2020, S. 493–494.

*ders.*, Grundwissen – Zivilrecht: Culpa in contrahendo (§ 311 II, III BGB), JuS 2015, S. 398–401.

*Louven, Christoph/Mehrbrey, Kim Lars*, Bedeutung aktueller M&A-Streitigkeiten für die Gestaltungspraxis, NZG 2014, S. 1321–1328.

*Maier, Moritz*, Aufklärungspflichten und Wissenszurechnung beim Unternehmenskauf, Hamburg 2016 (zugl. Diss. Münster 2016).

*Martens, Sebastian A. E.*, Grundfälle zu Bedigung und Befristung, JuS 2010, S. 578–582.

*Mehrbrey, Kim Lars (Hrsg.)*, Handbuch Streitigkeiten beim Unternehmenskauf. M&A Litigation, 2. Aufl., Hürth 2022.

*Mellert, Christofer Rudolf*, Tatbestandsprobleme bei Eigenkapitalgarantien, in: Tim Drygala/Gerhard H. Wächter (Hrsg.), Bilanzgarantien bei M&A-Transaktionen. Beiträge der 1. Leipziger Konferenz „Mergers & Acquisitions" am 16. und 17.5.2014 in Leipzig, München 2015, S. 11–23.

*Meuli, Hans Martin*, Earn-out-Methode als Instrument der Preisgestaltung bei Unternehmensverkäufen. Ansatz – Preisermittlung – Steuerliche Implikationen, Zürich 1996 (zugl. Diss. Zürich 1996).

*Meyding, Thomas/Grau, Tobias*, Earn-out-Klauseln und Absicherung von Garantieansprüchen – „tickende Zeitbomben" bei Distressed M&A?, NZG 2011, S. 41–46.

*Moser, Michael*, Kaufpreisklauseln in Unternehmenskaufverträgen, in: Wolfgang Berens/Hans U. Brauner/Thorsten Knauer/Joachim Strauch (Hrsg.), Due Diligence bei Unternehmensakquisitionen. 8. Aufl., Stuttgart 2019, S. 273–297.

*Mülke, Maximilian*, Earn-out-Strukturen beim Verkauf von Konzerneinheiten an Beteiligungsgesellschaften, Diss. Saarland 2010, abrufbar unter: *https://publikationen.sulb.uni-saarland.de/bitstream/20.500.11880/23368/1/20101220_Dissertation_MMuelke_Druckversion_Scidok.pdf*>.

*Münchener Anwaltshandbuch GmbH-Recht*, herausgegeben von Volker Römermann, 4. Aufl., München 2018 [zitiert als: *Bearbeiter*, in: MAH GmbH-Recht].

*Münchener Anwaltshandbuch Personengesellschaftsrecht*, herausgegeben von Hans Gummert, 3. Aufl., München 2019 [zitiert als: *Bearbeiter*, in: MAH PersGesR].

*Münchener Handbuch des Gesellschaftsrechts. BGB-Gesellschaft – Offene Handelsgesellschaft – Partnerschaftsgesellschaft – Partenreederei – EWIV*, herausgegeben von Hans Gummert/Lutz Weipert. Band 1, 5. Aufl., München 2019 [zitiert als: *Bearbeiter*, in: MHdB GesR I].

*Münchener Handbuch des Gesellschaftsrechts. Kommanditgesellschaft – GmbH & Co. KG – Publikums-KG – Stille Gesellschaft*, herausgegeben von Hans Gummert/Lutz Weipert. Band 2, 5. Aufl., München 2019 [zitiert als: *Bearbeiter*, in: MHdB GesR II].

*Münchener Kommentar zum Bürgerlichen Gesetzbuch*, herausgegeben von Franz Jürgen Säcker/Roland Rixecker/Hartmut Oetker/Bettina Limperg. Band 1, 9. Aufl., München 2021 [zitiert als: *Bearbeiter*, in: MüKo-BGB].

*Münchener Kommentar zum Bürgerlichen Gesetzbuch*, herausgegeben von Franz Jürgen Säcker/Roland Rixecker/Hartmut Oetker/Bettina Limperg. Band 2, 9. Aufl., München 2022 [zitiert als: *Bearbeiter*, in: MüKo-BGB].

*Münchener Kommentar zum Bürgerlichen Gesetzbuch*, herausgegeben von Franz Jürgen Säcker/Roland Rixecker/Hartmut Oetker/Bettina Limperg. Band 3, 9. Aufl., München 2022 [zitiert als: *Bearbeiter*, in: MüKo-BGB].

*Münchener Kommentar zum Bürgerlichen Gesetzbuch*, herausgegeben von Franz Jürgen Säcker/Roland Rixecker/Hartmut Oetker/Bettina Limperg. Band 4, 8. Aufl., München 2019 [zitiert als: *Bearbeiter*, in: MüKo-BGB].

*Münchener Kommentar zum Bürgerlichen Gesetzbuch*, herausgegeben von Franz Jürgen Säcker/Roland Rixecker/Hartmut Oetker/Bettina Limperg. Band 7, 8. Aufl., München 2020 [zitiert als: *Bearbeiter*, in: MüKo-BGB].

*Münchener Kommentar zum Gesetz betreffend die Gesellschaften mit beschränkter Haftung*, herausgegeben von Holger Fleischer/Wulf Goette. Band 2, 3. Aufl., München 2019 [zitiert als: *Bearbeiter*, in: MüKo-GmbHG].

*Münchener Kommentar zum Handelsgesetzbuch*, herausgegeben von Ingo Drescher/Holger Fleischer/Karsten Schmidt. Band 1, 5. Aufl., München 2021 [zitiert als: *Bearbeiter*, in: MüKo-HGB].

*Münchener Kommentar zum Handelsgesetzbuch*, herausgegeben von Karsten Schmidt. Band 3, 4. Aufl., München 2019 [zitiert als: *Bearbeiter*, in: MüKo-HGB].

*Münchener Kommentar zum Strafgesetzbuch*, herausgegeben von Volker Erb/Jürgen Schäfer. Band 5, 4. Aufl., München 2022 [zitiert als: *Bearbeiter*, in: MüKo-StGB].

*Münchener Vertragshandbuch*, herausgegeben von Markus S. Rieder/Rolf A. Schütze/Lutz Weipert. Band 2. Wirtschaftsrecht I, 8. Aufl., München 2020 [zitiert als: *Bearbeiter*, in: MVHdB II WirtschaftsR I].

*Münchener Vertragshandbuch*, herausgegeben von Rolf A. Schütze/Lutz Weipert/Markus S. Rieder. Band 4. Wirtschaftsrecht III, 8. Aufl., München 2018 [zitiert als: *Bearbeiter*, in: MVHdB IV WirtschaftsR III].

*Oetker, Hartmut (Hrsg.)*, Handelsgesetzbuch. Kommentar, 7. Aufl., München 2021.

*Oltmanns, Martin*, Rechtsfragen des Schadensersatzes bei M&A-Transaktionen, in: Tim Drygala/Gerhard H. Wächter (Hrsg.), Verschuldenshaftung, Aufklärungspflichten, Wissens- und Verhaltenszurechnung bei M&A-Transaktionen. Beiträge der 4. Leipziger Konferenz „Mergers & Acquisitions" am 28. und 29.9.2018 in Leipzig, München 2020, S. 257–275.

*Paefgen, Walter G./Wallisch, Kai*, Vertragliche Kaufpreisanpassungsklauseln als Alternative zum Schadensersatz bei Bilanzgarantien, in: Tim Drygala/Gerhard

H. Wächter (Hrsg.), Bilanzgarantien bei M&A-Transaktionen. Beiträge der 1. Leipziger Konferenz „Mergers & Acquisitions“ am 16. und 17.5.2014 in Leipzig, München 2015, S. 205–225.

*Picot, Gerhard (Hrsg.)*, Handbuch Mergers & Acquisitions. Planung – Durchführung – Integration, 5. Aufl., Stuttgart 2012 [zitiert als: *Bearbeiter*, in: Picot, Handbuch M&A].

*Picot, Gerhard/Duggal, Raoul*, Unternehmenskauf: Schutz vor wesentlich nachteiligen Veränderungen der Grundlagen der Transaktion durch sog. MAC-Klauseln, DB 2003, S. 2635–2642.

*Piehler, Maik*, Kontraktgestaltung bei M&A-Transaktionen. Bedingte Zahlungsstrukturen zur Verbesserung des Einigungsbereiches, Wiesbaden 2007 (zugl. Diss. Leipzig 2007).

*Piper, Bernd*, Die Haftung für Organe nach § 31 BGB, JuS 2011, S. 490–493.

*Popp, Matthias*, Betriebswirtschaftliche Techniken zum Ausgleich zwischen Earnout-Parteien, in: Tim Drygala/Gerhard H. Wächter (Hrsg.), Kaufpreisanpassungs- und Earnout-Klauseln bei M&A-Transaktionen. Beiträge der 2. Leipziger Konferenz „Mergers & Acquisitions“ am 18. und 19.9.2015 in Leipzig, München 2016, S. 261–268.

*Prinz, Ulrich/Winkeljohann, Norbert (Hrsg.)*, Beck'sches Handbuch der GmbH. Gesellschaftsrecht – Steuerrecht, 6. Aufl., München 2021.

*Reich-Rohrwig, Johannes*, M&A: Auslegung von Kaufpreisanpassungs-, Earnout- und Besserungsklauseln, in: Michael Lang/Christine Weinzierl (Hrsg.), Europäisches Steuerrecht. Festschrift für Friedrich Rödler zum 60. Geburtstag, Wien 2010, S. 763–799.

*Richter, Frank/Rogler, Silvia*, Bedingte Kaufpreisbestandteile bei Unternehmenserwerben. Bilanzierung beim Erwerber nach HGB, WPg 2021, S. 1207–1213.

*Risse, Jörg/Kästle, Florian (Hrsg.)*, M&A und Corporate Finance von A-Z, 3. Aufl., München 2018.

*Rödder, Thomas/Hötzel, Oliver/Mueller-Thuns, Thomas*, Unternehmenskauf Unternehmensverkauf. Zivil- und steuerrechtliche Gestaltungspraxis, München 2003.

*Röhricht, Volker/Graf v. Westphalen, Friedrich/Haas, Ulrich (Hrsg.)*, HGB. Kommentar zu Handelsstand, Handelsgesellschaften, Handelsgeschäften, besonderen Handelsverträgen und internationalem Vertragsrecht (ohne Bilanz-, Transport- und Seerecht), 5. Aufl., Köln 2019.

*Schaefer, Franz/Ortner, Martina*, Verhaltens- und Wissenszurechnung bei M&A-Transaktionen, DStR 2017, S. 1710–1717.

*Schmidt, Karsten*, Gesellschaftsrecht, 4. Aufl., Köln, Berlin, Bonn, München 2002.

*Schmidt-Hern, Karsten/Behme, Caspar*, Mehrerlösklauseln in Unternehmenskaufverträgen, NZG 2012, S. 81–85.

*Schön, Wolfgang*, Gibt es das partiarische Darlehen?, ZGR 1993, S. 210–244.

*Schöne, Franz-Josef/Uhlendorf, Jens*, Kaufpreisanpassung an das bilanzielle Eigenkapital oder Nettovermögen?, in: Tim Drygala/Gerhard H. Wächter (Hrsg.), Kaufpreisanpassungs- und Earnout-Klauseln bei M&A-Transaktionen. Beiträge der 2. Leipziger Konferenz „Mergers & Acquisitions" am 18. und 19.9.2015 in Leipzig, München 2016, S. 133–151.

*Schönke, Adolf (Begr.)/Schröder, Horst (Fort.)*, Strafgesetzbuch. Kommentar, 30. Aufl., München 2019 [zitiert als: *Bearbeiter*, in: Schönke/Schröder, StGB].

*Schröder, Christian*, Kaufpreismechanismen, insbesondere Earn-Out-Klauseln in Unternehmenskaufverträgen – Kritische Analyse rechtlicher Ausgestaltungsmöglichkeiten, in: Jutta Stumpf-Wollersheim/Andreas Horsch (Hrsg.), Forum Mergers & Acquisitions 2019. Beiträge aus rechts- und wirtschaftswissenschaftlicher Sicht, Wiesbaden 2019, S. 29–63.

*Schulz, Thomas/Sommer, Daniel*, Bilanzgarantien in der M&A-Praxis, NZG 2018, S. 50–54.

*Schulze-Osterloh, Joachim*, Der gemeinsame Zweck der Personengesellschaften, Berlin/New York 1973.

*Sedlmayer, Eleonore*, Stiller Gesellschafter in der Umwandlung des Geschäftsinhabers, DNotZ 2003, S. 611–626.

*Seibt, Christoph H.*, Sinn und Zweck, Einsatz und Mechanik von Earnout-Regelungen, in: Tim Drygala/Gerhard H. Wächter (Hrsg.), Kaufpreisanpassungs- und Earnout-Klauseln bei M&A-Transaktionen. Beiträge der 2. Leipziger Konferenz „Mergers & Acquisitions" am 18. und 19.9.2015 in Leipzig, München 2016, S. 220–247.

*Semler, Johannes (Begr.)/Stengel, Arndt/Leonard, Nina (Hrsg.)*, Umwandlungsgesetz, 5. Aufl., München 2021 [zitiert als: *Bearbeiter*, in: Semler/Stengel/Leonard, UmwG].

*Triebel, Volker (Hrsg.)*, Mergers & Acquisitions. Strategie – Steuern – Recht, Heidelberg 2004 [zitiert als: *Bearbeiter*, in: Triebel, M&A].

*Ulrich, Stephan*, MAC-Klauseln werden in wirtschaftlich rauen Zeiten wichtig. Lernen aus dem Fall Akorn v. Fresenius für 2019, GmbHR 2019, R54-R55.

*Vischer, Markus*, Earn out-Klauseln in Unternehmenskaufverträgen, SJZ 2002, S. 509–517.

*Wächter, Gerhard H.*, Schadensersatz und Kaufpreisanpassung post M&A, in: Tim Drygala/Gerhard H. Wächter (Hrsg.), Kaufpreisanpassungs- und Earnout-Klauseln bei M&A-Transaktionen. Beiträge der 2. Leipziger Konferenz

„Mergers & Acquisitions" am 18. und 19.9.2015 in Leipzig, München 2016, S. 1–23.

*ders.*, M&A Litigation. M&A-Recht im Streit, 4. Aufl., Köln 2022.

*Wächter, Gerhard H./Wollny, Christoph*, Schadensersatz post M&A bei c.i.c oder Delikt und Garantieverletzungen, NZG 2019, S. 801–807.

*dies.*, Schadensersatz post M&A bei c.i.c. oder Delikt und Garantieverletzungen, in: Tim Drygala/Gerhard H. Wächter (Hrsg.), Verschuldenshaftung, Aufklärungspflichten, Wissens- und Verhaltenszurechnung bei M&A-Transaktionen. Beiträge der 4. Leipziger Konferenz „Mergers & Acquisitions" am 28. und 29.9.2018 in Leipzig, München 2020, S. 235–257.

*Weißhaupt, Frank*, Äquivalenzsicherung im Unternehmenskaufvertrag durch Kaufpreisklauseln und Jahresabschlussgarantien, BB 2013, S. 2947–2954.

*Weitnauer, Wolfgang (Hrsg.)*, Handbuch Venture Capital. Von der Innovation zum Börsengang, 7. Aufl., München 2022.

*Wenzel, Jens*, Auf Einzelassets bezogene bedingte und unbedingte Nachbewertungsklauseln, in: Tim Drygala/Gerhard H. Wächter (Hrsg.), Kaufpreisanpassungs- und Earnout-Klauseln bei M&A-Transaktionen. Beiträge der 2. Leipziger Konferenz „Mergers & Acquisitions" am 18. und 19.9.2015 in Leipzig, München 2016, S. 59–70.

*Werner, Rüdiger*, Earn-Out-Klauseln – Kaufpreisanpassung beim Unternehmenskauf, DStR 2012, S. 1662–1667.

*Wiesbrock, Michael/Frank, Katharina*, Vertragliche Freistellungsansprüche im Unternehmenskauf. Wesen, Interessenlagen, Geltendmachung, BB 2018, S. 3014–3022.

*Wieser, Rainer/Oberhumer, Daniel*, Ring-Fencing-Vereinbarungen bei Unternehmenstransaktionen mit Earn-out-Komponenten, M&A Review 2017, S. 118–122.

*Willenegger, Reto/Hofmann, Roland*, Earnout-Ansatz in M&A-Transaktionen. Überbrückung von unterschiedlichen Preisvorstellungen in der Unternehmensnachfolge von KMU, Zürich 2016, abrufbar unter: *<https://digitalcollection.zhaw.ch/bitstream/11475/1044/1/2016_Jan_Hofmann_Earnout%20%28A%29.pdf>*.

*Winnefeld, Robert*, Bilanz-Handbuch. Handels- und Steuerbilanz, Rechtsformspezifisches Bilanzrecht, Bilanzielle Sonderfragen, Sonderbilanzen, IAS/IFRS-Rechnungslegung, 5. Aufl., München, München 2015 [zitiert als: *Winnefeld*, Bilanz-HB].

*Wollny, Christoph*, Unternehmensbewertung, Eigenkapitalgarantie und Kaufpreisanpassung, in: Tim Drygala/Gerhard H. Wächter (Hrsg.), Kaufpreisanpassungs- und Earnout-Klauseln bei M&A-Transaktionen. Beiträge der 2.

Leipziger Konferenz „Mergers & Acquisitions" am 18. und 19.9.2015 in Leipzig, München 2016, S. 23–45.

*Ziegler, Andrea*, Ausgestaltung von Earn-Out-Klauseln in Unternehmenskaufverträgen – Praktische Hinweise zur Vertragsgestaltung, M&A Review 2016, S. 226–231.

*Zwirner, Christian/Boecker, Corinna*, Risikomanagement in der Phase der Post-Merger-Integration, BB 2013, S. 2735–2738.